Immer mehr Menschen, junge wie ältere, wandern – wieder. Eine alte Leidenschaft wird neu entdeckt, die Beine bewegen sich, «der Kopf wird frei und mit ihm der ganze Mensch». Die alte Kunst des Wanderns ist heute der Einspruch gegen das Diktat der Beschleunigung. Der Autofahrer steht im Stau, der Wanderer geht neue Wege. Er sucht die Exotik der Nähe – und findet sich selbst.

Ulrich Grober erzählt von seinen eigenen Wanderungen. Allein. Mit Kindern. Mit Freunden. Auf dem Kolonnenweg an der ehemaligen Grenze der DDR oder den Rhein entlang. Über die Alpen. Auf Heideggers und Hesses Spuren u.a.m. Er berichtet über das innere Echo eines nächtlichen Zikadengesangs, über den süßen Geruch von Heu, über die Anstrengungen einer winterlichen Schneeschuhpartie.

Und Grober schlägt den Bogen von Ötzi bis zu den Neonomaden mit Laptop und Isomatte. Sein Buch ist ein philosophisches Brevier: Wie gewinnen wir unsere Zeitsouveränität zurück? Werden die «nomadischen Fähigkeiten» zu einer Schlüsselkompetenz des neuen Jahrtausends? Und auch praktisch: Aus welchen Bächen lässt sich noch trinken? Was braucht man an Ausrüstung und Proviant, wie orientiert man sich?

Ein kluges Buch, ebenso meditativ wie nützlich. Das Motto: «Ohne Schritte kein Fortschritt. Ohne Bewegung: Stillstand.»

Wer gern wandert, wird dieses Buch lieben. Wandern als Lebenskunst und Selbsterfahrung.

Ulrich Grober

Vom Wandern

Neue Wege zu einer alten Kunst

Rowohlt Taschenbuch Verlag

2. Auflage Dezember 2011

Veröffentlicht im Rowohlt Taschenbuch Verlag,
Reinbek bei Hamburg, April 2011
Lizenzausgabe mit freundlicher Genehmigung von Zweitausendeins,
Postfach, 60981 Frankfurt
Copyright © 2006 by Zweitausendeins, Frankfurt am Main
Umschlaggestaltung ZERO Werbeagentur, München,
nach dem Original des Verlags Zweitausendeins
(Fotoarchiv: Herbert Schnierle-Lutz, Bad Teinach)
Karte S. 415 Peter Palm, Berlin
Satz aus der Arno Pro, Miles Oasys,
bei pagina GmbH, Tübingen
Druck und Bindung CPI – Clausen & Bosse, Leck
Printed in Germany
ISBN 978 3 499 62685 2

Das für dieses Buch verwendete FSC®-zertifizierte Papier
Lux Cream liefert Stora Enso, Finnland.

Inhalt

Zugänge.
Vom Wandern im 21. Jahrhundert   7

1. Auf Schneeschuhen   15
   Ausrüstung   36

2. Zu den Quellen   47
   Lebenselixier Wasser   71

3. Im Wald   79
   Luft holen   98

4. Hesses Rucksack   109
   Navigieren   124

5. Mit Kindern   133
   Erfahrungsräume und Sehnsuchtsorte   154

6. An der Grenze   169
   Wandern als Überlebensstrategie   187

7. Am Strom   203
   Spirituelles Wandern   234

8. Am Strand   251

　　«Liebliche Bläue, süße Ruh'»   268

9. Über die Alpen   283

　　Auszeiten, Spielräume, Entschleunigung   302

10. Herbstgala   309

　　Bewusstseinszustände   321

11. Heideggers Weg   329

　　Gaia   346

12. Im urbanen Raum   355

Ankommen.
Kunst des Wanderns – Lebenskunst   377

Wegzeichen   383

Kartenübersicht   415

Über den Autor   416

Zugänge.
Vom Wandern im 21. Jahrhundert

Einfach verschwinden. Losgehen. Vier bis fünf Kilometer in der Stunde zu Fuß zurücklegen. Mal weniger, mal mehr, je nach Gelände und Witterung. Ziele, Routen, Pausen selber wählen. Richtungen ändern. Vom Weg abweichen. Im Weglosen gehen. Souverän über Raum und Zeit verfügen. Gehen und tragen. Alles, was man braucht, im Rucksack bei sich haben. Sich etwas zumuten. Bis hart an die eigene Grenze gehen. Blickachsen, Hörräume, Duftfelder wahrnehmen und immer wieder pendeln: zur Innenschau, der Zwiesprache mit sich selbst, dem Hören auf die innere Stimme: Essenz des Wanderns ...

Wandern im 21. Jahrhundert? Wie bitte? Unsere Art, mobil zu sein, geht in eine andere Richtung. Unsere Erlebniswelten sind anders geartet. Man lebt temporeich und fast grenzenlos. In 24 Stunden ist mit dem Flugzeug jeder Punkt des Planeten zu erreichen. Per Fernbedienung oder Mausklick überwindet man den Raum in Sekundenschnelle. Alles wird «besehbar». Für nahezu jede Aktivität außerhalb der eigenen vier Wände benutzen wir das Auto oder öffentliche Transportmittel. Kaum etwas scheint noch «begehbar». Zu Fuß bewegen wir uns allenfalls zwischen Parkplatz und Arbeitsplatz, in den Passagen der urbanen Einkaufs- und Erlebniswelten. Wie weit gehen wir noch aus eigener Körperkraft? Wenig mehr als vier oder fünf Kilometer pro Woche. Am jeweiligen «Standort» wird gearbeitet. Meist im Sitzen. Ein

Großteil der Freizeit spielt sich via Medien in den globalen Räumen ab. Ebenfalls im Sitzen. Unsere mentalen Landkarten erweitern sich, aber verarmen auch. Die Sehnsüchte richten sich auf immer fernere Ziele, auf das ganz Andere. Die «wertvollsten Wochen des Jahres» sind für möglichst exotische Schauplätze reserviert. Dort erfüllen wir uns unsere Lebenswünsche. Dort «lebt» man.

Diese Strategie bekommt in der Regel weder dem Hier noch dem Dort. Ist sie auf Dauer lebbar? Das Bedürfnis nach Entschleunigung wächst. Oder genauer gesagt: nach einer neuen Balance von schnell und langsam. Die Idee der Auszeit gewinnt an Boden. Wandern im 21. Jahrhundert? Ja bitte! Als Kontrast- und Differenzerfahrung zur unkontrollierbaren Beschleunigung, dem irrsinnigen Rattenrennen.

Wandern – der Fuß, der Schritt, das humane Tempo ist das Maß. In Bewegung bleiben. Sich selbst orientieren. Bei Wind und Wetter. Im Wesentlichen so wie Ötzi, der Mann aus dem Eis, vor 5000 Jahren in der Bergwelt der Alpen. So wie 30.000 Jahre vor ihm Homo neanderthalensis auf seinen schmalen Pfaden über die eiszeitlichen Rheinterrassen. So wie die lange Kette der Generationen seit der Morgenröte der Menschheit im Osten Afrikas. Den Boden unter den Füßen spüren, den Bach plätschern hören, die blühende Landschaft riechen. «Geht» das noch in unserer von Technik überformten Restnatur, mit unserem abgestumpften Sensorium? Wir wandern – sie fahren Geländewagen. Auch ein Zusammenprall der Kulturen.

Sicher, die wachsenden Möglichkeiten, sich die Welt in den eigenen Horizont zu holen, sind ein Zugewinn. Die Freiheit, aufzubrechen, wohin man will, ist ein kostbares Gut. Sehnsüchte domestizieren zu wollen wäre ein Irrweg. Sie werden schon allzu oft kolonisiert und «all inclusive» vermarktet. Es geht nicht um ein Entweder-oder, sondern um eine neue Balance zwischen «besehbaren» und «begehbaren» Räumen. Wer schon mal freischweifend gewandert ist, kennt Alternativen zum reglementierten Stop-and-go-Verkehr der Metropolenräume. Wer die Farbenpracht eines herbstlichen Laubwaldes bewusst erlebt hat, nutzt die Farbskalen der Designersoftware souveräner. Ohne die direkte Erfahrung von Nahräumen, so scheint es, bleibt die Wahrnehmung globaler Räume oberflächlich. Ohne das eigene Erleben in begehbaren Räumen ist man den medial vermittelten Bildern ausgeliefert. Virtuelle Realitäten werden nur im Gegenlicht von realen Erfahrungen produktiv. Erst im Pendeln zwischen den Welten, in der Kontrasterfahrung erschließt sich die ganze Fülle. Davon handelt dieses Buch.

20. August 2002. Nächtliches Zikadenkonzert am Wegrain oberhalb der Weinbergterrasse. Es riecht süß nach Heu. Durch die talwärts laufenden Reihen der Rebstöcke fällt der Blick auf die zerfließende Lichtbahn des Mondes, der sich im Rhein spiegelt. Dann, ganz matt schimmernd, die Felswand der Loreley.

4. August 2003. Zügiges Gehen am Spülsaum des Strandes. Der zweite Tag barfuß. Die Ostsee wirkt südseehaft. In der flirrenden Sonne verschwimmen Meeresoberfläche und Himmel. Auf einem Tangbüschel vor mir leuchtet ein Stück Bernstein auf.

3. Februar 2005. Monotones Schneeschuhstapfen durch weißen Wald. Auf dem Höhenkamm zwischen Moldau und Mühl. Abgrundtiefe Stille. Die eigenen Schritte, Atemzüge,

Herzschläge, Pulsschläge – sonst kein Laut. In sich selbst einsinken.

Rare Momente, unvorhergesehen, unvorhersehbar. Das Ziel einer Wanderung ist nicht ein topographischer Punkt am Ende eines Weges, sondern der Augenblick, wo die Pforten der Wahrnehmung sich weit öffnen und man «eins wird mit dem Bild seiner Sehnsucht» (Cees Nooteboom). Von der Möglichkeit der Annäherung erzählt dieses Buch.

«Ein Stichwort muss als Erstes fallen: das der Bewegung.» Wie ein Leitmotiv zieht sich das Nomadische durch Leben und Werk von Joseph Beuys; so etwa 1968: «Wir befinden uns in einer nomadischen Kultur; der Geist muss ohne Weltanschauung auskommen.» Drei Jahre darauf entsteht auf der Mittelmeerinsel Capri ein Foto, das, lebensgroß reproduziert, seine Gestalt zur Ikone macht: Die Aufnahme erfasst den Gehenden im Moment einer dynamischen Vorwärtsbewegung. Mit weitausgreifendem Schritt kommt er direkt auf die Kamera, also den Betrachter, zu. Das rechte Bein ist vorgestreckt. Der Fuß trifft gerade mit der Ferse auf dem Boden auf, wird im nächsten Sekundenbruchteil abrollen. Die rechte Hand greift den Schulterriemen einer Umhängetasche. Der Oberkörper ist leicht eingeknickt. Aus der Hüfte holt das Bein Schwung für den nächsten Schritt. Der ganze Körper ist in Bewegung, kommt zügig nach vorne. Vom Blick aus den beschatteten Augen bis hinab zu den Stiefelspitzen läuft alles frontal auf den Betrachter zu. Jedoch keineswegs bedrängend oder bedrohlich, sondern einladend, mitreißend, mobilisierend. Geballte, zielsichere, durch nichts abzulenkende Energie. Das Outfit: Filzhut, weißes Hemd, Anglerweste, Jeans, wadenhohe Stiefel. Der Beutel ist groß genug für minimales

Gepäck. Typisch Beuys: der Habitus eines Wanderers. Das Ambiente wirkt ärmlich. Vom stockfleckigen Mauerwerk im Bildhintergrund bröckelt der Putz. Zwischen den Pflastersteinen des Weges tritt nacktes Erdreich hervor. Man ahnt den Wildwuchs von Gräsern, Kräutern und Quecken. Am unteren Rand des sepiabraungetönten Posters prangt der Stempel einer neapolitanischen Galerie. Darunter – auf einem Pflasterstein – Beuys' Namenszug und, ebenfalls handgeschrieben, der italienische Satz: «La rivoluzione siamo Noi» (Die Revolution sind Wir). Ikone Beuys, November 1971.

Beuys bewegte sich in einer langen Tradition. Einen ersten Aufbruch zu einer anderen Moderne wagte vor 250 Jahren Jean-Jacques Rousseau. Auch er einer aus der Bruderschaft der eigensinnigen Wanderer und Wahrheitssucher: «Ich brauche keine gebahnten Wege. Ich komme überall durch, wo ein Mensch gehen kann. Da ich nur von mir selbst abhänge, genieße ich alle Freiheit, die ein Mensch haben kann.» Die befreiende Wirkung des schweifenden, leichtfüßigen Wanderns scheint wieder aktuell zu sein. Auch wo es «nur» darum geht, den Kopf frei zu bekommen. Befreiung aber hat von Rousseau bis Beuys immer eine weitere Dimension. Freiheit wozu? Zur Rückbindung an das Elementare, an die «Urphänomene» (Goethe). Lassen sich aus dem kulturellen Erbe Funken schlagen für eine – sagen wir mal – Rucksackrevolution? In Rückblenden auf die Kulturgeschichte des Wanderns versuche ich eine Annäherung.

Wandern ist vielerlei: Freizeitspaß, sanfter Natursport, nachhaltiger Tourismus ... Alles hat seine Berechtigung. Mich interessiert die nach oben offene Skala der Möglichkeiten. Die fließenden Übergänge, wo das Wandererlebnis in die Erfah-

Zugänge. Vom Wandern im 21. Jahrhundert **11**

rung von Natur und Kultur – und Kosmos – übergeht. Wo die Kunst des Wanderns sich berührt mit Lebenskunst und deren Kern: Selbsterfahrung und Selbstsorge. Wo beim Gehen das Tagträumen einsetzt – und die Sinnsuche.

«En rollenden stên settet kain moss», heißt es im *Wörterbuch der westfälischen Mundart* von 1882. Ein rollender Stein setzt kein Moos an. Eine wahrlich global und multikulturell verbreitete Metapher. «A rolling stone gathers no moss», sangen die schwarzen Blues-Barden aus dem Mississippidelta. Die Kinder der 60er Jahre nahmen das begierig auf. Sie entdeckten auf ihren Reisen, in ihren Bewegungen und Garagenwerkstätten den Zusammenhang von Mobilität, Flexibilität und Kreativität. Lassen sich diese Fähigkeiten und Tugenden wieder aus dem Griff der Beschleuniger und Gewinnmaximierer befreien? «Wild und frei leben, das wollen doch drei Viertel aller Leute», sagt Jule alias Julia Jentsch in der Filmkomödie *Die fetten Jahre sind vorbei*, die im Frühjahr 2004 in die Kinos kam.

Meine eigene Wandererbiographie verlief ziemlich patchworkartig. Eine Handvoll Kindheitserinnerungen an Gänge mit den Eltern. Fast immer im Sommerwald: von einer kleinen, längst geschlossenen Bahnstation an der Möhnetalsperre zu einem Ausflugslokal im Arnsberger Wald. Um 1956. Über buchenbestandene Kuppen an der Bergstraße hinauf zum Melibocus, tief unten in der Ferne das silberne Band des Rheins. Durch das verwinkelte Naumburg hinaus auf einen Weg am Fluss, auf steilen Pfaden empor zu trutzigen Burgen an der Saale hellem Strande, zurück mit dem Motorschiff. Ferientage in Naturfreundehäusern, jeden Tag auf markierten Wanderwegen unterwegs. Kleines Walsertal, Pfälzer Wald und so weiter.

Anfang der 60er Jahre änderte das erste Auto die familiären Reisegewohnheiten. Mit zwölf das erste von mehreren Zeltlagern. Eine kirchliche Gruppe, noch ein Hauch von Wandervogel und bündischer Jugend. Lagerfeuer, Nachtwachen, Gewaltmärsche rund um den Großen Arber im Böhmerwald, durch die Wutachschlucht im Schwarzwald, an manchen Tagen über 30 Kilometer. Gute Erinnerungen.

Um 1968 erweiterten sich die Spielräume. Zwischen Trondheim, Dublin und Marseille, New York und San Francisco war ich per Anhalter unterwegs. Später kamen Fahrten im Auto und Flugreisen. Das Wandern beschränkte sich auf kurze, aber erlebnisreiche Touren. Auf dem Indian Trail oberhalb von Aspen, Colorado, dem Redningsstien durch die Felsklippen von Bornholm, dem Sentier douanier an der bretonischen Steilküste. Das Gehen im Nahraum habe ich neu entdeckt, als Hanna, unsere Tochter, auf die Welt kam. Den neuen Radius bestimmten der Buggy, die Waldwege am Stadtrand und – in den Ferien – ihr Bedarf an Luftveränderung. Es war eine schöne Zeit. Meine neuen Wanderjahre begannen erst mit 50. Im Jahr 2000. Meine Frau schenkte mir eine ausgedehnte Wanderung durch Thüringen. Zurück zu den Wurzeln, in den «Fußstapfen der Ahnen», die dort gelebt hatten. Diese «Auszeit» war ein Auftakt. Seitdem wandere ich wieder regelmäßig. Zu allen Jahreszeiten, meist allein, manchmal mit Freunden. Mein persönlicher Stil? Ein Freund fand einen treffenden Begriff: Landschaftsflaneur.

In diesem Buch erzähle ich von Wanderungen der letzten Jahre. Es geht mir nicht in erster Linie darum, ein paar unkonventionelle Wanderrouten zwischen Ostsee und Alpenkamm zu beschreiben. Brauchbare Wanderführer gibt es überall. Es geht vielmehr um die Zutaten für eine gelingende Wanderung.

Zugänge. Vom Wandern im 21. Jahrhundert **13**

Am Beispiel verschiedener Landschaftstypen möchte ich zeigen, wie man die Erlebnispotenziale – und das Geheimnis – von Räumen und Wegen aufspüren und erwandern kann. Immer im Blick auf die spezifische Erlebnisqualität der Jahreszeiten. Die Beschreibungen sollen dazu anregen, die eigene innere Wünschelrute in Gang zu setzen. Seine mentale Landkarte genauer zu lesen und den ganz persönlichen Kanon von Sehnsuchtszielen und Traumpfaden zu entwickeln. Die eingeschobenen, typographisch abgehobenen Abschnitte verweisen auf aktuelle Denkwege aus verschiedenen Wissensgebieten, die für eine neue Kunst des Wanderns zu nutzen wären. Aus den einzelnen Teilen, so hoffe ich, entsteht Stück für Stück ein brauchbarer Kompass. Er soll vor allem Lust und Mut machen, loszugehen, um gestärkt zurückzukommen. Vielleicht sogar mit mehr Gelassenheit und Weitblick. Im Sinne von Hans Jürgen von der Wense, dem in der Mitte des 20. Jahrhunderts beim Wandern irgendwo zwischen Hameln und Brilon aufging: «Die Erde ist ein Stern. Wir leben im Himmel.»

1. Auf Schneeschuhen

Hinter den letzten Häusern von Přední Výtoň, einem Dorf in den südlichen Ausläufern des Böhmerwaldes, machen Schneewehen den Weg unpassierbar. Eine meterhohe Barriere baut sich auf, wo der Traktor den Schneepflug gewendet hat. Jenseits zieht eine weiße Fläche hinauf zum Waldrand am Bergkamm. Die Feldwege, selbst die Weidezäune sind darin versunken. Mit klammen Fingern schnalle ich die Schneeschuhe an.

Die ersten Schritte im tiefen Schnee: behutsam den Schneeschuh mit der ganzen Tragfläche auf die Schneedecke aufsetzen und unter Einsatz der Teleskopstöcke das Körpergewicht dorthin verlagern. Die Oberfläche bricht. Schnee quillt durch Rahmen und Gitter. Es knirscht, knarrt und knarzt. Ich sinke ein. Aber nicht tief. Oberhalb des Knöchels, spätestens im unteren Bereich der Wade, kommt die Sinkbewegung zum Stillstand. Die Verstrebungen und geschlossenen Flächen des Schneeschuhs haben unter meinem Gewicht die Luft aus der Struktur des Schnees herausgepresst, ihn verdichtet und so fest getreten, dass er mich an dieser einen Stelle trägt. Sobald das Standbein Halt spürt, ziehe ich das andere nach, indem ich den Fuß nach oben anwinkele und den Schneeschuh aus der ovalen Vertiefung hebe, die er eingedrückt hat. Mit der nach oben gebogenen Front durchbricht er die vordere Kante des Abdrucks und kommt aus der Versenkung hervor. Es stäubt bis zum Knie hoch. Ohne Gamaschen wären die Hosenbeine schnell durchnässt. Zurück bleibt wieder ein kleines Relief im Schnee. Die nächste Bewegung: Das Gewicht des Oberkörpers wieder verlagern, das Bein strecken und den angehobenen Schneeschuh parallel an dem anderen vorbei heben. In einem Abstand, der weit genug ist, dass sie beim Aufsetzen nicht übereinandergeraten und sich verkanten, aber so eng, dass der Gang nicht breitbeiniger als nötig ausfällt. Eine Schrittlänge weiter vorne setze ich den Schneeschuh auf. Ich sacke ein, aber wiederum nicht sehr tief, vielleicht zwanzig Zentimeter, und finde Stand. Wie tief man kommt, ist vom Aufbau der Schneedecke abhängig, nicht von ihrer Höhe. Sehr pulvriger und sehr nasser Schnee geben am wenigsten Halt.

Das Prinzip des Schneeschuhgehens ist einfach: Du vergrößerst die Trittflächen deiner Fußsohlen und verteilst so dein Körpergewicht auf mehr Quadratzentimeter. Nach ein paar Schritten bekommst du ein Gespür dafür, wie tragfähig der Schnee dadurch geworden ist. Die anfängliche Angst zu versinken verfliegt und weicht einem Grundvertrauen. Der große Unterschied zum Skilaufen: Du gleitest nicht über die Oberfläche. Du watest im Schnee. Das alte deutsche Wort «stapfen», laut Grimms Wörterbuch «fest auftretend schreiten», trifft am besten diese besondere Art des Gehens. Durch den Schnee stapfen ist schweißtreibend und mühsamer als die Fortbewegung auf Skiern. Aber es braucht keine präparierten Loipen oder Pisten, keine geräumten Wege. Du bahnst dir – oder besser – spurst dir deinen eigenen Pfad im Unwegsamen. Dorthin, wo kein Pferd und keine Hunde den Schlitten ziehen, wo kein noch so bulliger Geländewagen, nicht einmal ein Snowmobil vordringt. Du bist autonom. Du gewinnst die Freiheit, auch im strengsten Winter aufzubrechen, wohin du willst.

Mein alter Traum: ein paar Tage auf Schneeschuhen durch weiße Wälder wandern. Dass ich auf den Böhmerwald verfiel, lag an Adalbert Stifter. Ein paar seiner Geschichten, die dort spielen und von Schneestürmen und eiszapfenbehangenem Hochwald erzählen, haben die Phantasie in Gang gesetzt. Nun liegt das Moldautal unter mir. Der Lipnostausee, der die Talsohle auf dreißig Kilometer Länge einnimmt, ist dick überfroren. Seine Eisdecke ist kaum noch vom festen Land zu unterscheiden. Der Jänner, so hatte ich im Gasthof in Přední Výtoň gehört, war noch grün. Es hatte nach einem weiteren milden Winter ausgesehen. Erst Anfang Februar kam der große Schnee. Ein kalter Wind bläst aus Nordwesten, als ich zu meiner viertägigen Tour durch das Grenzgebiet von Südböhmen, Oberösterreich und Ostbayern aufbreche.

Nach einer Stunde und hundert Höhenmetern sanftem Aufstieg ist die erste Kammlinie erreicht. Ein Blick zurück. Ging da ein Yeti? Meine ovalen Fußstapfen haben eine reißverschlussartige Spur hinterlassen, die in einer Schlangenlinie den Wiesenbuckel heraufkommt. Ohne Schneeschuhe wäre die Tour spätestens hier zu Ende gewesen. Erschöpft, durchnässt, entnervt hätte ich aufgegeben. Vor mir liegt das hügelige Land in monotonem Weiß. Scheinbar weglos und grenzenlos. Der schweifende Blick des Wanderers orientiert sich an den Strukturen der Landschaft und nicht am Netz der Wege. Nach Westen hin senkt sich der Höhenzug ins oberösterreichische Mühlviertel herab. Seine Kammlinie bildet die kontinentale Wasserscheide zwischen Moldau und Mühl, Donau und Elbe, Schwarzem Meer und Nordsee. Drei Kilometer unterhalb verläuft die uralte Grenze zwischen Böhmen und Oberösterreich. Jahrhundertelang war sie eine durchlässige grüne Grenze, dann vierzig Jahre lang hermetisch abgeriegeltes militärisches

Sperrgebiet, Eiserner Vorhang. Nun ist sie wieder offen, wenn auch vorerst nur eingeschränkt. Auch nach dem EU-Beitritt Tschechiens sind Reisende an die Grenzübergänge gebunden. Die kleineren sind im Winter zu. Der nächste ganzjährig geöffnete ist Guglwald. Vor mir erhebt sich die gezackte Silhouette eines Tannenwaldes. Die Wanderkarte bezeichnet das Gelände als «Svatý Tomáš», Wald und Berg des heiligen Thomas. Von seiner runden Kuppe läuft der Kamm nach Nordwesten zunächst in einer sanften Kurve, dann steil ansteigend über das Massiv des Hochficht zur Felswand des Plechy, des Plöckensteins, des Königs des Böhmerwaldes, und springt von dort zum Gipfel des Dreisesselbergs. Obwohl ich zum ersten Mal in dieser Landschaft bin und trotz aller radikalen Umbrüche des 20. Jahrhunderts, scheint sie vertraut. Das Schneeland vor mir ist die Landschaft, die Adalbert Stifter vor 150 Jahren beschrieb, jener «breite Waldesrücken» mit dem «Gewimmel mächtiger Joche und Rücken» an der «Mitternachtseite des Ländchens Österreich». Ein Bändchen mit seinen Erzählungen habe ich im Rucksack. Für die langen Abende.

Der Weg in den Wald hinein ist verweht. Nur als gekrümmte Schneise ist er zwischen den Baumstämmen auszumachen. Hier ist seit Wochen niemand mehr gegangen. Niemand? Tierspuren kreuzen den Weg. Sie sind viel auffälliger als im Sommerwald. Die Vorderläufe hintereinander, die Hinterläufe links und rechts gesetzt: Spuren eines Hasen. Mittelfingertief ist er eingesunken, in Sätzen von einem halben Meter mühsam vorwärtsgehoppelt. Eine winzige Spinne läuft behände vorbei. Wenig später eine neue Fährte. Die ovalen Trittsiegel bilden eine durchgehende Linie. Ein Fuchs ist entlanggeschnürt und nach einer Weile in Richtung Mühltal abgebogen. Zu seinem Bau? Zu einer Stelle, wo er Beute zu machen hofft? Viele Wald-

18 Auf Schneeschuhen

tiere halten Winterschlaf oder Winterruhe. Mit dem Verwelken der Bodenvegetation im Herbst stellen die Tiere ihre Lebensäußerungen um. Sie ruhen sehr viel. Manche graben sich in Schneehöhlen ein. Sie drosseln die Temperatur in den Extremitäten, reduzieren den Energiebedarf des Körpers. So kommen sie mit sehr viel weniger und minderwertiger Nahrung aus. Die Bäume haben ihre Wachstumsphase beendet. Das Gewebe der frischen Triebe ist verholzt. Die Blätter sind längst abgeworfen und die Blattstielnarben mit Kork verschlossen. Der Schnee schützt die Waldbodenpflanzen und deren Knospen vor dem Frost und bewahrt sie vor dem Erfrieren. Unter dem Schnee geht der Pulsschlag des Lebens, wenn auch stark verlangsamt, weiter. Ihr Existenzminimum finden die pflanzenfressenden Tiere in Form von Knospen und Nadeln. Die anderen Arten setzen ihre Beutezüge fort. Die kargen Spuren im Schnee erzählen von ihrem Leben und Überleben. Für das Wild, besonders für störanfällige Arten wie Raufußhühner, also Auer- und Birkhühner, kann es lebensbedrohlich werden, wenn sie öfters aus ihren winterlichen Ruheräumen aufgescheucht werden. Jede Fluchtbewegung bringt ihren Energiesparhaushalt durcheinander. In kalten Nächten gehen sie dann an Entkräftung und Unterkühlung zugrunde. Dieses Abc der Ökologie des Winterwaldes muss ein Schneeschuhwanderer kennen. Die Gänge abseits der Wege quer durch den Wald, so verlockend sie sind, sollte man sparsam dosieren. Habitate der Raufußhühner sind auf jeden Fall zu meiden. Im Nationalpark Bayerischer Wald sind ihre Ruhezonen gekennzeichnet.

Es hat zu schneien begonnen. Wind kommt auf. Die Flocken wehen frontal ins Gesicht, decken im Nu die Vorderseite des Anoraks zu. Im Bart gefriert der Atem zu Eisperlen. Einmal stürze ich der Länge nach in den Tiefschnee. Die hinteren

Spitzen sind stecken geblieben, als ich bei einem Wendemanöver einen Schritt rückwärts mache. Das geht auf Schneeschuhen nicht. Man muss die Füße Zug um Zug seitwärts bewegen, um die Schneeschuhe in die gewünschte Richtung zu bringen. Bei jedem Sturz wird die eindringende Nässe unweigerlich zum Problem. Vor allem wenn man schon schwitzt. Es dauert seine Zeit, bis ich mich aufgerichtet und den Schnee einigermaßen abgeschüttelt und abgeklopft habe. Einiges bleibt haften. An den Handgelenken zwischen Handschuhen und Ärmeln und am Hals zwischen Rollkragen und Kapuze hängen Eisklumpen, die auf der Haut rasch schmelzen. Trocken bleiben ist beim Winterwandern oberstes Gebot. Nicht klirrender Frost, sondern die von Schweiß und Schnee feuchte Kleidung führt zur Unterkühlung. Erst recht, wenn der Wind kalt und böig weht, wird das schnell gefährlich. Gefühllosigkeit in Fingern und Zehen sind die ersten Symptome. Wenn unkontrollierbares Zittern und Zähneklappern einsetzen, wird es höchste Zeit, die Wanderung abzubrechen.

Ich drossele das Gehtempo, um nicht stärker ins Schwitzen zu kommen, bleibe häufig stehen. Als ich zwischen Bäumen und Granitgeröll den Steilhang nach Svatý Tomáš hinaufstapfe, reißt die Wolkendecke auf. Die Himmelsbläue löst die harten Schwarz-Weiß-Kontraste auf. Zwischen dem warmen Braun der Baumstämme und dunklem Tannengrün beginnt das kalte Weiß der Schneedecke und der Schneehauben auf den Ästen und Felsblöcken zu glitzern. Die Sonne enthüllt die «Pracht» – ein Lieblingswort Stifters – des Winterwaldes. Ein weites Schneefeld bedeckt die Bergkuppe. Im Frühsommer, stelle ich mir einen Moment lang vor, leuchtet hier das Gelb von Löwenzahn und Arnika aus saftigem Grün. An der Kammlinie taucht der Glockenturm eines Kirchleins auf:

St. Thomas. Hinter der Kirchhofsmauer eine kleine Ansammlung von Plattenbauten und neuen Häusern. Auf dem bewaldeten Bergplateau ragt ein stählernes Turmgerüst hervor – ein ehemaliger Wachtturm der tschechischen Grenztruppen. Gleich daneben, von Wipfeln noch fast verdeckt, das Gemäuer einer Burgruine: Hrad Vitkův kámen, Burg Wittinghausen. In der Topographie von Stifters poetischer Landschaft war das «alte Schloss», wie man in den umliegenden Dörfern zu seiner Zeit sagte, neben Dreisesselberg und Plöckensteiner See die wichtigste Landmarke. Es ist das feste «Haus», das die Hauptfigur im Mittelalterroman *Witiko* für seine junge Frau Bertha baut. Es ist die am Ende von den Schweden zerstörte «Waldburg» aus der Erzählung *Hochwald*, die Ruine, die in *Granit* der Großvater seinem Enkelkind zeigt.

Bei der Annäherung erkennt man die kompakte Struktur der gotischen Burganlage. Wie das Kirchlein wurde sie in der ersten Hälfte des 13. Jahrhunderts errichtet, also etwa zu der Zeit, als ein Mönch im nahen Passau das *Nibelungenlied* aufschrieb. In seinem historischen Roman *Witiko* erzählt Stifter von der Gründung der Burg durch die «Herren der Rose», die böhmische Adelsfamilie der Rosenberger. Die Fundamente ruhen auf einem Untergrund aus Granit. Ein wuchtiger, quaderförmiger Turm mit Fensteröffnungen und Schießscharten und einem niedrigen, aber massigen polygonalen Vorbau bildet den Kern der Burg. Der zweistöckige Turm, aus Bruchstein gemauert, vereinigt die Funktionen von Palas und Bergfried, Wohnbereich und Befestigung. Die Ringmauern, an denen früher die Wehrgänge entlangliefen, sind einigermaßen gut erhalten. Burghof und Brunnenschacht, Burggraben und die Lage der Zugbrücke kann man unter der Schneedecke erahnen.

Stifter kam sommertags von Oberplan, Horní Planá, seinem Heimatort, oder von Friedberg, dem heutigen Frymburk, aus dem Moldautal heraufgewandert. «Oft saß ich in vergangenen Tagen in dem alten Mauerwerke, ein liebgewordenes Buch lesend oder bloß den lieben aufkeimenden Jugendgefühlen horchend, durch die ausgebröckelten Fenster zum Himmel schauend …», heißt es im Anfangskapitel seiner 1842 erschienenen Erzählung *Hochwald*. Bevor die Handlung einsetzt, eine bittersüße Liebesgeschichte aus der Zeit des Dreißigjährigen Krieges, gibt er eine dichte Beschreibung des Schauplatzes. Sein Blick wandert über den «grauen viereckigen Turm auf grünem Weidegrund», die «tausend Gräser» auf dem Hof, die «Wildnis schöner Waldkräuter», die sich in den Gemäuern eingenistet hat. Stifter als Reiseführer? Trotz aller wiedererkennbaren Bezüge ist seine Landschaft ein imaginärer poetischer Raum. Mit Hilfe der Fixpunkte entwerfen die Texte ein Netz räumlicher Beziehungen, eine Ordnung. Die Zeit darin verläuft zyklisch, bestimmt vom natürlichen Rhythmus der Jahreszeiten, der Sukzession der Pflanzengesellschaften, der Abfolge der Generationen. Raum und Zeit verschmelzen zu einem sinnstiftenden Kosmos. Stifters Erzählungen handeln von der Initiation der Kinder in diese Ordnung hinein, von gewaltsamen Störungen, nicht zuletzt durch das «Scheusal Krieg», von Verlust und Wiedergewinnung der räumlichen und moralischen, äußeren und inneren Orientierungen. Seine Utopie kreist um den Einklang von Mensch, Natur und regionalem Lebensraum. Sie ist sozusagen ein spätromantisches Modell von «Nachhaltigkeit». Die elementare Tugend, die er seinen Figuren einschreibt, zuallererst den einfachen Menschen, den Holzfällern, Wildschützen und Kräuterfrauen, ist das «Zartgefühl». Gemeint ist die Fähigkeit zur Sensibilität im Umgang mit der Natur und in den zwischenmenschlichen Beziehungen. Stifter in seiner Heimat zu lesen ist erhellend: Die Dichtungen gewinnen an Leben, der Raum bekommt Aura. Die doppelte Annäherung ist in dieser Landschaft von besonderer Bedeutung. Kaum eine andere in Mitteleuropa war von den Katastrophen des 20. Jahrhunderts so stark betroffen.

Die Fernsicht nach Süden auf die Alpenkette, jenen «ungeheueren Halbmond» der Norischen Alpen, von der Stifter schwärmte, ist an diesem Nachmittag verhangen. Auch der im Nordwesten gelegene Plöckenstein bleibt verborgen, von dessen Gipfel im *Hochwald* die beiden schönen Töchter des alten Burgherrn von Wittinghausen im Fernrohr die Rauchfahnen aus den Trümmern der heimatlichen Burg entdeckten. Zwischen Berg und Burg liegen laut Roman «zehn Wegstunden». Auf der Wanderkarte sind es 23 Kilometer Luftlinie. Ich habe vier Tage Zeit, wähle nicht wie Stifters Figuren die Route im Moldautal, sondern will dem Schwarzenbergischen Schwemmkanal folgen. Der Fahrweg – und Radwanderweg – von Svatý Tomáš nach Koranda, wo man auf den Kanal stößt, ist geräumt. Man geht auf plattgefahrenem Schnee. Die Schneeschuhe kann ich also erst mal abschnallen und am Rucksack festmachen. Sie sind für mich Fortbewegungsmittel, kein Sportgerät. Jede Abwechslung tut gut. Auch wenn ich mich überraschend schnell mit ihnen angefreundet habe – jetzt ist das Gefühl der Befreiung deutlich. Man merkt, wie anstrengend das stundenlange Waten im Tiefschnee gewesen ist.

Der Weg führt wieder durch Fichtenwald. Aus der Ferne knattert eine Kettensäge. Ein Förster überholt mich im Geländewagen. Ein Reiter kommt mir auf einem starkknochigen Pferd entgegen. Dobrý den – guten Tag! Ein alter Mann mit

Bartstoppeln, Russenschapka, derber Joppe. Nach Koranda – wie viel Kilometer? Drei Finger gehen hoch, und die Handbewegung, immer geradeaus. Die Grenze nach Österreich? Koranda, dann zwei Kilometer. Kommt man rüber? Neni problem.

Koranda, der Rosenhügel, entpuppt sich als flache, weite Lichtung. Eine Holzbrücke überquert einen zwei, drei Meter breiten Wassergraben, der sich, überfroren und schneebedeckt, schnurgerade durch das Gelände zieht. Im tschechischen Reiseführer bekommt dieser eher unscheinbare Punkt in der Landschaft als «technikgeschichtliches Denkmal» drei Sterne. Die österreichische Tourismuswerbung spricht vom «(s)achten Weltwunder». Ich habe den Schwarzenbergischen Schwemmkanal erreicht. Koranda ist die Stelle, wo man das Holz eine kurze Strecke bergauf geflößt hat. Hier überquert der Schwemmkanal die kontinentale Wasserscheide und senkt sich ins Tal der Großen Mühl, die er auf der österreichischen Seite bei Haslach erreicht. Über den Rosenhügel wurde im 19. Jahrhundert das Holz in Scheiten von den Höhen des Böhmerwaldes zur Großen Mühl und weiter zur Donau geflößt. Dreißig Bäche speisten den Kanal während der Schwemmperiode zur Zeit der Schneeschmelze. Bis zu 1000 Saisonarbeiter, die «Scheiterbehm», waren mit der Holztrift beschäftigt. Unter Ausnutzung der erneuerbaren Energien von Wasser und Muskelkraft wurde 100 Jahre lang die Kaiserstadt Wien mit Millionen Festmetern des nachwachsenden Rohstoffs versorgt.

Stifter lebte, als Holzeinschlag und Flößerei im Böhmerwald ihren Höhepunkt erreichten. Das spektakuläre Bauwerk hat er nur ein einziges Mal erwähnt. Vermutlich sah er in dem Meisterwerk der Ingenieurkunst vor allem die Ursache für die vielen «Baumfriedhöfe», die Kahlschläge in den heimatlichen Wäldern. Stifters «sanftes Gesetz» beruht auf einem tieferen Respekt vor dem Wirken der Elemente und dem Haushalt der Natur. Sein Wald ist kein Ressourcenlager, sondern ein Organismus. «Denken wie der Wald», fordert die junge Bertha in *Witiko* von ihrem künftigen Ehemann. Die nachwachsenden Rohstoffe pfleglich nutzen, ihre Regenerationszeiten beachten, die Artenvielfalt bewahren, «jungfräulichen» Wald und «göttliche» Wildnis schützen – all das gehört unverzichtbar zum «Sittengesetz» der Nachhaltigkeit. Stifters «sanftes» Gesetz huldigt Gaia, der lebenspendenden Sphäre des Planeten.

Ein Wegweiser: 1,8 Kilometer bis zum Iglbach-Durchlass. Ich schnalle die Schneeschuhe wieder unter, folge auf der Böschung diesem ältesten Abschnitt des Schwemmkanals. Zwischen Fichtenstämmen und Uferböschung stapfe ich durch unberührten Schnee. Die Stille des Winterwaldes nimmt mich auf. Es ist nicht die durch Vogelstimmen, Insektensummen, Windrascheln und plätscherndes Wasser grundierte, lebendige Stille des Sommerwaldes. Diese hier ist abgrundtief. Unter und neben den Atemzügen werden Herzklopfen und Pulsschlag hörbar. Ich muss mich längst nicht mehr auf die Bewegungsabläufe konzentrieren, muss auf keinen Weg achten. Beim monotonen Gehen durch das weiße Schweigen kann man in sich selbst einsinken.

Schon kurz nach vier geht die Sonne hinter dem Kamm unter. Mit der rasch hereinbrechenden Dämmerung erwacht die Sorge um das Nachtquartier. Im Winter hat sie eine andere Dringlichkeit. Der Wettlauf mit der Dunkelheit beginnt. Am Iglbach-Durchlass bin ich auf österreichisches Territorium gewechselt. Das Licht im Wald wird fahl, die Atmosphäre beklemmend.

Eine Stunde lang gehe ich, renne ich neben einer Langlaufloipe her. Am Waldrand der erlösende erste freie Blick ins Tal: vor mir die anheimelnden Lichter eines alten Vierseithofes, tief unten im Mühltal die Häuser von Aigen-Schlägl. Mitten im Ort, von einem warmen Licht angestrahlt, die barocken Türme von Stift Schlägl. Noch ein kurzes Stück Weg, dann die behagliche Wärme eines Mühlviertler Landgasthofes – ein ungemein wohliges Gefühl.

Die Schneeschuhe sind am Rucksack festgezurrt, als ich am nächsten Morgen bei minus vier Grad von Oberhaag wieder in Richtung Schwemmkanal aufbreche. So ähnlich mögen in vergangenen Jahrhunderten die Holzhauer des Stifts und die Jagdburschen der Herren von Schwarzenberg wintertags zur Arbeit in die Wälder gezogen sein. Skier wurden erst Ende des 19. Jahrhunderts eingeführt – von Forstleuten, die in Skandinavien gewesen waren. «Schneereifen», wie man früher sagte, haben eine viel längere Tradition. Sie waren immer schon das Utensil der Waldarbeiter und Bergbauern, der Jäger und Bergknappen, Wilderer und Schmuggler, auch der Landärzte und Schulkinder – also aller, die darauf angewiesen waren, auch im Winter außerhalb der Dörfer überallhin zu kommen.

Das Wort «Schneereif» belegt Grimms Wörterbuch mit einer Quelle aus dem Jahr 1575. Diese berichtet über Bergleute, von denen «etliche mit ihren secken, schnereyff, fuseysen und pergstecken» zu den abgelegenen Erzstollen wanderten. Stifter erwähnt «Schneereife» in einer Aufzählung bäuerlicher Geräte. Im Herbst würden sie zusammen mit Schlitten und Schaufeln bereitgestellt, um nicht durch die kommenden Schneemassen von der Welt abgeschnitten zu werden. Im Waldmuseum im bayerischen Zwiesel sind alte Modelle ausgestellt. Schlichte Holzrahmen aus Buche oder Esche, im nassen Zustand gebogen und zusammengenagelt, tellerrund oder oval, mit einem Geflecht aus Weidenruten, Lederriemen oder Hanfschnüren und einer einfachen Bindung versehen.

Ein ziemlicher Kontrast zu dem modernen Modell, das mich durch den Böhmerwald trägt. Die Schneeschuhe bestehen aus orangefarbigem Plastik, sind von der etwas nach oben gebogenen Front bis zum Sporn am hinteren Ende 60 cm lang und, leicht geschweift, an der breitesten Stelle 25 cm breit. Auf der Unterseite geben zwei Reihen von jeweils drei Dornen Halt im verharschten Schnee. Meine Schuhe, ziemlich wasserdichte und kälteisolierende Winterstiefel aus dem Schlussverkauf einer Billigkette, sind auf einer an der Ferse beweglichen Bindungsplatte befestigt, die vorne mit einer dreizackigen Kralle in den Schnee greift. Ein Modell aus Frankreich, wo das Wandern auf «raquettes à neige» sehr populär ist – der neueste Schritt in der Evolution des Schneereifens.

Das alte Wort hat sich nur im Südtiroler Deutsch erhalten. Dort spricht man heute noch von «Schneerafn». Überall sonst im deutschen Sprachraum läuft man Gefahr, missverstanden zu werden, wenn man es benutzt. Sind vielleicht «Winterreifen» gemeint? Die Umrüstung der Fahrzeuge ist in der Gegenwart zum wichtigsten Teil der Vorsorge für den Winter aufgestiegen. In der Rangliste der Google-Suchbegriffe besetzt «Winterreifen» zu Beginn der Saison regelmäßig einen der vorderen Plätze. Das Comeback des Schneereifens verdankt sich einem amerikanischen Trend. Dort waren Schneeschuhe bei den Wald-Indianern und den Eskimos in den polaren Schneewüsten Kanadas und Alaskas seit mindestens 6000 Jahren überlebenswichtiger Gebrauchsgegenstand.

Gegen Ende des 20. Jahrhunderts entdeckte man sie als Sportgerät für jedermann. Zwar wurden die klassischen Biberschwanz- oder Bärentatzenformen mit dem netzartigen Geflecht aus Rohlederstreifen oder Elchsehnen bald durch funktionale Hightech-Anfertigungen aus Aluminiumrahmen und Neoprenbespannung ersetzt. Aber die Indianer-, Goldgräber- und Trappernostalgie, Jack Londons Alaskaroman *Lockruf der Wildnis* entlehnt, blieb mit dem neuen Sport verknüpft. In den Wäldern Kanadas oder der Sierra Nevada mag sie am Platz sein. Leicht skurril wirkt es, wenn Veranstalter von Schneeschuhwanderungen im barocken Mühlviertelort Aigen-Schlägl mit Hilfe von Schlittenhunden und Lagerfeuern Wolfsblutromantik zaubern wollen. Wie wär's stattdessen mit einer Prise Wildschütz- und Waldhüter-Romantik aus dem erzählerischen Fundus Stifters? Gold hat man übrigens auch aus dem Flussbett der jungen Moldau gewaschen. Spuren davon sollen heute noch zu finden sein.

Wieder auf der Route, den Weg am Schwemmkanal, jetzt am Nordosthang von Bärenstein und Sulzberg, 1000 Meter hohe Berge. Leichter Schneefall. Der Graben ist auf weiten Strecken zugeschneit und kaum zu erkennen. Nur an den Schleusen, wo ein Bach einfließt oder in Rohren den Kanal überquert, kommt auf kurze Strecke blankes Eis, hier und da schwarzes Wasser zum Vorschein. Für kurze Zeit unterbricht das Rauschen des Baches die Stille. Dieser Klang soll dem Böhmerwald seinen tschechischen Namen gegeben haben: «Šumava» kommt von «šumit», rauschen. Ob das Wasser namensgebend war oder der rauschende Wald – oder beides –, ist noch umstritten. Einem namenlosen Bachlauf folge ich im Wald bergauf. Wie geht man auf Schneeschuhen einen Abhang an? Am besten direkt, in der Falllinie. Man muss nur

28 Auf Schneeschuhen

das Gewicht stärker nach vorne verlagern und mehr mit den Stöcken arbeiten. Beim letzten Anstieg kann man bei Bedarf die Schneeschuhe zum V anwinkeln und in den Pinguingang überwechseln. So sind auch Steigungen von über 30 Prozent zu meistern. Ins Rutschen – wie auf Skiern – kommt man nicht. Im Wald sollte man allerdings die Stellen meiden, wo junge Fichten dicht zusammenstehen. In den Zwischenräumen hat das Astwerk unter der Schneedecke Hohlräume gebildet. Man bricht unweigerlich ein. Sich aus dem Loch zu befreien ist mit den sperrigen Tellern an den Füßen gar nicht so einfach. Dasselbe gilt für das Überqueren von verschneiten Wasserläufen und sumpfigen Stellen. Im Gelände sind sie kaum zu erkennen. Dort ist der Schnee von unten her getaut und von fließendem Wasser unterspült. Bricht man in solch ein Schneeloch oder eine Schneebrücke ein, holt man sich zumindest nasse Füße und durchnässte Hosenbeine. Das kann – anders als im Sommer – wirklich gefährlich werden. Bei diesen Temperaturen hat man nicht viel Zeit. Man muss sich schnell umziehen, darf nicht warten, bis alles gefroren ist. Sonst bekommt man unter Umständen die Schuhe nicht mehr ausgezogen.

Nicht weit von hier, in den Wäldern der rauschenden Wildwasser, ist Viktor Schauberger aufgewachsen. Ein eigensinniger Tüftler, Naturphilosoph und Erforscher der Wasserenergien. Geboren ist er 1885, keine 20 Jahre nach Stifters Tod, in dem Weiler Holzschlag am Hochficht, wo sein Vater als Förster mit der Flößerei am Schwemmkanal direkt zu tun hatte. An den Gebirgsbächen und Wasserfällen hat er im Spätherbst die Wanderung der Forellen zu ihren Laichplätzen beobachtet. Sein Schlüsselerlebnis hatte er in einer mondhellen Nacht: «Es schien, als würde sich die Forelle wiegen, und

Auf Schneeschuhen **29**

sie tanzte in stark ausgeprägten Schlingerbewegungen eine Art Reigen im wellenden Wasser. Plötzlich verschwand sie unter dem wie Metall einfallenden Wasserstrahl. Die Forelle richtete sich kurz auf, und ich sah eine wilde Kreiselbewegung. Aus dieser löste sich die verschwundene Forelle und schwebte bewegungslos aufwärts.» Fasziniert von der Kraft des «lebendigen Wassers» begann Schauberger nach einer forstlichen Ausbildung mit dem Bau von Holzschwemmanlagen. Dazu nutzte er diejenigen Energien des strömenden Wassers, die durch Verwirbelung und Temperaturgefälle entfesselt werden. Hatte Stifter von seiner Sehnsucht nach «frischer Luft und edlem Wasser» gesprochen, so entwickelte Schauberger in den 1930er Jahren Verfahren zur «Veredelung» von Wasser, nämlich zur Herstellung von quellwasserähnlichem Trinkwasser. Dann wandte er sich der Entwicklung von Schiffsschrauben und Turbinen zu, experimentierte – zeitweilig auch im Dienste der Nazis – mit Implosionsmotoren. So richtig funktioniert hat offenbar nichts. Viktor Schauberger starb 1958 in Linz. Belächelt, verfemt, von wenigen verehrt. Einer von den vielen Grenzgängern zwischen Tradition, Technik und Esoterik, deren Zeit unwiderruflich vorbei ist – oder noch kommt. Im Internet jedenfalls werden seine Ideen von Esoterikern und kühlen Praktikern lebhaft diskutiert.

Nach drei Stunden ein Dorf. Abgelegen auf der Höhe, dicht an der tschechischen Grenze: Sonnenwald. Nur eine Ansammlung von Häusern auf einem Schneefeld, Rauchfahnen in der Luft. Sonnenwald ist ein ehemaliges Glasmacherdorf des Stiftes Schlägl. Das alte Handwerk ist längst ausgestorben. Aber sonst hat sich der Ort seit Schaubergers und Stifters Zeiten äußerlich wohl wenig verändert. In der Jausenstation gibt es eine heiße Suppe. Der Wirt nennt mir ein paar landschaftliche Höhepunkte und ein paar Quartiere an meiner Route. Noch drei Kilometer bis zum ganzjährig geöffneten Grenzübergang Schöneben. Am späten Nachmittag bin ich im Quartier, einer neugebauten Pension oben am Talhang in Zadní Zvonková, dem ehemaligen Glöckelberg. Abends beleuchtet der Mond das weite Moldautal. Bei einer Kanne Tee im warmen, dunklen Zimmer genieße ich das Panorama. Hügel und Bergkämme liegen im fahlen Licht. Im Süden der Signalmast von Svatý Tomáš, meinem Ausgangspunkt. Unten die Uferlinie des zugefrorenen Lipnosees, jenseits die Lichter von Horní Planá, dem Stifter-Ort. Im Garten läuft ein Baummarder in eleganten Bewegungen am Holzstapel vorbei, verharrt, schlüpft dann durch den Zaun und setzt seinen Beutezug auf freiem Feld fort. Mich zieht es noch einmal hinaus. Ich schnalle die Schneeschuhe unter, mache einen kurzen Gang über das Feld. Der Polarstern ist herausgekommen. Die Schneekristalle reflektieren das Mondlicht. Die Konturen der Dinge treten viel klarer hervor als in einer Frühlingsnacht.

Später Aufbruch am nächsten Morgen. Das alte Kirchlein von Glöckelberg ist Ausgangspunkt für die vorletzte Etappe. Es steht einsam an der Stelle, wo die schmale, von Ulrichsberg kommende Passstraße den Schwemmkanal überquert und sich ins Moldautal hinabsenkt. Ein Dorf existiert nicht mehr. Das Territorium zwischen Stausee und Staatsgrenze wurde in der sozialistischen Zeit systematisch von Bewohnern geräumt. Eine Handvoll LPG-Komplexe und Wohnblocks für Militärangehörige traten an die Stelle der Dörfer. Der 2001 erschienene tschechische Reiseführer nennt die alten deutschen Namen der böhmischen Dörfer und vermerkt nicht ohne Wehmut deren Schicksal: «Nach der Aussiedlung der deutschen Bevölkerung verödet und rasch verfallen ...», «nach 1960 praktisch spurlos verschwunden ...», «geplündertes Objekt ...», «völlig ausgesiedelt, die Gebäude abgerissen ...», «gänzlich verfallenes Dörfchen ...», oder: «Das Leben ist erloschen.» Die deutsche Okkupation und die daraus resultierende Vertreibung der deutschsprachigen Bevölkerung, die Errichtung des Eisernen Vorhangs in Form eines breiten Sperrgürtels, schließlich der Bau der Staumauer und die Flutung des Moldautales in den 1950er Jahren haben das Antlitz der Landschaft brutal verändert. Erholt hat sie sich noch nicht.

Der Schwemmkanalweg läuft jetzt zwischen Waldrand auf meiner linken und offenem Talgrund zu meiner rechten Seite am Bergrücken des Smrčina/Hochficht entlang. Ich laufe wieder auf meinen Tellern. Die Bewegungsabläufe haben sich automatisiert. Die Koordination von Beinen, Armen und Atmung bedarf kaum noch der bewussten Steuerung. Ein Wegweiser zeigt die Richtung, in der es zur Fähre nach Horní Planá geht. Ein Weg ist in der Schneewüste allerdings nicht zu erkennen. Ich stelle mir ein staubiges Band durch blühende Wiesen vor: Trauermäntel flattern von Blüte zu Blüte, Silberdisteln wuchern am Wegrand, in flirrender Hitze liegen Steg und Badestelle. Aber jetzt fällt der Schnee dichter aus bleiernem Himmel. Heftige Windböen stäuben ihn von den Tannen herab. Die Bäume ächzen. Schwere Ballen rutschen herunter. Dünne weiße Schleier, von faustdicken Brocken durchsetzt, wehen mir entgegen. Der sich ankündigende Schneesturm bleibt aus. Trotzdem gebe ich meinen Plan, noch den Plöckensteiner See zu erreichen, auf und biege talwärts ab in Richtung Nová Pec, einem alten Holzfällerdorf an der Moldau, das heute noch von der Holzindustrie lebt.

Die Bettlektüre an diesem Abend ist Stifters *Aus dem bairischen Wald*, sein faszinierender Bericht von einem Schneesturm, den er in den Lackerhäusern auf der bayerischen Seite des Dreisesselmassivs, gut 15 Kilometer Luftlinie von hier, im November 1866 erlebt hat: «Das war kein Schneien wie sonst, kein Flockenwerfen, nicht eine einzige Flocke war zu sehen, sondern wie wenn Mehl von dem Himmel geleert würde, strömte ein weißer Fall nieder ...» Von seiner Stube im Rosenberger Gut aus, wo er sich von seiner schweren, letztlich todbringenden Krankheit erholen wollte, sieht der Autor mit zunehmender Fassungslosigkeit dem «Naturereignis» draußen vor seinem Fenster zu: «Die Gestaltungen der Gegend waren nicht mehr sichtbar. Es war ein Gemische da von undurchdringlichem Grau und Weiß, von Licht und Dämmerung, von Tag und Nacht, das sich unaufhörlich regte und durcheinandertobte, alles verschlang, unendlich groß zu sein schien, in sich selber bald weiße fliegende Streifen gebar, bald ganze weiße Flächen, bald Balken und andere Gebilde, und sogar in der nächsten Nähe nicht die geringste Linie oder Grenze eines festen Körpers erblicken ließ ...» Stifter beschreibt hier, was die Meteorologen in Nordamerika «white out» nennen, einen völligen Verlust der räumlichen Orientierung in den herabfallenden Schneemassen. Das Erlebnis hat ihn ein Jahr vor seinem Tod zutiefst verstört, ähnlich wie die Sonnenfinsternis, die er als junger Mann 1842 erlebt und beschrieben hatte: Die Natur ist keine Idylle. Sie ist lebenspendende Kraft, aber immer auch zerstörerische Gewalt. Drei Tage lang war er in der Schneewüste von der Außenwelt abgeschnitten. Dann erst konnte er sein Quartier verlassen, aber auch nur mit Hilfe aus dem Dorf. «Die Leute traten ... mit Schneereifen auf den feuchten Schnee so feste Fußstap-

Auf Schneeschuhen 33

fen, dass man auf ihnen gehen konnte. Jeder Tritt aber seitwärts hätte unberechenbares Einsinken zur Folge gehabt.»

Sonnenaufgang 7.27 Uhr. Klirrender Frost, völlig klarer Himmel, Windstille. Von der Moldaubrücke in Nová Pec ist der mächtige Bergzug zwischen Hochficht und Dreisesselberg zu überblicken. Irgendwo in den bewaldeten Berghängen versteckt, liegt der Plöckensteiner See, mein letztes Ziel. Die Straße geht sanft, aber stetig bergauf, über eine Bahnlinie, an einem modernen Sägewerk, einer Arbeitersiedlung und Ferienhäusern vorbei zum Waldrand. Sie ist geräumt, aber an manchen Stellen tückisch vereist. Auf einer Wiese am Ortsende stakst ein Reh durch den tiefen Schnee, sinkt fast bis zum Bauch ein. Ein kurzer Blick zurück ins Tal, die Schneeschuhe angeschnallt. Dann nimmt mich der Wald, Stifters «Hochwald», auf. Er ist heute ein ausgedehnter Bergfichtenwald, mit Tanne, Eberesche, Bergahorn und Buche gemischt. Je höher man kommt, desto urwüchsiger wird er. Stamm an Stamm, im Abstand von sechs, sieben, manchmal zehn Schritten stehen die hohen Fichten am Hang. Die großen Äste sind von schweren Schneehauben heruntergebogen, die Schäfte an der Wetterseite von weißen Leisten überzogen. Unter der Schneedecke die kugeligen Gestalten weihnachtsbaumgroßer Jungfichten und erratische Granitblöcke. Am Seebach erreicht man das «Tal der Hirschberge», den Ort, wo in Stifters Novelle *Hochwald* die Flüchtlinge ihrem Beschützer, dem alten, weisen, ritterlichen Gregor begegnen, der sie in ihr Versteck am Plöckenstein bringen wird. Der Wald wird lichter, der Weg zu einer breiten Schneise. Beim Versuch, am Bach meine Flasche zu füllen, bricht die Schneebrücke, auf die ich mich vorgewagt habe. Um ein Haar hätte sie mich in das eisige Wasser mitgerissen.

Dann ein magischer Moment meiner Winterwanderung: Die aufgehende Sonne hat den Punkt ihrer Bahn erreicht, von dem aus sie den Hang, den ich gerade emporsteige, voll beleuchtet. Überall um mich herum beginnen Myriaden Schneekristalle zu funkeln und zu glitzern. Bei jedem Schritt erlischt ein diamantenes Feld, und ein neues scheint am Boden auf. Die Sonnenstrahlen bringen das Wunder des Schneekristalls zum Vorschein. Jede Schneeflocke, sagt man, ist anders. Jede ist eine ureigene, freie Variation der ihr vorgegebenen sechseckig-kristallinen Struktur. In jeder hat sich hoch oben in den Wolken der Zusammenschluss des Wassermoleküls mit der Luft in einer anderen Gestalt vollzogen. Jede ist in ihrem freien Fall zur Erde zu einem komplexen und symmetrischen, einzigartigen Gebilde gewachsen, das, wenn es schmilzt, für immer verloren ist. Unendliche Vielfalt, Schönheit und Vergänglichkeit. Die glitzernden Flächen ringsum, der weiße Wald, der blassblaue Himmel, verbinden sich zu einem Bild makelloser Schönheit. «Terra lucida», lichterfüllte Erde, sagten die Mystiker. Die Anstrengungen der letzten Tage fallen von mir ab. Aus den Bewegungen ist jede tapsige Schwerfälligkeit verschwunden. Ich habe das Gefühl eines harmonischen Schreitens durch den Winterwald. Ein exquisites Erlebnis. Der letzte Anstieg ist ein schmaler Steig durch engstehende junge Fichten. Ab und zu streift mich ein Ast. Schnee stäubt. Ich bin der Erste, der an diesem Morgen hier geht. Eine verwehte Spur, kaum noch erkennbar, weist den Weg. Zwischen den Stämmen erscheint eine ebene Fläche. Dann bin ich am Ziel. Ein fast runder See, überfroren, verschneit, umgeben von einem Kranz schmaler Bergfichten, vor einer steil aufragenden, mächtigen Felswand. Der Plöckensteiner See, Stifters «Zaubersee». Tiefe Einsamkeit, tiefe Ruhe.

Auf Schneeschuhen **35**

Ausrüstung
||||||||||||||||||||||||||||||

Einfach verschwinden. Den Rucksack packen, verschwinden. Unterwegs auf sich allein gestellt sein. Niemanden brauchen. Den Weg verlassen können. Ohne Weg gehen. Flexibel reagieren können. Natur erleben. Sich selbst in einer großen Landschaft erleben. Keine Spuren hinterlassen. Autonom, selbstgenügsam, autark sein. «Autárkeia», das griechische Ursprungswort, übersetzt man neuerdings mit «Selbstmächtigkeit». Das Erlebnis weitgehender Freiheit ist Essenz und Faszinosum des Wanderns. Ausrüstung hat dem zu dienen. Sie ist dazu da, dafür die Spielräume zu schaffen und zu erweitern. Wie für das Wandern selbst gilt auch für die Wahl der Ausrüstung: Es gibt nicht den einzigen, richtigen, linearen Weg. Jedes Dogma wäre von vornherein verfehlt.

Ötzi, der Gletschermann, wanderte in einem Umhang aus Gras und mit Bärenfellstiefeln an den Füßen über den Alpenkamm. Saigyo, der Wandermönch aus dem 12. Jahrhundert, schnitt sich einen Bambusstab für seine einsamen Pfade durch das japanische Hinterland. Hölderlin schulterte sein kleines «Felleisen» und nahm seinen «Dornenstock», sein «unentbehrliches Meuble», in die Hand, als er Ostern 1791 zu seiner Wanderung von Tübingen zum Vierwaldstätter See aufbrach. Hesse packte sein «Zeug» in einen verschlissenen grünen Jägerrucksack. Clemens Forell, der archetypische deutsche Kriegsgefangene aus dem Epos *So weit die Füße tragen*, hatte für vier Wochen Brot, Dörrfisch, Machorka und Wodka im Leinensack, als er im Winter «Neunundvierzig» auf sibirischen Birkenbrettern seine lange Flucht antrat. Reinhold Messner war bei seinen Gipfelerlebnissen auf dem Dach der Welt in Fleece und Goretex aus den Retorten der Chemieindustrie gekleidet. Mit

36 Auf Schneeschuhen

seiner E. M. U. (Extravehicular Mobility Unit) aus schneeweißem Raumanzug, Helm und kastenförmigem Rucksack trug Neil Armstrong 1969 auf seinem gut zweistündigen «moonwalk» eine komplette Atmosphäre mit sich. Die Zeiten ändern sich. Aber in ihrer Zeit, auf jeweils eigene Weise war jeder aus dieser großen Bruderschaft der Wanderer ein Meister der Selbstsorge.

Was wir am Körper und auf dem Rücken tragen, ist dann «funktional», wenn es uns optimal hilft, unser Ziel zu erreichen. Das ist freilich nicht in erster Linie der Punkt Omega am Ende unserer Route. Das Ziel liegt im Erlebnis des Weges und des Unterwegsseins selbst. Wann und wo der Wanderer Momente des Glücks oder der Bewusstseinserweiterung erlebt, ist nie vorhersehbar. Meistens geschehen sie auf dem Weg und nicht erst am Ziel. Alles, was die Durchlässigkeit für den Strom der Eindrücke von außen und der Regungen von innen steigert, ist willkommen. Alles, was uns an Bewegung und Wahrnehmung hindert, was uns von Natur und Kosmos und unserer Gefühlswelt abschottet, ist Ballast. Damit ist keiner radikalen Askese das Wort geredet. Es gibt ganz gewiss ein «Zuviel», aber eindeutig auch ein «Zuwenig». Wer stundenlang vor Kälte bibbernd unterwegs ist, hat nur noch einen Gedanken: ins Warme kommen. Wo eine Wanderung freudlos wird, wo sie die Gesundheit eher gefährdet als kräftigt, ist ebenfalls eine Grenze der Belastbarkeit überschritten. Die richtige Balance finden, für sich persönlich, prägt den individuellen Stil des Wanderns.

Eines scheint besonders wichtig: die Freude am Gehen nicht von der Qual des Tragens zerstören lassen. In diesem Licht ist die Frage der Ausrüstung zu bedenken. Nach der Wahl von Raum, Route und Jahreszeit für die Wanderung lauten die zwei Schlüsselfragen: Was brauche ich wirklich? Und: Wo liegt für mich persönlich die Grenze der Tragfähigkeit? Hier geht es um die genaue

Bestimmung der eigenen Prioritäten. Was brauche ich, bei meiner aktuellen körperlichen Verfassung, dort, wo ich hin will, für die Zeit, die ich unterwegs bin? «Wandern ohne Gepäck» ist gewiss für manchen eine Option, aber im Prinzip keine Lösung. Man begibt sich dabei in die Abhängigkeit von Reiseveranstaltern und Hoteliers. Die Erfahrung von Freiheit, Autonomie und Autarkie geht dabei weitgehend verloren. Wer diese Erfahrung auskosten will, muss bei der Planung jeder Wanderung mehrere grundsätzliche Entscheidungen treffen: Will ich draußen schlafen? Will ich kochen? Bin ich bereit, bei Wind und Wetter zu wandern? Wer sich alle Optionen offenhält, erweitert seine Bewegungsfreiheit und Spielräume. Gleichzeitig reduziert er sein Budget. Aber er benötigt eine besondere Ausrüstung, muss also anderswo Abstriche machen. Kein Missverständnis also: Strapazen gehören elementar zum Wandern. Jane Fondas Motto «no pain, no gain» gilt auch hier. Aber die Strapazen sollten vom weiten Aktionsradius, von zerklüftetem Gelände oder rauer Witterung herrühren und nicht vom unerträglich schweren Gepäck.

Alle Erfahrung spricht für einen sorgfältigen Minimalismus. Gemeint ist eine alte, schlichte Weisheit. «Packt euren Rucksack leicht! Zieht euch leicht und schön an», so formulierten sie die Berliner Wandervögel vor dem Ersten Weltkrieg. Das «travel light» aus der Tradition der Trapper und Cowboys und «pack light, be safe» sind Parolen der Backpacker in den nordamerikanischen Wildnisreservaten. Alles weglassen, was verzichtbar ist. Aber auch alles mitnehmen, was für das Gelingen einer Wanderung unverzichtbar ist. Die Bewertung ist natürlich subjektiv. Für den einen sind Wanderstöcke ein absolut notwendiges Requisit. Der andere braucht seinen Vorrat an hochprozentiger Zartbitterschokolade. Bruce Chatwin hätte eher seinen Reisepass geopfert als sein Moleskine-Notizbuch. Darauf zu achten, dass man genug dabeihat, um unterwegs die Wanderlust zu erhalten und die Pforten der Wahrnehmung weit offen zu halten, wäre das Element der Sorgfalt in einer minimalistischen Strategie.

Leicht gesagt. Immer wieder tappt man in die Falle des Zuviel. Unterschwellig folgen wir erst mal der Logik: Je mehr wir mitnehmen, desto besser sind wir gegen alle Eventualitäten geschützt, desto besser gelingt die Wanderung. Dass diese Logik nicht stimmen kann, schwant jedem, der beim Aufbruch unter der Last des Rucksacks ins Taumeln kommt. Die Hoffnung, dass Körper und Geist sich nach ein paar Tagen an die Belastung gewöhnen, erweist sich als trügerisch. Trotzdem wandern wir allzu oft viel zu schwer beladen. Also mit aller Sorgfalt Ballast abwerfen. Ausgangspunkt sind die Fragen: Bis wohin geht für mich persönlich der «grüne Bereich» beim Packgewicht? Wo beginnt für meinen Körper die Schmerzgrenze? Bis zu welchem Punkt gehe und trage ich relativ unangestrengt und genieße noch die Leichtigkeit des Seins? Diesen Punkt gilt es zu ermitteln.

Sherpas schultern 30 Kilo und mehr für ihre ausländischen Kunden beim Trekking auf dem Dach der Welt. Die Portadores schleppen 25 Kilo über die andinen Inkapfade. Aber das ist ihre Arbeit. Annähernd gleiche Lasten haben Wildniswanderer im Norden Skandinaviens bei ihren 200-km-Winter-Touren auf dem Buckel. Trekking-Ferntouristen orientieren sich eigenartigerweise an dem 20-Kilo-Limit für Gepäck, das die Fluggesellschaften zulassen. Die Kataloge der Outdoor-Branche unterstellen, dass ein Backpacker durchschnittlich 15 Kilo Ausrüstung brauche.

Die konventionelle Weitwandererweisheit geht ungefähr so: Das Limit für eine mehrtägige Wanderung sollte man bei etwa 10 Kilo ansetzen. Zelt und Kochausrüstung für die volle Autarkie bringen noch einmal mindestens 5 Kilo extra auf die Waage. Wichtig ist, dass der Rucksack ein Tragesystem hat, welches das Gewicht gleichmäßig auf Schultern, Hüften und Rücken verteilt. Denn Schulter- und Nackenmuskulatur sind die neuralgischen Punkte. Der Rucksack muss eine gute Hinterlüftung haben, damit sich am Rücken keine Schweißpfütze bildet. Hauptkniff zum Gewichtsparen ist das «Zwiebeln». Man nehme also Kleidungsstücke, die sich übereinander anziehen lassen, und lege sie nach Bedarf Schicht für Schicht ab. Moderne Funktionsfasern sind eindeutig vorzuziehen. Sie sind leichter, atmungsaktiver und trocknen schneller als Naturfasern wie Wolle oder Baumwolle. Der leichteste und wärmste Schlafsack ist der Daunenschlafsack. Wenn er feucht wird, verliert er allerdings schnell seine Isolierfähigkeit. Dann ist man in einem Schlafsack aus synthetischen Hohlfasern besser aufgehoben. Bei den Wanderschuhen sollte man nicht sparen. Sie müssen ein exzellentes Fußbett haben, hinreichend stoßabsorbierend und stabil sein. Halbschuhe reichen fürs Mittelgebirge. In geröligem, alpinem Gelände sind knöchelhohe Stiefel unabdingbar. Die Wandersocken sollten Fersen- und Fußsohlenverstärkung haben und perfekt sitzen. Vieles davon ist sehr überzeugend. Was aber tun, wenn man die vermeintlich «normale» 10- bis 15-Kilo-Last nicht schultern kann oder will? Dann hilft nur der Mut zum Weniger.

Eine radikale, aber in sich schlüssige Strategie des Ultraleichtwanderns hat der kalifornische Weitwanderer Ray Jardine entwickelt. Zusammen mit seiner Frau ist er schon mehrfach den seit 1968 existierenden Pacific Crest Trail von der mexikanischen Grenze bis nach Kanada gewandert. Für die Strecke von 4000 Kilometern durch Wüsten, Bergwald und Gletscherregionen brauchten sie knapp fünf Monate. Ihr Tagespensum liegt bei durchschnittlich 40 Kilometern. Jeder hat knapp vier Kilo Grundgewicht bei sich. Dazu kommen Proviant und Wasser. Auf ihren extremen Touren arbeiten die Jardines mit einem ausgeklügelten Logistiksystem. Per Post lassen sie sich Ersatzsachen und Lebensmittel an ausgewählte Punkte entlang der Route schicken. Entscheidend aber ist: Sie bereiten sich in einem monatelangen Training von Muskulatur und Bänderapparat auf jede große Wanderung vor.

Ray Jardine, Jahrgang 1945, war, bevor er seinen Beruf an den Nagel hängte, Ingenieur für Raumfahrttechnologie. Er denkt also von Hause aus in «ultraleichten» und in «systemischen» Lösungen: alles Überflüssige weglassen, für jedes Teil die leichteste Variante wählen. Mit der Gewichtsreduktion bei den schwersten Brocken anfangen. Jardine kritisiert vehement die Kommerzialisierung des Wanderns durch die Outdoor-Branche, die immer neue Produkte auf den Markt bringt und für unverzichtbar erklärt. No logo! Die meisten seiner Ausrüstungsgegenstände sind Billigprodukte oder aus einfachen Materialien selbst geschneidert. Auch für den, der überwiegend in den dichtbesiedelten mitteleuropäischen Kulturlandschaften wandert, lohnt sich ein Blick auf das Konzept aus dem amerikanischen Westen.

Es setzt beim Elementaren an. Bei jedem Schritt hebt man mit der Beinmuskulatur den Fuß an, bewegt ihn durch Strecken vorwärts, setzt ihn wieder auf den Boden und lässt ihn abrollen. Diese Basisfunktion des Körpers beim Wandern gelte es zuallererst, so leicht wie möglich zu gestalten. In den Fokus kommt das Schuhwerk, der in der Regel schwerste Ausrüstungsgegenstand. Das Gewicht an den Füßen zu reduzieren sei die wirksamste Maßnahme zur Erleichterung des Wanderns. Also lehnt Jardine die klassischen, zwei Kilo schweren Bergstiefel ab und empfiehlt selbst für das Weitwandern im alpinen Gelände simple Laufschuhe. Auf Kosten der Sicherheit? Mitnichten, meint Jardine. Leichtfüßigkeit erhöhe nicht nur Ausdauer und Aktionsradius, sondern

Ausrüstung   **41**

auch die Sicherheit. Denn entscheidend für den Schutz vor Prellungen, Zerrungen und Brüchen ist vor allem eine instinktive Achtsamkeit bei jedem Schritt, den man tue. Sportpsychologen nennen das die «psychomotorische Ansteuerung» des Bodens. Das Gespür für das Terrain und die Genauigkeit beim tastenden Aufsetzen des Fußes ist mit Joggingschuhen oder Sandalen eher als in klobigen Wanderstiefeln zu erzielen. Die unabdingbare Voraussetzung: ein kontinuierliches Training des Bewegungsapparates. Beine und Füße sind durch den Alltag auf glatten, harten Oberflächen «verblödet». Ihre Intelligenz muss sich langsam wieder entwickeln. Nicht der knöchelbedeckende Schaft, so Jardine, vermindere das Unfallrisiko, sondern vor allem die antrainierte Kraft von Fuß- und Kniegelenk und umgebender Muskulatur, von Bändern und Sehnen. Das Risiko, zu stürzen oder umzuknicken, wachse proportional zu dem Gewicht, das man mitschleppe. Was tun bei nassen Füßen? Einfach zulassen. Solange man in Bewegung sei, meint Jardine, gehe von der Feuchtigkeit kaum Gefahr aus. Wichtig sei, bei jeder Pause sofort die nassen Sachen auszuziehen und die Füße zu wärmen. «Was wir brauchen», schreibt Jardine in seinem Buch *Beyond Backpacking*, «sind nicht Wanderstiefel, welche die Füße trocken halten, sondern Schuhe und Socken, die einigermaßen schnell trocknen, sobald der Regen aufgehört hat.»

Warum schleppen wir notorisch zu viel mit? Ein Faktor, meint Jardine, ist unsere Entfremdung von der Natur. Sie macht uns überängstlich und verhindert, dass wir uns auf die natürlichen Gegebenheiten – auf Wind und Wetter und Unbilden der Natur – einlassen und uns ihnen flexibel anpassen. Wir sind unsicher, was unser Körper zu leisten vermag. Überzogene Komfortansprüche und Sicherheitsbedürfnisse stehen uns im Weg. Die Maßstäbe nehmen wir aus unserem sesshaften urbanen Alltag. Dort freilich sind wir abhängig von einer Menge von Dingen, um die vorgegebenen Standards von Körperpflege, Kleiderordnung, thermischer Behaglichkeit etc. einzuhalten. Wer unterwegs denselben Komfort wie zu Hause braucht, sollte nicht wandern. Wer sich an den Standards der Outdoor-Branche oder am Dresscode im Speiseraum eines Landhotels orientiert, muss mit höherem Gewicht büßen. Wandern ist ein temporärer Ausstieg aus der Sesshaftigkeit, um der Erfahrung des Anderen willen. Es ist kräftezehrend und schweißtreibend. Unweigerlich beginnt unterwegs ein «sanfter Abstieg in die Verwahrlosung».

Der amerikanische Autor und Appalachian-Trail-Weitwanderer Bill Bryson hat ihn – selbstironisch – beschrieben: «Am Ende des ersten Tages fühlt man sich etwas schmutzig, trägt es aber mit Fassung; am zweiten Tag verstärkt sich das Gefühl bis zum Ekel; am dritten Tag kümmert es einen nicht mehr; am vierten hat man vergessen, dass es mal anders war.» Sich dagegenzustemmen erfordert Berge an frischer Wäsche. Lässt man sich auf «primitive travelling» ein, kann man auch bei einer längeren Wanderung mit einer einzigen Garnitur Wechselwäsche auskommen. Die allerdings sollte warm und trocken und leicht zu waschen sein. Also keine Absage an Sauberkeit und Körperpflege. Sich selbst am – nicht im! – Bach oder See zu waschen ist oft unbequem, aber machbar. Die tägliche kalte Dusche aus der Wasserflasche oder eine Abreibung mit dem nassen Handtuch unter freiem Himmel reicht unterwegs eine Zeit lang aus. Es ist ein erfrischendes Ritual und Abenteuer für sich.

Ein Zelt als «mobiles Wohnzimmer» braucht man bei vielen Touren nicht. In den mitteleuropäischen Nächten tut es meistens auch ein Biwaksack. Die Jardines schlafen auf ihren extremen Touren im Wilden Westen nahe am Trail, um keine Zeit und Kraft für den Abstieg zu Schutzhütten oder Campingplätzen zu

Ausrüstung   43

vergeuden. Rechtzeitig vor Sonnenuntergang suchen sie für das Nachtlager sorgfältig eine Stelle im Gelände aus. Ihr «stealth camp» (getarntes Biwak) liegt versteckt, windgeschützt und trocken. Eine selbstzugeschnittene Plastikplane, mit Stangen aufgestellt, erfüllt bei regnerischem Wetter die elementare Funktion eines Zeltes: Obdach zu geben. Die aufblasbare Isomatte – bequem, aber schwer – ist verzichtbar. Als Unterlage dient ein auf Körpermaß geschnittenes Stück Schaumstoff. Es wird mit dürren Ästen, trockenem Laub und Kleidungsstücken unterfüttert. Aber: Wer immer sich die Freiheit nimmt, in der Natur zu nächtigen, sagt Jardine mit großem Nachdruck, hat sich strikt an eine Regel zu halten: «no trace!» Keine Spuren hinterlassen.

Für fünf Kilogramm Gepäck braucht man keinen Riesenrucksack. Schon dieser Verzicht bringt eine enorme Gewichtsreduktion. Denn große Rucksäcke haben ein hohes Eigengewicht. Sie sind voluminös und aufwändig ausgestattet. Mit Zwischenböden, Innengestell, Polstern, Hüft- und Schultergurten sind sie dazu konstruiert, eine Vielzahl von Dingen zu fassen und deren in der Summe bleiernes Gewicht einigermaßen gleichmäßig auf Rücken und Hüfte zu verteilen. Folgt man Jardine, so reicht auch für weite Wanderungen ein schmaler 30- bis 40-Liter-Tourenrucksack vollkommen aus. Unverzichtbar ist jedoch, dass der Inhalt trocken bleibt. Dafür sorgt aber nicht die – angeblich – wasserdichte Außenwand des Hightech-Rucksacks. Ein oder zwei einfache Müllsäcke, in denen man bei Regen alle Sachen innerhalb des Rucksacks verstaut, tun es auch, vielleicht sogar besser.

Beim «ultraleichten» Wandern erscheint auch eine weitere Gretchenfrage der Ausrüstung in neuem Licht, nämlich die Frage der Wanderstöcke. Kein Zweifel, die zwei Stöcke entlasten Knie- und Fußgelenke. Wer dort oder im Rücken Probleme hat, sollte selbstverständlich diesen Vorteil nutzen, vor allem bei langen,

44 Auf Schneeschuhen

steil abschüssigen Strecken. Aber je leichter Schuhe und Rucksack wiegen, desto eher entfällt die Notwendigkeit von Gehhilfen. In vielen Fällen wird der Gebrauch von Wanderstöcken überflüssig. Eine gute Nachricht für Wanderer, die Stöcke ablehnen. Sei es, weil diese ihren Rhythmus beim Gehen oder ihren Gleichgewichtssinn durcheinanderbringen. Sei es, weil ihnen Nordic Walking zu laut ist oder weil sie es schlicht und einfach für affig halten. Auch «Ray's ways» sind kein Dogma. Aber sie haben drei große Stärken: Sie denken die Frage der Ausrüstung von der Bewegung in der Landschaft her. Sie zielen auf den möglichst intimen Kontakt mit der Natur. Sie sparen viel Geld.

Den Weg zum persönlichen Wanderglück muss jeder selbst suchen. Man selbst bestimmt, wo genug ist. Für sich selbst die Grenzen der Belastbarkeit zu finden und einzuhalten kann einem niemand abnehmen. Ein sorgfältiger Minimalismus aber hilft, neue Handlungsräume und Ebenen beim Wandern zu erschließen. Das Prinzip des Weniger wird – wie in der modernen Kunst – ein Hebel zur Steigerung der Intensität. Und es reduziert die Kosten. Wandern hat mit Freiheit zu tun, aber auch mit Gleichheit. Es ist ein Element des guten Lebens, zu dem Menschen aus allen Schichten unabhängig von ihrer Kaufkraft gleichen Zugang haben sollten. Diese «demokratische» Dimension hat das Wandern in der Vergangenheit immer gehabt. Sie ist unbedingt zu bewahren. Die Lektion des Wanderns für die Einübung nachhaltiger Lebensstile wäre dann: die Überwindung der Verzichtsangst. Und: dass es oft nur ein Minimum an Dingen braucht, um ein Maximum an Wohlbefinden zu erleben.

2. Zu den Quellen

Nur sekundenlang flimmert die blaue Wasserfläche inmitten maigrüner Laubwälder über den Bildschirm. Eine schwingende Landschaft im Morgendunst, aus dem Hubschrauber gefilmt, mit fanfarenartiger Musik unterlegt. Blende. Schäumend und perlend schießt frisches Bier in ein Glas. Es sei, verkündet die Sprecherstimme, «aus Felsquellwasser gebraut». Der höchst erfolgreiche Werbeclip inszeniert – natürlich – ein Spiel mit ungestillten Sehnsüchten: Es zieht uns ans Wasser. Meeresküsten, Flusslandschaften, Bachläufe üben eine ungebrochene Faszination aus. Der Sinn für die Magie einer Quelle scheint im urbanen Alltag noch keineswegs verschüttet. Kaum eine Fußgängerzone oder Shopping Mall ohne Springbrunnen und Kaskaden, wo Wasser plätschert und glitzert. Aber warum sich mit Surrogaten zufriedengeben? Unsere Mittelgebirge sind Wasserschlösser. Ob im Harz, Erzgebirge oder Schwarzwald – überall strömen Flüsschen, rauschen Bäche, rieseln Quellen. Von den urbanen Ballungsgebieten aus sind sie leicht zu erreichen.

Wer beispielsweise freitagmittags in irgendeinem Büroturm in Essen oder Köln, Frankfurt oder Kassel den PC herunterfährt, kann, auch wenn er mit der Bahn anreist, vier, fünf Stunden später an einer verwunschenen Waldquelle irgendwo am Rothaarsteig sitzen und zur Ruhe kommen. Dieser neue Weitwanderweg begleitet und kreuzt eine Vielzahl von Bachläufen. Auf 150 Kilometer Länge durchquert er das

Sauerland vom westfälischen Städtchen Brilon im Norden bis zum hessischen Dillenburg im Süden. Mir diente der Rothaarsteig als Orientierungslinie. Fünf «große» Quellen an fünf Tagen. Das war kein Konzept, sondern hat sich so ergeben.

Der Rothaarkamm bildet einen Sperrriegel für die Wolkenmassen, die der vorherrschende Westwind von der nur 300 Kilometer entfernten holländischen Nordseeküste heranbringt. Hier werden sie zum Steigen und Abregnen gezwungen. Daher das ausgeprägt ozeanisch kühle und feuchte Klima. In den Höhenlagen fallen bis zu 1400 mm Niederschläge pro Jahr, etwa doppelt so viel wie im Durchschnitt des Landes. Die tiefen, wenig zerschnittenen Wälder dieses Mittelgebirges speichern und filtern das Wasser. Seine Höhenzüge bilden die Wasserscheide zwischen Rhein und Weser. Die Region gehört zu den quellenreichsten in Deutschland. Allein im Hochsauerlandkreis, so schätzen Hydrologen, treten etwa 15.000 Quellen zutage. Also ein gutes Terrain für quellenliebende Pflanzen, Tiere – und Menschen.

Die beste Zeit? Für mich ist es die Phase des Übergangs, die Tage des Frühlingserwachens. Wenn die Sonne steigt und von Tag zu Tag kräftiger wird. Wenn Flüsse und Bäche noch von der Schneeschmelze oder den vielen Regentagen des Winters und Vorfrühlings angeschwollen sind und drei- oder viermal so viel Wasser führen wie im Hochsommer. Wenn die Bäume noch unbelaubt und die Blickfelder von den Wegen auf das strömende Wasser überall durchlässig sind, aber die Kraft des Winters gebrochen ist, dann ist es Zeit loszugehen.

Alme

Ein Tag im April, 10 Uhr vormittags, 8 Grad. Dichte Wolken-
felder wandern am Himmel. Auf einer Brücke am Oberlauf
der Alme, oberhalb des Städtchens Büren. Das Flussbett ist
nach den Regenfällen der letzten Wochen prall gefüllt. Die
Strömung fließt kraftvoll und turbulent an den Sandkanten
der Ufer entlang, umspült gurgelnd das Wurzelwerk der
Schwarzerlen. Ein türkisblauer, faustgroßer Flugkörper schießt
pfeilschnell eine Handbreit über der Wasseroberfläche flussaufwärts. Es dauert nur Sekunden. Dann ist der fliegende
Edelstein hinter der Flussbiegung verschwunden. Die Begegnung mit dem Eisvogel, dem rar gewordenen Bewohner unserer – ebenfalls rar gewordenen – Auenwälder und naturnahen
Wasserläufe, ist ein vielversprechender Auftakt. Bilder und
Laute des fließenden Wassers werden mich bis in den Schlaf
hinein begleiten. Auf meinem Weg zur Ederquelle, ca. 70 Kilometer Luftlinie südwestlich von hier.

Eine gute Stunde später sind die Quellen der Alme erreicht. Sie liegen hinter den Bauten einer stillgelegten Papier-
fabrik, oberhalb des gleichnamigen Dorfes, in einem bewaldeten Talkessel. Ein künstlich aufgestauter Teich füllt die
Talsohle. Wo er abfließt, ist der Boden von Brunnenkresse
und Löffelkraut grün. Zwischen den Wasserpflanzen tummeln sich Regenbogenforellen. Auf einem Uferweg kann man
den Teich umrunden. Die Stellen, wo Quellwasser austritt,
liegen am Teichboden. Feinstrahlig steigt es an die Oberfläche auf, bildet Bläschen, winzige Strudel und konzentrische
Kreise. Über hundert Austrittsstellen liegen aneinanderge-
reiht am Grund des Teiches. Eine aber bricht oberhalb des
Wasserspiegels aus dem Fels. Aus einem höhlenartigen Quell-

mund strömt das Quellwasser hervor, schießt zwei Meter waagerecht über den Stein, wird von einem Felsvorsprung auseinandergerissen und stürzt weißgischtend an der moosüberzogenen Wand herab etwa einen Meter tief in den Teich. Erste Berührung: die Hände unter den kräftigen Strahl halten, das Gesicht waschen, ein paar Schlückchen trinken. Karstquellen wie diese sind mit Vorsicht zu genießen. Hier sprudelt kein Grundwasser, sondern überwiegend Oberflächenwasser. Der Schluck, den man nimmt, ist möglicherweise erst vor zwei, drei Tagen in einem Straßengraben versickert, also so gut wie ungefiltert.

Der Wanderweg führt an buchenbestandenen, felsigen Steilhängen vorbei durch ein schluchtartiges Trockental nach Süden. Am Talschluss tritt man hinaus auf eine weite, schwach nach Norden geneigte Hochfläche. So weit das Auge reicht: Äcker und Grünland, unterbrochen hier und da von einer blühenden Schlehenhecke, ein paar Gehölzen, der Trasse einer Stromleitung, einigen verstreut liegenden Dörfern. Erst wenn man sie zur Hälfte überquert hat, stößt man wieder auf einen Bachlauf. Er mäandert zunächst noch ziemlich lebhaft durch einen schmalen Wiesengrund. Bachabwärts wird er zu einem Rinnsal. Vor einer Felskante versiegt er ganz, wird buchstäblich vom Erdboden verschluckt, hinterlässt nichts als einen Flecken feuchten Sandes. Eine Bachschwinde, unscheinbarer Punkt in der Landschaft, die aber Aufschluss gibt über geologische Zeiträume. Wer über die Briloner Hochfläche wandert, überquert ein 350 Millionen Jahre altes Korallenriff. Die Schalen der Tiere haben sich zu einer Kalkschicht von stellenweise über tausend Metern Dicke abgelagert. Korallenkalk ist porös. Deshalb versickert das Oberflächenwasser. In den Klüften, Schlünden und Wasserläufen des

Karstuntergrunds mischt es sich mit anderen Gewässern und stößt auf eine wasserstauende Schieferschicht. Diese umfasst den Kalkblock wie ein Becken. Am niedrigsten Punkt des unterirdischen Beckenrandes strömt das Wasser über und tritt in den Almequellen zutage.

Vom Rand der Karsthochfläche hat man die erste große Fernsicht: im Norden das Hügelland, in dem die Alme der Ebene entgegenfließt und bei Paderborn in die Lippe mündet. Am südlichen Horizont tauchen die riesigen Wälder, Kuppen und Bergrücken des Sauerlandes auf. Es ist in kleine Raumeinheiten gegliedert. Im Südosten das Diemeltal, dahinter das Massiv des Uplands, im Südwesten das Möhnetal, in der Mitte die Waldberge des oberen Ruhrtals und der Kamm des Rothaargebirges, mein Wanderland der nächsten Tage. Auf dem Rapsfeld nebenan die ersten Blüten, Gesang einer Lerche, ein frischer, böiger Westwind. Drei Stunden nach meinem Aufbruch von der Almequelle erreiche ich eine Kante. Das Gelände fällt steil nach Süden ab. Zum ersten Mal überquert meine Route die Wasserscheide zwischen Rhein und Weser. Ab hier fließen die Gewässer zur Hoppecke, einem Nebenfluss der Diemel, die bei Karlshafen in die Weser mündet.

Hoppecke

Unten im Tal, in der Ortschaft Hoppecke, erreiche ich den Fluss und wandere am rechten Ufer aufwärts. Endlich wieder der Anblick und das Geräusch von schnell über Steine fließendem Wasser! Die Durststrecke ist vorbei. Das Wasser schätze ich jedoch als belastet ein. Zu viele Siedlungen, zu viele

Straßen und Viehweiden liegen flussaufwärts. Ich warte bis zur Einmündung eines Baches, suche mir hundert Meter aufwärts eine flache Stelle am Ufer, schöpfe und trinke. Oberhalb von Brilon-Wald stößt man auf den von Brilon heraufkommenden Rothaarsteig. Hinter einer Wegbiegung der erste Blick auf die Bruchhauser Steine. Auf der runden Kuppe des Istenbergs überragt ein mächtiges Felsengeviert die Buchenwipfel. Eine Stunde später stehe ich auf dem Feldstein, dem mit 756 Metern höchsten Felsen der Bruchhauser Steine. Wieder eine grandiose Rundsicht über das Hoppecketal und die Briloner Hochfläche, die ich gerade überquert habe, und auf das Hochplateau des Kahlen Astens im Süden. Wieder ein Aufschluss zur Erdgeschichte. Die Felsen sind Relikte eines Vulkanausbruchs auf dem Meeresboden vor fast 400 Millionen Jahren. Das aus dem Erdinnern herausgeschleuderte Magma erstarrte. Weichere Ton- und Sandsteine lagerten sich im Lauf der Zeit an, wurden wieder abgetragen. Das harte Porphyrgestein widerstand allen Brüchen und Verwerfungen. Wind und Wasser modellierten die Felsskulpturen aus ihrer Umhüllung.

Knapp 3000 Jahre alt sind die Spuren menschlicher Besiedlung. Zwischen den Felsen entdeckten Archäologen Rudimente eines Systems von steinernen Wällen, Holzpalisaden und vorgelagerten kleinen Gräben. Sie fanden Scherben von Tongefäßen, Bruchstücke eines bronzenen Armreifens aus der späten Hallstattzeit, also dem 6. Jahrhundert vor unserer Zeitrechnung, sowie eine kleine jungsteinzeitliche Axt. Winzige Spuren, aber wovon? Gab es hier eine Siedlung? Eine Fliehburg? Ein Kultplatz? Ein Felsheiligtum? Die Felsen stehen erratisch in der Landschaft, dem Himmel nahe. Dienten sie als Kultstätte? Aber wem? Einem keltischen Stamm? Einem anonymen Volk zwischen Kelten und Germanen? Sind sie

Fixpunkte in einem geometrisch angelegten System von prähistorischen Landmarken, das sich von hier bis hinunter nach Dillenburg durch das «Eisenland» der La-Tène-Zeit, der Wiege des Bergbaus, zieht? Bestanden Verbindungen zu den Externsteinen, die 70 Kilometer Luftlinie nordöstlich von hier, fast noch im Blickfeld, ebenso rätselhaft in einem Tal des Teutoburger Waldes aufragen? Niemand weiß es. Die Archäologen haben nur wenige Funde und keine sicheren Befunde. Anhaltspunkte genügen der Phantasie für eine Zeitreise. Geologie und Archäologie liefern dem Wanderer Material, um den «Körperbau unseres Sternes» und die Anatomie unserer Evolution besser zu begreifen.

Mit dem letzten Tageslicht steige ich von den Bruchhäuser Steinen ins Dorf hinab. Im Sauerland gibt es noch die einfachen Gästezimmer. Bett, Tisch, Stuhl, Schrank. Eine heiße Dusche, ein kaltes Bier, eine Brotzeit, Ruhe. Mehr braucht man nach einem langen Wandertag nicht.

Beim Aufbruch am nächsten Morgen tastet der Blick schon unruhig das Gelände nach dem nächsten Bachtal ab. Da ist es – endlich – wieder: Das Rauschen eines Waldbaches namens Schmalah, der in seinem Bett aus rundgeschliffenen Steinen zur Hoppecke fließt. Bin ich schon süchtig? Im Morgenlicht leuchtet ein silbernes Band in der Mitte der Strömung. Dort, wo sie über die Kanten von kleinen terrassenartigen Stufen stürzt, schäumt es weiß – Wildwasser. Beim Trinken richtet man unwillkürlich einen genaueren Blick auf das Leben im Quellbach. Du siehst das klare Wasser rasch über scheinbar fest ruhende Steine fließen. Ab und zu treiben Hölzchen und Stöckchen vorbei. Sonst nichts. Die Minuten verrinnen. Dann hebst du einen Stein hoch. Aus dem Bodenschlamm kriechen Insektenlarven, Schnecken, Eintagsfliegen, vielbeinige Wesen,

Hoppecke   53

schwarze, braune, mit Fühlern, mit Kiemen, die Fülle des Lebens im Wasser.

Am Oberlauf stoße ich auf ein eingezäuntes Gelände. Ein Schild mit der Aufschrift: Wasserschutzgebiet. Hier also wird mit Pumpen und Röhren das blaue Gold, der Bodenschatz Wasser, dem großen Kreislauf entnommen, mit dem wir so verschwenderisch umgehen. Wer einmal bewusst einem Quellbach gefolgt ist, versteht besser, worum es geht. Auf einer früheren Wanderung habe ich mich einmal in einem Bach gewaschen – mit der für mich bis dahin ganz selbstverständlichen Dosis von Seife, Haarshampoo und Zahnpasta. Entsetzt habe ich die Unmengen von schaumigen Chemikalien wegschwimmen sehen, die schon meine Katzenwäsche dem Bach zugemutet hat. Seither wasche ich mich nicht mehr im Bach, sondern fülle dort meine Flasche und gehe zum Waschen ein gutes Stück weg vom Ufer. Und vor allem bin ich auch zu Hause in Sachen Seife etc. Minimalist geworden.

Kurz hinter dem Pumpwerk erreicht man einen dieser zentralen Wanderwegeknotenpunkte am Rothaarsteig. Der «Richtplatz» ist mit Tischen, Bänken, Abfalleimern und Schutzhütte möbliert. Ein Schilderwald verheißt narrensichere Orientierung: Abstieg nach Willingen auf dem X 6 oder Anstieg zum Langenberg auf dem Rothaarsteig. Oder auf dem Rundweg W 1 den nächstgelegenen Waldgasthof ansteuern. Ich finde Wegweiser und markierte Wanderwege sehr nützlich. Die Sicherheit, die sie geben, ist auch mir oft willkommen. Meine Orientierung mache ich nicht davon abhängig, behalte mir vor, von den festgelegten Routen abzuweichen, Ziele und Wege selbst zu bestimmen. Dazu dient der schweifende Blick über das Gelände, besonders intensiv von den Erhebungen, den Aussichtspunkten aus. Dazu dient natürlich auch die Wanderkarte, die ich an diesen Punkten und an Kreuzungen und Weggabelungen konsultiere. Mein Ziel ist jetzt der Oberlauf der Hoppecke. Auf der Direttissima steige ich zwischen den Bäumen hindurch den Steilhang hinab zu Tal und stoße auf den Weg am Fluss. Hier – oberhalb von Willingen – mäandert die Hoppecke wild und frei durch einen Wiesengrund. Dann wird das Tal zusehends enger. Die Wiesen weichen dem Wald. Oberhalb kommt der Bach durch einen Buchenbestand hinab. Man überquert eine scharf hervortretende Böschungskante und betritt eine von Gras, einigen Büschen und Birken bewachsene freie Heidehochfläche. Der Bach ist an dieser Stelle erst ein Rinnsal, das stellenweise unter einer Krautschicht aus welkem Gras und Heidekraut fließt. Ein sumpfiges Gelände auf dem nach Osten geneigten Plateau bildet den Quellgrund der Hoppecke. Vom höchsten Punkt, dem 838 Meter hohen Clemensberg, wieder eine große Aussicht. Das Quellgebiet der Ruhr, der Kahle Asten und der Rothaarkamm mit dem vorgelagerten Lennetal und weiter östlich das Tal der Orke sind sehr nahe gerückt. Direkt unterhalb aber gähnt der Abgrund eines gigantischen Steinbruchs.

Wieder einmal überquert der Rothaarsteig die große unsichtbare Linie dieser Landschaft, die Wasserscheide zwischen Rhein und Weser. Die nächste Rast mache ich neben einem namenlosen Quellbach der Ruhr am Abhang des Hopperberges. An einen Baumstamm gelehnt, lausche ich lange dem Aufbrausen und Abebben des Windes in den Fichtenwipfeln. Wenn der Wind sich legt, tritt das sachte, gleichmütige Rieseln des Wassers hervor. Dann auf einmal nehme ich noch ein weiteres rhythmisches Geräusch wahr. Es sind die eigenen Atemzüge, das pochende Herz, Pulsschlag und Kreislauf des Blutes.

Orke

Ab Küstelberg wird die Orke meine Begleiterin. 32 Kilometer lang, wasserreichster Nebenfluss der Eder. Ihre Quelle liegt östlich von Winterberg, am Dorfrand von Küstelberg, ziemlich unromantisch am Gartenzaun einer Eigenheimsiedlung. Der Autolärm von der Durchgangsstraße deckt die Klänge des Wassers zu. Kein Ort zum Verweilen. Doch bachabwärts senkt sich die junge Orke sofort in eine schluchtartige Talkerbe. Der Weg löst sich vom Ufer, läuft auf halber Höhe am Hang auf und ab durch Wald. Stetig tönt das Rauschen des Wassers von unten herauf. Das erste Mal, fällt mir auf, wandere ich mit einem Bach und nicht gegen seine Strömung. Liegt es daran, dass mir der Rhythmus des Gehens fließender erscheint? Um das nächste Dorf zu umgehen, steige ich an einem einmündenden Bach steil bergauf und betrete das Waldreservat Glindfeld-Orketal, ein einsames, in sich geschlossenes, quellen- und kuppenreiches Laubwaldgebiet im Inneren der von endlosen Fichtenforsten geprägten sauerländischen Mittelgebirgslandschaft. Hier soll noch der Schwarzstorch brüten und, im Mai, die Mondviole blühen. Ein gutes Terrain für lange, ziellose Streifzüge von Bach zu Bach, von Waldbild zu Waldbild, Aussicht zu Aussicht. Hier kann man sich einen ganzen Tag lang tummeln. Alle Bachläufe führen wieder an die Orke, die nun, gesäumt von einem breiten Streifen Auengehölz an jedem Ufer, durch ein breites Wiesental fließt. In Medelon, einem hübschen Fachwerkdorf an der Orke, findet sich wieder ein angenehm schlichtes Quartier. Bei offenem Fenster zu schlafen ist auch eine Art von Luxus. Das leise Rauschen des Flusses untermalt die nächtliche Stille.

Am nächsten Morgen wandere ich noch ein Stück durch den Wiesengrund an der Orke. Ein Rotmilan segelt im Aufwind, rollt sich um. Im Weidengebüsch am Weg beginnt ein Rotkehlchen, zu flöten und zu trillern. Ich bleibe stehen, fingere mein Fernglas aus der Brusttasche der Jacke. Es dauert ein Weilchen, dann habe ich den Sänger ganz nahe, sehe die roten und braunen Farbtöne seines Gefieders und seine schönen schwarzen Augen. Auf dem obersten Ast hat er seine Singwarte. Von dort sendet er wunderbar klangvolle Tonketten in die Welt. Unten am Fluss setze ich mich auf einen umgestürzten Erlenstamm, ziehe Schuhe und Socken aus, hänge das schweißnasse Hemd zum Trocknen zwischen zwei Äste in den Wind, schaue den wandernden Wolken zu. Es fällt schwer, sich von der Orke zu verabschieden. Die Karte zeigt, dass sich hinter der Medebacher Bucht das Tal wieder verengt. Die Straße biegt vom Fluss ab. Die Orke fließt durch ein atemstilles, einsames Wald- und Wiesental der Eder entgegen.

Lenne

Ich bin abgebogen, erreiche nach einem langen Aufstieg von Südosten den Kahlen Asten. Hier oben ist die Luft noch eisig. Ein paar Tage zuvor, höre ich von Wanderern, hat es noch derbe geschneit. Das Plateau des Berges liegt auf 840 Metern Höhe. Zum ersten Mal habe ich das Ziel meiner Wanderung vor Augen: Im Südwesten ist die Nadel des Fernsehturms auf dem Ederkopf zu erkennen, an dessen Abhang die Eder entspringt. Durch die Heidelandschaft auf der Hochfläche des Kahlen Astens kommt man zur Lennequelle. Ein paar Fichten und junge Buchen rahmen sie ein. Steinblöcke verdecken die Rohrleitung, aus der das Wasser fließt und sich auf einem Untergrund aus Steinchen und altem Laub zu einem munteren Rinnsal formt. Mein kleines Ritual für die «schöpferische» Handlung des Trinkens: genau hinsehen, schauen, wo das Wasser kräftig genug zu fließen beginnt, dass man es schöpfen kann, und wo man keinen weichen Boden zertrampelt und die zarte Pflanzen- und Kleintierwelt der Quelle niedermacht. Fuß fassen, am besten auf einem flachen Stein. Hinknien, die Hände zusammenlegen und zu einer Schale formen. Das Quellwasser hineinfließen lassen, die Hände – notfalls reicht auch eine hohle Hand – zum Mund führen und langsam das Quellwasser schlürfen. Das Gesicht benetzen, die eiskalten Hände abtrocknen und warm hauchen, sich vorsichtig erheben und möglichst mit einem Schritt wieder den trockenen Waldboden erreichen – kann die Quelle das noch vertragen?

Der jungen Lenne auf dem ersten Stück ihres Laufes zu folgen ist gar nicht so einfach. Sie stürzt sich gleich hinter der Quelle in einem engen Tal den Abhang des Kahlen Astens hinunter. Im Weglosen gehe ich an der steilen Böschung entlang. Die Blicke pendeln zwischen dem Waldboden vor mir, den sie nach möglichst ebenen Stellen absuchen, wo man den Fuß aufsetzen kann, ohne abzurutschen oder umzuknicken, den nächsten zehn, zwölf Metern, wo sie die weitere Route zwischen den Bäumen hindurch abstecken, und dem Bachlauf, der sich auf steinigem Untergrund durch den Fichtenwald windet. Der Bach ist Ohrenweide: Der Klang des Wassers wechselt zwischen dumpfem Gurgeln und hellem Plätschern. Keine zehn Schritt entfernt springt ein Eichhörnchen über den Waldboden, setzt über den Bach, erklimmt einen Stamm und verschwindet aus dem Blickfeld. Spiele-

58   Zu den Quellen

risch anmutende Vollkommenheit der Körperbeherrschung, perfekte Beherrschung des Geländes. Eine Augenweide. Bald flacht das Kerbtal ab, und der Wald öffnet sich zu einem Wiesengrund. Im frischen Gras leuchten die ersten Blüten von Löwenzahn und Wiesenschaumkraut. Zum ersten Mal in diesem Jahr gehe ich barfuß. Zunächst setze ich sehr behutsam Fuß vor Fuß, fühle vor, ob Brennnesseln oder Disteln im Weg sind. Aber mit jedem Schritt wächst das Vertrauen. Die noch weichen Fußsohlen spüren weiches Gras unter sich. Ein ungemein wohliges Gefühl.

Neben mir schwingt sich der Bach kurvenreich, manchmal in engen Schleifen und Schlingen zwischen hoher Prellkante und flachverlandetem innerem Ufer frei, rhythmisch und organisch bergab. Warum fließt das Wasser so und nicht anders? Was ist das Urprinzip des strömenden Wassers? Wir verstehen es längst nicht vollständig. Jedenfalls scheint es bestrebt zu sein, seinen Lauf zu verlängern, drosselt damit immer wieder seine Fließgeschwindigkeit und verhindert so eine zu weit gehende Erosion des Geländes und den Durchbruch zum Grundwasser. Ab und zu steige ich mit Sack und Pack, die Hosenbeine aufgekrempelt, ins Wasser. Im Storchengang gehe ich eine kurze Strecke im Bachbett. Gefälle und Windungen spüre ich jetzt hautnah. Die Steine sind glitschig. Die eisige Kälte des Wassers zwingt mich jeweils nach etwa einer Minute wieder an Land. Im Gras werden die Füße rasch wieder trocken und warm. So kommt man nur sehr langsam voran. Aber keine andere Etappe dieser Wanderung war so erfrischend, belebend und wohltuend. Sie endet unwiderruflich vor der ersten Siedlung am Oberlauf der Lenne. Westfeld heißt das Dorf. Vielleicht ist es ungerecht, aber man hat das Gefühl, dass jeder Bach am ersten größeren Ort, den er durchfließt, seiner Unschuld beraubt wird. Seine Wasserqualität kann trotz aller aufwändigen Kläranlagen nie mehr so sein wie vorher. Die Verbindungen des Dorfes zur Außenwelt durchschneiden und zerstückeln wie selbstverständlich die Bachaue.

Eine gute Stunde später und zwei Bergrücken weiter stehe ich an einer Quelle, die binnen weniger Jahre zur berühmtesten des Sauerlandes geworden ist. Sie sprudelt unter Tage im Schieferstollen von Nordenau. Inmitten einer hügeligen Wald- und Wiesenlandschaft am Dorfrand, auf einem weiträumigen Hotelkomplex, hinter einer neuerbauten Empfangshalle liegt der Eingang. Eintritt sechs Euro. Der Stollen gehörte einmal zu einem Schieferbergwerk, das man schon in den 20er Jahren stillgelegt hat. Der Gang im Gestein ist so niedrig, dass man gebückt gehen muss. Die Beleuchtung ist gedämpft. Die Temperatur liegt gleichbleibend bei kühlen sieben Grad. Nach etwa 50 Metern ist das Plätschern einer Wasserader zu hören. Der enge Stollen weitet sich zu einer Grotte. Jeder der zwanzig bis dreißig Besucher, die meisten von ihnen sind nicht das erste Mal hier, nimmt sich einen Plastikstuhl vom Stapel und sucht sich einen Platz möglichst dicht mit Gesicht und Körper zur feuchten schwarzen Schieferwand. Manche bleiben stehen, lehnen sich mit dem Rücken ans Gestein. Mit sauerländisch rollenden Rs in der Sprache begrüßt der Stollenführer, ein alter Bergmann, die Gruppe mit ein paar knappen Sätzen. «Sie sitzen hier alle in einem Energiefeld drin. Entspannen Sie sich. Lassen Sie die Arme hängen. Das Ganze machen wir jetzt 20 Minuten. Bitte jetzt nicht mehr sprechen, bis die Zeit vorbei ist, woll.» Dann herrscht meditative Stille. Keiner spricht, keiner schaut sich mehr um. Die Blicke sind nach innen gekehrt. Mancher schließt die Augen ganz. Mancher wendet die Innenseite der Hände nach außen. Überall tropft

60 Zu den Quellen

es aus dem Gestein. Quellwasser plätschert hinter einem Felsvorsprung hervor und sammelt sich in einem Auffangbecken. Die Uhr tickt. Jeder wartet darauf, dass die Erdstrahlen, die es hier geben soll, ihre positive Energie aussenden. Ein Kribbeln in den Fingerspitzen? Leichte Vibrationen? Symptome der beginnenden Aufladung? Bei mir nicht. Die Zeit ist schnell um. Man nimmt sich einen Plastikbecher voll Quellwasser und trinkt. Es ist gutes, klares, kühles Wasser. Einen Unterschied zu meinem letzten Trunk an der Lenne kann ich nicht schmecken. Das Stollenwasser soll freilich besonders rein sein, leicht alkalisch und acht Prozent leichter als normales Wasser. Über 1,5 Millionen Besucher haben den Stollen seit 1992 aufgesucht, in der Hoffnung auf Linderung oder Heilung ihrer Krankheiten. Viele von ihnen haben eine heilsame Wirkung gespürt und davon berichtet. Es wird wohl was dran sein, sagen die Einheimischen vorsichtig. Worauf die Wirkung des «reduzierten Wassers» beruht, weiß man trotz intensiver Forschungen nicht. Jedenfalls spült es eine Menge Touristen in den Ort. An Quartieren aller Art ist in Nordenau kein Mangel.

Nach einem etwa zweistündigen Anstieg erreicht man von Nordenau und dem Lennetal aus wieder den Kamm des Rothaargebirges. Der Weg wird nun einsamer. Von hier bis zum Rhein-Weser-Turm verläuft der Rothaarsteig auf der Wasserscheide zwischen Rhein und Weser. Auf einer Strecke von gut 20 Kilometern: wenig Steigungen, keine Siedlung, kaum ein Haus. Stundenlang so gut wie kein Zivilisationslärm. Selbst Vogelstimmen sind rar. Der oft so monotone Fichtenwald kann hier oben seinen ganz exquisiten akustischen Reiz entfalten. Wenn der Wind sich in den Nadeln der Baumkronen bricht, entsteht hinter jeder einzelnen Nadel ein winziger Wir-

Lenne **61**

bel. Dieses Chaos nehmen wir als ein einziges helles oder tiefes, aufbrausendes und abebbendes Rauschen wahr. So entsteht eine Klangskulptur, die mit keinem Mikrophon einzufangen ist. Einen solch singenden Ton bekommt die Buche mit ihrem Blattwerk nie hin. Dazu tritt das satte Grün der Fichten, die noch nicht das helle Grün der Maitriebe angesetzt haben, und das Aroma der von den Nadeln und Stämmen freigesetzten ätherischen Öle. Ab und zu hat man weite Aussichten über die wellige Landschaft. Besonders schön, erzählt ein Förster, sei hier im Sommer die Zeit kurz vor der Dämmerung. Denn beim perspektivischen Blick über die geschwungenen Linien der hintereinander sich staffelnden, bewaldeten Bergketten und Kuppen entstünden sehr unterschiedliche blaue Farbtöne. Man nenne das hier: die blaue Stunde.

Früher brannte hier um diese Jahreszeit auf jedem Berg ein Meiler. Ihre Rauchsäulen waren ein vertikales Element in dieser Landschaft der schwingenden Hügelketten und ziehenden Wolkenberge. Wer genau hinschaut, kann auf Lichtungen ab und zu kreisrunde, ebene Flächen mit Überresten von Holzkohle erkennen. Es sind alte Meilerstellen. Mit einem der letzten Vertreter dieser Zunft, Spross einer alten Köhlerdynastie aus dem Lennetal, hatte ich vor Jahren mal lange Gespräche. Umhüllt vom weichen Räuchergeruch seines Meilers, saßen wir auf der Bank vor der Köhlerhütte. Im harten sauerländischen Dialekt erklärte mir der vierschrötige, alte Mann – eine Art Reinkarnation von Eisenhans – die seit der Keltenzeit so gut wie unveränderte Technik. Wie er aus langen Stangen und mehreren Ringen den Schacht in der Mitte aufstellt, ringsherum das Buchenholz schichtet und den Meiler mit Grassoden und einer Erdschicht abdeckt. Wie er dann das Feuer im Schacht entzündet, es zur Weißglut bringt, also

62 Zu den Quellen

auf eine Temperatur von 1000 Grad im Inneren des Meilers, und mittels Luftlöchern das vollständige Durchglühen des Holzes so reguliert, dass am Schluss nur noch der beinahe reine Kohlenstoff übrig bleibt. Er erzählte von den einsamen Tagen und Nächten, die er im Wald verbringt, bis er den Meiler aufbrechen und die fertige Holzkohle mit Wasser aus dem nächsten Bachlauf ablöschen kann. Er schwärmte vom Spiel der Flammen im nächtlichen Lagerfeuer, von den Strukturen und Gestalten, die man darin sehen könne. «Man lebt damit», sagte er, «man stiert immer darauf und macht sich seine Gedanken. Es ist wirklich wie ein Lebewesen für uns, alles, was sich bewegt – Feuer und Wasser.» Und dann, nach einer Pause: «Jo, man muss gegen alles gefeit sein. Man muss mit jeder Witterung klarkommen. Man muss gegen alles ankämpfen können, und vor allem: die Natur lieben. Das ist das Wichtigste.»

Vom Rothaarkamm führen kleine wasserführende Schluchten, Siepen oder Siefen genannt, talwärts. Rechts vom Weg zur Lenne und Ruhr, links zur Eder. Über eines dieser Kerbtäler, die Grubensiepe, hat das Forstamt eine freischwingende Holzbrücke bauen lassen. Sie soll symbolisieren, dass auch das Ökosystem des Waldes nicht statisch, sondern ständig in Bewegung, in Schwingung ist. Als ich die schwankenden Planken betrete, streicht ein Habicht lautlos die Schlucht hinab. An den steilen Hängen steht junger Laubwald aus Rotbuche, Ahorn und Esche. Umgebrochene Stämme ragen in das Bachbett hinein. Eine schmale Fährte schlängelt sich über den vom vorjährigen Buchenlaub braunen Waldboden und verliert sich im Dickicht. Ein Wildwechsel, vermutlich seit Jahrhunderten vom Schwarzwild benutzt. Unter mir murmelt eine kleine Sturzquelle. Ihr Mundloch liegt im steil abschüssigen Waldbo-

Lenne **63**

den. Über das schiefrige Gestein fließt das Wasser in die Talsohle ab. Wieder eine Gelegenheit zum Trinken.

Eder

Nach einem stundenlangen Abstieg erreicht man in dem Fabrikdorf Aue den Lauf der Eder. Sie ist an dieser Stelle schon ein ausgewachsener, schnellfließender Fluss. Die Rundungen des Geröll im Bachbett bilden sich in den welligen, waschbrettartig gerippelten Strukturen des fließenden Wassers ab. 25 Kilometer aufwärts bis zur Quelle. Straße und Bahnlinie verlaufen im gehörigen Abstand auf der gegenüberliegenden Seite, stören nicht sonderlich. Das Ufer ist von Erlen, Kopfweiden und Birken und breiten Wiesenstreifen gesäumt. Das Gras ist schon saftig grün. Pestwurz und Scharbockskraut blühen. Und natürlich die zarte, aber so widerstandsfähige Anemone. Die Weidenbüsche haben ihre Kätzchen herausgehängt. Das austreibende Laub und der Blütenstaub verleihen ihnen einen grünlich gelben Schimmer. Frühling liegt in der Luft. Wo immer solche Augenweiden auftauchen, verlangsamt sich mein Schritt. Ebenso achtsam warte ich auf die nächste Ohrenweide. An der Einmündung eines Baches kommt sie. Auf einer hohen Fichte, die am Ufer wurzelt, im undurchdringlichen Astwerk der Krone, singt eine Amsel ihr melancholisches Lied. Manchmal fällt ein Buchfink oder eine Kohlmeise ein. Grundiert vom Bachmurmeln, singt die Waldamsel ihr Lied zu Ende. Ich bekomme sie nicht zu Gesicht. Dauert es eine Viertelstunde oder eine halbe Stunde, bis sie verstummt? Diese intensiven Vogelkonzerte gehören zu den Glücksmomenten dieser Wanderung.

Das Edertal ist hier noch ziemlich verkehrsreich und stark besiedelt. Aber man kann die Dörfer umgehen und in einsame Seitentäler ausweichen. Nur zwei, drei Kilometer vom Lärm der Durchgangsstraßen taucht man hinter einem Bergrücken in eine tiefe Stille ein. Der Schrei eines Greifvogels, der mit ruhigen Flügelschlägen aus meinem Blickfeld verschwindet, unterbricht sie. Bald darauf stoße ich am Wegrand auf einen frischen Rupfplatz. Im Kreis liegen die Federn einer Ringeltaube im Blaubeerengesträuch: die Flaumfedern, die den kleinen Körper den Winter hindurch gewärmt, die langen, schwarz-weiß gestreiften Federn vom Stoß, die seine Navigation in der Luft gesteuert hatten. Bei ihrem letzten Tanz hatte die Taube keine Chance. War es ein Habicht, der die auf einem Ast Sitzende im Vorbeiflug gegriffen und ihr mit seinen dolchartig scharfen Krallen Lunge und Herz durchbohrt hat? Die Anordnung der Federn spricht eigentlich dagegen. Habichte verstreuen die gerupften Federn über eine größere Fläche. Der Greifvogel, der sich nach dem Luftkampf mit seiner Beute auf einer Lichtung niederlässt und sich während des Rupfens im Kreis dreht, wachsam die Umgebung beobachtend, um nicht selber zur Beute zu werden, ist der Wanderfalke. Vielleicht ein Durchzügler aus dem Winterquartier in Südfrankreich oder Spanien? Vielleicht der Wanderfalke von dem Brutplatz an den Bruchhauser Steinen, der hier im äußersten Süden seines Reviers gejagt hat? Täusche ich mich, wenn mir das Gurren einer Taube, das vom Talgrund herauftönt, als ich mich über den Federkreis beuge, besonders melancholisch vorkommt?

«Es singt dem Täubelein seinen Tod», heißt es in einem der bekanntesten von Grimms Märchen. *Jorinde und Joringel* hat in dieser Gegend am Oberlauf der Eder seinen Ursprung.

Der geniale Dichter, Denker und Augenarzt Heinrich Jung-Stilling, der aus einer Köhlerfamilie stammte und in dem siegerländischen Dörfchen Grund bei Hilchenbach aufwuchs, hat es erfunden – oder von alten Leuten im Dorf gehört. «Es war einmal ein altes Schloss mitten in einem großen dicken Wald, darinnen wohnte eine alte Frau ganz allein, das war eine Erzzauberin.» So beginnt diese «Historie» in Jung-Stillings 1777 erschienenen Jugenderinnerungen. Sie endet damit, dass der unerschrockene Joringel seine geliebte Jorinde und all die anderen «Jungfern», die von der Hexe in eine Nachtigall verwandelt worden waren, mit Hilfe einer roten Blume erlöst und die Zauberin vernichtet. Goethe hat das unveröffentlichte Manuskript der Memoiren dem Autor abgenommen und für die Veröffentlichung gesorgt. Novalis wurde – möglicherweise – von Jung-Stillings «roter Blume» inspiriert, als er sein Symbol der «blauen Blume» erdichtete. Die Brüder Grimm haben *Jorinde und Joringel* dreißig Jahre später wortwörtlich in ihre Märchensammlung übernommen. Und nicht nur den Text haben sie in ihre Sammlung übernommen. Jung-Stillings Eingangsformel «Es war einmal ...» und der versöhnliche Schlusssatz «... und lebten lange vergnügt zusammen» wurden zum Markenzeichen von Grimms Märchen. Den durch sie weltberühmt gewordenen «Märchenton» hat Jung-Stilling in *Jorinde und Joringel* zum ersten Mal angeschlagen.

Bis zur Ruine der Ginsburg, wo das Märchen spielt, ist es nicht weit. Von ihrem Turm aus hat man eine weite Sicht nach Süden über das Siegerland. Am Fuße des Burgberges liegt Grund, Jung-Stillings Heimatdorf. Ringsum erheben sich die Bergkuppen, auf denen die Meiler seines Großvaters brannten. Vom benachbarten Aussichtsturm aber kommt nun

66 Zu den Quellen

ganz nahe der Ederkopf mit seinem Fernsehturm und das Quellgebiet der Eder ins Blickfeld.

Hinter Lützel biegt der Rothaarsteig in das kleine Tal des Eder-Oberlaufs ein. Der Lärm der Bundesstraße 62, die im Dorf zu überqueren war, ebbt mit jedem Schritt weiter ab. Die Eder mäandert durch einen Wiesengrund. Von hier bis hinauf zur Quelle: kein Haus, kein Zaun, kein Abwasserrohr, kein Wehr, keine Viehtränke. Durch das Gras, vorbei an hüfthohen Disteln, gelangt man ans Ufer. Es tut gut, auf den glattgeschliffenen Kieseln eine kleine Strecke im Bachbett zu waten. Die Strömung ist schnell, das Wasser knöchel- bis knietief, kalt, aber nicht eisig. Man spürt die ihm innewohnende Energie. Dann eine Weile am Ufer sitzen, dort, wo eine jähe Biegung kleine Turbulenzen und Stauflächen erzeugt. Eine Forelle schiebt sich beutesuchend gegen die Strömung. Dies ist ihre Region. Am Weg informiert die erste Tafel des neuangelegten Themenwegs «Quellökologie» über den Auenwald aus Erlen und Moorbirken, der nun vor mir liegt. Ein namenloses, von rechts zufließendes Bächlein lockt mich vom Weg ab. Ich folge seinem Lauf, zunächst auf schmalem, zuwachsendem Pfad, dann weglos der Quelle entgegen. Rhythmuswechsel: Der ausgreifende Wanderschritt verlangsamt sich von selbst zu einem behutsamen Pirschen. Oberhalb eines von Silberweiden umstandenen Tümpels ist der Bach nur noch zu hören. Überwuchert von einem Dschungel aus Gräsern und Farnen, Binsen und Moosen rieselt das Wasser unsichtbar. Die feuchte, hellgrüne Zunge in der Kerbe des Geländes hebt sich deutlich von dem umgebenden dunklen, mit Fichtennadeln bedeckten Boden ab. Das Aroma des Nadelwaldes trifft auf die feuchte Frische der Farnwedel. Der Fuß tastet nach der Grenze zwischen dem trocken-federnden Waldboden und den sumpfigweichen Moospolstern. Man sollte diese feine Linie respektieren – nicht aus Angst vor nassen Füßen, sondern weil jeder einzelne Tritt zerstörerische Bodenverdichtungen verursachen würde.

Die Quelle, zu der ich gelange, ist keine sprudelnde Kaskade, die aus Felsklüften stürzt. Unter jungen Buchen und alten Fichten, zwischen Baumstümpfen und kreuz und quer liegendem Totholz weitet sich die grüne, feuchte Zone nierenförmig aus. An dieser Stelle sickert das Grundwasser geräuschlos aus dem Erdreich und beginnt fast unmerklich zu fließen. Ein kleiner Fleck nur, kühl – an die drei Grad kühler als das Freiland – und schattig. Einer von vielen, die an diesen quellenreichen Bergrücken zwischen Ederkopf und Lahnhof zu entdecken sind. Jede Quelle hat ihre Individualität. Jede ist ein ganz eigener Kleinstlebensraum, ein einzigartiges Mosaik vielfältiger und beständiger Existenzbedingungen. Grundwasser hat eine konstante Temperatur von sechs bis sieben Grad. Quellwasser friert nie, aber bleibt im Sommer kalt. In diesem Mikroklima finden seit der Eiszeit hochangepasste Lebensgemeinschaften ihr Habitat. Milzkraut und Quellsternmiere, Köcherfliegenlarve und Höhlenflohkrebs – zarte Arten haben diese Schnittstellen von aquatischen und terrestrischen Lebensräumen besiedelt. Einige könnten schon ein paar Meter bachabwärts nicht mehr existieren. Hier huscht im Sommer die Quelljungfer, die schwarz-gelb schillernde Großlibelle, vorüber. Im Gras ist ein lurchartiger Vierfüßler aufgeschreckt verschwunden. War es ein Feuersalamander? Das mythenumwobene, nach altem Aberglauben feuerfeste Tier beginnt in diesen Apriltagen zu laichen.

Nur ein kurzer Abstecher von hier ist es zum Ufer der Obernautalsperre. Hier und an anderen sauerländischen Talsperren lässt die Krombacher Brauerei ihre Werbespots drehen: «Mit Felsquellwasser gebraut». Die Sehnsucht nach dem Naturschönen, geweckt und dann ausgebeutet im Feuerwerk der Reklamebilder. Zurück an die Eder. Eine letzte Biegung. Der Wiesengrund zwischen den Rändern des Fichtenwaldes ist mit Wildwuchs aus Moorbirken und Rippenfarn bestockt. Durch eine Pforte von ein paar alten Fichten und einem bemoosten Bergahorn plätschert der junge Bach hervor. Die Sickerwässer und Rinnsale des angrenzenden Hangquellmoores vereinigen sich an dieser Stelle zu einem Fließ. Auf einem Steg kann man ein paar Schritte weit in das Ederbruch hineingehen. Der fast zwei Hektar große Sumpf am Südhang des Ederkopfes ist von hier aus gut einzusehen. Moorbirken mit ihren schlanken braunen Stämmen und schmalen Kronen bilden die lichte Baumschicht dieser Sumpfzone. Unter der dünnen Humusschicht tritt an einigen Stellen der Weißlehm, die wasserstauende Schicht, zutage. Der Torf ist in den 3000 Jahren, in denen sich das Moor gebildet hat, auf einen Meter angewachsen. Zwischen flächendeckenden Moospolstern ragen Farne. Dicht stehen die filigranen Wedel des Waldschachtelhalms, der archaischen Pflanze, deren riesenhaften Vorgängern wir unsere fossilen Ressourcen verdanken. Dann die Quelle, prosaisch gesagt: die hanghöchste Austrittsstelle des Grundwassers in diesem großflächigen Quellsystem. Ihr Mund liegt an der Stelle, wo das Bruch in einen prächtigen Buchenmischwald übergeht. Die Öffnung im abschüssigen Lehmboden ist nicht größer als zwei Handteller. Sie speist fast unmerklich eine ovale, fingertiefe Wasserlache, die von zwei Felsbrocken gestaut wird. Unter einem dieser Steine beginnt es zu fließen. Ein fast geräuschloses Rinnsal kommt unter dem Stein hervor und bahnt sich den Weg in das Moor hinein. Das üppige

Eder **69**

Pflanzenkleid fehlt hier noch. Erst vor einigen Jahren hat das Forstamt kurz entschlossen die Quelle von einer Fassung aus zentnerschweren, grabplattenartigen Rinnsteinen befreit, die sie bis dahin verunstaltete und alles Leben erdrückte.

Eine Quelle, besonders eine einsame Waldquelle wie diese hier, ist immer noch ein guter Ort zum Meditieren. Auch in Zeiten, in denen Wasser als Ware, gar als Waffe gilt, ist die Verbindung von natürlich fließendem oder flutendem Wasser und freiem Fluss der Gedanken offenbar noch da. Am Ursprung der Eder ist zu erleben, wie die Sonne hinter den Wipfeln der Buchen untergeht und langsam der letzte Rest Tageslicht erlischt, der Wind sich legt, der Vollmond aufzieht und durch das Geäst der beiden alten Fichten sein diffuses Licht in die Quelle schüttet. Man sieht das Wasser silbrig fließen, gleichmütig, unaufhörlich, unaufhaltsam. Ein Zurück gibt es nicht. Unweigerlich wird es seinen Weg ins Meer finden und dort seinen immergleichen Kreislauf von neuem beginnen. Wie seit der Frühzeit der Evolution. Bachmurmeln, Schreie eines Käuzchens – Laute einer Vollmondnacht an einer Quelle im Wald.

Lebenselixier Wasser

Wasser ist Leben. Umhüllt vom Fruchtwasser des Mutterleibes beginnt der menschliche Embryo seine Entwicklung. Seine Gestalt ist noch fast flüssig. Der erwachsene Körper besteht immer noch zu 55 bis 65 Prozent aus Wasser. Es ist in Zellen gebunden oder pulsiert im Blutkreislauf. Es verflüssigt die festen Nahrungsmittel, die der Körper aufnimmt, transportiert sie in die Zellen, schwemmt die Endprodukte des Stoffwechsels aus dem Körper. Wasser regelt die Temperatur im Organismus, indem es ihm durch Verdunsten auf der Haut Wärme entzieht.

Wasser ist das elementare Lebens-Mittel. Ohne zu essen, können wir an die siebzig Tage überleben. Ohne Wasser halten wir es nicht länger als fünf Tage aus. Fehlen 0,5 Prozent des Körpergewichts an Wasser, setzen Warnsignale ein. Die Schleimhäute in Mund und Rachen trocknen aus. Die Zunge klebt am Gaumen. Die Salzkonzentration steigt. Der Hypothalamus im Zwischenhirn überwacht den Druck und den Salzgehalt der Körperflüssigkeit im Kreislauf und in den Zellen. Er sendet das Signal «Durst» an das Bewusstsein. Von dem Moment an wird das Einfachste zum Wichtigsten: ein Schluck klares Wasser. Bei zwei Prozent Verlust treten Müdigkeit und Schwäche auf, bei vier Prozent Kopfschmerzen und Muskelschmerzen. Der Körper beginnt zu fiebern. Bei fünf Prozent kommt es zu Krämpfen und Bewusstseinsstörungen. Bei acht Prozent Austrocknung treten in der Bauchspeicheldrüse und anderen Organen Funktionsstörungen auf. Ohne stetige Wasseraufnahme können sich Körpersäfte nicht verdünnen. Das Blut verdickt, kommt ins Stocken. Das Herz muss immer kräftiger pumpen. Der Blutdruck steigt rapide. Trotzdem kann der Kreislauf die Stoffe nicht mehr abtransportieren. Der Körper vergiftet sich selbst. Die zunehmenden Säureanteile verbrennen ihn von innen. Bei zehn Prozent Austrocknung bist du bewegungsunfähig. Fünfzehn Prozent Verlust an Wasser bedeuten den sicheren Tod.

Wie viel trinken? Einen Teil des Flüssigkeitsbedarfs nehmen wir mit der festen Nahrung auf. Gemüse, Obst und Milchprodukte sind besonders wasserhaltig. Was darüber hinaus nötig ist, hängt ab von Körpergewicht, Alter und körperlicher Aktivität. Etwa zwei Liter sollten es täglich sein. Viel und oft trinken ist das einfachste Rezept. Im Alltag dient es der Erhaltung der Gesundheit und der Vorbeugung gegen vorschnelles Altern. Bei anstrengender Tätigkeit steigt der Bedarf. Bergleute nehmen einen Fünfliterkanister mit, wenn sie an heißen Punkten unter Tage arbeiten. Jan Ullrich, der Radrennfahrer, verbraucht auf einer Bergetappe der Tour de France etwa fünfzehn Liter Flüssigkeit. Auch die Strapazen des Wanderns führen rasch zur Dehydrierung. Man darf nicht erst die Symptome abwarten. Beim Wandern sollte man in kurzen, regelmäßigen Abständen Wasser trinken. Die Menge hängt vom Körperbau, Wetter, Gehtempo und der Beschaffenheit der Strecke ab. Die Empfehlung erfahrener Wanderer: 0,3 Liter pro Stunde beim üblichen 4-km/h-Tempo. Aber das ist nur eine ungefähre Richtzahl.

Wo trinken? Die Suche nach einer natürlichen Wasserstelle gestaltet sich in unserer Restnatur beinahe so schwierig wie in der Wüste. Nicht der Mangel an Wasser ist das Problem, sondern die Übernutzung und Verschmutzung der Wasserläufe. Kein anderer Lebensraum ist im Industriezeitalter so massiv verändert worden wie die Landschaften am Wasser. Quellen wurden zu Viehtränken, Bachauen zu Weideland. Bäche hat man begradigt, verrohrt und zu Vorflutern degradiert. Kaum ein Fluss, der nicht einbetoniert, von Siedlungen und Verkehrswegen eingezwängt, zum Schwemmkanal für Abwässer ausgebaut und mit Chemikalien und Fäkalien verschmutzt wäre. Die Folge: Die meisten Bäche verlieren schon in den ersten Dörfern, die sie passieren, ihre Unschuld. Seen und ganze Meere sind vom Umkippen bedroht. Selbst das Grundwasser ist zunehmend mit Giftstoffen belastet. Zwar hat in den letzten zwei, drei Jahrzehnten ein Umdenken eingesetzt. Abwasserreinigung in Kläranlagen, Gewässerschutz, Renaturierung von Wasserläufen kamen auf die Agenda. Erfolge sind messbar. Die meisten Oberflächengewässer hierzulande gelten wieder als einigermaßen sauber. Trinkwasserqualität ist damit jedoch nicht gemeint.

Eine Faustregel für das Trinken aus Quellen und Bachläufen: Solange sie noch durch Wald fließen, führen sie klares, blankes Wasser. Man achte auf das Leben im Quellbereich. Strudelwürmer, Köcherfliegenlarven, Plattwürmer, die sich im Wasser tummeln, Milzkraut, das im Uferbereich wächst, sind Anzeiger für langfristig gute Wasserqualität. Wo sie fehlen, stimmt etwas nicht. Von dem Punkt an, wo der Bach die erste Viehweide, ein Gehöft oder einen Hotelkomplex passiert hat, wo eine vielbefahrene Straße die Talsohle einnimmt, erst recht hinter dem ersten Dorf und der ersten Kläranlage sollte man nicht mehr daraus trinken. Die Gefahr ist nicht zu unterschätzen, sich durch zu viele Keime eine Magen-Darm-Infektion mit Durchfall, Erbrechen und Fieber zuzuziehen.

Einen Wasservorrat dabeizuhaben ist beim Wandern hierzulande unerlässlich. Outdoor-Ausrüster bieten neuerdings in den Rucksack integrierte Trinksysteme aus Wasserbeutel, Schlauch, Ventil und Mundstück an. Wer braucht so etwas? Die Trinkflasche aus angeblich absolut korrosionsfreiem und geschmacksneutralem Aluminium oder Edelstahl ist ebenfalls nicht nötig. Sie sieht zwar chic aus, muss aber regelmäßig gereinigt werden.

Lebenselixier Wasser **73**

Die handelsübliche PET-Wasserflasche reicht vollkommen. Es gibt sie in verschiedenen Größen. Sie ist leicht, trotzdem erstaunlich robust. Der Verschluss hält dicht. Man kann sie immer wieder auffüllen und beliebig oft umtauschen.

Regen ist die Form des Wassers, die beim Wandern wirklich unangenehm werden kann. Stundenlang bei strömendem, nicht enden wollendem Regen unterwegs sein, zu spüren, wie nach und nach die Füße in den Wanderschuhen, die Hosenbeine, die Kleidung unter dem Regenschutz, zuletzt die Habseligkeiten im Rucksack bis auf den letzten Faden nass werden, kann einen zermürben. Der perfekte Regenschutz ist offenbar noch nicht erfunden. Manche bevorzugen schlicht und einfach den Regenschirm. Sich unterwegs einfach dem Rhythmus von Regen und Sonne anzupassen, also sich unterzustellen, kostet viel Zeit. Gelassenheit fällt in dem Fall wirklich schwer. Aber wer schätzt nicht die Wolkenlandschaften eines Apriltages? Die Klangbilder der Regentropfen im Wald? Die tiefe Behaglichkeit, wenn Haut und Haare und durchnässte Sachen im Wind oder am Lagerfeuer – oder in der warmen Stube – wieder trocknen?

Etwa 600.000 Kilometer lang ist das Netz der Wasserläufe in Deutschland. Es gliedert sich in nur sechs durch Wasserscheiden getrennte Flusssysteme: Rhein, Ems, Weser, Elbe, Oder und Donau. Die im Süden benachbarten Einzugsgebiete von Rhone und Po sowie die Weichsel im Osten vervollständigen das mitteleuropäische Gewässernetz. An vielen Abschnitten ist es gestört oder zerstört. Siedlungen, Straßen und befestigte Wege direkt am Ufer zerschneiden und zerstören Lebensräume. Aber immer noch sind Fließgewässer für zahlreiche Arten Wanderwege. Einzeln oder in kleinen Schwärmen steigen Aale und Lachse stromaufwärts zu den Laichplätzen, an denen sie selbst zur Welt gekommen sind. Fischotter, Biber, Frösche, Libellen, Schmetterlinge, alle wasserliebenden Tiere und Pflanzen nutzen Gewässerläufe als Leitlinien für ihre Wanderungen. Warum nicht diese Arten, die lange vor uns die Reise durch die Evolution begonnen haben, zum Vorbild nehmen? Wer nahe am Wasser wandert, sollte jedoch wissen und berücksichtigen, dass Uferbereiche äußerst störungsempfindliche Habitate sind. Einen gewissen Abstand zum Ufer einhalten, an ausgesuchten Stellen aber kleine Zugänge zum Wasser behutsam nutzen, wäre ein Weg, um die Faszination des fließenden Wassers hautnah zu erleben.

Panta rei. Alles fließt. Heraklit. Dass es beständig, an jedem Punkt seines Kreislaufes in Bewegung ist, macht Wasser so faszinierend. Die Quelle ist nur der Ort, an dem der unterirdische Grundwasserstrom seine Gesteinsklüfte verlässt und mehr oder weniger stark schüttend an die Erdoberfläche austritt. Es hat sich selbst gefiltert, gereinigt, mit Mineralstoffen angereichert. Manchmal hat das Jahrtausende gedauert. Dann aber folgt das Wasser unaufhaltsam von der Quelle in einer gerichteten Strömung dem Gefälle des Geländereliefs, also der Schwerkraft, bahnt sich und baut sich seinen Weg bis zur Mündung in einen Fluss, ins Meer, pflanzt sich dort in Wellen fort, wandert rund um den Globus, um irgendwo unterwegs zu verdunsten, in die Luft zu steigen und als Wolke weiterzuwandern. Was für eine wilde Schönheit, rohe Kraft, unbändige Dynamik! Welch rätselhafte, noch längst nicht entschlüsselte Gesetze, was für eine Wunderwelt liegt in der Bewegung des fließenden Wassers!

Die Oberfläche jedes naturnahen Fließgewässers bildet ein Mosaik von hochkomplexen Mustern. Schon im Bach, der munter durch einen Wiesengrund mäandert, wechseln schnellfließende Bereiche am Stromstrich in der Mitte und an den Prellhängen mit strömungsärmeren Zonen an der Sohle und an den Gleithängen, mit Stillwasserzonen in Uferbereichen und hinter Hindernissen.

Lebenselixier Wasser **75**

Wasser nimmt Differenzen wahr. Es reagiert auf jeden Wechsel von Gefälle und Gewässerquerschnitt, Pegel und Untergrund, von Temperatur, Beschattung und Sonneneinstrahlung. Es antwortet auf den Mondzyklus und den Wechsel der Jahreszeiten. Nie strömt ein Fließgewässer linear. Selbst der Golfstrom mäandert. Schon der Quellbach schwingt sich in Schleifen rhythmisch talwärts. Dabei dreht sich der Wasserkörper wie eine Schraube beständig um die eigene Achse. Das Oberflächenwasser strömt von der Innenseite der Kurve zur Außenseite, biegt nach unten um und kehrt längs des Bachgrundes zum inneren Uferrand zurück. Im Zusammenspiel der Strömung mit dem Gewässerbett, dem Luftraum darüber entsteht – rieselnd, murmelnd, plätschernd, gurgelnd, sprudelnd, zischend, tosend – die polyphone Klanglandschaft des fließenden Wassers. Das Ohr, mit dem wir sie wahrnehmen und in unser Bewusstsein aufnehmen, ist in seinem Zentrum, der Gehörschnecke, selbst mit einer wässrigen Flüssigkeit gefüllt. Strömung ist turbulent. Wo ein Bach über einen Stein springt, formt sich eine Welle. Diese «Form aus Bewegung», so der von Novalis und Rudolf Steiner inspirierte Naturforscher Theodor Schwenk, bleibt an Ort und Stelle, aber immer neues Wasser fließt hindurch. Ragt das Hindernis über den Wasserspiegel, zerteilt sich das Wasser, um sich stromabwärts wieder zu vereinigen. Dabei entstehen Wirbel, kreisende Bewegungen, glockenförmige Trichter. Die Strudel pulsieren, ziehen sich zusammen, verbreitern sich, wandern mit der Strömung fort – bewegte Glieder innerhalb eines bewegten Ganzen. Strömung besteht aus unzähligen Flächen, die aneinander vorbeigleiten, sich überschieben und mischen. Sie bilden, sagt der Salinendirektor, Geologe und romantische Dichter Novalis, ein «sensibles Chaos». So nimmt Wasser die Strahlung der Sonne und die Energie des Mondes auf. Die «inneren Oberflächen» des fließenden Wassers seien «Sinnesorgane» der Erde «zum Kos-

mos hin», vermutet Schwenk. «Im bewegten Wasser schafft sich
so die Erdenwelt die Möglichkeit, in ihrem eigenen Leben den
ständigen Wechsel der Gestirnswelt mitfließen zu lassen.»

«Vom Wasser haben wir's gelernt ...», heißt es in Wilhelm
Müllers Gedicht *Wanderschaft*: «Das hat nicht Rast bei Tag und
Nacht, / Ist stets auf Wanderschaft bedacht, / Das Wasser ...»
Der Romantiker aus Dessau an der Elbe begann mit diesem Gedicht seinen 1820 erschienenen Zyklus über *Die schöne Müllerin*.
Es wurde zum – oft arg zersungenen – Volkslied. Eine Zeit lang
in Sichtweite und Hörweite von turbulent strömendem oder
rhythmisch wogendem Wasser zu wandern hat eine ungemein
erfrischende und befreiende Wirkung: Die Bewegungen werden
fließender. Das Denken verflüssigt sich. Staus lösen sich auf.
Der Geist mäandert auf neuen Denkwegen und erfasst leichter
alles Lebendige. Freifließendes Wasser ist ein Medium der Einübung von Gelassenheit. «Nie endend», sagt Hans-Jürgen Heinrichs, «die Gleichmut des Wassers, in Bewegung in sich ruhend
da-zu-sein.»

3. Im Wald

Die Jahreszeiten sind mir alle lieb. Ich brauche sie alle vier. In einem Land, in dem ich ihren Wechsel nicht spüren kann, möchte ich auf Dauer nicht leben. Räume, in denen man die Wirkung der natürlichen Rhythmen, die Augenblicke der Übergänge und Wandlungen erleben kann, sind mir unverzichtbar. Jeden Frühling zieht es mich in den Wald, genauer gesagt, in große Buchenwälder – unsere ureigenste Natur. Sobald die Frühlings-Tagundnachtgleiche vorüber ist, werde ich unruhig. Sehnsüchtig warte ich auf den besonderen Moment im Jahreszyklus der Laubwälder, auf die Zeitspanne, die Mitte April allmählich beginnt und bis etwa Ende Mai dauert. Zunächst bedecken noch die bunten Blütenteppiche der Frühblüher den lichtüberfluteten Waldboden. Dann aber öffnet *Fagus sylvatica*, die Rotbuche, ihre schlanken hellbraunen Knospen. Fast über Nacht springen sie auf, und die frischen Blätter entwickeln sich. Erst erscheint ein zarter Schimmer in der mittleren Etage der kahlen Bäume. Dann beginnt binnen weniger Tage, der ganze Wald seidig hellgrün zu leuchten. Die Frühblüher verschwinden aus Mangel an Licht. Gleichzeitig schwillt der Chorus der Singvögel an. Alle sind jetzt wieder da, balzen, paaren sich, bauen Nester. Die Luft vibriert von ihren Flugbewegungen. Das ist die Zeit, in der es mich in die Wälder zieht ...

Im Frühlingswald

Krachend fällt das Tor des Wildgatters hinter mir zu. Ein paar
Mal federt es nach. Im Laub rätscht ein Eichelhäher und fliegt
davon. Weiter weg gurrt eine Hohltaube. Ein kurzes Schnau-
ben im nahen Unterholz. Dann ist es wieder still. Hinter mir
liegt an diesem Maimorgen ein Gang durch die Feldfluren des
nordhessischen Städtchens Frankenau. Dann ein kurzer steiler
Anstieg vorbei an den Holzhütten eines Feriendorfes. Vor mir:
nur Wald. Aber was für einer! Eingezäunt von einem 43 km
langen Gatter, erstreckt sich über die Hügel des Kellerwaldes
bis zum Edersee einer der größten zusammenhängenden Buchenwälder, die wir in Mitteleuropa noch haben. Seit 2004 ist
er Nationalpark. Ich mache keine mehrtägige Streckenwande-
rung, sondern habe für ein verlängertes Wochenende in Frankenau mein festes Quartier. Der Ort liegt unmittelbar am
Rand des Nationalparks und ist ein guter Ausgangspunkt für
ganztägige Streifzüge durch den «Urwald von morgen».

Mein Weg an diesem Tag ist der Quernstweg, eine Wan-
derroute, die von Frankenau nach Bringhausen am Südufer
der Edertalsperre führt. Auf zwölf Kilometern durchquert sie
den Waldkomplex in Nord-Süd-Richtung, kreuzt sich mit anderen Wegen, verzweigt sich. Unterwegs kein Haus, keine
Straße, kein Auto und stundenlang keine Menschenseele.

Zwischen Traddelkopf (626 m) und Arendsberg (451 m)
ist man im Waldesinneren angekommen. Ich drossele meinen
Wanderschritt. Ein pirschendes Gehen und Schauen: Wie
Säulen stehen die silbergrauen, an der Wetterseite von Moosen und Flechten grünlich getönten Buchenstämme mal drei
oder vier, mal zwanzig Schritte voneinander entfernt. Das frische Laub leuchtet hellgrün. Die Blätter sind noch zart und

durchsichtig, haben einen weißlichen Flaum. Am Boden verblühen Veilchen, Günsel, Ehrenpreis, die blauen Blumen. Hier und da im Schatten ein Fleck mit Maiglöckchen. Schneeweiß hängen die Blüten, die Blätter sind straff aufgerichtet, mit Tau benetzt. Kein Gebüsch versperrt die Sicht. Der Blick kann weit zwischen den Stämmen schweifen. Das Kronendach filtert die Sonnenstrahlen, sorgt für ein subtiles grünes Licht. «Hallenwald», sagen die Forstleute oder: «Buchendom». Kein menschengemachtes Geräusch ist zu hören. Es passiert nichts. Nichts? Irgendetwas passiert immer. Eine Brise kommt auf, rauscht in den Wipfeln, legt sich wieder. Ein Specht trommelt. Weißlinge flattern lautlos vorüber, jagen sich. Der sonore Summton einer Erdhummel, die Lieder von Buchfinken, dazwischen ein Zaunkönig. Waldesstille ist ein Netz von subtilen Klängen. Nur selten wird es dramatisch. Ein Knacken, ganz nah, unwillkürliches Erschrecken. Aus einer Mulde erhebt sich ein Wildschwein, setzt mit behänden Bewegungen seines massigen Körpers über liegendes Holz, verschwindet hinter einer Hangkante.

Selbst in dieser abgeschiedenen Naturlandschaft sind Begegnungen mit Wildtieren eher rar und flüchtig. Sie kommen überraschend, aber verlässlich, vorausgesetzt, man hat Geduld. Anders jedoch als in den Naturdokus im Fernsehen, an deren spektakuläre Bilder wir uns gewöhnt haben, bleibt für den Wanderer das Leben im Wald über weite Strecken unsichtbar. Für viele ist das enttäuschend. Ein Jäger sieht mehr. Von seiner Art, sich im Wald zu bewegen und Dinge wahrzunehmen, kann der Wanderer einiges lernen: lange Ansitze, langsame, lautlose Bewegungen, Gebrauch des Fernglases. Das Ziel ist freilich nicht das Beutemachen. Die Annäherung beenden, bevor das Tier sie bemerkt, das könnte man eher

Im Frühlingswald **81**

von den Naturfilmern lernen. Vieles bleibt unnahbar und geheimnisvoll. Brütet vielleicht in den Wipfeln an der gegenüberliegenden Bergflanke der Schwarzstorch? Der scheue, waldbewohnende Verwandte des Weißstorches hat hier ein Brutgebiet. Und dort unten, das Moderholz am Quellbach. Hält sich ein Feuersalamander darunter verborgen? Und wo jagt die seltene Wildkatze, die vor kurzem in den Kellerwald zurückgekehrt ist? Diese Arten sind an große Buchenwälder gebunden und würden mit dem weiteren Schrumpfen ihrer Lebensräume für immer untergehen. Schon das Bewusstsein, dass sie da sind, verzaubert den Wald.

Vom Traddelkopf, dem höchsten Punkt im Nationalpark, öffnet sich zum ersten Mal das Blickfeld nach Norden. Zwischen den Baumkronen taucht auf einem Bergsporn – zehn Kilometer Luftlinie entfernt – Schloss Waldeck auf. Über der dahinterliegenden Hochebene rotieren Windräder. Im Nordosten ist am Horizont schemenhaft die Kasseler Wilhelmshöhe zu erkennen. Den Waldecker Fürsten gehörte einmal dieser Wald. Der Kellerwald war ihr Hofjagdrevier. Ein Hauch aus Grimms Märchen weht über diese Landschaft. «Einmal zur Frühlingszeit, als die Bäume wieder in frischem Grün standen, jagte der König des Landes in dem Wald und verfolgte ein Reh ...», heißt es in ihrem *Marienkind*.

Ein Aurorafalter, der mit seinen leuchtend orangeroten Flügelspitzen auf der Suche nach Weideplätzen vorübergaukelt, führt mich zu einer durchsonnten Lichtung. Die ebene Fläche senkt sich steil zu einem bewaldeten Abhang. In einem Halbkreis stehen mächtige, vielleicht 150- oder 200-jährige Buchen. An einem Baumstumpf ist zu sehen, wie der Baum jedes Jahr um einen neuen Jahresring gewachsen ist, ohne irgendetwas von seiner Vergangenheit zu zerstören. In der Mitte der

Lichtung ragt zwei, drei Meter hoch ein Baumtorso. Aufrechtstehendes Totholz, an der Bruchstelle wüst zersplittert, von Zunderschwämmen besiedelt, von Spechthöhlen durchlöchert. Daneben hingestreckt, schon von den Pilzen und den Larven verschiedenster Käferarten zersetzt, der umgebrochene Stamm. Er riecht erdig, nach Mulm und Moder. Neben dem Baumleichnam wuchert hüft- bis schulterhoch, buschig und hellgrün belaubt der Buchenjungwuchs – der Urwald von morgen. Zusammen mit den blühenden Gräsern der Hainsimse bewegen sich Zweige und Blattwerk in der Brise. Dahinter die Bläue des Himmels. Ab und zu eine weiße Wolke. Auf Augenhöhe die Kammlinie aus Baumkronen – der nächste Hügel. Ein guter Ort für die Siesta. Einfach mal zwei Stunden nur an die graue, glatte Rinde eines Buchenstamms gelehnt, im warmen Moos sitzen, schauen, lauschen, dösen, zur Ruhe kommen. Die Eigenzeiten der Natur sind hier zum Greifen nahe. Sie erscheinen in der Wanderung von Licht und Schatten im Laufe dieser Mittagstunde. Sie sind präsent in dem Ausschnitt aus dem jahreszeitlichen Rhythmus von Blühen, Reifen, Welken, den ich vor Augen habe. Sie verkörpern sich in all den Wahrzeichen der jahrhundertelangen Zyklen von Werden, Wachsen und Vergehen, die meinen Ansitz umgeben. Am Stamm lehnend, lasse ich die andere Zeit auf mich wirken.

Weiter über die grünen Hügel des Frühlings. Stunde um Stunde im grünen Licht unter ihrem Laubdach wandern – gibt es eine bessere Art, sich auf die neue Jahreszeit einzustimmen? Den Quernstweg habe ich inzwischen verlassen, bin an den Weggabelungen den Blickachsen mit den schönsten Waldbildern gefolgt.

Richtig verwunschen wird der Kellerwald nach Norden, zum Edersee hin. Die buckligen Waldkuppen rücken enger zusammen. Jäh fallen ihre Hänge in tiefeingekerbte Bachtäler hinab. Felsige Grate, tiefliegende Mulden, steile, von Felsblöcken übersäte Abhänge. Die geologischen Verwerfungen schaffen Standorte für ein Mosaik von Waldbildern. Plötzlich ist man in einem Eichenbestand, kurze Zeit später in einem feuchten Talgrund, wo Schwarzerlen am Bach Auenwald bilden. Das Gelände wird unübersichtlich. Wege werden zu überwachsenen Pfaden und enden im Dickicht. Wo bin ich? Wenn die Sonne untergegangen ist, nur noch eine Waldamsel melancholisch flötet und auf der Talsohle tief unterhalb des Weges urplötzlich eine Rotte Schwarzwild schnaubend über ihren Wildwechsel stampft, überträgt sich ein Hauch von der Bangigkeit Schneewittchens, als es «in dem großen Wald mutterseligallein» war und ihm so Angst ward, «dass es alle Blätter an den Bäumen ansah und nicht wusste, wie es sich helfen sollte ...» Die Psychodramen von Grimms Märchen, ahnt man jetzt, handeln von der Kunst des Überlebens, vom «survival».

Der Kellerwald ist ein kleines, aber kompaktes, in sich geschlossenes Waldgebirge. Es ist groß genug, das Wegenetz labyrinthisch genug, die Täler sind tief genug eingeschnitten, um sich verirren zu können. Meine Gastgeber in Frankenau hatten mich gewarnt, wie leicht es ist, die Orientierung zu verlieren. Nachts sieht man kein Licht, hört keine Straße. Rufen ist zwecklos. Niemand hört einen. Sie erzählten von Feriengästen, die sich zu einem kleinen Abendspaziergang verabschiedeten – und erst am nächsten Morgen in aller Frühe, völlig erschöpft und verzweifelt, in einem Dorf am anderen Ende des Waldes ankamen.

Die Nacht im Wald, die Zeit der Nachtfalter und Eulenvögel, war einmal die Stunde des Wolfs. Auf dem Rückweg nach

Frankenau stoße ich auf die Wolfskaule. Eine Tafel am Quernst-weg weist auf eine Stelle etwa zwanzig Meter abseits des Weges. Ein Grenzstein mit der Jahreszahl 1821, eine Grube im Waldboden. Am Rande wurzelt ein Bergahorn, daneben ein bemooster Baumstumpf, ein paar schlanke Buchen. Das Loch ist zweieinhalb Meter tief, kreisrund, sechs Meter im Durchmesser, steilwandig, der Boden von welkem Laub bedeckt. Eine Fanggrube für Wölfe, im Mittelalter in Gebrauch. Man legte ein Stück Pferdefleisch in die Grube, bestückte sie mit angespitzten Pfählen und tarnte sie mit Reisig. Von dem Blutgeruch des Luders angelockt, stürzten die Wölfe in die Falle und konnten sich nicht mehr befreien. Wenn sie völlig entkräftet am Boden lagen, erstach man sie mit Lanzen oder schlug sie mit Knüppeln und Äxten tot. Im Dreißigjährigen Krieg, als sich die Wölfe überall in Deutschlands Wäldern stark vermehrt hatten, war man längst zu Treibjagden übergegangen. Der letzte Wolf in Waldeck soll im schneereichen Winter 1819/20 erlegt worden sein. Der letzte Wolf? In den 90er Jahren, erfahre ich im Gespräch mit einem Förster, sei im nahen Orketal ein Wolf gesichtet worden. Irrtum ausgeschlossen. Ein Berufsjäger habe ihn mit seiner Videokamera gefilmt. Ein Einzelgänger, ein Weitwanderer, der gleich wieder verschwand. Woher? Wohin? Niemand weiß es. Aber es ist bekannt, dass Wölfe vierzig Kilometer und mehr am Tag zurücklegen. Einzelne sondern sich vom Rudel ab. Sie haben offenbar alte Wanderrouten in den Genen gespeichert und nehmen sie wieder auf. Woher wissen sie, dass sich ihre früheren Lebensräume regenerieren?

Um 1815, als der Wolf in dieser Region – vorerst – ausgerottet wurde, lebten die Brüder Grimm im nahen Kassel. Es waren die Jahre, in denen ihr Märchenbuch entstand. «Rotkäppchen, sieh einmal die schönen Blumen, die ringsumher stehen, warum guckst du dich nicht um? Ich glaube, du hörst gar nicht, wie die Vöglein so lieblich singen ...» Achtzig Prozent der Märchen haben den Wald zum Schauplatz. Wohl wahr, sie spielen nicht im Kellerwald, sondern im Reich der Phantasie. Sie sind, wie ihre Verfasser sehr wohl wussten, «überall zu Hause». Ihre Zeit ist unsere Traumzeit. Der Märchenwald ist eine Chiffre für die Wildnisse des Unbewussten. Aber als die Grimms die Geschichten ihrer legendären hessischen Märchenfrauen nacherzählten und gestalteten, als sie ihre kleinen Heldinnen und Helden in der Tiefe des Waldes mit Wölfen und Hexen und Unholden kämpfen und in diesen Kämpfen reifen ließen, da hatten sie die Laubwälder ihrer Region vor Augen. Archetypische Waldbilder, wie man sie hier im Kellerwald noch heute – oder heute wieder – aufspüren kann.

Als ich im letzten Tageslicht wieder meinen Ausgangspunkt, das krachend zuschlagende Wildgatter, erreiche, bin ich seit zwölf Stunden unterwegs und habe etwa 25 Kilometer zurückgelegt. Einmal, am frühen Nachmittag, ist mir ein Mädchen auf einem Mountainbike entgegengekommen. Dann, gegen Abend, ein Forstarbeiter, der auf seinem Traktor von der Arbeit heimfuhr. Sonst niemand. Noch ein Blick zurück. Der Mond zieht über den Baumkronen auf. Eine Frühlingsnacht im Kellerwald hat begonnen.

Am Tag der Heimreise habe ich ein paar Stunden für Kassel und das Brüder-Grimm-Museum eingeplant. Die Dauerausstellung ist neu gestaltet. Drei der vielen Räume inszenieren die Welt der Märchen: Vom «Suchen und Versuchen» handelt der erste. Am Eingang symbolisieren zwei schlanke Birken den Märchenwald. «Prüfung und Lösung» – ein Schlüsselbund, daneben in einem Kästchen, ein einzelner Schlüssel. Im letzten Raum geht es um «Belohnung und Strafe». Über einen roten

Teppich schreitet der Besucher auf das Bild einer Burg zu. Auf dem Thronsessel liegen zwei Kronen bereit für König und Königin. Am Boden hockt ein Frosch. An den Wänden hängen berühmte Buchillustrationen aus verschiedenen Epochen und zeitgenössische Porträts der «Märchenfrauen». Sie wirken beileibe nicht hutzelig und stockhessisch, sondern eher jung, gebildet und weltläufig. In einer Vitrine liegt die Erstausgabe der *Kinder- und Hausmärchen*, das Handexemplar der Autoren mit ihren eigenhändigen Notizen. Weltkulturerbe. «Märchen sind Entwürfe von Glück», schrieb der Psychologe Bruno Bettelheim. «Niemand, so wollen sie uns glauben machen, ist jemals in einer so ausweglosen Lage, dass er sie nicht meistern kann. Keine Hexe, kein Zauberer, kein Riese erweist sich am Ende als so mächtig, dass sie nicht zu Fall zu bringen wären.»

Einen Moment lang vermischen sich die frischen Eindrücke von den Wandertagen im Kellerwald mit den Bildern des verzauberten Waldes. «Und er lag da in tiefer Stille und Einsamkeit», heißt es im *Eisenhans* vom Wald des verwunschenen Königs, «und man sah nur zuweilen einen Adler oder einen Habicht darüberfliegen.»

Im Sommerwald

Ein paar Wochen später bin ich wieder in den nordhessischen Buchenwäldern – diesmal, um das Aroma des Mittsommerwaldes zu genießen. Schloss Waldeck, hoch über dem Nordufer des Edersees, hatte ich im Frühling aus der Ferne gesehen. Nun ist es mein Ausgangspunkt. Ich habe zwei Tage, um Teile des Urwaldsteigs zu erwandern. Dieser neueingerichtete Rundwanderweg umkreist den Stausee in einer 60 Kilometer langen Schleife. Er bietet eine Kette exquisiter Waldbilder. Für Liebhaber des Laubwaldes ist er ein absoluter Traumpfad. In ganz Europa, vermute ich, gibt es nicht viel dergleichen. Von der Burgterrasse überblickt man den Kellerwald fast aus der Vogelperspektive. Fast senkrecht unterhalb mäandert das schmale Band des Ederstausees. Jenseits liegt das grüne Labyrinth aus Bergrücken, Kuppen und schattigen Schluchten, das sich nach Süden zieht. Von der Burg läuft der Urwaldsteig in westlicher Richtung parallel zum Nordufer des Sees, fällt jäh hinab in ein Seitental, steigt hinter dem Bachlauf ebenso steil wieder an. Eine Zeit lang bleibt er auf halber Höhe, erklimmt eine Hochfläche und senkt sich wieder nach unten. Der Wald hat sich verändert. Die Buchenblätter sind gedunkelt, fühlen sich ledern an. Nun blüht der Ginster. Fingerhut ist aufgeschlagen. Überall, wo Licht auf den Boden fällt, ragen die hohen Stängel mit den purpurnen Glocken. *Digitalis purpurea* ist, so steht in alten Pflanzenbüchern, eine schlimme Giftpflanze. Das Wild frisst den Fingerhut nicht. Deshalb ist er im Sommerwald allgegenwärtig. Das Vogelkonzert hat an Intensität deutlich abgenommen. Neuer Grundton ist das Summen der Insekten.

Von Nieder-Werbe bis Asel führt der Weg über Landzungen, die weit in den See hineinragen. Kahle Hardt, Hünselburg. Statt über runde Kuppen wandert man auf schmalem Grat. Links und rechts stürzen die Abhänge 100, 150 Meter tief zum Edersee hinab. Eine dichte Folge atemberaubend schöner Waldbilder beginnt. Das Relief des Geländes ist extrem stark gegliedert. Plateaulagen, Mulden, trockene Hangkanten – alles auf kleinstem Raum. Tiefgründige Böden wechseln mit nacktem Fels. Jeder Quadratmeter ist unterschiedlich sonnen-, regen-, wind- und frostexponiert. Diese Vielfalt an

Standorten hat eine Fülle an Baumarten und Wuchsformen hervorgebracht. Eine Weile wandelt man durch Perlgras-Buchenwald. Die grauen Stämme stehen auf einem knietiefen Teppich aus frischem Gras. Naturwald mit dem eleganten Flair eines alten Parks. Szenenwechsel. Bizarre Eichenindividuen wurzeln am Weg. Mattwüchsig, gedrungen, knorrig, uralt. An einem abgebrochenen Ast in diesem Eichenwald hat man schon 400 Jahresringe gezählt. Diese Steilhänge über der Eder sind wegen ihrer extremen Unzugänglichkeit nie richtig bewirtschaftet worden. Hier stehen tatsächlich Reste von Urwald, einzigartige Zeugen mitteleuropäischer Waldgeschichte. Man hört den langgezogenen Schrei eines Schwarzspechts, sieht seine Höhle im Totholz, das hier in Mengen steht oder liegt. Hier nistet der Raufußkauz, der Uhu ist da, der Kolkrabe. Kohlweißlinge jagen sich über den Weg.

Schon mal durch einen Lindenwald gegangen? An der Westflanke des Lindenberges steigt man hinab zum See und hat diese absolute Rarität vor Augen. Der Abhang ist von Steinblöcken übersät, die sich irgendwann einmal vom nackten Fels gelöst haben, ins Rollen gekommen und liegen geblieben sind, sich irgendwann nach starken Regenfällen oder im Tauwetter wieder vom Untergrund losgelöst und ihren Weg nach unten fortgesetzt haben. Die langsam rollenden Steine einer Blockhalde. Dazwischen zieht sich ein geschlossener Lindenbestand den Abhang herunter. Urwüchsige Baumwesen sind darunter. Eine Sommerlinde mit vier, fünf Stämmen, alle aus einer Wurzel emporgekommen, ragt im vollen Laubkleid über dem See. Noch ist es nicht so weit, aber in zwei, drei Wochen ist dieser Wald vom Duft der Lindenblüten erfüllt.

Im Uferschilf kampiert ein Angler. Seine Feuerstelle

glimmt. Ein Kocher, Luftmatratze und Schlafsack, ein paar Kisten mit Aldi-Proviant. Ein Fahrrad, ein Ruderboot. Zwei Angeln sind aufgestellt. Wir kommen ins Gespräch. Ein Bier? Ich setze mich zu ihm. Seit gestern Nacht sei er hier. Ein etwa vierzigjähriger Mann aus Dillenburg. Er ist gelernter Fernmeldemechaniker, war viel auf Montage, kennt die großen Städte, fühlt sich dort nicht mehr wohl. Jetzt ist er schon lange arbeitslos. Kommt oft hierher, wild entschlossen, einen richtig großen Hecht zu fangen. Will bleiben, bis das Wetter umschlägt oder das Arbeitsamt ihn zu einem dieser sinnlosen Termine vorlädt. Für den Fall hat er per Handy Kontakt zu einem Kumpel zu Hause. Den Müll nehme er restlos mit. Der Förster wisse das, lasse ihn in Ruhe. «Soll ich dich rüberbringen?» Er bindet sein Boot los, rudert mich über den See, der an dieser Stelle keine 300 Meter breit ist. Ein Lächeln, ein Winken. Viel Glück! Unverhofft stehe ich am Südufer, stoße am Ringelsberg wieder auf den Urwaldsteig, wandere weiter, jetzt in dem Gebiet, das ich im Mai von Süden her berührt hatte.

Spät am Nachmittag erreiche ich nassgeschwitzt eine stille Bucht. Zeit für ein Bad. Das Ufer des Edersees ist fast überall zugänglich. Zum ersten Mal in diesem Jahr schwimme ich in ein freies Gewässer hinaus. Das Wasser ist angenehm temperiert. Die Strömung der Eder im See wird spürbar. Man kann sich in ihr treiben lassen, kommt aber mit etwas kräftigeren Schwimmzügen gegen sie an. In der Mitte des Sees fliegt ein Rotmilan über die Wasserfläche. So niedrig, dass ich die rostbraune Färbung des Gefieders und den hakenförmig gekrümmten Schnabel erkennen kann. In Ufernähe kreist er einen Moment lang, stößt dann nieder. Wasser spritzt auf. Ich kann den Fisch sehen, den er mit sich in die Luft reißt und hoch hinauf zu einer Baumkrone trägt, in dessen Astwerk er sich niederlässt. Der Rotmilan ist das Totemtier der großen Buchenwälder. Hier ist sein Revier. In Deutschland lebt die Hälfte des gesamten Bestandes der Welt.

Wieder auf dem Pfad. Erfrischt und bereit, noch stundenlang weiterzugehen. Ich finde eine Stelle mit Walderdbeeren, lasse mich nieder, pflücke und esse. Das Aroma des Sommers. Eine Weile beobachte ich einen Kaisermantel. Seine rotbraune Färbung mit den schwarzen Flecken und Bändern kontrastiert wunderbar mit dem Grün des Buchenlaubes. «Sommervögel» ist, noch bei den Brüdern Grimm, das alte Wort für Schmetterlinge. Die Sonne schickt ihre letzten Strahlen durch den grünen Vorhang des Buchenlaubes. Ein Zilpzalp singt seine monotone Strophe. Später eine Waldamsel. Eine Mittsommernacht im Wald beginnt. Auf weichem Boden neben einem umgestürzten Baum ist Platz für meinen Schlafsack.

Frühmorgens bin ich am Hundsbach, der zwischen Ringelsberg und Haardt kurz vor seiner Mündung in den See eine phantastische Waldschlucht kerbt. Eine Weile stehe ich am Bach, beuge mich über das Wasser. Im flachen, strömungsfreien Bereich liegen Totholz und Steine. Eine Larve schlüpft hervor und schwimmt davon. Ein daumenlanger Körper mit dickem Kopf. Zur Schwanzspitze hin verjüngt er sich. Eine Feuersalamanderlarve auf der Jagd nach Beute. Mitte April, wenn die Nächte wärmer und feuchter werden, wandern die trächtigen Weibchen aus ihren Verstecken im Wald zu den Laichplätzen an die Quellbäche. In mehreren Schüben, manchmal über mehrere Nächte verteilt, gebären sie, indem sie den Hinterleib ins Wasser halten. Zehn, zwanzig oder noch mehr Larven kommen so auf die Welt. Die, die überleben, werden im August ihre Metamorphose vollziehen und den Landgang

Im Sommerwald **91**

antreten. Die Tiere sind scheu. Sie jagen nachts. Tagsüber ruhen sie meist an feuchten Stellen unter modrigem Holz oder bemoosten Steinen. Einen lebendigen, ausgewachsenen Feuersalamander zu sehen glückt nur ganz selten. Einmal, während eines warmen Regenschauers, tauchte an einer Wegbiegung urplötzlich ein Prachtexemplar mit wunderbar leuchtender schwarzgelber Rückenzeichnung auf, vielleicht zwei Meter vor meinem Fuß. Schreckstarre auf beiden Seiten. Gebannt beäugten wir uns. Dann löste sich die Starre, und blitzschnell verschwand der Salamander am Wegrain im Gras.

Mein Ziel ist jetzt eine Stelle am Seeufer, die mir ein Förster auf meiner Wanderkarte markiert hatte. Dort, so erzählte er mir, blühe jetzt die Pfingstnelke, die wilde Ahnherrin unserer Ziernelke. Als ich das Terrain erreiche, verlangsame ich meinen Schritt zu einem zeitlupenhaften Gehen. Rechts vom Weg steigt der felsige Abhang des Bloßenbergs steil an. Meine Augen tasten den von Felsblöcken übersäten Hang Meter für Meter ab. Scharen von Radfahrern kommen vorbei. Einige drehen sich nach mir um, wundern sich. Lange Zeit ist nichts zu sehen außer blühenden Gräsern, Ginstergesträuch und jungen Buchen, Eichen, Kiefern. Dann aber, neben flechtenüberzogenem Gestein, umgeben von Eschenschößlingen, im Moospolster wurzelnd, sehe ich sie. Zart, schön und unnahbar hebt die Pfingstnelke ihre grazilen, blassroten Blüten in die Sonne. Schlichte Pracht. Eine europäische Rarität.

Und dann doch noch eine Begegnung mit ... Bruder Wolf. Wenn auch nur gegen Eintritt. Im Wildpark Edersee am nordöstlichen Rand des Nationalparks, auf einem kurzen Abstecher vom Urwaldsteig. Zwischen den bemoosten Buchenstämmen oberhalb des Seeufers taucht er auf und trabt heran. Grau und groß, ein ausgewachsenes Exemplar. Zehn

Meter vor mir bleibt der Wolf stehen. Ein kurzer Blick aus den schrägstehenden grünen Augen. Er wittert, bleckt die Zähne. Aber die Aufmerksamkeit gilt längst nicht mehr mir, sondern dem Brocken rohen Fleisches, das vor ihm im welken Laub liegt. Er reißt ein Stück ab. Man hört Knochen splittern. Noch ein paar Schluck Wasser aus der Tränke. Dann trabt er gemächlich weg und verschwindet im dichten Tann. Im Gehege nebenan beginnt die Fütterung der Luchse. Noch fünf Kilometer auf dem Urwaldsteig bis zum Ausgangspunkt der Route. Man überquert die monumentale Sperrmauer des Stausees und hat jetzt ganz nahe, unwirklich wie ein Märchenschloss auf seinem Bergsporn thronend, Schloss Waldeck im Blick.

Erinnerungsorte

Ich hänge eine Etappe an. Sie führt aus dem Wald hinaus, aber in tiefe Schichten unseres Waldbewusstseins hinein. Der Ederauen-Erlebnispfad verläuft von der Staumauer, mal am linken, mal am rechten Ufer, immer dicht am Fluss entlang. Knapp zwanzig Kilometer flussabwärts bis Fritzlar. Ein Kontrast zum Erlebnis des tiefen Waldes: die breite, schnellfließende Eder mit ihrer in der Sonne glitzernden Wasseroberfläche, ihren Biegungen, Stromschnellen und Wehren. Das weite grüne Tal mit seinen Weidengebüschen, Pappelreihen, Erlenwäldchen – den kümmerlichen Resten der alten Auenwälder – und seinen Wiesen und Feldern, Dörfern. Gesäumt an beiden Seiten von Landstraßen und Radwegen und bewaldeten Höhenzügen. Eigentlich nichts Spektakuläres. Aber diese dichtbesiedelte, verkehrsreiche Flusslandschaft birgt einen «lieu de mémoire», einen Erinnerungsort, von besonderem Rang.

Im frühen Mittelalter bildete die Eder etwa zweihundert Jahre lang die Grenze zwischen den heidnischen Sachsen und christlichen Franken. An ihrem Ufer wurzelte das legendäre Baumheiligtum der Chatten. Der Baum, den die lateinischen Quellen «robur Jovis» nannten, was die Volkskundler des 19. Jahrhunderts mit Donar- oder Donnerseiche übersetzten, stand «in loco qui dicitur Gaesmere», also in der Gemarkung Geismar. Ihr genauer Ort ist unbekannt. Das Dorf ist heute Ortsteil von Fritzlar. Geismar ist ein typisch nordhessisches Dorf mit viel Durchgangsverkehr und mehr Klinkereigenheimen als Fachwerkhäusern. Am südlichen Ortsrand, am Elbebach, entdeckte man beim Bau einer Umgehungsstraße in den 1970er Jahren Überreste einer frühgeschichtlichen Großsiedlung. Die Archäologen legten Pfosten und Herdstellen von Wohnhäusern frei. Sie gruben zahlreiche Knochen von Schlachttieren aus, ein Hinweis auf intensive Landwirtschaft. Man fand Brunnen, Schmelzöfen, Keramik und Schmuck. Die chattische Siedlung hat vom 1. bis ins 9. Jahrhundert existiert. Eine Spur von einem Heiligtum oder einem sakralen Bezirk, der auf die Donareiche hinweisen könnte, fanden die Archäologen allerdings nirgendwo.

Ich versuche eine andere Annäherung an den Schauplatz dieser großen Erzählung. Etwa auf der Höhe von Geismar, aber auf dem gegenüberliegenden Ederufer, hinter dem Dorf Ungedanken, führt ein steiler, kurzer Anstieg von der Bundesstraße 253 auf den Bergkegel des Bürabergs. Der asphaltierte Weg geht durch Laubwald zu den Stationen eines Kreuzweges. Dann, zwischen Schlehen und Wildkirschen, liegen Mauerreste im Boden. Viel ist nicht zu sehen. Aber an dieser

Stelle erhob sich eine mächtige Toranlage. Hier betrat man die Büraburg, das merowingisch-karolingische Kastell an der Nordostflanke des fränkischen Reiches. Am höchsten Punkt des Geländes, in der früheren Innenburg, umgeben von Gräbern, steht ein Kirchlein. Die St.-Brigida-Kapelle sieht nicht nach Mittelalter aus, eher nach 19. Jahrhundert. Heute wird sie als Friedhofskapelle genutzt. An der rückseitigen Außenwand aber haben die Archäologen eine quadratische Fläche Mauerwerk und darin die kreisrunde Öffnung eines Brunnens aus der fränkischen Zeit frei gelegt. Ich stehe vor dem Baptisterium, dem Taufbrunnen der alten Burgkapelle. Das unscheinbare Gemäuer ist ein guter Ort für die Zwiesprache mit einer untergegangenen Welt. Ein paar Bruchstücke der alten Sprache haben sich erhalten. Man findet sie in den Textsammlungen der Altgermanisten. «Farsakis thu unaholdon? – Ec farsaku.» Ja, ich sage mich los von allen Götzen, von Donar, Wodan, Saxnot. «Gilovis thu an got fader alo mahtigan?» Ja, ich glaube an Gott, den Allmächtigen. «Gilovis thu livas ahtar dohta?» Ja, ich glaube an das Leben nach dem Tod. Es ist gut möglich, dass an dieser Stelle Bonifatius selbst zu Pfingsten mit bekehrten oder bezwungenen Chatten und Sachsen das Taufgelöbnis gemurmelt, sie in das Wasser dieses Brunnens getaucht, mit Öl gesalbt und mit weißen Gewändern gekleidet hat. Mit den Sachsen konnte er sich wohl ohne Dolmetscher verständigen. Sein angelsächsisches Idiom hatte sich in den drei Jahrhunderten seit der sächsischen Invasion Englands noch nicht sehr weit von den altsächsischen, norddeutschen Ursprüngen entfernt. «Wir sind von einem Blut und einem Bein», schrieb Wynfrieth, der sich Bonifatius nannte, in einem Brief. An einem Tag im Herbst 723 soll er der Überlieferung nach mit seinem Gefolge die Eder über-

Erinnerungsorte **95**

quert und das Baumheiligtum gefällt haben. In vier Teile sei
die mächtige Eiche auseinandergebrochen. Kein Blitz er-
schlug den Frevler. Kein Donner rollte durch das Edertal. Ein
Schock für die Augenzeugen. Ihr Gott war tot. Ein Akt der
Befreiung aus finsterem Aberglauben? Oder: Die Axt an der
Wurzel dessen, was wir heute Respekt vor der Natur nennen
würden? Niemand weiß, ob und wie tief in der Religion der
germanischen Stämme eine animistische Naturverehrung verankert war. Niemand weiß, ob sie zu dieser Zeit ihre Religion
nicht weitgehend verloren hatten. Denn schon lange hatten
sie zum Schmelztiegel des Imperium Romanum mehr oder
weniger intensiven Kontakt. Die christlichen Lehren und die
anderen mediterranen Kulte waren keineswegs unbekannt.
Bei den Ausgrabungen in Geismar fand man eine bronzene
Statuette des ägyptischen Kindgottes Harpokrates.

Noch aber stand – 40 Kilometer Luftlinie von hier, drei
Tagesetappen auf dem Bonifatius-Wanderweg – am Rande eines weiträumigen Felsplateaus hoch über der Diemel im heutigen Obermarsberg das andere große germanische «idolum».
Die Sachsen nannten es «Irminsul». Kein Baum, sondern eine
hölzerne Säule, oben gespalten, hoch in den Himmel ragend,
geschützt von einer Burganlage, der Eresburg. Eine frühmittel-
alterliche Quelle bezeichnet die Irminsul als «universalis co-
lumna, sustinens omnia», die alles tragende Säule. War der
Weltenbaum gemeint? Ein Symbol für die natürlichen Kräfte,
die alles Leben erhalten und unsere Lebensgrundlagen «nachhaltig» (auf Englisch: «sustainable») sichern? Anno 772, gut
50 Jahre nach dem Fall der Donareiche, hat eine Heerschar
gepanzerter Reiter unter persönlicher Leitung von Karl dem
Großen die Eresburg erobert und die Irminsul restlos zerstört.
Zwei Jahre später folgte der Rachefeldzug. In jenem Jahr rück-

te ein sächsisches Heer bis an die Eder vor, zerstörte Geismar (Spuren der Brandschatzung hat man bei den Ausgrabungen entdeckt), belagerte das Kastell auf dem Büraberg, versuchte, die von Bonifatius aus dem Holz der Donareiche erbaute Kirche von Fritzlar – ursprünglich Friedeslare, also «Ort des Friedens» – niederzubrennen. Vergeblich. Nach dem Abzug, so berichten jedenfalls die Reichsannalen des Jahres 774, fand man einen sächsischen Krieger tot in Sichtweite der Kirche. In hockender Stellung, Feuerstahl und Brandfackel noch in der Hand, «so als hätte er mit dem Hauch seines Mundes die Kirche in Brand setzen wollen». «Sâliga vuârin madmundea man», übersetzte wenige Jahre später der anonyme Dichter des Heliand, vermutlich ein sächsischer Mönch im Kloster von Fulda, der beide Kulturen liebte und sie versöhnen wollte. Selig sind die Friedfertigen ...

Auf der Kuppe des Büraberges kann man stundenlang verweilen, sitzen, schauen, herumwandern und das Rundum-Panorama genießen. Unten im Tal das Band der Eder, jenseits die Dächer von Geismar. Am Hang ein Eichenwäldchen. Vielleicht stehen da Bäume, die noch Gene der Donareiche in ihrem Kambium haben, dem hauchdünnen lebendigen Gewebe unter der Borke. Nach Norden endlose Wälder, hinter denen man das Land an der Diemel, wo die Irminsul gestanden haben soll, ahnen kann. Im Nordosten liegt Fritzlar. Hier geht das Bergland über in die Ebene, die sich nach Kassel hin ausbreitet. Die Altstadt liegt auf einem Hügel, überragt von den monumentalen Türmen des Doms, an dessen Stelle vielleicht einmal das Oratorium, das von Bonifatius errichtete Bethaus, stand. Nach Westen aber blickt man in den Kellerwald hinein, wo, wenn es gut geht, unser «Urwald von morgen» nachwächst.

Luft holen

Frische Luft. An die 90 Prozent seiner Lebenszeit verbringt der urbane Mensch des beginnenden 21. Jahrhunderts in geschlossenen Räumen. Wir atmen also fast nur noch Luft, die erwärmt oder gekühlt, gefiltert und mit technischen Mitteln klimatisiert, reguliert und normiert ist. Konditionierte Luft umgibt uns in den Räumen, in denen wir wohnen, arbeiten, einkaufen und die Freizeit verbringen. Auch in den Verkehrsmitteln, in denen wir uns fortbewegen. Kein Neuwagen mehr ohne Klimaanlage.

«Thermische Behaglichkeit» – das ist das Credo und Dogma der modernen Architektur. Sie rangiert weit oben in der Liste der Güter, die als unverzichtbare Bestandteile eines zeitgemäßen Lebensstandards gelten. Experten schätzen, dass ein Viertel der weltweit erzeugten Energie für «thermal comfort» aufgewendet wird. Tendenz steigend. Erklärtes Ziel ist ein Zustand des gleichbleibenden Wohlbefindens. Das Raumklima soll konstant so geregelt sein, dass man keinen Moment friert oder schwitzt. Thermostate und Fühler kontrollieren die festgelegten Werte und schalten Schwankungen aus. Der Luftaustausch geschieht durch ein ausgeklügeltes, weitgehend unsichtbares System von Öffnungen, Schächten, Ventilatoren und Rohrleitungen. Fenster dienen nicht mehr der Belüftung, sondern allein der optischen Transparenz. In den gläsernen Türmen der postmodernen Architektur sind sie durch Fassaden aus durchgehenden Glashäuten ersetzt. Die Technologie des Airconditionings, ursprünglich entwickelt für Gewächshäuser zur Züchtung exotischer Pflanzen, erobert unseren Alltag. Und die ökologische Architektur? Sie baut im Namen der Energieeffizienz auf mehrfach verglaste Fenster und eine hermetisch luftdichte Gebäudehülle. Wohl wahr, niemand friert gern. In einer kalten Wohnung – oder einem Brutkasten – zu hausen macht auf Dauer krank und depressiv. Aber wir sind dabei, die frische Luft aus unserem Leben zu verbannen. Das Binnenklima aller Großgebäude rund um den Globus ist weitgehend homogenisiert.

«Der konstante Zustand der Luft erzeugt dasselbe Gefühl der Zeitlosigkeit wie konstantes künstliches Licht», schreibt die britische Philosophin Helen Mallinson. Das Gefühl für die Jahreszeiten und die Klimazonen sterbe ab. Die Luft «draußen» werde meist nur noch in ihrer brutalsten Form erlebt: als Zugluft, die durch Straßenzüge, Unterführungen und Baulücken fegt. Frische Luft erscheine schließlich als das vergleichsweise minderwertige Produkt.

Erst recht regt sich im Cyberspace kein Lüftchen. Mit Windows (!) öffnen wir uns Zugänge bis tief hinein in abgelegene, exotische und bizarre virtuelle Räume und Gedankenräume. Dort surfen wir auf einer Flut von Zeichen und Bildern, auf Kaskaden von Klängen. Aber nirgendwo die leiseste Brise. In solchen Räumen haben wir uns eingerichtet. Auf die Möglichkeiten, die sich dort auftun, kann und will kaum jemand verzichten. Aber je mehr sich unser Leben in den windstillen, gezähmten Atmosphären der «Unorte» abspielt, desto notwendiger wird in Zukunft eine möglichst häufige und intensive Luftveränderung. Schrumpfende Städte brauchen umso stärkere grüne Lungen: ein Netz aus Gartenbiotopen, Parkanlagen, kleinen Wildnissen in den Bebauungslücken. Den wachsenden Bedarf an freier Natur wird das nicht befriedigen. Das Pendeln zwischen Stadt und Land wird häufiger und bewusster stattfinden.

«Friluftsliv» nennt man in den nordischen Sprachen den Rückzug auf Zeit in die große Landschaft, das Reich der wilden, freien Natur und rauen, frischen Luft. Der Begriff meint alle Spielarten des Lebens «draußen»: Kanufahren, Skilaufen, Jagen, Zelten, Schwimmen, Klettern, Angeln, Segeln – und nicht zuletzt: Rucksackwandern. Friluftsliv ist fester Bestandteil der skandinavischen Alltagskultur und gilt als ein Weg zu höherer Lebensqualität. «Ein reiches Leben mit einfachen Mitteln», so beschrieb der norwegische Philosoph Arne Næss die Grundidee von Friluftsliv. Ähnliches schwingt in dem Ausdruck «the great outdoors» mit, der in den USA zum Motto einer rasch wachsenden Bewegung wurde.

Sich in der frischen Luft bewegen, sie auf der Haut spüren, sie tief einatmen, stundenlang, bei Wind und Wetter, zu allen Jahreszeiten – darin liegt ein wesentlicher Impuls zum Wandern.

Was aber ist «frische» Luft? Die Lufthülle in den bodennahen Schichten besteht überall aus knapp 80 Prozent Stickstoff, 20 Prozent Sauerstoff, geringen Anteilen von Edelgasen und Wasserdampf und schließlich 0,03 Prozent Kohlendioxid. Reinheit und «Frische» beziehen sich nicht direkt auf die chemische Zusammensetzung, sondern auf die Luftbeimengungen. Es geht dabei um die Belastung mit natürlichen Stäuben und Pollen, vor allem aber um die durch Verkehr und Industrie erzeugten anthropogenen Schadstoffe und Umweltgifte, wobei man in letzter Zeit die hauptsächlich aus Ruß und Abgasen sich bildenden Feinstäube als besonders gefährlich einstuft. Die Zonen großer Belastung decken sich weitgehend mit den Ballungsgebieten von Besiedlung, Verkehr und Industrie.

Eine Landkarte unserer Reinluftgebiete würde auf den ersten Blick nichts weiter als die relativ große Entfernung dieser Regionen von den hauptsächlichen Quellen der Luftverschmutzung zeigen. Daneben aber würde sie die heilklimatischen Zonen von der See bis zu den Alpen abbilden. Auf dieser Karte ist ein buntes Muster aus Klimareizen und Schonfaktoren erkennbar. Denn nun kommen Standortbedingungen wie Meeresnähe, Höhenlage, Pflan-

100 Im Wald

zendecke, Wasserflächen, Wind- und Sonnenexposition ins Spiel. Die reichgegliederte, kleinteilige, einem Flickenteppich ähnelnde Struktur der mitteleuropäischen Landschaften entfaltet ihr natürliches Potenzial.

Die Küstenlinien der Nordsee und – abgeschwächt – der Ostsee sind die Zonen, in denen wir ungeschützt den mächtigen wandernden Luftmassen ausgesetzt sind. Seeluft hat eine hohe Feuchtigkeit. Sie ist frei von Allergenen. Der Wind weht böig, verursacht in rascher Abfolge kleine Kälteschocks auf der Haut. Die maritimen Aerosole werden in der Brandungszone aufgewirbelt. Die meersalzhaltige Luft, angereichert mit dem Jod des Wattbodens, löst Atemimpulse aus, schlägt sich in den Atemwegen nieder. Die Sonneneinstrahlung ist intensiv. Der Organismus reagiert auf die starken Reize. Nach einer Phase der Akklimatisierung stellt er sich auf die raschen atmosphärischen Wechsel ein, erneuert seine Fähigkeit zur Wärmeregulation, die er im permanent reizarmen und trockenen Mikroklima der urbanen Räume weitgehend eingebüßt hat.

Der breite Gürtel waldreicher Mittelgebirge, der sich durch Mitteleuropa zieht, bietet dagegen ein milderes Schonklima. Auch Waldluft ist arm an Schadstoffen. Die Bäume des Waldrandes und das Laub des Kronendaches filtern Staubpartikel, Abgase und die Pollen der Äcker und Kornfelder heraus. Der Wald bietet Windschutz. Er spendet Schatten. Das Pendeln zwischen Waldesinnerem, Waldrand und offener Feldflur, zwischen Sonnenlicht, Halbschatten und Schatten, zwischen Kammlagen und Tälern ermöglicht die bewusste Dosierung von Klimareizen. Die Waldbäume geben viel Sauerstoff ab. Ihre ätherischen Öle geben der Luft eine «balsamische» Qualität und regen die intensivere Riechatmung an. Das Schonklima der Mittelgebirge wirkt beruhigend auf das Nervensystem.

Das Klima des Hochgebirges hat wiederum seine eigenen spezifischen Reizfaktoren. Je mehr man sich in die Höhe bewegt, desto geringer ist die Luft mit Allergenen belastet. Luftdruck und Sauerstoffgehalt nehmen ab. In der dünnen Luft atmet man unwillkürlich tiefer. Bodennahe Luftströmungen prallen auf die Hänge und Kanten der Berge und werden gebremst. Turbulenzen entstehen und mischen die Luftschichten durch. Es kühlt sich ab. Aber die Sonneneinstrahlung wird intensiver.

«Frisch» also ist die staubarme, pollenarme Luft der Inseln und Küstenstreifen, der dünnbesiedelten Ebenen, der Mittelgebirgskämme und Hochgebirgsplateaus. Es ist die von Erdrotation und Sonneneinstrahlung bewegte, die zirkulierende, turbulente, aufgemischte, durch Wärmeströme und Kaltfronten, Aufwinde und Fallwinde chaotisch durcheinandergewirbelte, aus den Wildnisgebieten der Atmosphäre sich speisende Luft. Es ist das Sauerstoffmolekül, das vorgestern noch über die schottischen Highlands oder die Geysire Islands fegte, vor Sekunden durch das Kronendach des Laubwaldes wirbelte und das ich in diesem Moment begierig einsauge und durch die Lungenbläschen in meine Blutbahn sende. Durch die Luft, die ich einziehe und ausstoße, bin ich Teil des unendlichen Gebens und Nehmens in der Natur, kommuniziere ich mit der Atmosphäre des blauen Planeten, mit dem Kosmos, in dem er schwebt.

Sein landschaftliches und damit klimatisches Ambiente sollte man jeweils nach Lust und Laune, seelischer Stimmung und Jahreszeit wählen. Entscheidend ist für die Stärkung des Organismus immer das Maß der körperlichen Bewegung in der frischen Luft. Jede Bewegung intensiviert die Atmung und damit die Sauerstoffaufnahme des Körpers. Wandern ist eine höchst intensive Art der Bewegung in der Landschaft. Bei einer mehrstündigen, erst recht bei einer mehrtägigen Wanderung stellt sich der Rhythmus der Atmung auf den Rhythmus des Gehens ein. Die Erholung von der matten Luft der Städte und dem immer gleichen thermischen Komfort ihrer Gebäude beginnt. Man atmet auf. Der Kopf wird frei. Und mit ihm der ganze Mensch.

Frei atmen. Die meiste Zeit atmen wir unwillkürlich. Die Atemvorgänge sind dem Willen nicht unterworfen. Sie sind autonom und geschehen in der Regel unbewusst. Die Atmung ist ein sich selbst regulierendes System mit enger Fühlung zum vegetativen Nervensystem. Unablässig kontrolliert es den Sauerstoff- und Kohlendioxidspiegel im Blut und regelt entsprechend den Rhythmus von Ein- und Ausatmen. Auf das feinste ist es darauf eingestellt, jede der Millionen Zellen des Körpers lebenslänglich, ohne eine einzige Unterbrechung mit exakt der lebensnotwendigen Menge an Sauerstoff aus der Atmosphäre zu versorgen: In jeder Minute unseres Lebens, mit den durchschnittlich 12 bis 16 Atemzügen, die wir in diesem Zeitraum machen, holen wir uns aus der Luft die etwa 300 Milliliter Sauerstoff, die wir im Zustand der Ruhe brauchen. Und genauso verlässlich ist die Atmung darauf eingestellt, noch der entferntesten Zelle des Körpers das Kohlendioxid zu entziehen, es an die Atmosphäre abzugeben und der Pflanzenwelt für die Photosynthese zur Verfügung zu stellen.

Und «frei» atmen? Im Gegensatz zu den Vorgängen im vegetativen Nervensystem können wir unsere Atemzüge zeitweilig und begrenzt willentlich lenken und bewusst gestalten. Indem wir dem Atem lauschen und seinem Weg durch den Körper von den Nasenflügeln bis zum Beckenboden nachspüren, tasten wir uns in die Tiefe unserer inneren Räume vor. «Achtsames Atmen bedeutet, dass du, während du atmest, weißt, dass du atmest», so der buddhistische Meditationslehrer Thich Nhât Hanh.

Luft holen **103**

Sieben Schritte lang einatmen, elf bis zwölf Schritte lang ausatmen, sagt man, und der Puls bleibe beim Wandern fast ruhig. Alle Atemtherapeuten empfehlen das Einatmen durch die Nase. Nicht ruckartig die Luft einziehen, sondern eine ganz feine Saugbewegung in Gang setzen. Das Zwerchfell spannt sich. Es ist eine dünne Muskelplatte, welche die gesamte Körpermitte durchzieht und den Brustraum vom Bauchraum trennt. Gleichzeitig mit dem Zwerchfell spannen sich die äußeren Zwischenrippenmuskeln. Der ganze rundum sich weitende Rumpf ist beteiligt. Die Luft strömt durch die gewundenen, engen Gänge der Nase in die oberen Atemwege ein. Zwar ist der Widerstand für die Luft hier erheblich größer als auf dem Weg durch den Mund. Aber die Haare am Naseneingang, dann die Flimmerhärchen der Schleimhäute filtern Fremdkörper und Teilchen heraus. Jedoch nur ab einer bestimmten Größe. Gegen die ultrafeinen Stäube, die in den letzten Jahren in den Fokus des Umweltschutzes rückten, sind sie machtlos. Das macht diese so gefährlich. Die Luft passiert die drei übereinanderliegenden Nasenmuscheln. Darüber liegt die Riechregion. Hier enden die Riechnerven. Sie führen zum Riechzentrum im Stirnlappen des Gehirns. In dessen Nähe befinden sich die Felder für Assoziation und Aufmerksamkeit, für den Denk- und Sprechantrieb. Der Atemstrom prallt an die Nasenmuscheln und die Rachenhinterwand. Es entstehen Wirbel und Turbulenzen. Sie pressen die Luft an die Schleimhäute der Nase. Dort befeuchtet und erwärmt sich die Atemluft. Aus der Luftröhre strömt der Atem durch das baumförmig verzweigte Röhrensystem der Bronchien in das Lungengewebe. Dort füllt er die – je nach Körpergröße – 300 bis 400 Millionen Lungenbläschen. Wie viele davon von der Luft erreicht werden, danach bestimmen sich Tiefe und Qualität des Atmens. Die Lungenbläschen bilden die Grenze von Luftraum und Blutraum. Diese hauchdünnen Membranen sind von feinsten Blutgefäßen umsponnen. Von dort diffundieren die Sauerstoffmoleküle der Luft ins Blut. Wenn sie in die Blutbahnen übertreten, binden sie sich an das Hämoglobin und fließen bis in die entlegensten Zellen des Körpers. Die innere Atmung setzt ein. Die Zellen nehmen den Sauerstoff auf und nutzen ihn zur Verbrennung der Kohlenhydrate, Fette und Eiweiße, also der Nährstoffe. Dabei entsteht Kohlendioxid, ein für den Körper giftiges Abfallprodukt. Es wird vom Blut aus den Zellen aufgenommen und in der Lunge an die Atemluft abgegeben und mit dieser ausgeatmet.

Atemtherapeuten betonen die Bedeutung des Ausatmens. Gründlich ausatmen entsäuert und entgiftet gründlich. Die Menge an Restluft in der Lunge nimmt ab. Nur in ein leeres Gefäß kann etwas Neues eingefüllt werden. «Die Güte der Einatmung hängt von der Güte der vorangegangenen Ausatmung ab.» Auch das Sprechen beruht auf der Ausatmung. Die Phase beginnt, wenn wir Zwerchfell und Bauchdecke allmählich entspannen und so den Atem einfach loslassen. Wie die Lunge beim Einatmen der Senkung des Zwerchfells und der Erweiterung des Brustkorbs folgen muss, folgt sie jetzt dem Nachgeben von Zwerchfell und Thoraxraum und zieht sich elastisch zusammen. Sie leert sich. Wir werden leer. Nicht die Luft schnell hinauspressen. Ohne Druck und Kraftaufwand, ruhig, fließend, sanft und befreiend strömt der Atem langsam aus. Bei großer Kraftanspannung allerdings kann ein rasches Ausstoßen der Luft erforderlich werden, um schnell den benötigten Sauerstoff aufzunehmen. Die Phase des Ausatmens sollte deutlich länger sein als die Phase des Einatmens. Empfohlen wird ein Verhältnis 1 : 2. Weiche, bogenförmige Übergänge zwischen diesen beiden Phasen sind wichtig. Am tiefsten Punkt der Ausatmung sollte eine bewusste Atempause stattfinden. Kein abrupter oder gar quälender Stillstand. Eher ein Hineingleiten der Ausatmung in einen Moment der entspannten

Ruhe, aus dem heraus von selbst der Einatmungsantrieb kommt und der nächste Atemzug einsetzt. Die Atempause ist ein Moment des Innehaltens. Die Atembasis selbst erholt sich vom Atmen. Der ganze Körper macht Pause. Geist und Seele nehmen daran teil. Die Atemruhe ist ein Mittel, um psychisch vermittelten Stress abzubauen.

«Wo ist aber euer innerer Wert», fragte Nietzsche, «wenn ihr nicht mehr wisst, was frei atmen heißt?» Das Geheimnis des freien Atmens aber heißt: Bewegung. Die ausdauernde, kraftvolle Bewegung der Füße und Beine, Hände und Arme in frischer Luft – also das Wandern – ist die beste Atemtherapie. Langes, passives Sitzen in geschlossenen Räumen, so typisch für den urbanen Lebensstil, bedeutet eine permanente Unterdrückung des natürlichen Bewegungsdrangs und des freien Atmens. Dass geistige Konzentration im Sitzen am besten zu erreichen sei, ist ein Trugschluss. Gerade die Zellen des Gehirns, der Nerven und Drüsen haben den größten Sauerstoffbedarf. Sitzen führt zu chronisch flacher Atmung, die lediglich Teile der Lunge belüftet. Mit der Zeit erschlafft die Atemmuskulatur. Atemwegserkrankungen sind in unserer Zivilisation zu den häufigsten Krankheiten geworden. Latent sind wir alle von Atemnot bedroht.

Ausdauerndes Gehen aktiviert die Tiefatmung. Denn jede Bewegung erhöht den Sauerstoffbedarf des Körpers. Der reagiert, indem er die Atmung vertieft, also ein größeres Quantum an Luft aufnimmt und wieder abgibt. Zunächst mit einer gleichbleibenden oder nur geringfügig größeren Anzahl von Atemzügen. Steigert sich die Anstrengung, erhöht der Körper zusätzlich die Atemfrequenz – für eine gewisse Zeit jedenfalls. Die Luft verteilt sich auf größere Regionen der Lunge. Bisher nicht genutzte Atemräume öffnen sich und werden belüftet. Mehr Sauerstoff gelangt in die Blutbahnen, mehr Kohlendioxid wird entsorgt.

Große, weitausgreifende Bewegungen der Extremitäten dehnen und weiten den Rumpf des Körpers. Von den Bewegungen der Füße und Beine gehen Impulse in das Becken- und Bauchgebiet aus. Die Bewegung der Hände und Arme unterstützt die Entfaltung des Brustkorbs. Die Atemmuskulatur löst sich, arbeitet freier und wird dauerhaft gekräftigt. Atmen selbst ist permanente Bewegung.

Der Raum in uns und der Raum um uns herum, in dem wir uns beim Wandern bewegen, vereinigen sich. Die frische Luft und die schonenden oder reizenden Elemente des landschaftstypischen Klimas entfalten ihre Wirkung auf den Körper. Berg und Tal, das Relief des Geländes, das wir durchqueren, beeinflussen den Atemrhythmus. Unser selbstbestimmtes Schritttempo lenkt die Atemökonomie. Die äußere Wirklichkeit, die wir durchwandern, löst eine Abfolge von inneren Stimmungen aus. Harmonische Bilder einer schönen Landschaft beruhigen und machen die Atemzüge gleichmäßig. Die große Landschaft mit spektakulären Aussichten wirkt atemberaubend. Wir halten den Atem an, um anschließend umso tiefer aus- und einzuatmen. Der Duft einer Pflanze am Wegrand verleitet zum schnuppernden, schnüffelnden Atmen und belebt uns. Die feine Abstimmung von Atem- und Bewegungsabläufen entfesselt die Kräfte. Bis hin zu einem tranceartigen Gefühl, immer weiter wandern zu können. So weit die Füße tragen.

«Ganz lebendig sein heißt: tief atmen, stark empfinden und sich frei bewegen», schrieb der amerikanische Psychotherapeut Alexander Lowen. Luft und Wind, Atem, Geist, Seele und Körper gehören unauflöslich zusammen. Eine lange, einsame Wanderung in guter Luft ist der beste und einfachste Weg zur Inspiration.

4. Hesses Rucksack

«Ich neige sehr dazu, aus dem Rucksack zu leben und Fransen an den Hosen zu haben», schreibt Hermann Hesse in seinem Büchlein *Wanderung*. «Lange hat es gedauert, bis ich wusste …, dass ich Nomade bin und nicht Bauer, Sucher und nicht Bewahrer … Der Wanderer ist in vielen Hinsichten ein primitiver Mensch, so wie der Nomade primitiver ist als der Bauer. Die Überwindung der Sesshaftigkeit aber und die Verachtung der Grenzen machen Leute meines Schlages trotzdem zu Wegweisern in die Zukunft.»

Das Bekenntnis eines 42-Jährigen, ziemlich genau aus der Mitte seines Lebens. Das schmale Bändchen erschien 1920 bei S. Fischer in Berlin, also mitten in den von tiefer wirtschaftlicher Depression, revolutionären Bewegungen und militärischen Putschversuchen geschüttelten Zeitläuften nach dem Ersten Weltkrieg. Die Erzählung beruht auf Wanderungen, die Hesse zwischen 1916 und 1918 von seinem damaligen Wohnort Bern aus unternommen hat: über den Grimselpass, den Nufenen und die Cristallina durch das Maggiatal hinab ins Tessin an die Ufer des Lago Maggiore und zum Monte Verità.

Kein Zweifel, Hesse schlägt hier sein Leitmotiv an. Liegt es an seinem nomadischen Lebensgefühl, dass sein Werk alle Turbulenzen und Katastrophen des 20. Jahrhunderts überlebt hat und in den weltweiten Suchbewegungen und Gegenkulturen immer wieder neue und junge Leserinnen und Leser fand und findet? Die oft beschriebene Karriere: vom Lieblingsdichter der deutschen Wandervogelbünde zum Kultautor der Hippiekommunen an der amerikanischen Westküste und zum Ideengeber der unangepassten Jugend in den neuen ostasiatischen Boomregionen, für die das Internet eine Art von «Glasperlenspiel» bedeutet.

Calw

Hesses Rucksack liegt heute im Museum. Um seine Kunst des Wanderns zu verstehen, ist die Dauerausstellung, die seine schwäbische Heimatstadt Calw ihm gewidmet hat, ein guter Ausgangspunkt. Im äußersten Winkel des Marktplatzes steht das behäbige Bürgerhaus, in dem sie untergebracht ist. In einem der letzten von zehn Räumen sind hinter den Sprossenfenstern eines Vitrinenschrankes ein paar Erinnerungsstücke aus Hesses zweiter Lebenshälfte ausgestellt. Ein großformatiges Gemälde mit dem Titel *Februarmorgen am Luganer See* und der Datierung 6. Februar 1933 deckt den Hintergrund. Es zeigt das Panorama, das der Dichter von der Terrasse seines Hauses in Montagnola vor Augen hatte: ein schroffer Abhang, unten eine blaue Wasserfläche, von felsigen Bergkegeln umstellt. Unter diesem Landschaftsbild sind Utensilien seines Wohnens und Wanderns versammelt: der Korbsessel von der Terrasse, diverse Gartengeräte, darunter eine Astsäge, ein Sichelmesser, eine blecherne Gießkanne. In einer Ecke der Vitrine liegt der Rucksack.

Er hat die schlichte Zwiebelform der traditionellen, in ganz Mitteleuropa gebräuchlichen Jägerrucksäcke. Noch die Emigranten, Flüchtlinge und Deportierten des letzten Jahrhunderts brachten darin ihre letzten Habseligkeiten unter.

Hesses Rucksack ist augenscheinlich aus robustem Leinen oder Segeltuch von Hand gewebt. Eine Kordel dient zum Zuziehen, eine Deckelklappe mit gelochten Lederriemchen und Schnalle zum Verschließen. Aufgenäht ist eine breite Außentasche. Die Spuren eines langen Gebrauchs sind unübersehbar. Das Leder der Tragegurte ist gedunkelt. Der Stoff, von Natur aus strohfarben, hat über die Jahrzehnte eine schmuddelig-gelbbraune Färbung angenommen. An manchen Stellen ist er von Regen, Schnee und Schweiß stockfleckig, an anderen Stellen fadenscheinig und rissig geworden.

Ein dicker Klecks Deckweiß neben der Außentasche verrät die hauptsächliche Funktion. Seit Hesse 1919 im Tessin sesshaft wurde und zu malen begann, transportierte er in diesem Rucksack seine Malutensilien. «Bin zum Malen fort. Wahrscheinlich Gegend von Arasio. Hesse», steht auf einem Zettel, den er einmal während seiner Abwesenheit an die Haustür heftete und der jetzt ebenfalls in der Vitrine liegt. Unter die Notiz hat ein Nachbar gekritzelt: «Bitte Signor zu kommen. Kartoffeln essen mit Salat. Osswald». Ein Foto daneben zeigt den Schriftsteller beim Malen. Auf einem Klappstuhl sitzend, die Lippen geöffnet, selbstvergessen in die Ferne blickend, den Pinsel in der Hand, die Palette vor sich. Der Rucksack liegt zu seinen Füßen im Gras. Porträt eines Glücksmoments.

Durch das offenstehende Fenster des Ausstellungsraumes hallen die Geräusche des Calwer Marktplatzes gedämpft herauf. Ein plätschernder Brunnen, Schritte auf dem Kopfsteinpflaster, ruhige Gespräche Vorübergehender, ab und zu ein Kinderlachen, anfahrende Autos, jede Viertelstunde schlägt die Glocke der Kirchturmuhr. Blendet man die Motorengeräusche aus, hört man wohl im Wesentlichen die Klanglandschaft, die Hesse in den ersten Jahren seiner Kindheit umgab.

Sein Geburtshaus steht nicht weit vom Museum entfernt. Das dreistöckige Fachwerkhaus mit grünen Fensterläden erhebt sich direkt gegenüber dem Rathaus. Hier in der Altstadt von Calw spürt man noch heute etwas von dem Zauber der schönen, alten, typisch deutschen Kleinstadt. Man ahnt, wie sie einmal war, bevor Bombenhagel, Abbruchbirnen und Autofluten sie zerstörten. Verschachtelt, verwinkelt, verträumt, anheimelnd, aber auch zum Ersticken eng. Als Idylle darf man sich Hesses Kindheit nicht vorstellen. Die Enge der Gassen deckte sich mit dem verknöcherten religiösen Fundamentalismus, der in seinem Elternhaus herrschte. «Es war», schreibt Hesse im Nachruf auf seinen Bruder, der sich 1936 das Leben nahm, «das pietistisch-christliche Prinzip, dass des Menschen Wille von Natur und Grund aus böse sei und dass dieser Wille erst gebrochen werden müsse, ehe der Mensch in Gottes Liebe und in der christlichen Gemeinschaft das Heil erlangen könne.»

Und doch: Als der Schriftsteller im hohen Alter über das Glück meditiert, kehrt er in Gedanken zurück zu seinen Wurzeln. Er beschreibt eine Szene aus seiner Kindheit, einen flüchtigen Moment des Schwebens zwischen Traum und Wachen, den er inmitten der verwinkelten Dachlandschaft der Altstadt von Calw erlebte. «Es war Morgen, durchs hohe Fenster sah ich über dem langen Dachrücken des Nachbarhauses den Himmel heiter in reinem Hellblau stehen ... Mehr war von meinem Bette aus von der Welt nicht zu sehen, nur eben dieser schöne Himmel und das lange Stück Dach vom Nachbarhause, aber auch dieses Dach, dieses langweilige und öde Dach aus dunkelrotbraunen Ziegeln schien zu lachen, es ging über seine steile schattige Schrägwand ein leises Spiel von Farben, und die einzelne bläuliche Glaspfanne zwischen den roten tönernen schien lebendig und schien freudig bemüht, etwas von diesem so leise und stetig strahlenden Frühhimmel zu spiegeln ... Himmelblau, Ziegelbraun und Glasblau hatten einen Sinn, sie gehörten zusammen, sie spielten miteinander, es war ihnen wohl, und es war gut und tat wohl, sie zu sehen, ihrem Spiel beizuwohnen, sich vom selben Morgenglanz und Wohlgefühl durchflossen zu fühlen wie sie ... Und ob dieses Glück hundert Sekunden oder zehn Minuten gedauert habe, es war so außerhalb aller Zeit, dass es jedem andern echten Glücke so vollkommen glich wie ein flatternder Bläuling dem andern ... Es bestand aus nichts, dieses Glück, als aus dem Zusammenklang der paar Dinge um mich her mit meinem eigenen Sein, aus einem wunschlosen Wohlsein, das nach keiner Änderung, keiner Steigerung verlangte.»

Die Suche nach solchen raren Begegnungen mit dem Glück, die Versuche, sie zu beschwören und zu beschreiben, durchziehen Leben und Werk Hermann Hesses. Ein geglücktes Leben jedoch ist mehr als eine Reihe einzelner Glücksmomente und etwas anderes als die Geborgenheit in der Enge. Das scheint der junge Hesse sehr früh gespürt zu haben. Er sehnte sich nach Weite und Vielfalt, nach Offenheit und Weltläufigkeit. Er forderte für sich die Freiheit der Wahl, die Freiheit, den eigenen Weg zu finden. Wahrscheinlich liegt darin seine Modernität und das Geheimnis von Hesses Anziehungskraft auf junge Leser. Sein Eigensinn jedenfalls kollidierte in seiner eigenen Jugend heftig mit den rigiden Ansprüchen und den fertigen Lösungen seiner Umgebung. Sein Motto wurde das nietzscheanische «Sei du selbst».

Die nomadische Existenz Hesses beginnt mit einem Befreiungsschlag. Während seiner Schulzeit in Maulbronn, 30 Kilo-

meter Luftlinie nördlich von Calw, unternimmt der Vierzehn-
jährige einen Ausreißversuch. Nach dem Willen seines Vaters,
eines Missionars und Publizisten im Dienst einer pietistischen
Glaubensgemeinschaft, soll er auf dem Maulbronner Seminar
auf eine Laufbahn als Theologe oder Schulmeister vorbereitet
werden. Die gotische Klosteranlage, in dessen Kreuzgang heute
wie damals ein wunderbarer dreischaliger Brunnen plätschert,
machte Hesse später mehrfach zum Schauplatz in seinen Romanen. Als «Mariabronn» erscheint sie in *Narziss und Gold-
mund*, als «Waldzell» im *Glasperlenspiel*. Es dauert nur ein
paar Monate, bis der Punkt erreicht ist, wo der Jüngling, wie
man damals sagte, das Gefühl hat, in einer Zwangsjacke zu
stecken und zu ersticken. «Ende März», so heißt es 1892 in
einem ärztlichen Gutachten, «lief er eines Nachmittags ohne
jeden bekannten Anlass oder zwingenden Grund weg mit den
Büchern für Nachmittagslektion, ohne Mantel, Geld, über-
nachtete auf einem Feld und zeigte, aufgefunden und wieder-
gebracht, keine Reue, konnte auch keinen Grund für seine
Entfernung angeben ...» Hesse hat sich später nur ziemlich
einsilbig über diesen für ihn folgenreichen Akt der Revolte
geäußert. Seine damaligen Wege kann man in etwa rekonstruieren und nachgehen. Vermutlich ist er in der Hügellandschaft
am Stromberg 24 Stunden lang ziellos umhergeschweift, an
verschilften Waldweihern und Steinbrüchen vorbei, über
Streuobstwiesen, wo Kirschbäume blühten, über Weinberge
und durch noch kahle Laubwälder. Die bitterkalte Nacht verbringt er wohl unweit des Dorfes Kürnbach in einem Biwak
im Stroh. Ein Gendarm greift ihn am nächsten Tag in der Nähe
von Knittlingen – Geburtsort des legendären Dr. Faust – auf
und bringt den, wie es heißt, «offensichtlich Verwirrten» zurück in das Gemäuer der Schule. Die Strafe folgt auf dem Fuß:

114   Hesses Rucksack

ein paar Stunden Karzer in Maulbronn, Abgang vom Seminar, wochenlanger Aufenthalt in einer geschlossenen psychiatrischen Anstalt, verzweifeltes Anrennen gegen die Autorität des Vaters, Behandlung durch einen mit den Eltern befreundeten «Teufelsaustreiber», Selbstmordversuch. Die Revolte bricht zusammen. Was bleibt, ist eine Abneigung gegen jede Art von Fremdbestimmung: «Ich, der ich von Natur ein Lamm und lenksam bin wie eine Seifenblase, habe mich gegen Gebote jeder Art, zumal während meiner Jugendzeit, stets widerspenstig verhalten. Ich brauchte nur das ‹Du sollst› zu hören, so wendete sich alles in mir um, und ich wurde verstockt.»

Die Lärchenholzdielen knarren, wenn man in den Räumen des Calwer Museums von Vitrine zu Vitrine geht. Ein paar Schritte von dem Platz, wo der Rucksack ausgestellt ist, sieht man die Reiseschreibmaschine des Dichters, eine Remington Portable aus den 20er Jahren. Noch einige Schritte weiter, und man steht vor einer Vitrine, in der neben einer Handvoll Patronen eine Pistole liegt. Die Waffe wirkt klein und zierlich, sieht aus wie ein Spielzeug, ist aber tödlich. Man hat sie in Hesses Nachlass gefunden. Angeschafft hat er sie vermutlich in der *Steppenwolf*-Zeit der Jahre 1923/24, als er in Basel und Zürich an dem Roman arbeitete und die Krisen, von denen darin erzählt wird, bis an die Schwelle zum Selbstmord durchlebte. Seitdem hatte er die Pistole immer in Reichweite – für den Fall, dass ihm das Leben ganz und gar unerträglich würde. «Alle seine Bücher», meint Volker Michels, der Herausgeber der Werke und Gestalter der Calwer Ausstellung, «sind Krisenbewältigungen, Autotherapien. Hesse hatte eigentlich immer die Hölle auf Erden und hat dann versucht, durch die Darstellung dieser Konflikte in seinen Romanen sich daraus zu befreien.» Plötzlich erscheint

Calw **115**

auch der Rucksack in einem anderen Licht: Wandern war für Hesse mehr als sanfter Natursport und beschauliche Erholung. Es gehörte zu seiner Überlebenskunst.

Gaienhofen

«Ich hatte, wie man weiß, den Wunsch, den heutigen Menschen das großzügige, stumme Leben der Natur nahezubringen und lieb zu machen. Ich wollte sie lehren, auf den Herzschlag der Erde zu hören, am Leben des Ganzen teilzunehmen und im Drang ihrer kleinen Geschicke nicht zu vergessen, dass wir nicht Götter und von uns selbst geschaffen, sondern Kinder und Teile der Erde und des kosmischen Ganzen sind.»

Dieses grüne Credo verkündet Peter Camenzind, Ich-Erzähler und Hauptfigur in Hermann Hesses gleichnamiger Novelle. Er erzählt von der Natursehnsucht eines Jünglings aus einem Schweizer Bergdorf, den es in die großen Städte verschlagen hat. Das Buch erscheint 1904 bei S. Fischer in Berlin und macht Hesse schlagartig populär. Der 27-Jährige, nun arrivierte und frischverheiratete Autor macht einen ersten Versuch, selbst sesshaft zu werden. In Gaienhofen am Bodensee, einem Fischer- und Bauerndorf noch ohne Strom- und Wasserversorgung, siedelt er sich 1904 zunächst in einem Bauernkotten an und gründet eine Familie. Was ihm vorschwebt, ist das einfache Leben im Geiste Tolstois und Thoreaus, des amerikanischen Aussteigers, der um die Jahrhundertwende auch in Deutschland bekannt wird. Es gelingt nicht. «Das Gefühl der Sesshaftigkeit» wird immer häufiger zum «Gefühl der Gefangenschaft». Ehe, Hausbau, bürgerliche Schriftstellerexistenz empfindet Hesse schon sehr bald als bedrückenden Zwang.

«Plötzlich steigt mir wie eine Seifenblase die Frage auf:
Bist du eigentlich glücklich?» Sie wird zur simplen Leitfrage
seiner «Lebenskunst und Glückslehre». Hesse nimmt – mo-
dern gesagt – Auszeiten. Wandern wird zum «Mittel gegen
die Schwermut». Es ist für ihn «ein Versuch, Distanz und
Überblick zu gewinnen». Das Repertoire reicht von weiten
Tageswanderungen, Kahnfahrten, nächtlichen Streifzügen am
Schilfufer des Untersees und durch das Hügelland vor seiner
Haustür über Wandertouren durch die angrenzenden Landschaften, den Hegau und das Appenzell nach Vaduz in Liech-
tenstein bis hin zu mehrwöchigen Fußreisen über die Alpen-
pässe nach Italien.

«Wie viele Sonnen haben mich verbrannt, wie viele Wege
mich getragen und Bäche mich begleitet!» Aus den literarischen Skizzen der Gaienhofener Jahre zwischen 1904 und
1912 lassen sich Momentaufnahmen von Hesses «Wanderglück» herausdestillieren: «War draußen auf den Hügeln und
sah den Wolken zu … Hatte im Bergwald den roten, vorsich-
tigen Fuchs und am schilfigen Ried die dunklen Wildenten
belauscht … Im Wald schlendern, ruhen und wieder schlendern … Die Landstraße glühte weiß und staubig … glühhei-
ße, gelbe, schwer brütende Kornfelder … Drücke den Filz
auf den Kopf und wandere ohne Ziel in das laute, herrlich
zürnende Gewitter hinaus … Stand ausruhend auf dem
höchsten Punkt des Höhenweges, und mein Blick flog su-
chend und bestürzt über das ungeheuer ausgebreitete Land
hinweg … hinströmendes Gefühl der völligen Loslösung von
Raum und Zeit … Rasten auf warmen Steinen und trockenen
Wiesen, an einem stillen Platz zu Füßen einer dicken Buche … Nach ein paar Stunden Bergaufmarsch bei starkem
Wind der erste Biss in ein belegtes Brot … Sich nach langem,

sorglosem Schlendern in einem Gewimmel schmaler, finsterer Waldwege verlaufen ... Behutsam ohne Pfad durch steile Weiden hinabsteigen, dem Dorf entgegen ... Alles dankbar annehmen und sich bescheiden und stolz als Gast des Weltalls fühlen.»

Man sieht: Hesse wandert eher wie ein Vagabund, ein Handwerker auf der Walz oder ein Freiluftmaler auf der Suche nach Motiven. Über Ausflügler und «Luftschnapper» hat er sich stets lustig gemacht. Für seine Generation gehören Rucksackwanderungen – auch extreme – zum Lebensstil. Die knapp 40-jährige Käthe Kollwitz wandert 1907 mit einer englischen Freundin drei Wochen lang «immer zu Fuß» von Florenz nach Rom. 1913 überquert Albert Einstein, 34 Jahre alt, mit seiner Frau und dem Ehepaar Curie den Alpenkamm und wandert bis zum Comer See. Im selben Sommer geht Lise Meitner, die Atomphysikerin, ein Jahr jünger als Hesse, mit einer Freundin zu Fuß von München nach Wien – zur Jahrestagung der deutschen Naturforscher.

Hermann Hesse wird um diese Zeit – neben Rilke und George – zu einem Lieblingsautor der Jugendbewegung. Mit der Gründung des Wandervogels 1901 in Berlin beginnt deren großer Aufbruch. Jedes Wochenende streifen «Horden» von acht bis zehn Jugendlichen mit einem frei gewählten, nur etwas älteren Führer über die Landstraßen und durch die Wälder. Jungen, Mädchen, zunächst getrennt, bald auch in gemischten Gruppen. Sie tragen Nagelschuhe und Stirnbänder, offene Kragen, kurze Hosen oder Leinenkleider und natürlich Rucksäcke. Man wandert bis zur Erschöpfung, badet im See, bestimmt Pflanzen und Steine, Tierfährten und Sternbilder. Eine gemeinsame Kasse genügt und ein Kessel, um die mitgebrachten Vorräte abzukochen. Man schläft, eingerollt in

Zeltbahnen, die man billig aus Militärbeständen gekauft hat, im Freien oder bittet die Bauern um Quartier im Heu. Die Plüschkultur und die rigide Strenge des Bürgertums haben ebenso wie der verschwenderische Lebensstil des Adels als Modelle ausgedient. Ganz unten, «im Volk», sucht man die neuen Formen des guten Lebens: einfach, authentisch, naturnah. «Packt euren Rucksack leicht», schreibt im Mai 1914 ein Berliner Wandervogelmädchen, «zieht euch leicht und schön an!» Auf dem Hohen Meißner, dem Berg bei Kassel, formuliert die deutsche Jugendbewegung 1913 mit wenigen Worten ihr ganzes Programm: Sie will «aus eigener Bestimmung, vor eigener Verantwortung, mit innerer Wahrhaftigkeit ihr Leben gestalten». Die Formel kommt dem sehr nah, was Hesse seit Jahren in immer neuen Variationen zum Ausdruck bringt. Kaum einer hat die sich unverstanden fühlende Jugend so gut verstanden wie er: «Seltsam, im Nebel zu wandern! / Einsam ist jeder Busch und Stein, / Kein Baum sieht den anderen, / Jeder ist allein.» Sein Gedicht über Orientierungslosigkeit und Vereinzelung des modernen Individuums, heute auf zahlreichen Websites sehr präsent, erscheint zum ersten Mal in einem Text von 1905 über *Eine Fußreise im Herbst am Bodensee*.

Monte Verità

Hesse ist selbst ein Suchender. Zu seiner persönlichen «Morgenlandfahrt» macht er sich 1907 von Gaienhofen aus auf den Weg. In jenem Frühling pilgert er zum ersten Mal auf den Monte Verità, den Berg der Wahrheit, seinen Zauberberg im Tessin. Wieder ein Aufbruch und ein Ausbruch. Auf dem

Monte Verità weht wie nirgendwo sonst im alten Europa der Geist der Utopie. Aus den Anfängen als Vegetarier- und Sonnenanbeterkolonie bei Ascona am Lago Maggiore entwickelt sich die Siedlung gerade zum Zentrum der Lebensreform und zum Versuchsfeld einer radikalen Gegenkultur. Hesse begegnet dort Gusto Gräser, dem langhaarigen, sandalen- und stirnbandtragenden Propheten der Monte-Verità-Kultur. Einige Tage lebt er ein Eremitenleben abseits des Hüttendorfes und Sanatoriumsbetriebs in Gräsers Felshöhle und Laubhütte. Die Topographie des Geländes, in dem er während dieser Zeit wandert, ist überschaubar: eine bewaldete Felslandschaft westlich des damaligen armen Fischerortes Ascona, im Schnittpunkt der Dörfer Arcegno, Losone und Golino, hoch über dem Seeufer und dem Absturz zum Maggiatal. Ein Weiher und eine von bizarren Felswänden eingerahmte kreisrunde Bergwiese, der Tanzplatz der Monte-Verità-Kommune, unterhalb ein Trockental, Wald aus Birken, Eichen, Farn, wuchtige Findlinge, ein tosender Wildbach – Einsamkeit. Hesse klettert nackt in den Felsen, gräbt sich bis zum Hals in die Erde ein, trinkt Quellwasser, fastet, meditiert, führt Gespräche, versucht, die Körperpanzerungen abzustreifen und in der Wildnis eine Visionssuche und Bewusstseinserweiterung in Gang zu setzen.

«Ich habe die Einsamkeit kennengelernt und die Not, ich bin zum ursprünglichsten Leben zurückgekehrt ...», schreibt Hesse 1907 in einem kurzen Text mit dem Titel *In den Felsen. Notizen eines Naturmenschen*. «Ich suchte hohe steile Felskuppen auf, von denen ich senkrecht tief ... hinabschauen konnte ... Ich lebe nackt und aufmerksam wie ein Hirsch in meinem Geklüfte, bin dunkelrotbraun, schlank, zäh, flink, habe verfeinerte Sinne. Ich rieche reife Erdbeeren von weitem, kenne die Winde, Stürme, Wolkenformen und Wetterzeichen des Landes ... Oft lag ich stundenlang bei halbem Bewusstsein, sah Licht und Schatten wechseln und hörte die kleinen Geräusche der Einöde, ohne ihrer zu achten und mir über das, was ich sah und hörte, Rechenschaft zu geben. Manchmal schien es mir, als müsse ich erstarren, Wurzeln schlagen und in ein pflanzliches oder mineralisches Dasein zurücksinken ... Im Ganzen blieb ich sieben Tage ohne Essen. Während dieser Tage schälte und erneuerte sich meine Haut, ich gewöhnte mich ans Nacktsein, hartes Liegen, an Sonnenhitze und kalten Nachtwind. Während ich zu erliegen glaubte, wurde ich fest und zäh ... Ich höre und sehe das Leben der Erde, lebe und atme mit, bin ruhig und bescheiden geworden.»

Gusto Gräser, Hesses Begleiter und Lehrer auf dem Monte Verità: geboren 1879 in Siebenbürgen, Philosoph und Dichter, ein visionärer Wanderer zwischen den Welten. Gräser versteht sich nicht als Guru, eher als Initiator der Selbstfindung: «Hüt – dich – vor – mir – du – komm – zu – dir». Seine Botschaft ist eine neue Synthese von Natur und Kultur im Geiste der Besitzlosigkeit und Gewaltlosigkeit, des Einklangs zwischen äußerer und innerer Natur, der Rückbindung an die Urphänomene und Urrhythmen des Lebens. «Wir – alle – sind – eine – Wunderwelt!» Das lebt und verkündet er in zahllosen Vorträgen und Ansprachen auf endlosen Wanderungen kreuz und quer durch Mitteleuropa, immer ruhelos auf der Suche nach den neuen Menschen der zukünftigen «Erdsternzeit».

Hesse gelingt es nicht, die erhoffte Wandlung zu vollziehen. Er fühlt sich «krank und rastlos, von törichten Träumen, Reue und Vorwürfen heimgesucht, von Schmerzen belästigt, kaum zum Stehen und Gehen fähig und vom Hunger belagert wie eine Stadt im Krieg». Er kehrt nach Gaienhofen und in die bürgerliche Existenz zurück. Aber das Erlebnis war stark und wirkt nachhaltig.

In der schweren Lebenskrise der Jahre 1916/17 – ausgelöst durch den Tod des Vaters, die psychische Erkrankung seiner Frau und den Krieg – wandert Hesse wieder zum Monte Verità und sucht abermals die Begegnung mit Gusto Gräser. Der Berg ist zum Sammelpunkt freier Geister und kulturrevolutionärer Aussteiger aller Richtungen geworden: Mary Wigman und Rudolf von Laban suchen aus den Rhythmen der Natur heraus nach einer neuen Bewegungslehre und kreieren den Ausdruckstanz; Otto Groß, der dämonische Psychotherapeut, propagiert und praktiziert die freie Sexualität; Frieda von Richthofen, die ihrem späteren Mann, dem englischen Schriftsteller D. H. Lawrence, das Modell für seine Romanfigur *Lady Chatterley* abgab, ist dabei; Hugo Ball, der noch kurz zuvor im Zürcher Cabaret Voltaire die dadaistische Revolte geprobt hat, erforscht und lebt die asketischen Ideale der frühen christlichen Eremiten; Ernst Bloch, der Philosoph des aufrechten Gangs, arbeitet am Geist der Utopie.

«Ich geh den alten Eremitensteig, / Der zage Frühlingsregen tröpfelt sacht», dichtet Hermann Hesse. «Hier ist mein heiliges Land, hier bin ich hundertmal / Den stillen Weg der Einkehr in mich selbst gegangen. / Und geh ihn heute neu, mit anderm Sinn, / Doch altem Ziel, und geh ihn niemals aus ...» Auch diesmal bleibt eine grundlegende Richtungsänderung in Hesses Leben aus. Aber das Monte-Verità-Erlebnis und die Begegnung mit Gräser helfen ihm, die großen Stoffe und Figuren seiner späteren Werke zu formen: den Weisheitslehrer Demian im gleichnamigen Roman von 1919, den alten Fährmann Vasuveda in *Siddhartha*, Leo, den geheimnisvollen

Führer des Bundes in der *Morgenlandfahrt*, Tito, den jungen Wanderer im *Glasperlenspiel*.

Der Weg von Losone durch das so genannte «Tal des Friedens» hinauf zu den Felsen von Arcegno, so hat Hesses Sohn überliefert, sei der Lieblingsweg seines Vaters gewesen. Vermutlich ist man nirgendwo den Spuren dieses nomadischen Geistes so nah.

Navigieren

Wo bin ich? Wo will ich hin? Wie komme ich dahin? Erst unser Orientierungssinn ermöglicht uns Mobilität. Die Fähigkeit, die eigene Position zu bestimmen, Ziele festzulegen, Übersicht zu bewahren und Kurs zu halten, wird immer wichtiger. Zu Beginn des 21. Jahrhunderts steht die Kunst der Navigation hoch im Kurs. Dokumentarfilme über die Wanderrouten der Zugvögel (*Nomaden der Lüfte*, Frankreich 2001) und der Pinguine (*Die Reise der Pinguine*, Frankreich 2005) feiern Triumphe. Netzwerkdesigner befassen sich mit den «songlines», dem mythologisch-geographischen Wissen der australischen Ureinwohner. Managementtrainer und Erlebnispädagogen schicken ihre Schützlinge auf Orientierungsmärsche in die Wildnis.

Das Bedürfnis nach Orientierung wächst. Der aktuelle Globalisierungsschub hat neue Horizonte eröffnet. Der gesamte Globus erscheint als homogener Raum: grenzenlos, durchlässig, frei verfügbar. Air France wirbt mit dem Slogan «Die ganze Welt zum Greifen nah» für ihre 728 Destinationen. «Global reach, global control» ist das Motto der Weltkonzerne. Hinzu kommen die virtuellen Räume. Ohne sie keine Globalisierung. Mit seinen unzähligen «websites» und «links», den Knotenpunkten, Verknüpfungen und Pfaden wirkt das Internet wie ein frei zugängliches, ständig expandierendes, labyrinthisches Datenuniversum.

Die Gefahr, sich in den neuen, unübersichtlichen Räumen zu verlieren, ist groß. Unsere Fähigkeiten auf diesem Gebiet sind den neuen Anforderungen kaum gewachsen. Von Natur aus ist unser Orientierungssinn für die unablässige passive Fortbewegung im Auto oder Flugzeug nicht ausgestattet. Unser räumliches System kommt da nicht mit. Erst recht überfordert uns das

Driften durch die Datenräume. Die neuen Instrumente, satellitengestützte Navigationssysteme und Internetsuchmaschinen, helfen weiter, führen aber in neue Formen von Abhängigkeit. Bevor man sich ihnen anvertraut, wo es nötig ist, sollte man das Abc der Orientierung beherrschen, also gelernt haben, selbständig und frei in bekannten und unbekannten Räumen zu navigieren. Das Wandern ist dabei eine äußerst nützliche Übung: Jede Wanderung ist – im wahrsten Sinne des Wortes – eine Suchbewegung.

Wie funktioniert Orientierung? Wie findet ein dreijähriges Kind, allen Barrieren zum Trotz, den Weg von seinem Bettchen im Kinderzimmer zu der Küchenschublade, wo der begehrte Schokoriegel liegt? Wie findet ein polynesischer Bootsführer über mehrere hundert Seemeilen den Weg zu dem 800 Meter breiten Strand des Atolls, wo ein paar Fässer Palmöl auf ihn warten? Wie erreichen wir Ziele, die wir, wenn wir aufbrechen, noch nicht sehen?

Das Geheimnis ist: Wir «sehen» sie doch, und zwar auf unserer «mentalen Landkarte». Sie ist unser wichtigstes Medium. Sobald wir einen unbekannten Raum betreten, beginnen wir unwillkürlich, ihn gedanklich zu kartieren. Wir legen eine mentale Landkarte an. So sichern wir unseren Weg zum Ziel und zurück. Schließlich wollen wir wieder heimfinden. Die innere Vorstellung des vorgefundenen Raumes erschließt uns das neue Terrain. Wir machen uns mit ihm vertraut, um die Möglichkeiten, die es uns bietet, auch in Zukunft zu nutzen. Also sammeln wir systematisch Informationen über die Welt da draußen. Wir tasten sie mit allen Sinnen nach markanten Objekten ab. Einige davon wählen wir aus und nehmen sie in unser Bewusstsein auf. Was ist wo? Mein «Hier» bestimmt das «Dort». Der eigene Leib ist der Ursprung der Orientierung im Raum. Sein Sinn für links und rechts, oben und unten, vorn und hinten wird mit Hilfe des Gleichgewichtsapparates im Innenohr gesteuert. So ermitteln wir die Richtung, in der sich diese Objekte von unserem jeweiligen Standort aus befinden, wie sie in Relation zueinander und zum Ziel liegen. Wir schätzen die Entfernungen zwischen diesen Objekten ein. Sie dienen uns in Zukunft als Landmarken, Anhaltspunkte, Orientierungspunkte. Sobald wir sie wiedererkennen, wissen wir, wo wir sind und wo es weitergeht. Die Kette von Orientierungspunkten ist in einer dichten Abfolge angelegt. Die nächste Landmarke ist stets in Sichtweite der jeweiligen Position. Aus dem räumlichen Nebeneinander und dem zeitlichen Nacheinander dieser Punkte bildet sich im Kopf ein vereinfachtes Modell des Raumes ab. Wir kreieren den Raum sozusagen neu, und zwar nach unseren «Gesichtspunkten» und Bedürfnissen.

Das Wort «orientieren» kommt von «oriens», aufgehend. Der Begriff bringt die Himmelsrichtungen ins Spiel. Wir legen den Sonnenkompass zugrunde. Dessen Himmelsrichtungen übertragen wir auf die Rechts-Links-Koordinaten unseres Blickfelds. Der so gegliederte Raum wird als Modell im Gedächtnis gespeichert. Nach dieser mentalen Karte orientieren wir uns auf dem Rückweg, beim nächsten Gang und dann immer wieder. Mit Hilfe der Karte im Kopf lesen wir unsere Umgebung und überwachen laufend unsere Bewegung im Raum. Die Zahl der Anhaltspunkte nimmt zu. Der Raum wird so vertraut, dass wir sie nur noch zur Bestätigung benötigen. Die Karte bleibt fast beliebig abrufbar, die mentale Karte des Heimatortes zum Beispiel das ganze Leben lang.

Ein Kind entwickelt aus Erinnerungen und Raumbildern eine mentale Landkarte seiner unmittelbaren Umgebung. Es kennt schon sehr bald die Lage des Treppenabsatzes vor seiner Kinderzimmertür. Es weiß, dass der Weg zur Küche am Telefon vorbei durch den Korridor führt und die Tür mit der großen Glasscheibe die Küchentür ist. Anhand dieser Bilder im Kopf navigiert es zu Punkten, mit denen es keinen Blickkontakt hat. Der obengenannte polynesische Steuermann wiederum vermittelt seinem jungen Nachfolger das Wissen um die wechselnden Konstellationen am Sternenhimmel, die Wellenbewegungen auf dem Wasser, die Schatten an den Wolken, in denen sich die Inseln des Archipels widerspiegeln, also ein System von Orientierungspunkten in den Weiten des Pazifischen Ozeans.

Ich bin orientiert, wenn ich stets weiß, wo ich bin, und meinen jeweiligen Standort mit einer Reihe anderer Orte und letztlich mit dem Zielort verbinden kann. Verirrt habe ich mich, wenn ich zwischen dem, was ich um mich herum sehe, und meiner mentalen Landkarte keine Verbindung mehr herstellen kann. Mir sind dann die Anhaltspunkte verloren gegangen, die mir Position und Zielpunkt signalisieren. Ich kann meine Lage im Raum nicht mehr bestimmen – sei es, dass meine mentale Landkarte falsch programmiert ist, sei es, dass Dunkelheit, Nebel oder die eingeschränkte Sicht eines dichten Waldes den Sichtkontakt zu möglichen Landmarken unterbrechen.

Die Praxis des Wanderns erfordert es, sich in Gegenden zurechtzufinden, in denen man noch nie war. Eine Wanderung beginnt in der Regel lange vor dem Aufbruch. Zuerst kommt ein Traumstadium. In dieser Phase formiert sich allmählich die Sehnsucht nach einem bestimmten Raum. Wir schöpfen aus unterschiedlichen Quellen: Kindheitserinnerungen, der mündlichen Familienchronik, literarischen Erzählungen, Gesprächen, Reisebeschreibungen, der ganzen Flut der medialen Bilder. Jedes historische und aktuelle Ereignis ist mit Räumen, Schauplätzen und Örtlichkeiten verknüpft. Zu bestimmten Orten entwickelt man eine besondere emotionale Beziehung. Sie lösen schon aus der Entfernung Gefühle wie Wohlbefinden, Neugier, Ehrfurcht, jedenfalls eine Art von Faszination und damit Anziehungskraft aus. «Dass wir sinnliche Gegenstände, wovon wir hören», schreibt Goethe, «auch mit den Augen sehen wollen, ist natürlich, weil sich alles, was wir vernehmen, dem inneren Sinn des Auges mitteilt und die Einbildungskraft erregt.» So kristallisieren sich Ziele heraus. Immer ist eine Form von Sehnsucht die Triebfeder unseres Handelns. Wir beginnen, weitere Informationen zu sammeln. Auf dieser Basis entsteht eine vorläufige mentale Karte.

Dann beginnt das Planungsstadium. Ich mache mir ein Bild von der Landschaft, verorte Zielpunkte und suche nach attraktiven Routen, die mich dorthin führen. Das geschieht in der Regel mit Hilfe von Landkarten. Die Auswahl ist groß. Die amtliche topographische Karte 1:25.000, das Messtischblatt, ist reich an Details und damit sehr genau. Der kleinere, weil stärker verkleinernde Maßstab 1:50.000 ist weniger genau, gibt dafür einen Überblick über ein größeres Terrain. Beide Kartenwerke gibt es zumindest für alle wichtigen Wanderregionen mit aufgedrucktem Wanderwegenetz.

Landkarten bilden immer die vertikale Draufsicht, die Vogelperspektive, ab. Sie arbeiten mit Symbolen, Linien und Schraffurenmustern. In der Realität sehen wir dagegen Ansichten. Wir erfassen die Gestalt der Objekte und die Strukturen der Landschaft von unserem «Gesichtspunkt», also der Augenhöhe, aus. Karten lesen erfordert daher eine gewisse Übung. Panoramakarten sind anschaulicher. Sie beziehen bildliche Elemente, etwa die Konturen von Berg und Tal, Felsformationen und Meeresküsten, in die Darstellung ein. Das Satellitenbild eröffnet ganz neue Möglichkeiten, sich eine präzise Vorstellung von unbekannten

Räumen zu machen. Mit Hilfe von Programmen wie Google Earth kann man sich die Welt per Mausklick auf den PC holen. Zunächst erscheint ein Bild der Erde aus 6.000 Kilometern Höhe. Aus dieser orbitalen Perspektive beginnt der virtuelle Anflug. Man zoomt sich immer näher an ein Ziel heran. Bis auf eine Höhe, auf der einzelne Häuser einer Siedlung in Sicht kommen. Welche Karte wir auch immer benutzen, die vorbereitende Kartenlektüre regt unsere Phantasie weiter an. Sie gibt die Möglichkeit, einige uns besonders interessierende Informationen über ausgewählte Objekte und deren Lage im Raum auf unserer mentalen Karte abzuspeichern. Das Vorverständnis für den Raum, den wir durchqueren möchten, nimmt Gestalt an und weckt Vorfreude.

Dann kommt der Moment des Aufbruchs. Er ist ein ganz wesentlicher, ein euphorischer Moment jeder Wanderung. Jetzt wird es notwendig, in der realen Landschaft zu navigieren. Für die fundamentale Orientierung ist es sinnvoll, ziemlich bald nach dem Aufbruch innezuhalten, um den inneren Kompass einzustellen. Dazu wählt man nach Möglichkeit einen erhöhten Punkt, einen Aussichtspunkt in der Landschaft, der einen panoramischen Blick ermöglicht. Von dort tastet man das Blickfeld bis an den Horizont ab, vergegenwärtigt sich die Lage der Himmelsrichtungen, speichert sie in sein Rechts-Links-Schema ein, sucht die Richtung des Ziels und hält Ausschau nach den ersten Orientierungspunkten. Man gleicht also seine Karte im Kopf mit der realen Topographie ab. Wer es versäumt, sich Raum und Landmarken zu vergegenwärtigen, wird unterwegs krampfhaft nach jeder Wegmarkierung Ausschau halten müssen. Von nun an verändert jeder Schritt die eigene Lage im Raum. Der Horizont verschiebt sich permanent. Er wandert mit. Alle Bezugspunkte verändern sich. Landmarken kommen in Sicht, wachsen bei der

Annäherung, verschwinden, je weiter man sie hinter sich lässt. Unerwartetes taucht auf. Etwas, was man nicht auf seiner mentalen Landkarte hatte. Das Glück des Entdeckens stellt sich ein. Sich «laufend» neu zu orientieren ist keine Belastung, kein notwendiges Übel, sondern ein Reiz des Wanderns. Er gipfelt im Triumph des Ankommens. Der erste Blick auf das Ziel ist sozusagen der triumphale Kontrapunkt zur Euphorie des Aufbruchs. Selbst wo der Weg das Ziel ist, bleibt die Vorstellung von Alpha und Omega, Anfangs- und Endpunkt, tief im Bewusstsein verankert. Wie man sein Ziel erreicht, ist jedoch keineswegs gleichgültig.

«Um meine Sehnsucht nach dem Ziel zu erfüllen, brauche ich den Weg», sagt Wilfried Schmidt, der beim Deutschen Wanderverband die Ausbildung von Wanderführern verantwortet. «Aber ich halte mir die Freiheit offen, den Weg dahin zu suchen und auszuwählen. Der Weg muss mich anregen, ihn zu gehen, weil ich mich emotional von ihm angesprochen fühle.» Selbstbestimmung gehört für Schmidt zur «Tiefendimension des Wanderns», nämlich dem Gefühl: «Ich kann über mich bestimmen. Ich kann mir die Schwierigkeiten selbst auferlegen, die ich haben will. Ich kann den Weg bestimmen, den ich gehen will.»

«Gute Wanderer folgen keiner Spur.» So übersetzt Hans Jürgen von der Wense die Stelle aus dem chinesischen Weisheitsbuch *Tao te king*, die in der alten Übersetzung lautete: «Ein guter Wanderer lässt keine Spur zurück.»

Bei der Orientierung souverän zu bleiben, also den Überblick zu behalten und in der Lage zu sein, jederzeit selbständig im Raum navigieren zu können, ist ein wesentliches Element einer Kunst des Wanderns. Der Weg selbst ist nur ein Mittel, eine lineare Struktur im Raum. Wer über Orientierungspunkte – und Karte und Kompass – verfügt, braucht nicht unbedingt einen Weg. Wer

Landmarken erkennt, ist nicht auf Wegweiser und Wegemarkierungen angewiesen, sondern kann sich auch in weglosem Gelände bewegen. Wanderleitsysteme, wie sie die modernen, zertifizierten «Premiumwanderwege» darstellen, geben ihren Nutzern zwar die ziemlich absolute Sicherheit, von A nach B zu kommen. Sie sind tatsächlich narrensicher. Aber sie schränken auch Phantasie und Bewegungsfreiheit ein. Erst der, der nicht davon abhängig und nicht darauf fixiert ist, kann sie wirklich souverän für seine Bedürfnisse nutzen.

75 Prozent der Wanderer, so schätzt der Wanderexperte Rainer Brämer, orientieren sich fast ausschließlich an Markierungen und Wegweisern. Der Rest nutzt überwiegend die Wanderkarte. Seit einiger Zeit hält das GPS-Gerät, das satellitengestützte Navigationssystem, Einzug in die Outdoor-Szene. Die Koordinaten wichtiger Punkte einer Route lassen sich eingeben und speichern. Im Gelände kann man den auf dem Display erscheinenden «Track» dann mit dem Gerät in der Hand abgehen. «Reine Männerphantasien», sagt Brämer dazu. «Das braucht eigentlich nur der Abenteuerwanderer, der in ganz unbekannten Gegenden unterwegs ist.»

Offenbar weckt die Vorstellung, sich zu verirren, tiefsitzende Urängste. «Die Kinder müssen fort», sagt die böse Stiefmutter im Märchen von *Hänsel und Gretel*, «tiefer in den Wald ..., damit sie den Weg nicht wieder hinausfinden.» Müdigkeit und Stress verstärken die Angst. Das Orientierungssystem bricht zusammen. Man driftet ab. Man läuft im Kreis und gerät in Panik.

In unseren Regionen kann der Verlust der Orientierung eigentlich nur im Hochgebirge und im Wattenmeer wirklich gefährlich werden. Der deutsche Wald ist heute selbst dort, «wo er am dicksten ist» (Brüder Grimm), nirgendwo mehr so tief, dass man nicht nach maximal fünf Kilometern, also einer Wegstunde, eine

Straße oder eine Siedlung erreicht. Vorausgesetzt, man geht stur geradeaus. Ein ausgezeichneter Wegweiser ist überall das Gewässersystem. «Mir gibt es sehr schnell einen Begriff von jeder Gegend», schrieb Goethe in seiner *Italienischen Reise*, «wenn ich bei dem kleinsten Wasser forsche, wohin es läuft, zu welcher Flussregion es gehört. Man findet selbst in Gegenden, die man nicht übersehen kann, einen Zusammenhang der Berge und Täler gedankenweise.»

Solange man nicht darauf fixiert ist, zu einem bestimmten Zeitpunkt an einem festgelegten Zielort im vorausgebuchten Quartier anzukommen, braucht man hierzulande also keine Angst davor zu haben, sich zu verlaufen. In der Tatortstatistik der Kriminologen spielt der Wald beispielsweise keine Rolle. Für alle Fälle sollte man auf eine einsame Nacht im Freien – ein Biwak – mental eingestellt und dafür ausgerüstet sein. Das Gefühl, autark zu sein, nimmt einem die Sorge, sich zu verlaufen und zu verlieren. Jedenfalls hilft diese innere Freiheit dabei, Umwege und Irrwege gelassen als unvermeidliche Begleiterscheinungen eines ungebundenen Wanderns in Kauf zu nehmen.

Eine leicht zugängliche Quelle der Orientierung aber sollte man nie außer Acht lassen: die Auskünfte von Einheimischen. Sie sind, zugegeben, nicht in allen Fällen hilfreich. Aber sehr oft sind die Gespräche, die sich an die schlichte Frage nach dem Weg anknüpfen lassen, unverzichtbar. Jedenfalls für Wanderer, die das Ziel haben, das Land zu verstehen.

5. Mit Kindern

Hätte sie bei der guten Fee, die doch bei der Taufe jedes neugeborenen Kindes Wache halte, einen Wunsch frei, schrieb einmal die amerikanische Ökologin Rachel Carson, dann wünsche sie sich für jedes Kind einen unzerstörbar starken «sense of wonder». Dieser Sinn für das Wunder der natürlichen Umwelt und die Schönheit der Erde, diese Lust auf Unbekanntes und Freude am Entdecken seien gewiss angeboren. Aber all dies bedürfe einer behutsamen Pflege. Vor allem in der so kostbaren, relativ ruhigen Phase der Kindheit, wenn die frühkindliche Hilflosigkeit vorbei, Lernfähigkeit und Aufgeschlossenheit für alles Neue groß, aber die Pubertät noch nicht in Sicht sei. Nur wenn dann der Boden bereitet werde, könne der Sinn für das Wunder als Gegengift zur Langeweile, Routine und zu den unausweichlich kommenden bitteren Enttäuschungen des späteren Lebens seine Wirkung entfalten. Nur so könne er zu einer Quelle der Kraft werden, die bis ans Ende nicht versiege.

Der Garten, der Spielplatz, der Park vor der Haustür, das Wäldchen und der See in der nahen Umgebung mögen die ersten Schauplätze und Lernorte sein, um den Sinn für das Wunder zu bilden. Um ihn zu festigen, wäre die Einübung in die Kunst des Wanderns ein nächster Schritt. Bruce Chatwin beispielsweise war sogar davon überzeugt, «dass die Wanderungen in der Kindheit das Rohmaterial unserer Intelligenz formen». Den richtigen Zeitpunkt abwarten und die Gelegen-

Mit Kindern **133**

heit beim Schopfe fassen – diese Faustregel für so viele Dinge im Leben sollte auch beherzigen, wer Kindern Wanderlust vermitteln will. Wenn die überwältigenden animalischen Grundbedürfnisse nach Nahrung, Sicherheit und Nestwärme allmählich in den Hintergrund treten, weil sie aller Erfahrung nach verlässlich gestillt werden, wenn spürbar die Neugier auf Unbekanntes, Entdeckerfreude und Abenteuerlust aufkeimen, dann ist die Zeit reif, die Begrenzungen der eigenen vier Wände, der vertrauten Wege und Räume zu überschreiten. Sobald die Stürme der Pubertät zu toben beginnen, ist es mit der Wanderlust bei den meisten erst einmal vorbei.

Also rechtzeitig die Kinder mitnehmen, um das Grundvertrauen in die Kraft der eigenen Beine und der Lunge – und des Geistes – zu stärken. Ehe die Vorstellung in Fleisch und Blut übergegangen ist, Autofahren sei die normale Art der Fortbewegung und der Blick durch die Windschutzscheibe die maßgebliche Art der Wahrnehmung von Welt. Mit ihnen zusammen unterwegs den Zauber von Mutter Natur genießen, ihre Schönheit und Majestät, ihre unbändigen, auch ihre wehtuenden und zerstörerischen Kräfte aufspüren. Die reizvolle, geheimnisvolle, gefahrvolle Welt der wildwachsenden Flora und Fauna, der Felsen und Gewässer, Bäume und Sterne erkunden. Den Kindern das Land zeigen. Die Vielfalt der Landschaften erschließen. Sie auf neuen Wegen durch unbekannte Räume führen. Ihnen erste Bruchstücke von den Mythen aus uralten Zeiten erzählen, die dort spielen. So gemeinsam mit ihnen die ureigensten Traumpfade finden und erfinden. Urbilder einprägen, die sie durch das Leben begleiten. Auch für den erwachsenen Begleiter kann das zu einer bereichernden Erfahrung geraten. Denn, wer weiß, vielleicht gelingt es unterwegs dem Kind neben uns im Zusammenspiel

134 Mit Kindern

mit der Natur um uns herum, das Kind in uns wieder zu erwecken?

Eine Selbsterfahrung, schon ziemlich lange her: Fünf Kinder und drei Väter waren auf unserer Wanderung dabei. Hanna, fünfeinhalb Jahre alt, war die Jüngste, Jan mit sieben Jahren der Älteste in der Kinderschar. Alle waren Großstadtkids, also mehr oder weniger verwöhnt, gestresst, naturfern, wenn auch aus teils grün, teils anthroposophisch angehauchten Elternhäusern. Sie wohnten in Hochhäusern oder Reihenhaussiedlungen, waren Einzelkinder oder wuchsen in Patchworkfamilien auf. Sie kannten sich aus dem Kindergarten und aus der Nachbarschaft oder waren sich erst ein paarmal begegnet. Für alle war es die erste mehrtägige Wandertour.

Fünf Tage, die Pfingstferien, hatten wir für unser Vorhaben Zeit. Jemand kannte aus dem letzten Familienurlaub eine Flusslandschaft in Süddeutschland, 400 Kilometer Luftlinie von zu Hause entfernt. Die Lauter, auch Große Lauter, so steht's im Brockhaus, linker Nebenfluss der Donau, 47 Kilometer lang, entspringt auf der Schwäbischen Alb, südlich von Urach. Der Vorschlag: dem Lauf von der Quelle bis zur Mündung folgen.

Seit Ostern hatten wir uns jeden Sonntag zu einem langen Waldgang, einschließlich Picknick und Geländespiel, verabredet, um die Kinder in der heimischen Umgebung auf die Wanderung ins Unbekannte einzustimmen. Dass etwas Größeres, etwas Spannendes und Aufregendes, Strapazen und echte Herausforderungen bevorstünden, ließen wir in unseren Gesprächen schon früh anklingen. Eine Panoramalandkarte, Prospekte mit Bildern von der Gegend machten die Runde. Sie zeigten viel Wald und Wiesen, Bootsstege, Lagerfeuerplätze und Tropfsteinhöhlen. Die Erwartungen stiegen.

Mit Kindern **135**

Dann kam der Tag des Aufbruchs. Mit einem geliehenen, ziemlich klapprigen VW-Bully machten wir uns über die endlose, immer überfüllte Autobahn auf den Weg nach Süden. Ankunft in der Dunkelheit. Am Rande eines Dorfes auf der Schwäbischen Alb wurden im Scheinwerferlicht notdürftig die Zelte aufgebaut.

Die erste und schwerste Belastungsprobe ließ nicht lange auf sich warten. Während der ersten Nacht im Zelt, zwei Tage vor Pfingsten, dem lieblichen Fest, schlugen die Eisheiligen zu. Das Satellitenbild zeigte das Wolkenband einer Kaltfront über Mitteleuropa. Vom Nordmeer einfließende Kaltluft würde große Teile Mitteleuropas erfassen. Vereinzelte Schauer, nachts plus vier bis minus zwei Grad, gebietsweise Bodenfrost, waren angesagt. Auf der Hochfläche der Schwäbischen Alb wurde es noch ein bisschen rauer als anderswo. Auch der Frühling wandert ja durch das Land. Hin und her, von Süd nach Nord, aus den Ebenen auf die Höhen. Bis hierhin war er noch nicht ganz gelangt. In der Nacht prasselte ein Gemisch aus Regen, Schnee und Hagel auf die Zeltbahnen. Als die Kinder im vom ersten Tageslicht schwacherhellten Zelt aufwachten, standen kleine Pfützen in den Bodensenken. Die Schlafsäcke lagen zwar noch knapp auf dem Trockenen. Aber pitschnass war der Rollkragenpullover oder das T-Shirt, das man abends im Dunkeln bereitgelegt hatte. Nicht die Zeltbahn berühren war der Guten-Morgen-Gruß an die aufwachenden Kinder, sonst läuft das Wasser durch. Am Tag vorher waren sie noch in der kuscheligen, ikeabunten, heilen Welt ihrer Kinderzimmer aufgewacht. Jetzt zogen sie sich, so gut es im engen Zelt ging, die Regensachen an, krochen bibbernd nach draußen. Aber dort begannen sie trotz strömenden Regens, ihre Umgebung zu untersuchen, bestaunten den faust-

136 Mit Kindern

großen Eisklumpen, der auf einem Zeltdach lag, spielten in der Matsche einer benachbarten Baustelle. Bald waren die Hosenbeine gelb vom nassen Lehm, die Schuhe durchgeweicht. Trotzdem gab es keine Leidensmiene, kein Wort des Vorwurfs. Die Tapferkeit wurde belohnt. Bald fand sich ein gastfreundlicher Unterschlupf, wo ein Kachelofen Wärme ausstrahlte, heiße Milch und Honig flossen und frisches, selbstgebackenes Brot duftete.

Als es aufklart, machen wir uns auf den Weg zur Quelle. In einem viereckigen Teich, von einer bemoosten Mauer gefasst, inmitten einer ehemaligen Klosteranlage, heute Sitz eines Pferdegestüts, tritt sie mit einer mittleren Schüttung von 170 Litern pro Sekunde zutage. Wir umrunden den Quelltopf, finden einen Zugang zum Ufer. Wasser will gespürt werden. Einer nach dem anderen steigt von dem Mäuerchen auf einen glitschigen Stein am Ufer, beugt sich hinab, schöpft das Wasser, trinkt aus den Handtellern. Eiskalt rinnt es durch Mund und Kehle. An der Quelle, so weiß jedes Kind, ist Wasser noch sauber. Jeder füllt seine Feldflasche. Dann suchen wir die Stellen auf dem Wasserspiegel, wo Strudel wirbeln und Strömung einsetzt. Wo die Lauter den aufgestauten Quellteich verlässt, durch eine steinerne Rinne abfließt, ihr natürliches, durch die Jahrtausende ausgespültes Bachbett findet und unumkehrbar ihren Weg zur Donau – und zum Schwarzen Meer – beginnt, bleiben wir stehen und schauen.

Auf zur Mündung! Aber bevor wir uns auf den weiten Weg machen, steigen wir erst einmal vom Tal auf einen Gipfel. Ein Umweg, aber zum Auftakt unserer Wanderung wollen wir das Ziel vor Augen haben. Jeder soll einmal den ganzen Raum, der bis dahin zu durchqueren ist, überblicken, eine Vorstellung von sich im Raum entwickeln, den inneren Kompass einstellen können. Der Sternberg ist ein 844 Meter hoher Basaltkegel mit dem Schlot eines erloschenen Vulkans in seinem Inneren. Vom Tal aus sind fast 200 Meter Höhenunterschied zu überwinden. Der Wald, daheim schon frisch belaubt, ist hier noch winterlich kahl und lässt Durchblicke zu. Die dünne Schneedecke, die tags zuvor noch den Boden überzogen hat, ist getaut. Von den Bäumen tropft es. Doch bald sind die Kapuzen heruntergezogen. Die Gruppe geht weit auseinandergezogen. In einer Hangrinne geht es steil bergauf. Anna nimmt trotz ihres vergleichsweise schweren Rucksacks ganz allein die Direttissima, kraxelt im steilen, felsigen Gelände hoch, während andere den langgezogenen Serpentinen des Weges folgen. Mirco, eigentlich eher Einzelgänger und Draufgänger, zaubert zur Überraschung aller ein paar Meter Wäscheleine aus seinem Rucksack. Weiß der Teufel, was ihn auf die Idee gebracht hat, sie einzupacken. Vielleicht eine Doku im Kinderkanal über Reinhold Messners größte Erfolge? Oder ein Comic-Heft über einen im düsteren Verlies schmachtenden Prinz Eisenherz, der sich bei finsterer Nacht am hohen Burggemäuer auf festen Boden und in die Freiheit abseilt? Oder einfach der instinktive Wunsch nach handgreiflich fühlbar fester Verbundenheit mit den anderen, so etwas wie Bergkameradschaft? Zur Erprobung geht er mit seinem besten Freund Jan am Seil. Einer zieht den anderen mit, sichert ihn, dort, wo es steil und rutschig wird. Müdigkeit und Kälte des Morgens sind verflogen.

Dann ist bergauf zwischen den Baumkronen der Himmel zu sehen. Man erkennt das Gerüst des Aussichtsturmes. Der Gipfel ist nahe. Schnell werden die Rucksäcke am Fuß des Turmes abgelegt. Jemand zählt die Stufen der Treppe. Auf der Plattform des Turmes stehen alle wieder zusammen und schauen ins Tal. Tief unten blinkt wie eine winzige Scherbe der Wasserspiegel der Lauterquelle, an der man zwei Stunden zuvor noch gestanden hatte. Klitzeklein geschrumpft sind die Häusle des Dorfes und die Bäume im Talgrund, die man eben noch in voller Größe vor sich sah. Spielzeugautos bewegen sich lautlos auf dem schmalen Band der Straße. Menschen sind von der Bildfläche verschwunden. Der Blick von oben auf den durchwanderten Raum und die zurückgelegte Strecke überrascht und amüsiert die Kinder. Er vermittelt ihnen, so scheint es, ein schönes Gefühl für die eigene Kraft und Leistung. Aber, schaut mal! Seht ihr dort rechts die Lauter hinter dem Bergrücken verschwinden? Dahinter geht das Tal weiter. Und dort, weit im Süden, am Horizont, da ungefähr mündet der Fluss in die Donau. Hier sind wir jetzt. Dort wollen wir hin. Ob wir es schaffen? Ob alle durchhalten? Eine kurze Ansprache, ein Versuch, den Blick nach vorne zu richten, unseren ganzen Bewegungsraum mit Start, Weg und Ziel vor Augen zu führen und ins Bewusstsein der kleinen Schar zu rücken, sie zusammenzuschweißen. Beeindruckt sind die Kinder allem Anschein nach nicht. Sie interessieren sich für Nahräume, nicht für Fernblicke.

Mircos Aufschrei beendet die pädagogischen Bemühungen. Sein heißgeliebtes Seil, das er im Stil eines Lassowerfers nach unten, wo die Rucksäcke stehen, schleudern wollte, hat sich im Astwerk einer Buche verfangen. In halsbrecherischem Tempo stürmen alle die Treppe hinunter, bleiben auf Augenhöhe mit dem verhängnisvollen Ast stehen, ratschlagen über die Möglichkeiten, das Seil zu befreien. Dann unten die fieberhafte Suche nach geeigneten Wurfgeschossen. Die ersten geschleuderten Aststücke verfehlen die Stelle, wo das Seil hängt, um Längen. Mit der Zeit kommen die Einschläge ge-

Mit Kindern **139**

nauer. Aber nichts rührt sich. Alles sinnlos? Jan schlägt vor, es von oben zu versuchen. Sein Vater greift sich ein schweres Holz und stürmt den Turm hinauf. Die Kinder verfolgen gebannt, wie er mit konzentrierter Kraft zum Wurf ausholt. Der Scheit trifft das Seil. Es schaukelt heftig. Ein paar Zweige brechen herab. Das Seil jedoch hängt so fest im Geäst wie vorher. Nach einer Stunde, als alle einsehen, dass es aussichtslos ist, brechen wir das Unternehmen ab. Mircos Trauer über den Verlust hält sich in Grenzen. Er hat die Hingabe gespürt, mit der beinahe alle bei dem Rettungsversuch mitgewirkt haben. Der Abstieg ins Tal fällt leicht. Wer kommt in meine Arme? Das alte Spiel so vieler Spaziergänge zu Hause vertreibt die Müdigkeit. Genug gewandert für heute! Eine Fahrt mit einer Pferdekutsche, die wir am Vormittag gebucht hatten, beschließt den für das Gelingen des gesamten Unternehmens so wichtigen ersten Wandertag. Eine entspannte Fröhlichkeit kehrt ein. Zu unserer Rechten zieht der Wiesengrund, durch den die junge Lauter strömt, an uns vorbei. Jeder hat ein Stück Streuselkuchen und einen Becher Apfelschorle in der Hand. Vorne trotten gemächlich die beiden schweren, kaltblütigen Pferde das Sträßlein entlang.

Nach einer guten Nacht im Trockenen und Warmen beginnt die Wanderung nun erst richtig. Das Fahrzeug bleibt zurück, wird in den nächsten Tagen zweimal nachgezogen, dient jedoch nur als Basislager. Der größte Teil der Ausrüstung – drei Zelte, Schlafsäcke und Isomatten, Anziehsachen, Proviant – ist auf die großen und kleinen Rucksäcke verteilt. Jedem nach seinen Grundbedürfnissen, jeder nach seinen Fähigkeiten … Hanna, die Zarteste, trägt nicht mehr als Schlafsack und Waschzeug, ihr Kuscheltier und den Schmeichelstein, den ihr die Mama beim Abschied in die Hand gelegt hatte.

Das Lautertäl'le, wie es liebevoll auf Schwäbisch heißt, ist eine gute Landschaft zum Wandern mit Kindern. Die Wiesen haben keine Zäune. Die Ufer sind überall zugänglich. Ein natürlicher Abenteuerspielplatz, das Kontrastprogramm zur Stadt. Der Weg folgt ziemlich eng dem Flusslauf, hat also kaum Steigungen, eher ein sanftes Gefälle. Sich zu orientieren ist kinderleicht. So nahe wie möglich am Fluss bleiben, und man ist in jedem Fall auf dem richtigen Weg. Die Straße, relativ schwach befahren, verläuft am jenseitigen Ufer. Im Unterlauf, wo sich die Anhöhen zu einer waldigen Schlucht verengen, verschwindet sie sogar ganz aus dem Tal. Eine Flusslandschaft im Mittelgebirge wird nie langweilig. Hinter jeder Kehre des Tales, an jeder Wegbiegung, tauchen neue Blickfelder und Augenweiden auf: eine Wacholderheide am Steilhang, von einer Schafherde bevölkert, eine schroffe Felsformation, eine trutzige Burgruine am Berg gegenüber, verwitterte Grabsteine mit geheimnisvollen hebräischen Schriftzeichen, also ein jüdischer Friedhof oberhalb des Weges, oder eine Kirchturmspitze, die das nächste Dorf ankündigt. Es ist ein ruhiger, aber stetiger Fluss von Eindrücken, der auf die kleinen und großen Wanderer einen Sog auszuüben beginnt. Wenn das Vorankommen einmal mühselig wird, hilft der Blick auf die Lauter, die in ihrem Bett so leicht und unaufhaltsam dahinströmt. Nur schade, dass wir auf das Erlebnis, vom Wasser getragen und fortgetragen zu werden, verzichten müssen. Zum Schwimmen ist es viel zu kalt. Und – jammerschade – unser Plan, ein Stück der Strecke mit Sack und Pack im Indianerboot zurückzulegen, zerschlägt sich. Der Bootsverleih ist noch geschlossen. Paddeln ist auf der Lauter erst ab Juli erlaubt, wenn Fische und Wasservögel ihr Brutgeschäft beendet und ihre Kinderstube aufgelöst haben.

Unterwegs, beim Gehen, einen guten Rhythmus für alle zu finden ist ein echtes Kunststück. Unser tägliches Pensum, so haben wir hinterher ausgerechnet, beläuft sich auf zehn Kilometer. Eher weniger, nie mehr. Es sind immer nur Augenblicke, in denen alle zusammen kraftvoll und zielstrebig in Bewegung sind. Wenn wie in einer Phalanx, Schulter an Schulter, die glorreichen fünf den Weg entlanggezogen kommen. So läuft das meistens nicht. Zu verschieden sind die Interessen, zu spontan die Impulse, zu ungleich die Kräfte. Zu unserem Rhythmus gehören auch Phasen des Trödelns, des plötzlichen Stillstands, auch der Wettläufe, bei denen sich die kunterbunte Truppe weit auseinanderzieht, ihre Formation sich auflöst. Rennen, balancieren, springen, klettern, werfen, sich im Gras wälzen – das ganze Bewegungsprogramm läuft ab.

Ein Stück Schlangenhaut am Wegrand, und unweigerlich beginnt eine fieberhafte Fahndung nach der glatten Natter, die sich da gehäutet hat, und es kann lange dauern, bis die Suche abgebrochen wird. Eine Felswand gleich hinter der Wegbiegung, an der man gerade gerastet hat, und geschwind fliegen die Rucksäckchen wieder ins Gras. Ein Baumstamm lockt zum Balancieren. Eine von Schlüsselblumen über und über bedeckte Wiese verführt zum Blumenpflücken und Stirnbandflechten. Ein Fischreiher streicht das Tal entlang und zieht die Blicke der Kinder in seinen Bann. Auch Tiere wandern. Sie haben ihre Territorien, Zugwege, Schwärmbahnen und Wildwechsel. Ein Kuckuck ruft von wechselnden Standorten. Ihm nach! Nacktschnecken, die den Kindern über den Weg kriechen, finden sich in einem liebevoll mit Gras und Löwenzahnblättern ausgepolsterten Eierkarton wieder, den Jan stundenlang in seinen beiden, von der Berührung ganz schaumigen

Händen trägt, bis bei einer Rast eines seiner gefangenen Geschöpfe ausreißt und er die übrigen mit einem gemurmelten «Die sollen leben» wieder ins Gras setzt und freilässt.

Zu viel Zeit verloren? Zu viel Kraft vergeudet? Ja, manches Mal nervt der kindliche Eigensinn. Das Schneckentempo geht den Erwachsenen, dem einen mehr, dem anderen weniger, gegen den Strich. Die vielfältigen Ablenkungen und Beschäftigungen der Kinder unterwegs und in den zahlreichen Pausen sind gewiss zeitraubend und kräftezehrend. Aber hier gehen sie lustvoll ihre eigenen Pfade in die Natur. Kaum etwas entgeht den Wahrnehmungsaktivitäten der Gruppe. Und am Ende unserer Wanderung waren es diese scheinbar kleinen Erlebnisse und Ereignisse, die sich eingeprägt hatten, die Summe der Zwischenfälle, nicht die von den Erwachsenen perfekt organisierten, reibungslosen Abläufe. Es waren die vielen kleinen Umwege, auf denen wir uns letztlich dem übergeordneten Ziel angenähert haben: den Sinn für das Wunder weiter zu bilden. Also eine Ahnung davon zu vermitteln, dass die unbekannte, fremde Welt da draußen nicht vor allem feindlich und bedrohlich ist, sondern mit einer staunenswerten Fülle von Schönem und Liebenswertem aufwartet. Unerwartete Situationen lassen sich meistern. Neue Herausforderungen zu suchen macht Spaß. Das Glück des Entdeckens.

Natürlich ist es leicht zu prophezeien, dass die Pirsch auf die Ringelnatter, die sich am Wegrain gehäutet hat, keinen Erfolg haben wird. Man kann sie schleunigst abblasen, um schneller zum «Ziel» zu kommen. Aber besser ist es, die Kinder ziehen zu lassen, und wenn sie erschöpft und enttäuscht aus dem Wald zurückkommen, das Stück «Natternhemd» in die Hand zu nehmen und seine Geschichte zu erzählen: dass das Tier die alte, hart und eng gewordene Haut

Mit Kindern **143**

abstreift, einfach weil es leben und wachsen will. Wie sich, wenn es so weit ist, der sonst so starre, stechende Blick des Schlangenauges milchig trübt und das Tier sich für mehrere Tage und Nächte in sein Versteck zurückzieht. Wie es aus seinen Drüsen eine Flüssigkeit absondert und damit die alte Außenhaut, selbst die beiden uhrglasartigen Augenbedeckungen, an einem Stück löst und von sich abstößt, manchmal an Ort und Stelle auffrisst. Wie darunter eine neue, noch weiche und dehnbare Haut zum Vorschein kommt, die Schlange in ihren schönsten Farben erstrahlt, wie sie sich bis in die Gestalt ihrer Organe hinein auch innerlich verwandelt hat, neue Lebenskraft ausstrahlt und ein starker Appetit und großer Hunger auf das Leben einsetzt. Häutungen gehören zu jedem Lebenslauf. Bei Reptilien, bei Libellen und anderen Insekten. Bei allen Lebewesen. Jeder weiß, wie es sich anfühlt, wenn die kleinen Milchzähne sich lockern und die bleibenden Zähne kommen. Das Gewebe unserer Haut erneuert sich nach einem Monat. Alle Proteinmoleküle in unserem Körper haben nur eine begrenzte Lebensdauer. Innerhalb von fünf Jahren hat sich unser Organismus bis zum letzten Atom erneuert. Leben ist beständiger Austausch mit der Erde, ist Wachstum und Wandlung.

Manchmal verliert man sich für längere Zeit aus den Augen. Der Sog des Weges scheint zu wirken, und – anders als im Gedränge einer urbanen Fußgängerzone – kann in der freien Landschaft jeder sich ihm überlassen. Die kindliche Furcht vor dem unbekannten Raum, die Angst, sich zu verirren und verloren zu gehen, schwindet zusehends. Der Wanderweg wird als Freiraum wahrgenommen – und als Bühne: Ab und zu berichten entgegenkommende Spaziergänger kopfschüttelnd, dass an der nächsten Brücke Robin Hood nebst einem verwegenen Getreuen im Hinterhalt lauere und mit vorgehaltener Waffe Wegezoll einfordere oder einen halben Kilometer weiter an einer Weggabelung zwei bitterarme Mädchen Blumensträußchen und Zündhölzer feilböten.

Einer schwächelt. Was tun? Probier's doch mal mit einem Wanderstock! Hier ist mein Messer. Es braucht Zeit, um ein geeignetes Holz am Waldrand zu suchen oder einen ausreichend starken, geraden Ast mit vereinten Kräften vom Baum abzusägen, selbst mit dem Messer auf das richtige Maß zu kürzen, anzuspitzen und den Griff handgerecht einzukerben. Aber es ist eine so spannende Arbeit, dass allein eine Unterbrechung den toten Punkt schon überwindet. Natürlich können auch eine ausgestreckte Hand, das Angebot, den Rucksack für ein paar Minuten zu übernehmen, eine Streicheleinheit, all die kleinen, freundlichen Gesten Wunder wirken. Die sinkende Sonne und die dringlicher werdende Ausschau nach einem Lagerplatz für die Nacht – die ganze etwas melancholische Stimmung der Natur am Tagesende mobilisiert letzte Kräfte. Der Schlussanstieg zum Zeltplatz ist steil und strapaziös und zieht sich in die Länge. Eine Probe des Charakters, ein Moment der Wahrheit, wo der eine oder andere an seine Grenzen kommt und über sich hinauswachsen muss.

«Hoch überm Tale standen unsere Zelte …», heißt es in einem alten *Mundorgel*-Lied. Wir übernachten auf einem Zeltplatz, von denen es im Lautertal zwei (bei Hundersingen und bei Indelhausen), auf der Alb ein paar Dutzend gibt. Diese Zeltplätze, nicht zu verwechseln mit Campingplätzen, werden von den Gemeinden oder den Forstämtern unterhalten. Eine Waldwiese abseits vom Dorf oder ein Stück Brachland auf einer Bergkuppe, mitten auf dem Platz eine Feuerstelle, Tische und Bänke, aus Baumstämmen roh zugehauen, am

Mit Kindern **145**

Waldrand ein Plumpsklo und eine Mülltonne – das ist alles an Ausstattung. Es ist fast wie wildes Zelten, aber an einem dafür vorgesehenen Platz. Der Käpfle, so heißt der Berg nach einem alemannischen Wort für «runde Kuppe», fällt steil zum Tal hin ab. Unten mäandert die Lauter. Eine Kirchturmspitze ist zu sehen. Oberhalb von uns steht im Wald versteckt das Gemäuer einer Burg.

Alle müssen mit anpacken. Den Untergrund untersuchen und den besten Platz auswählen. Die Zelte aufbauen, Isomatten und Schlafsäcke ausrollen. Das Gepäck sicher verstauen. Nasse Sachen in den Wind hängen. Am Bach Wasser holen. Von der Wiese ein paar Hände voll Löwenzahn und Sauerampfer pflücken. Den Wald nach möglichst trockenem Feuerholz durchkämmen. Es aufstapeln. Holzspäne für das Anzünden und Spießchen für das Rösten schnitzen. Brote machen. Gemüse putzen. Den Tisch decken. «Was Diener! ... Du musst selber tun, was du willst getan haben», sagt der als Bettelmann verkleidete Königssohn in Grimms Märchen vom König *Drosselbart*. Ein Lehrstück, das davon handelt, wie infantiles Anspruchsdenken, hochfliegende Überheblichkeit, gepaart mit Unreife und Hilflosigkeit, zu überwinden sind. «Die Königstochter verstand aber nichts vom Feueranmachen ...»

Das ist nun allerdings wirklich eine Kunst, die erlernt werden will. Es braucht seine Zeit und mehrere Anläufe, bis eines von vielen Streichhölzern das zerknüllte Zeitungspapier, dieses die geschnitzten Holzspäne, die Späne die Stöckchen, die Stöckchen die kleinen Scheite, die kleinen Scheite die klobigen Holzstücke in Brand gesetzt haben, bis Rauch aufsteigt, die Flammen hochlodern, das Feuer genügend nachhaltige Hitze entwickelt, um das Wasser für die Getreidesuppe zum Kochen zu bringen und das Stockbrot zu rösten. Dafür schmeckt es allemal besser als zu Hause. Das Teilen und Austeilen wird zur Zeremonie. Niemand giert. Alle werden satt.

Am schönsten ist die Zeit nach der abendlichen Mahlzeit. Der Kuckuck, unser ständiger Begleiter am frühen Morgen und am späten Abend, ist verstummt. Hinter uns ist es dunkel, empfindlich kalt und ein bisschen unheimlich. Aber in unserem Feuerkreis kann uns das alles nichts anhaben. Kinder sind Feueranbeter. Sich wärmen, ein bisschen quatschen, etwas blödeln, den Tag Revue passieren lassen, den züngelnden Flammen und den sprühenden Funken nachschauen, Holz nachlegen, sinnieren, gähnen. Nur ein Käuzchen ruft noch aus einem Baumwipfel im Waldesinneren. Während das Feuer niederbrennt, verabschiedet sich einer nach dem anderen und kriecht in sein Zelt. Ein paar leise Worte sind noch zu hören, einmal ein kurzes Aufschluchzen, vermutlich ein Anfall von Heimweh. Dann kehrt Stille ein.

Über unserem Lagerplatz das Himmelszelt aus funkelnden Sternen. Meine Gedanken wandern zurück zu dem Tag, als Hanna ihren ersten selbständigen Gang im Freien machte. Der Moment ist so nah, als ob er gestern gewesen wäre. Es war an einem sonnigen Altweibersommertag. Wir hatten kurz vorher ihren ersten Geburtstag gefeiert. Mitten in einem kleinen Wäldchen habe ich ihr die Schuhe und die wollene Kapuzenjacke angezogen, sie aus dem Kinderwagen gehoben und sie behutsam auf den Weg gestellt. Zuerst ein paar tastende Schritte an der Hand. Dann hat Hanna losgelassen und ist ganz freihändig, ganz aus eigenen Stücken und wie selbstverständlich den Weg gegangen. Unentwegt die sanfte Steigung hinauf und das allmähliche Gefälle hinab, über Stock und

Mit Kindern **147**

Stein ist sie den zwei, drei Fuß breiten, von Baumwurzeln durchwachsenen, von verwelkten Farnen, früchtetragenden Holunderbüschen und Brombeerranken, von Birkenstämmen, Eschen, jungen Eichen und alten Kiefern gesäumten, stellenweise schon von leuchtend gelbem Birkenlaub bedeckten Waldweg gewandert. Bis zum Ende. Aufrechter Gang. Der erste in ihrem Leben. Der Vater, der sie stumm, mit angehaltenem Atem begleitete, spürte, es war eine Sternstunde auch in seinem Leben.

Zur morgendlichen Katzenwäsche gehen wir hinunter zur Lauter. Gar nicht so einfach, in der Flussaue einen guten Standort zu finden. Das Ufer ist dicht bewachsen. An den freien Stellen ist der Boden matschig und glitschig. Bei jeder ungeschickten Bewegung läuft man hier Gefahr, das Gleichgewicht zu verlieren und ins Wasser abzurutschen. Einzelne Schaumkronen schwimmen vorbei. So sauber wie an der Quelle wird die Lauter nie wieder sein. Dörfer und Klärwerke, Straßen und Brücken, Viehweiden und Pferdekoppeln säumten schon ihren Lauf. Das Wasser ist kalt, die Luft auch. Die Strömung ist kräftig. Beim ersten Mal muss mancher sich überwinden, Hände, Arme, Gesicht und Haare einzutauchen. Aber nach einer Nacht im Schlafsack sich so zu waschen wird alsbald zu einer erfrischenden Wohltat, nach der man sich später zu Hause, umgeben von der behaglichen Wärme der Nasszelle, zurücksehnt.

Wandern ist eine Kontrasterfahrung. Die Watte, in die der eigene Nachwuchs bei uns allzu oft eingepackt wird, den Standard von Komfort, der angeblich zum Wohlbefinden notwendig sei, hat keines der Kinder während dieser Tage vermisst. Vielleicht ist es tatsächlich so, dass ein zeitweiliger Entzug des gewohnten Komforts, eine Dosis von Strapazen und

Härten vor allem eine befreiende Wirkung hat. Die Frustrationsschwelle, die zu Hause oft so unerträglich niedrig liegt, hebt sich deutlich. Die Erfahrung, manchmal ans Limit zu kommen, an seine Grenzen zu gehen und über sich hinauszuwachsen, ist wichtig. Dazu braucht man die Gruppe. Nichts stärkt das Selbstwertgefühl mehr, so schreibt der amerikanische Psychologe Abraham Maslow, als Respekt, der tatsächlich verdient ist.

Die Zelte abzubrechen, alles zu säubern, zu trocknen, zusammenzufalten, kunstvoll zu verstauen, das Geschirr zu spülen, allen Müll zu beseitigen, die Glut des Lagerfeuers zu ersticken – all das dauert lange, sehr lange. Einmal war es schon Mittag, als sich unsere Karawane endlich in Bewegung setzte. Die Logistik ist bei jeder Wanderung ein wichtiger Faktor. Aber man muss höllisch aufpassen, dass sie nicht alles beherrscht und zu viel Zeit vom Unterwegssein in der Landschaft, vom eigentlichen Wandern abgeht. Für die Kinder bleibt diese Phase des Tages eine langweilige Angelegenheit. Und wie schnell kann es passieren, dass in diesen Warteschleifen unversehens unter ihnen die alten Machtspielchen, die Hahnenkämpfe und Zickenrivalitäten wieder ausbrechen. Zeit, die Kinder auf die nächste Anhöhe mitzunehmen, um sie den inneren Kompass justieren zu lassen. Wo sind wir? Da unten fließt die Lauter. Der Sternberg, an dessen Fuß sie entspringt, liegt weit zurück, nicht sichtbar hinter diesem Bergrücken. Dort hinten im Süden tritt der Fluss in die Talenge ein. Von dort ist es nicht mehr weit bis zur Mündung.

Die Schwäbische Alb ist ein Land der Burgen und der Höhlen. Für Kinder sind beides starke Orte. Burgen hatten wir auf unserem Weg fast immer vor Augen. Meist thronten sie am anderen Ufer. Verwegene Höhenburgen, auf schmale

Felsnasen oder winzige Felssockel an schwindelig abgründigen Steilhängen hingeklotzt. Die Schildmauern, der Bergfried aus mächtigen Buckelquadern aufgetürmt, trutzig, uralt und zumeist stark verfallen. Auf Burg Derneck, die zu einem Wandererheim umgebaut ist, hatten wir angeklopft und nach Quartier im Matratzenlager gefragt. Eine Nacht in einer Burg – das wär's gewesen. Schaurig schön, mit Fackelschein, Fledermäusen, Schlossgeist und weißen Frauen. Leider! Alles mit Pfadfindern besetzt. Zur Entschädigung planen wir die Ausspähung der etwas flussabwärts gelegenen Schülzburg. Bei der Annäherung werden wir gewahr, dass sie nur noch Ruine ist. Wer hat sie zerstört? Ein Feuer, lesen wir auf einer Tafel. Wer hat es angezündet und die Burg in Brand gesteckt? Und warum wohl? Der Pfad führt durch dichten Wald bergan auf eine Felsterrasse. Behutsam schleichen sich die Kinder an die Mauer heran, kauern sich an die grauen Quader, bilden eine Räuberleiter, um durch die vergitterten Fensteröffnungen zu spähen. Die Geschossdecken sind eingestürzt, die Innenmauern kaum noch zu sehen. Der Burghof ist von grünem Wildwuchs überwuchert. Die Späher halten Ratschlag. Ihr Pfad verschwindet im Dickicht. Endet er am geheimen Einstieg zu dem unterirdischen Gang, dem letzten Fluchtweg der Burgbewohner? Führt er zu einer Zugbrücke, die über den Graben einen Zugang in das Innere der Burg öffnet? Vielleicht bringt er uns in den Palas, den Wohnturm und Festsaal der edlen Ritter und vornehmen «frouwen»? Der Spähtrupp macht sich auf den Weg …

Was bedeutet, was symbolisiert ein Kastell? Ist es ein Sinnbild für das innere Reich, das sich in der kindlichen Seele gerade gründet? Das unangreifbar, unantastbar sein soll, das niemand ohne Erlaubnis betreten darf und das doch so oft verletzt wird? Von Erwachsenen, die einen mit Worten, mit Gesten, mit Handlungen demütigen. Von anderen Kindern, die einen quälen, weil sie meinen, dass der Angriff die beste Verteidigung der eigenen unsicheren Festung sei. Ist dann der Ritter immer da? Das Symbol für die eigenen Abwehrkräfte: der innere Krieger, der die Grenzen des eigenen Territoriums mit starker Hand und sicherem Auge gegen jeden Übergriff, seine Autonomie gegen jede Invasion verteidigt und jedem Eindringling den ersten und härtesten Widerstand leistet?

Noch die verfallenste Burgruine kann als Sinnbild solcher Archetypen des Unbewussten dienen. Sie ist gleichzeitig ein wunderbares Medium für eine Zeitreise ins hohe Mittelalter. Bei Göppingen, gar nicht weit von hier, steht die Ruine Hohenstaufen, die Stammburg der staufischen Kaiser. Von dort brachen sie auf, Barbarossa und Co., ein Reich von der Ostsee bis Sizilien zu bauen und zu regieren. Ihre Epoche war die Zeit der Ritterturniere und der Minne, von ritterlicher Tapferkeit, Achtung vor dem Gegner und «hôhem muot», dem Hochgefühl des gelassenen Eintretens für seine Idee und seine Ideale. Die Zeit der Kreuzfahrer, wandernden Bettelmönche und weisen Mystikerinnen. Eine Blütezeit von Heilkunst und Baukunst, Mathematik und Literatur. Aber auch eine Schreckenszeit, in der die Pest, der Schwarze Tod, grassierte, und mörderische Fehden die armen Leute bedrückten und das Land verwüsteten. Treibstoff für die Phantasie in Hülle und Fülle!

Letzte Etappe. Die Talenge, wo das Lautertal zu einer einsamen Waldschlucht wird, liegt hinter uns, die Sonne steht schon ziemlich niedrig, als wir am Steilhang eine Öffnung im Fels gähnen sehen. Ein Blick auf die topographische Karte. Dort ist der geheimnisvolle Name Bettelhöhle eingetragen.

Mit Kindern   **151**

Ein paar Schritte, und wir stehen vor dem Mundloch. Zögernd treten die Kinder ein. Der Raum ist dunkel und kühl. Die Stimmen hallen. Das über unseren Köpfen hangende Gestein wirkt bedrohlich. Ob sich hier Fledermäuse zum Schlafen versammeln? Auch Batman-Fans wird leicht mulmig. Ob hier früher mal Menschen gehaust haben? Die Erwachsenen kramen die Bruchstücke ihres Wissens über die graue Vorzeit zusammen. Es ist gut, wenn man aus der Literatur über die Region wenigstens etwas an Rohstoff gewonnen hat und damit frei fabulieren kann: über die umherschweifenden Eiszeit- und Steinzeitmenschen, die Jäger und Sammlerinnen, die in den Albhöhlen ihre Wohnplätze und Feuerstellen hatten und von hier aus auf Jagd gingen nach Rentieren, Bären und Wildpferden und auf die Suche nach Beeren, Kräutern und Pilzen. Wie haben sie gelebt? Wie haben sie gedacht und gefühlt? An was geglaubt? Wir wissen es nicht. Aber in dieser Region, in einer der Höhlen rund um Ulm, fand man erst kürzlich die älteste Ansammlung figürlicher Kunst auf der Welt. Es sind kleine, mit Feuersteinklingen aus Elfenbein geschnitzte Figuren: ein stilisiertes Wildpferd, ein Mammut, eine Figur, halb Mensch, halb Löwe. Vor etwa 30.000 Jahren, also tausend Generationen, geschaffen.

Nun ist es nicht mehr weit zu dem Wiesengrund, wo die Lauter in die noch junge Donau mündet. Der Weg ist das Ziel. Ja, stimmt. Aber ein markantes Ziel am Ende des Weges ist beim Wandern mit Kindern gewiss nicht unwichtig. Es geschafft zu haben ist für alle ein köstliches Gefühl. Auf einem Bootssteg an der Flussmündung, befreit von Rucksäcken und Wanderschuhen, lassen die Kinder die Beine im Wasser baumeln. Schau mal! Einen Fuß in der Lauter, den anderen in der Donau! Dann schicken sie Schiffchen aus Rinde auf die weite Reise zum Schwarzen Meer. Der Blick fällt auf das Ufer gegenüber. Dort geht der Weg weiter, windet sich durch die Felder und über die Hügel, nach Süden.

Der Abend ist beinahe frühsommerlich. Wir sind nicht nur von der Quelle bis zur Mündung, sondern auch aus dem Winter in den Frühling gewandert. Auf seiner mehrwöchigen Wanderung aus dem mittelmeerischen Süden nach Norden, aus dem Tiefland durch die Flusstäler zu den Kammlagen der Gebirge ist der Frühling gleichzeitig mit uns hier angekommen. Im warmen Licht der untergehenden Sonne feiern die Kinder auf ihre Weise Abschied vom Lautertal. Auf einer besonders prächtigen Wiese, wo – fast wie bei Frau Holle – Gräser, Kräuter und Blumen schulterhoch stehen, tollen sie herum, jagen einander, kugeln lauthals lachend in einem übermütigen Reigen nebeneinander, übereinander und durcheinander den Hang hinunter.

Dann rollt auf dem Feldweg das Auto heran. Eine letzte Mahlzeit unter freiem Himmel. Alles einsteigen. Lautertal ade! Als der Wagen bei Ulm auf die Autobahn nach Norden fährt, sind alle Kinder schon im Reich der Träume. Und vielleicht sind jetzt in den kleinen Köpfen ein paar neue Bilder gespeichert. Helle und fröhliche Bilder, Wegzehrung für später einmal, wenn alle längst eigene Wege gegangen sind.

Mit Kindern **153**

Erfahrungsräume und Sehnsuchtsorte

Wildnis. Die Wildnis schrumpft. Die Sehnsucht wächst. So viel steht fest. Bei der Auswertung von Satellitenbildern kommen Geographen zu der Einschätzung, dass heute etwa 40 Prozent der eisfreien Landoberfläche der Erde landwirtschaftlich genutzt werden. Nur wenig Land ist unberührt. Ein zeitgemäßer Wildnisbegriff sollte besser nicht mit Bildern von heiler Welt und purer Natur arbeiten. Nachrichten von absterbenden Korallenriffen in der Südsee, von kontaminiertem Fettgewebe bei den Pinguinen in der menschenleeren Antarktis lassen Illusionen schnell zusammenbrechen. Aber Wildnis ist nicht gebunden an Wolfsgeheul, Urwald, endlose Weite. Die Rose im Asphalt, der Ginster auf der Bergbauhalde, also die «kleinen Wildnisse», die überraschend schnell wachsen, wo ein geschundenes Stück Land sich selbst überlassen bleibt, beweisen die Vitalität des Ungezähmten. Überall, wo wir «Natur Natur sein lassen», entsteht Wildnis. Nirgendwo sonst sehen wir Gaia so direkt am Werk.

Der Begriff ist nicht leicht zu fassen. Zunächst ist Wildnis relativ ungestörte Natur. Weitgehend unbeeinflusst von menschlicher Tätigkeit entwickelt sie aus sich selbst heraus ihre jeweils eigengeartete Struktur, Gestalt und Artenvielfalt. Sie ist nichts Statisches, kein idyllischer Idealzustand von Natur, der sich konservieren oder renaturieren ließe. Als ein dynamisches System betreibt sie unter den gegebenen Bedingungen ihre Selbstorganisation über die freie Entfaltung und Abfolge natürlicher Prozesse. Ihre Fülle und Vielfalt an Farben, Formen, Düften und Tönen macht sie zum Hort des Naturschönen. Aber sie ist keine immerwährende Harmonie. Jede Überschwemmung, jeder Waldbrand, jedes Erdbeben ist eine natürliche Störung ökologischer Systeme.

Wildnis ist zeitlos. Nicht im Sinne von stillstehender Zeit. Sie kennt nur keinen linearen Fortschritt, kein Ziel. Die Natur gestaltet die Zeit durch die kosmischen Rhythmen von Tag und Nacht, den Zyklus der Jahreszeiten, die Gesetze von Werden und Vergehen.

Man kann unterscheiden zwischen großen zivilisationsfernen Landschaften, Wildnisrelikten und «neuer» Wildnis. Das Erste gibt es in Europa höchstens noch im hohen Norden und weit im Osten, vielleicht noch in einigen hochalpinen Gebieten. Unter Wildnisrelikten versteht man kleinere Lebensräume, die ihren ursprünglichen Charakter im Wesentlichen bewahren konnten: die Urwaldinseln in unseren durchforsteten Wäldern, in denen sich die natürliche Vegetation über lange Zeiträume ohne menschliche Nutzung behauptet. Ferner die wenigen nichtkultivierten Moorgebiete, die kleinen Streifen Naturküste und Ödflächen in den Höhenlagen. «Neue» oder «sekundäre» Wildnis meint dagegen das, was spontan entsteht, wenn ein Stück Kulturlandschaft aus der Nutzung herausgenommen wird: die vom Windwurf und Borkenkäfer zerstörte Fichtenmonokultur, an deren Stelle ein vitaler Buchen-Tannen-Bergahorn-Urwald nachwächst; der aufgelassene Steinbruch oder die Rebterrasse, die der Smaragdeidechse oder der Pfingstnelke neuen Lebensraum bieten; der von Bombentrichtern und Panzerketten durchwühlte verlassene Truppenübungsplatz; der Braunkohletagebau, auf dessen Flächen 200 Jahre nach seiner Ausrottung der Wolf wieder einwandert. Komme, was wolle – heißt das Motto. Kartierung, Unterschutzstellung und Vernetzung von Flora-und-Fauna-Habitaten, also der großen und kleinen, alten und neuen Wildnisse, sind das Ziel von Natura 2000, dem kühnen Projekt der Europäischen Union. Die Knotenpunkte in diesem europaweiten Netz sind die europäischen Nationalparks. Zwischen karelischer Tundra und portugiesischer Estremadura entsteht unsere Wildnis von morgen. Deutschland ist von Natur aus ein Waldland. Es liegt im Herzen des Buchenareals der Welt. Die wenigen noch vorhandenen relativ großflächigen Buchenmischwälder verwildern zu lassen wäre unser wichtigster Beitrag zur Erhaltung des Weltnaturerbes. In ihnen zu wandern weckt am ehesten ein Gespür für die heimische Spielart von Wildnis.

Sie zu sichern ist existenziell notwendig. Mindestens so wichtig wie der Ausbau der transeuropäischen Verkehrstrassen und Kommunikationsnetze. Alles Leben auf dem blauen Planeten, alles, was vor uns und mit uns durch die Evolution gereist ist, ist einzigartig und in sich wertvoll. Darüber hinaus ist Wildnis die Schatzkammer der Artenvielfalt und Fruchtbarkeit. Aus ihrem Genpool – nicht aus den Laboratorien der biochemischen Industrie – kann sich die Kulturlandschaft nachhaltig regenerieren. Aber sie ist ebenso unersetzlich für die geistige und seelische Regeneration des urban lebenden Menschen. Einen Schlüssel zum Verstehen der modernen Sehnsucht nach Wildnis gibt das Konzept der Biophilie. Es meint die «Liebe zum Leben und zum Lebendigen» und umfasst die Liebe zur Natur und die «aktive Liebe zum anderen Menschen». Es war der Sozialphilosoph Erich Fromm, der diesen Begriff geprägt hat, inspiriert von Albert Schweitzers Ethik der «Ehrfurcht vor dem Leben». Schweitzer wiederum verdankte seinen berühmten Wahlspruch einem Erlebnis in der Wildnis des tropischen Regenwaldes. Die Eingebung kam ihm im Herzen Afrikas, als er 1915 bei einer Bootsfahrt auf dem Ogowefluss eine am Ufer wandernde Herde Flusspferde beobachtete und plötzlich fühlte: «Ich bin Leben, das leben will, inmitten von Leben, das leben will.» Aus einer anderen Perspektive hat 1984 der amerikanische Biologe Edward O. Wilson «Biophilia» definiert als «die unbewusste Neigung der Menschen, die Nähe der übrigen Lebensformen zu suchen». Unsere Existenz hänge von dieser Neigung ab. Unser Geist entfalte sich daran. Die Sehnsucht nach Wildnis leite sich aus dieser angeborenen Biophilie ab. «In der Wildnis sucht der Mensch neue Lebenskraft und das Urerlebnis des Wunderbaren, und aus der Wildnis kehrt er in jene Teile der Erde zurück, die kultiviert und nach seinen Bedürfnissen gestaltet sind. Die Wildnis erfüllt uns mit Frieden, weil sie uns ein Bild völliger Selbstgenügsamkeit vermittelt. Sie übersteigt die menschliche Phantasie.»

Also nicht: zurück zur Natur, sondern: heim in die Wildnis? Wildnis ist ambivalent. Sie hatte und hat immer auch etwas Unheimliches. Gefahr und Faszination hängen eng zusammen. Das liegt nicht zuletzt an der sichtbaren Anwesenheit des Todes. Kein naturnaher Wald ohne einen hohen Anteil von stehendem und liegendem Totholz, ohne die Radnetze, in denen die Kreuzspinne ihre Beute fängt, lähmt und aussaugt, ohne die Rupfplätze der Greifvögel. Wo Faktoren wie Weite, Unübersichtlichkeit und Undurchdringlichkeit, wo unvorhergesehene Wetterereignisse und der Verlust der Orientierung hinzukommen, löst Wildnis immer noch das latente Gefühl von Bedrohung und Hilflosigkeit, im Extremfall von Panik und Todesangst aus. Das weiß jeder, der einmal eine Nachtwanderung in einem tiefen Wald, einen Nebeleinbruch im Wattenmeer oder ein Gewitter jenseits der Baumgrenze erlebt hat. Angstlust, «thrill», ist zweifellos ein Element der Faszination Wildnis. Das Kräftemessen mit den ungezähmten, zerstörerischen Kräften der Natur, Mobilisierung und Anspannung der eigenen physischen und psychischen Kräfte, der schließliche Triumph über das Wilde draußen und die Ängste drinnen, die lustvolle Entspannung danach machen die besondere Qualität dieses Erlebens aus.

Die Angst ist unterschwellig noch da. Aber die Lust überwiegt. Eine Neubewertung ist im Gange. Wildnis wird zum attraktiven Gegenbild einer übertechnisierten und kommerzialisierten Zivilisation. Je weiter sich diese von der Natur abkoppelt, desto stärker wird sie als stressig, deprimierend, risikobehaftet, zerstörerisch, ja sogar als lebensbedrohlich wahrgenommen. Die Angst vor dem ungebremst auf den Zebrastreifen zufahrenden Auto ist berechtigter als die Angst vor der Gewitternacht im Wald. Wer die ungeheure Dynamik der Moderne als letztlich für sich nicht lebbar erfährt, wird in einer Region jenseits des Alltags nach dem ganz Anderen, dem Unverfügbaren, dem Erhabenen und nach Geborgenheit suchen. Der Biologe und Wildnispädagoge Gerhard Trommer spricht in diesem Zusammenhang von «Kontrasterfahrung». Wildnis wird zum «Psychotop», zum Rückzugsraum für die Regeneration von Geist und Seele, zum Erfahrungsraum für die Neujustierung der eigenen Bedürfnisstrukturen. «Born to be wild» – das neue Lebensgefühl, das diese Rock-Hymne von 1968 ausdrückt, koppelt «wild» und «frei». Es assoziiert Wildnis mit Schönheit, Fülle und Vielfalt statt mit Mangel, Ödnis oder Brutalität. «Die Wildnis in unseren Herzen», sagt der Naturschützer Hubert Weinzierl, «ist Sehnsucht nach den Lüsten, die nichts kosten. Sehnsucht nach ... Zauber und Geheimnissen, nach Ahnung statt Wissen, nach Hoffnung statt Versprechen.» Damit ist keiner Regression, keinem heillosen Eskapismus das Wort geredet. Es geht nicht um den Rückzug aus der humanen Lebenswelt. Vielmehr kommt hier die archetypische Denkfigur des Märchens neu ins Spiel: Auszug und geläuterte Heimkehr. Das Pendeln zwischen beiden Sphären, um aus beiden das jeweils Beste in seinen Lebensentwurf und die kreative Arbeit an sich selbst und seiner Umgebung zu integrieren, wäre ein Element von nachhaltiger Lebenskunst. Wildnis ist nicht die Alternative zur urbanen Lebenswelt, sondern – komplementär – deren lebensnotwendige Ergänzung.

Wildnis ist das hochsensible Reich der Flora und Fauna, Gesteine, Böden und Wasserläufe. Dann erst ein Raum für Menschen. Niemand wird eingeladen, aber es wird auch niemand ausgeschlossen, heißt es im amerikanischen «Wilderness Act», dem Gesetz zum Schutz der weitgehend unberührten Gebiete. Der Mensch ist nur «Gast der dort lebenden Pflanzen und Tiere» – ein Gast, der nicht verweilen darf. Die angemessene Art und Weise der Annäherung: zu Fuß. Selbst in den riesigen «wilderness areas» des amerikanischen Westens ist allein «primitive travel», das archaische Unterwegssein, erlaubt. Kein Fahrzeug, kein technisches Hilfsmittel. Und selbst vom «backpacker», dem Rucksackwanderer, verlangt man die Einhaltung eines strengen Ehrenkodexes. Die Grundregel: «minimal impact». Ein solcher Minimalismus gilt natürlich erst recht für die kleinen Wildnisse der mitteleuropäischen Landschaften. «Nimm nichts mit. Lass nichts zurück. Zerstöre nichts. Schlag nichts tot.» So lauten die vier einfachen Regeln der Höhlenforscher, einer Gruppe, die in ein besonders sensibles Stück Natur vordringt. Leichtes Gepäck, «leise wandern» (Gerhard Trommer). Im Zweifelsfall nur den Rand aufsuchen und von dort aus die Augen wandern lassen. Keine Spuren hinterlassen. Konzentrierte Aufmerksamkeit für die Stimme des Lebens – oder, um mit Nietzsche zu sprechen: «Das wenigste gerade, das Leiseste, Leichteste, einer Eidechse Rascheln, ein Hauch, ein Husch, ein Augen-Blick – wenig macht die Art des besten Glücks.»

Landschaft. Man wandert in einer Landschaft. Nicht etwa durch eine Region, zu sehenswerten Objekten, durch Biotope. Auch nicht einfach so in der Natur. Kunst des Wanderns heißt nicht zuletzt, die jeweils «richtige» Landschaft zu wählen. Eine, deren

Eigenart und Stimmung zu einem bestimmten Zeitpunkt auf die eigenen tiefen Sehnsüchte und momentanen Befindlichkeiten antwortet. Eine äußere Landschaft, die mit der inneren korrespondiert.

«Landschaft ist der Totalcharakter einer Erdgegend.» Diese Definition wird Alexander von Humboldt zugeschrieben, dem weltoffenen Forscher und Extremwanderer, der den schneebedeckten Andengipfel Chimborazo genauso kannte und schätzte wie die vulkanischen Kuppen von Siebengebirge und Rhön. Nüchtern betrachtet ist «Landschaft» ein Ausschnitt der Erdoberfläche, der sich durch Erscheinungsbild, gemeinsame Merkmale und besonderes Gepräge von angrenzenden Räumen mehr oder weniger deutlich abhebt. Im Bild der Landschaft nehmen wir die Natur in ihrer Gesamtheit wahr. Also Berg und Tal, Wind und Wetter, Vegetation und Tierwelt. Den Naturraum erleben wir immer in seiner Beeinflussung, Gestaltung und Überformung durch den Menschen. Auch Feld, Wiese und Forst sind Artefakte. Andererseits existiert ein Steinbruch allein aufgrund der geologischen Verhältnisse. Autobahn, Fernsehturm und Windrad nutzen die Höhenlinien des Profils. Jeder Metropolenraum ist insgesamt auf seine natürlichen Standortbedingungen angewiesen. Unser Blick vereinigt Naturstrukturen und vom Menschen Geschaffenes zu einem Ensemble. Man wandert in einer Natur-Kultur-Landschaft. Das ist vor allem eine ästhetische Erfahrung. In Gestalt von Bildern – auch von Bildstörungen – nehmen wir im Gehen und Schauen dieses Ensemble wahr. Im Medium von Schönheit – auch verletzter Schönheit – entwickeln wir eine positive oder negative emotionale Beziehung zu einem bestimmten Ausschnitt der Erdoberfläche.

Wir können Landschaften nach ihrer relativen Naturnähe und – das ist nur die andere Seite der Medaille – relativen Zivilisationsferne einstufen. Gerhard Trommer hat dafür eine Skala entwickelt. Deren Eckpunkte sind die Wildnis auf der einen und die «Superzivilisation» der urbanen Zentren auf der anderen Seite. Die Übergänge gliedern sich abgestuft in kulturgeprägte, kulturbeeinflusste, bedingt naturnahe Gebiete.

Die klassische Naturästhetik unterschied zwischen «schöner» und «erhabener» Landschaft. Als schön galt die sanfte, idyllische, kulturbeeinflusste Gegend. Man feierte den «locus amoenus», den lieblichen Ort. Arkadien, die von Hirten und Nymphen bevölkerte, quellenreiche Weidelandschaft des antiken Mittelmeerraumes, war sein Inbild. Erhaben war dagegen eine Landschaft, die von großen Linien, endloser Weite, schroffen Höhenunterschieden und Zivilisationsferne geprägt war: Hochgebirge, Meeresküste, Wüste. Solche Räume – auch der Strand! – galten bis in die Neuzeit hinein als «locus terribilis», als furcht-, aber auch ehrfurchteinflößende, unfruchtbare Ödnis. Aufgewertet hat sie erst die romantische Naturanschauung zu Beginn der Moderne.

Nach welchen Gesichtspunkten wären hier und heute Landschaften zum Wandern auszuwählen? Trommer plädiert für die «Kontrasterfahrung», also den weitestmöglichen Abstand zur alltäglichen Lebenswelt. Seine Exkursionen mit Studenten aus dem Rhein-Main-Gebiet führen folglich zu den Wildnisschutzgebieten in Skandinavien, Sibirien und im Südwesten der USA. Die Durchquerung solcher «erhabener» Räume zu Fuß löst starke Gefühle aus. Zum einen fühlt man sich – etwa auf dem Gipfel eines Berges mit weitem Panoramablick – selbst aus der Umgebung und dem Alltag herausgehoben, also «erhaben». Zugleich erlebt man sich als winzig und bedeutungslos. Man gewinnt einen nachhaltigen Respekt vor der Natur, ja so etwas wie Demut.

Der Soziologe und «Wanderpapst» Rainer Brämer schreibt der harmonischen Kulturlandschaft den größten Erholungswert zu.

Erfahrungsräume und Sehnsuchtsorte **161**

Aus Umfragen unter Wandertouristen und aus Erkenntnissen der Landschaftspräferenzforschung hat er Kriterien für ein Wandergebiet zum Wohlfühlen entwickelt. Es enthält ein Minimum an künstlich-technischen Elementen, ist aber weitgehend gezähmt, also Kulturlandschaft. Sie ist vielfältig und abwechslungsreich. Es ist eine offene, parkähnliche Wiesenlandschaft mit lichten Wäldchen, möglichst natürlich mäandernden Fließgewässern und baumbestandenen Seeufern. Das Relief ist sanft und formt eine wellige oder hügelige Landschaft mit zahlreichen Aussichtspunkten und weiten Horizonten. Die Linien, also Bergkämme, Waldsäume, Wasserläufe und Wege, sind schwingend. Die Pfade haben einen weichen, federnden Untergrund. Sie verlassen in Windungen vielversprechend das Blickfeld. Ein harmonisches Zusammenspiel dieser Komponenten, so Brämer, löse bei urban lebenden Menschen überall auf der Welt ein Maximum an Wohlbefinden aus. Wir filtern unsere Sinneseindrücke und gleichen sie mit Gedächtnisinhalten ab. Dann sprechen die Emotionen.

Unser Vorrat an Bildern von Sehnsuchtslandschaften ist kulturell geprägt. Sein Grundstock, mutmaßen die Landschaftspsychologen, stamme noch aus den Savannen Ostafrikas, der Wiege der Menschheit. Brämers Kriterien knüpfen daran an. Sie zielen freilich in erster Linie auf die alte bäuerliche Kulturlandschaft Mitteleuropas. Worauf beruhte deren Eigenart? Vor allem auf ihrer Flickenteppichstruktur, also auf der in zahllosen Generationen geschaffenen und tradierten, kleinteiligen und sorgfältig ausgewogenen Gemengelage von Wald und Flur, Weg und Dorf, Stadt, Land und Fluss. Ihre Vielfalt und Schönheit enthüllte sich im «Dreiklang» von Tiefebene, Mittel- und Hochgebirge und im fühlbaren Wechsel der Jahreszeiten.

Zusätzlich zu den ökologischen und ästhetischen Werten gibt es eine Qualität von Raum, die beim Wandern ungemein reizvoll werden kann und letztlich nur zu «erwandern» ist. Sie betrifft die geschichtliche Tiefe der Landschaft, seine Bedeutungsstärke, ihre Kraft zur Inspiration und geistige Fruchtbarkeit und ihre «Aura» der Einmaligkeit. Als «Spurensuche» oder «Zeitreise» etikettiert, gewinnt diese Qualität im Kulturtourismus zunehmend an Bedeutung. Walter Benjamin, der große Flaneur, hat «Spur und Aura» zusammengedacht: «Die Spur ist Erscheinung einer Nähe, so fern das sein mag, was sie hinterließ. Die Aura ist Erscheinung einer Ferne, so nah das sein mag, was sie hervorruft. In der Spur werden wir der Sache habhaft; in der Aura bemächtigt sie sich unser.»

Die UNESCO-Welterbekommission hat vor einigen Jahren das Konzept der «assoziativen Kulturlandschaft» eingeführt. Es meint Orte und Ensembles – wie zum Beispiel Ayers Rock, den Kultplatz der australischen Aborigines, oder die Tempellandschaft im japanischen Nikko –, die besondere geistige Assoziationen hervorrufen. Sie bezeugen durch ökologische, religiöse oder künstlerische Zeichen im Raum eine lange, intime, spirituelle Beziehung zwischen Mensch und Natur. Sie halten ihre jeweiligen Traditionen lebendig und entwickeln diese weiter in die Zukunft.

In denselben Zusammenhang gehört das aus Frankreich kommende Konzept der «lieux de mémoire». Solche «Erinnerungsorte» sind Schauplätze, auch Symbole und Gegenstände, in denen sich das kollektive Gedächtnis einer Nation bündelt. Sie spiegeln es kritisch wider und erneuern es. Gerade in Zeiten, in denen schulisch vermitteltes historisches Wissen abnimmt, machen sie Geschichte begreifbar. Das Konzept ist neu, die Idee alt. Goethe ist mit diesem Bewusstsein gewandert. Zum Beispiel bei seinem Aufenthalt im ostwestfälischen Bad Pyrmont, wo man zu seiner Zeit den Schauplatz der Hermannsschlacht vermutete. «Man findet sich», schrieb er angesichts der Überreste germanischer

Wallburgen auf den umliegenden Hügeln, «in einem magischen Kreise befangen, man identifiziert das Vergangene mit der Gegenwart, man beschränkt die allgemeinste Räumlichkeit auf die jedes Mal nächste und fühlt sich zuletzt in dem behaglichsten Zustande, weil man wähnt, man habe sich das Unfasslichste zur unmittelbaren Anschauung gebracht.»

Die Idee der «poetischen Orte» brachten Vordenker einer neuen Landschaftsästhetik wie Roland Günter und Detlef Ipsen in den 90er Jahren in die Diskussion. Inspiriert war sie von italienischen Modellen. Was ist ein «poetischer Ort»? Es kann ein Bildstock an einer Weggabelung sein oder eine schlichte Ruhebank am Berghang, die Dorfbewohner am Punkt der umfassendsten Aussicht aufgestellt haben. Auch ein Obstgarten, der einen Querschnitt alter Apfelsorten kultiviert. Oder der Überrest einer Brücke an einer Flussbiegung, wo früher einmal die Mühle stand.

Zur Poesie einer Landschaft gehören ihre traditionellen Lebensmittel, wie sie von den arbeitenden Menschen erzeugt werden. Der untrennbare Zusammenhang war zu Zeiten von Cézanne noch bewusst. Von den Früchten, die er malte, sagte er: «Sie kommen zu Ihnen in allen ihren Gerüchen, erzählen Ihnen von den Feldern, die sie verlassen haben, von dem Regen, der sie genährt, von den Morgenröten, die sie erschaut.»

Wo sind poetische Orte? Gewiss ist Neuschwanstein, die neoromantische Gralsburg im Allgäu, ein poetischer Ort. Aber auch Ferropolis, der verrostende Riesenbagger in der mitteldeutschen Tagebau-Mondlandschaft. Der poetische Ort besitzt eine Aura, die sich der Reproduzierbarkeit entzieht. Auf diese Weise hebt er die Geschichtlichkeit und die Identität einer Landschaft hervor. Als Identifikationsort macht er den Raum kenntlich, die eine Region von anderen unterscheidbar. Auf der Welt ist nichts banal – außer unser Blick. So der Urheber der Idee, der italienische

164 Mit Kindern

Filmemacher Tonino Guerra. Es geht folglich um den «aufschlie-
ßenden Blick» für die Tiefenschichten des Realen. «Dies», sagt
Roland Günter, «entführt die Menschen nicht aus der Wirklichkeit, sondern in den Kern des Lebens.» Poetische Orte sind Stätten, wo ein Mensch etwas von sich selbst findet. Sie machen
Lust auf ein Leben, «das weit ausgreift» (Tonino Guerra).

Aber wie sieht die Landschaft der Zukunft aus? Unsere Landschaft hat sich in den letzten 50 Jahren stärker verändert als
in den 5.000 Jahren vorher. Die bäuerliche Kulturlandschaft ist
Vergangenheit. Sicher ist nur der Wandel. Die Klimaveränderung
mit der Häufung extremer Wetterereignisse hat eingesetzt. Die
Folgen für das Antlitz der Landschaft zeichnen sich erst in hochkomplexen Computersimulationen ab. Unabhängig davon schreitet die Urbanisierung voran. Eine neue Gemengelage entsteht.
Die Verkehrs- und Versorgungstrassen fressen Flächen. Zum
Zweck der industriemäßigen Produktion von Nahrung und Bio-
masse weiten sich die Agrarsteppen aus. Andere Zonen dienen
der Gewinnung von Baumaterial und der Deponierung von Müll
und Altlasten. Viele Flächen werden für die Erzeugung von erneuerbaren Energien – Windparks oder Photovoltaikanlagen – und
für die Gewinnung von Trinkwasser reserviert. Von zentraler Bedeutung sind die Räume, in denen sich die alte Kulturlandschaft
unter den Vorzeichen von ökologischem Landbau, naturnaher
Forstwirtschaft und Erholung erneuert. Dort wird zur Erhaltung
der Artenvielfalt intakte Natur großflächig geschützt. Dort erhält
verbrauchte Landschaft die Chance, zu verwildern und sich so
zu regenerieren. In diesen vernetzten naturnahen und kulturell
bedeutsamen Räumen liegen die Wanderregionen der Zukunft.
In den National- und Naturparks und ihrem Umland, in den Bio-
sphärenreservaten und bewusst auf nachhaltige Entwicklung ori-
entierten Regionen von heute sind sie angelegt.

Erfahrungsräume und Sehnsuchtsorte **165**

Vieles hängt davon ab, ob es gelingt, den kulturellen «Zauber» von Landschaft zu erneuern. Auch der Vorrat an Assoziationen, kollektiven Erinnerungen, Legenden, Sagen, Mythen, Bräuchen, die einmal markante Orte in der Landschaft «umwoben», hat an bindender und verbindender Kraft eingebüßt. Wo man das Land nur noch als «Standort» wahrnimmt, scheint der Verlust dieser Ressource unumkehrbar. Wo emotionale Bindung und kulturelle Bildung verloren gehen, reißen Traditionslinien ab. «Tief in mir war stets das beruhigende Gefühl: Ich bin Teil einer reichen Geschichte», schrieb die britische Schriftstellerin Kate Moss angesichts der mittelalterlichen Altstadt von Carcassonne in Südfrankreich. Am Anfang des 21. Jahrhunderts ist diese Sicherheit stark erschüttert. Besonders in Deutschland. Wer hierzulande die «Fußstapfen der Ahnen» rekonstruieren will, um einer Wiederverzauberung der Landschaften den Boden zu bereiten, muss wissen: Unser kulturelles Erbe ist bis in die Sprache und die Landschaftsbilder hinein vom Terror und Horror des Nationalsozialismus kontaminiert worden. Die «Topographie des Terrors» ist vor dem Vergessen und Verdrängen zu bewahren. Die «Topographie des Zaubers», die Kenntnis der Glanzpunkte unserer Natur- und Kulturlandschaft, ist jedoch ebenfalls lebenswichtig. Ohne das eigene Land, die «songlines» der eigenen Kultur, die «Fußstapfen der Ahnen» zu verstehen, ist eine echte Teilhabe an der Vielfalt der Kulturen der Welt kaum möglich. Man muss das Eigene sehr gut kennen, um das Fremde wirklich wertschätzen zu können. Eine kritisch sichtende Kartierung und Wiederaufbereitung des eigenen Erbes ist in zahllosen großen und kleinen Projekten im Gang. Sie lohnt sich allemal. Der «Zauber», den es hier – und in dieser ganz besonderen Ausprägung nur hier – einmal gab, ist noch nicht verloren. Der vorhandene Reichtum ist noch immer bedeutend. Viel von der «Anmut» der Heimat, die der gewiss global denkende Alexander von Humboldt überall hervorleuchten sah, ist noch da. Die Zugänge zu unserem kulturellen Erbe stehen weit offen, vielleicht weiter denn je. Die alten Bilder, Texte, Kompositionen sind so umfassend wie nie zuvor archiviert und multimedial präsent. Ein dichtes Netz von Landmarken überzieht die Regionen. Die Postmoderne hat die Patina und den Muff weitgehend entfernt und sucht jenseits von Historisierung und Musealisierung direkt nach der zeitlosen Wahrheit, die dort kommuniziert wird. Liegt hier eine Basis für eine Wiederverzauberung der Landschaften, die vergleichbar wäre mit der «Rückkehr der Wildnis» in den neuen Biotopverbundsystemen?

Beides wäre die Basis für ein neues Wandern: harmonische Landschaftsbilder genießen, poetische Orte suchen und dort innehalten, assoziative Landschaften und Erinnerungsorte erleben, Glücksmomente in erhabener, wilder, freier Natur erfahren. Sicher ist eins: Die Wartburg, die Loreley, Neuschwanstein etc. sollte man nicht vom nächstgelegenen Parkplatz her aufsuchen, sondern aus der Tiefe des Raumes. Eine leiblich-seelische Verbindung zur Landschaft und ihren poetischen Orten bekommt man am besten zu Fuß.

6. An der Grenze

20. Juni, mittags. 24 Grad im Schatten, sonnig. Schwacher Nordwestwind. Einige Federwolken segeln am blauen Himmel links oben. Ein perfekter Mittsommertag. Der Bus hält unweit vom Dorfweiher. Grüsselbach, eine Ortschaft in der hessischen Rhön, ist Ausgangspunkt für meine siebentägige Wanderung quer durch das «Land der offenen Fernen». Ich steige aus, schultere den Rucksack und mache mich auf den Weg. Ein Anflug von Glücksgefühl. Schwer zu sagen, was es ausgelöst hat. Die Sommerbrise? Der Kontrast zu der Stadtlandschaft, die ich am Morgen mit dem ICE verlassen habe? Erstes tiefes Durchatmen in der spürbar frischeren Luft. Ungemein wohltuend: die warmen Sonnenstrahlen auf der Haut. Kinder, die den ersten Tag ihrer Sommerferien am Bachufer verbringen, zeigen mir die Richtung. Auf dem Feldweg, der durch Kornfelder zu einer Bergkuppe ansteigt, genieße ich jeden Schritt und jeden Atemzug. Ein Bussard kreist im Aufwind über dem Ulstertal. Der Ruf des Kuckucks von weit weg. Ich höre ihn zum ersten Mal in diesem Jahr. Standorfsberg, 386 Meter über dem Meeresspiegel. Das Gefühl, man verfügt über den Raum, ist unmittelbarer als in anderen Landschaften. Liegt es an der 360-Grad-Perspektive? Das Blickfeld ist weit offen, von den spitzen Kegeln der Kuppenrhön im Westen über die markante Platte der Hochrhön im Süden hinüber in den weiten Talkessel der Ulster bis zur schneeweißen Abraumhalde eines Kalibergwerks im Nordosten. Die Rhön ist eine vulkanische Landschaft. Seit

An der Grenze **169**

der Rodungsperiode bedeckt sie ein Flickenteppich aus Grasland, bewaldeten Hügeln, kleinen Flecken Moor. Keine tiefeingekerbten Täler. Keine Zäune. Leicht begehbar. Ein Stück grünes Herz Deutschlands, jetzt Biosphärenreservat.

Über die Kuppe, auf der ich stehe, kommt ein etwa 100 Meter breiter Gürtel junger Vegetation herauf, läuft weiter durch Felder, Wiesen und Wald, manchmal schnurgerade, dann mit leichter Biegung oder im Zickzack, bergauf, bergab nach Süden – die alte innerdeutsche Grenze, das neue «Grüne Band». Für die nächsten Tage ist es meine Route. Am Fuße des Hügels, dort, wo die B 84 zwischen Eisenach und Hünfeld die thüringisch-hessische Landesgrenze überquert, steht die Ruine eines Wachtturms in der Landschaft. Dort betrete ich meinen Wanderweg. Ein durchlaufendes graues Band aus Betonplatten hebt sich vom üppigen Grün der Umgebung ab. Der «Kolonnenweg», so hieß er im Jargon der Nationalen Volksarmee, ist das letzte noch ziemlich intakte Element der Grenzanlagen. Gebaut hat man ihn für die Kübeltrabbis und Lkw der Grenztruppen, nicht für Fußgänger. Eine Weile habe ich Angst, mit dem Fuß in die Spalten der Betonplatten zu geraten. Allmählich gewöhnen sich die Füße an die Abstände. Das Grüne Band ist ein Wanderweg der Flora und Fauna, nicht der Menschen. Ich weiß, ich bin hier nur Zaungast, halte mich also an den Kolonnenweg, der den neuentstehenden grünen Gürtel begehbar macht. In diesen Tagen um die Sonnenwende verblühen gerade die Heckenrosen. Holunder verströmt seinen letzten süßen Duft. Giersch und Wiesenkerbel leuchten weiß, kontrastieren mit dem Blau von Günsel und Lupinen und den goldbraunwogenden Halmen der Wildgrasfluren. Der frühere Kfz-Sperrgraben steht voll von jungen Büschen und Bäumen. An der Grabenkante, bei Fluchtversuchen damals eine tödliche Falle, hat der Wind Samen von Salweide, Birke und anderen Gehölzen angeweht. Erdhummeln summen zwischen den Hochstauden. In der Luft die Gesangsglocke einer Lerche und immer wieder aus dem Ulstertal der Ruf des Kuckucks. Ein blühendes, klingendes und duftendes Band in der Landschaft. Nicht nur in diesen sommerlichen Tagen. Die irre Fülle an Arten bewirkt, dass es hier die ganze Vegetationsperiode über blüht, am Ausgang des Sommers sogar besonders farbenprächtig.

Aus dem Weltall, so berichtete jedenfalls der deutsche Astronaut Ulf Merboldt, seien mit bloßem Auge ab einer bestimmten Entfernung von der Erde nur noch zwei Bauwerke zu erkennen gewesen: die Chinesische Mauer und die innerdeutsche Grenze. Das war 1983. Der Eiserne Vorhang ist längst geschleift und im Mülleimer der Geschichte verschwunden. An manchen Stellen – welch feine Ironie – waren beim Abbruch dieselben Bautrupps am Werk, die die Grenzanlagen errichtet und immer weiter perfektioniert hatten. Als die Minenräumkommandos fertig waren und Naturschützer begannen, das Niemandsland zu kartieren, machten sie eine überraschende Entdeckung. Trotz aller Betonbunker, Metallgitterzäune und Spurensicherungsstreifen – die fast 1400 Kilometer lange Schneise vom weißen Strand der Lübecker Bucht bis zum dunklen Tann und den Granitfelsen des Fichtelgebirges war von einem Mosaik intakter Lebensräume überzogen. Es war ein bisschen wie in Grimms Märchen *Dornröschen*, wo bekanntlich ein menschenfeindlicher Bannfluch einen dornigen, widerstandsfähigen, sogar todbringenden, aber letztlich wunderschön blühenden Wall purer Natur hatte wachsen lassen. Den beiden Liebenden gab er am Ende den Weg zu ihrer Vereinigung doch noch frei. Angesichts der unverhofften Hinterlassenschaft der Teilung reifte die Idee, dieses Erbe zu übernehmen und sich ungestört entwickeln zu lassen. Naturschützer aus Ost und West, schon immer vereint in der Begeisterung für dieselbe Sache, fanden schnell zu einer gemeinsamen Vision, eben dem Grünen Band. Ein Korridor vitaler Natur in der Mitte des Landes sollte das nachhaltige Zusammenwachsen des lange Getrennten symbolisieren.

Fünfzehn Jahre danach: Auch wenn es einige bedrohliche Lücken aufweist – das Grüne Band lebt und wächst. Quer durch das Land entsteht ein Rückzugsgebiet bedrohter Tiere und Pflanzen, ein Reservoir der Artenvielfalt. «Eine Perlenkette wertvollster Biotope», sagen die Ökologen und sprechen von einem «Naturwunder».

Nun bin ich mittendrin. Es ist erst mal nichts weiter als junge, wilde Vegetation aus heimischer Allerweltsflora. Pioniergesellschaften, Ruderalpflanzen, sagen die Botaniker. Aber die Art, wie sie in diesem ehemaligen Raum allgegenwärtiger Überwachung wild und frei aufgeschlagen sind und in einem anarchischen Ineinander und Miteinander leben und unbekümmert wachsen, wie sie wollen, sich fortpflanzen, ihre Kräfte messen, symbiotische Gemeinschaften eingehen und untergehen, um nachfolgenden Generationen, neuen Arten und Gesellschaften in einem chaotischen, sich selbst organisierenden Netz des Lebens ihren Raum zu geben – darin liegt das Faszinosum. Die Erde schließt ihre Wunden. Naturverjüngung. Wir haben – ein Geschenk, fast ein Wunder – in diesem Land eine seit Jahrtausenden allem Wandel zum Trotz relativ stabile Biosphäre. Das Grüne Band, wie es vor mir liegt, kommt mir vor wie Wildnis im embryonalen Zustand. Man müsste ein Baustellenschild aufstellen: «Hier entsteht die potenzielle natürliche Vegetation neu. Wir lassen es zu – im Interesse der nachfolgenden Generationen.» Das Naturwunder, das sich in diesem Raum vor unseren Augen vollzieht: Gaia, so paradox es klingt, erneuert ihre Jungfräulichkeit.

Erst fünfzehn Jahre vergangen, seit ein Todesstreifen diese Landschaft durchzog? Jetzt ist selbst der zu DDR-Zeiten mit aggressiven Herbiziden kahlgespritzte Spurensicherungsstreifen zwischen Kolonnenweg und Metallgitterzaun überwuchert und verwandelt sich in eine grüne Lebenslinie. In den Wachtturmruinen nisten Schleiereulen, horsten Wanderfalken, hausen Fledermäuse. Die frappierend schnelle Regeneration einer jahrzehntelang geschundenen Natur erklärt sich aus der Vergangenheit. Der Grenze vorgelagert, hatte die DDR eine fünf Kilometer breite strategische Sperrzone gezogen. Dort wurde die Bevölkerung durch zwangsweise Umsiedlung planmäßig ausgedünnt. Ortsfremde durften nur mit Passierschein hinein. Landwirtschaftliche oder forstliche Nutzung und Autoverkehr waren stark eingeschränkt. In dieser Abgeschiedenheit haben zahlreiche Pflanzen- und Tierarten ihre nur wenig gestörten Rückzugsräume gefunden. Im Laufe der vierzig Jahre bildeten sie das Potenzial für die ungestüme Inbesitznahme des Todesstreifens. Jetzt kommen sie ins Offene und besiedeln die befreiten Zonen. Allein 130 Vogelarten und 40 Schmetterlingsarten haben Biologen in dem Korridor gezählt. Viele davon stehen auf der Roten Liste.

An Point Alpha

Hinter einer Kuppe, auf der ein gerade mal 18-Jähriger eine kleine Schafherde hütet, kommt ein Stück des alten Grenzzaunes ins Blickfeld und dann, auf der Anhöhe oberhalb, ein

Flaggenmast mit dem Sternenbanner. Point Alpha. Das einge-
zäunte, kiefernbestandene Areal, zu dem ich gemächlich emporsteige, war einmal eine der wichtigsten Beobachtungssta-
tionen im weltweiten Frühwarnsystem der US-Streitkräfte. In
den heißen Zeiten des Kalten Krieges galt dieser Ort als einer
der gefährlichsten Punkte auf dem Globus. Point Alpha war
der Vorposten in einer Region, die das Pentagon als «first
battlefield of the next world war» einstufte. Hier im «Fulda-
Gap», der Bodensenke in der Mittelgebirgslandschaft zwischen Werra, Rhön und Vogelsberg, hatte die NATO die
«avenue of approach», die Einfallschneise der östlichen Pan-
zerarmeen, verortet. Hier probte sie um 1980 in großangeleg-
ten Manövern die «air-land battle» mit atomarem Sperrfeuer
in der Stärke von zwanzig Hiroshima-Bomben. In den kritischen Phasen des Kalten Krieges hatte die NATO hier, im
grünen Herzen Deutschlands, ein «integriertes Schlachtfeld»
vorbereitet. Ihre konventionellen, chemischen und atomaren
Arsenale waren für die «offensive Vorwärtsverteidigung»
prall gefüllt. Ein Funke hätte in diesem Pulverfass den ersten
atomaren «Schlagabtausch» auslösen können. Point Alpha –
Ground Zero – hätte weltweit die Vernichtungsmaschinerie,
den «all-out nuclear war» in Gang setzen können.

Heute ist Point Alpha ein Museum. Eine Art Kultstätte
für Transatlantiker. Das Gelände ist so konserviert, wie die
Amerikaner es verließen. Die grauen Blechbaracken der Mann-
schaftsunterkünfte, der Munitionsbunker inmitten gepflegter
Grünanlagen, Kampfpanzer und Barbecue-Platz werden – sozusagen – tadellos in Schuss gehalten. In der Kanzel des
Wachtturms observieren Schaufensterpuppen in amerikanischen Uniformen mit Ferngläsern den Feind im Osten, dessen Turm nur einen Steinwurf entfernt ebenfalls noch steht.

174 An der Grenze

Unten im Tal liegt Geisa, einst der westlichste Punkt des Ostblocks, nur 120 Kilometer Luftlinie von den Nervenzentren der US-Army im Rhein-Main-Gebiet entfernt, heute wieder ein anheimelndes thüringisches Städtchen. Ich verlasse Point Alpha, heilfroh, dass ganz andere Mächte mit ganz anderen Mitteln den Warschauer Pakt aus den Angeln hoben. 1982, als man in den US-Stäben rund um den Erdball «Fulda-Gap» spielte, begannen in der Leipziger Nikolaikirche ein paar langhaarige Ökos, Punks und Pazifisten mit wöchentlichen Friedensgebeten. Sie wurden zur Keimzelle der Montagsdemonstrationen, dem Anfang der Wende.

Schnell tauche ich wieder ein in die Fülle der mittsommerlichen Natur. Der Kolonnenweg wuchert immer mehr zu. Schulterhohe Gräser und biegsame Zweige streifen mich. An manchen Stellen muss ich bei jedem Schritt den Dschungel vor mir mit den Händen öffnen. Die Füße tasten nach dem Spurweg. Ein Bussard, der mich im letzten Moment wahrnimmt, streicht wenige Meter vor mir weg. Die Sonne sinkt. Auch der längste Tag geht einmal zur Neige. Sonnenuntergang 20.33 Uhr. Ich wasche mich in einem Bach. Der Wunsch, endlos weiterzugehen, kommt auf. Ich durchquere ein Bauernwäldchen und passiere in einigem Abstand ein thüringisches Dorf. Keine Menschenseele zu sehen. Ein Hund schlägt an. Im letzten Tageslicht suche ich mir einen Platz für das Nachtlager.

«Oh, where have you been, my blue-eyed son? / Oh where have you been, my darling young one?» Eine Liedzeile mit ihrer Melodie und eine heisere Stimme tauchen zum ersten Mal seit langem wieder aus dem Gedächtnis auf. Sie setzen sich fest und verschmelzen mit dem Bild der am Bach spielenden Kinder, meinem ersten Eindruck dieses Wander-

An Point Alpha **175**

tages. Ihre Eltern hatten als Kinder an derselben Stelle genauso unbekümmert herumgetollt. Umsorgt von ihren Eltern, geimpft gegen alle möglichen Krankheiten, geborgen in einer ziemlich unbeschädigten Natur und einer relativ intakten Dorfgemeinschaft, aber von der Auslöschung akuter bedroht als Kinder irgendwo sonst auf dem Planeten. «I've stumbled on the side of twelve misty mountanis. / I've stepped in the middle of seven sad forests.» Bob Dylans visionär-apokalyptisches *A hard rain's gonna fall*, sein Soundtrack zur Kubakrise, geschrieben, als die Welt am Abgrund eines atomaren Schlagabtauschs stand. Zum ersten Mal 1963 oder 64 gehört, erinnert es mich jetzt eher an das Jahr 1983 und die damals grassierenden Albträume vom «nuklearen Winter»: Die Explosionen Hunderter Atomsprengköpfe überall auf dem Globus verursachen weltweit unkontrollierbare Feuerstürme in den Städten und Wäldern. Millionen Tonnen Ruß- und Staubpartikel steigen auf, formieren sich zu einer undurchdringlichen Wolkendecke, blockieren wochenlang den Einfall des Sonnenlichts auf die Erdoberfläche. Die Temperaturen fallen um zehn bis zwanzig Grad. Fahles Licht, klirrende Kälte, nukleare Niederschläge. Die pflanzliche Photosynthese ist unterbrochen. Die Überlebenden finden sich auf einem dunklen, kalten, kontaminierten, chaotischen Planeten wieder. Der Homo sapiens mutiert zum «Mad Max» …

Blitzartig der Gedanke: Irgendwann in der Zeit meiner Generation passierte die große Wende. Das Bild des Atompilzes als die düster-faszinierende Ikone, die unsere Kindheit und Jugend überschattet hatte, verlor plötzlich seine traumatisierende Macht. Um 1968, in einer der kritischsten Phasen des Kalten Krieges, entstand in derselben Kultur, ja im Schoße derselben Apparate, das machtvollste Gegenbild, das wir

176 An der Grenze

bis heute entwickelt haben: der Blick der NASA-Astronauten von außen auf den Blauen Planeten im schwarzen All, das Bild von Gaia.

Sonnenwende

21. Juni. Anfang der Dämmerung 2.20 Uhr. Sonnenaufgang 4.10 Uhr. Ein hauchdünner Wolkenschleier bedeckt den Himmel. Die Kuppe des Rößberges, zur Hälfte bewaldet, hatte ich am Vortag lange im Blickfeld gehabt und mir zum Orientierungspunkt gewählt. Sie ist an diesem Morgen mein erstes Ziel. Am Abhang des Berges öffnet sich das Blickfeld nun nach Süden auf die Hohe Rhön. Steil aufragend die Milseburg, Deutschlands schönster Berg, jedenfalls in den Augen Alexander von Humboldts, der etliche schöne Berge gesehen und bestiegen hatte. Dahinter kommt zum ersten Mal der langgestreckte Rücken der Wasserkuppe ins Bild. Eine Weile beobachte ich von einem Hochsitz aus, fast in Augenhöhe, einen Baumpieper bei seinem morgendlichen Singflug. Vom Wipfel einer benachbarten Fichte steigt er singend in die Luft, flattert zu Boden, steigt wieder auf, lässt sich auf einer neuen Singwarte nieder. Durch schulterhohes, taunasses Gras bahne ich mir den Weg zum Gipfelkreuz des Rößberges. 640 Meter Höhe. Mein Aussichtspunkt und Ansitz für das bevorstehende kosmische Ereignis.

8.38 Uhr. Die Sonne steht im Sommerpunkt. Sommersonnenwende. Der astronomische Sommer beginnt. Für mich ein feierlicher Moment. Ich sitze auf einem Felsblock, lasse die Blicke schweifen. Von der Sonne zu den markanten Punkten in der Landschaft. Weit zurück schon das feindliche Zwillingspaar der Wachttürme am Point Alpha. Die Sonne steigt höher. Die Tautropfen an den Grashalmen sind verdampft. Ich mache mich auf den Weg. Das Grüne Band, nun eine etwa 200 Meter breite Schneise im Hochwald, nimmt mich wieder auf. Buschwerk aus Weißdorn und Schlehe, Salweide und Birke, Eberesche und Bergahorn dringen vor, erobern Terrain. Die Sukzession hat eingesetzt. In absehbarer Zukunft wird der Wald übernehmen. Viele Tierfährten kreuzen. Lange nach der hermetischen Befestigung, erzählte mir jemand im Dorf, seien hier oben noch Schwarzwildrotten auf ihren angestammten, durch die Jahrhunderte benutzten Wildwechsel mit stoischem Gleichmut gegen den Metallgitterzaun angerannt. Leichte Beute für die jagdliebenden Offiziere der Grenztruppen. Bleierne Zeit, längst versunken. Ich gehe an Horsten von wogendem Honiggras und Glatthafer vorbei. Blühende Landschaft, junge, wilde Vegetation, bewegliche Ordnung, verschwenderischer Haushalt der Natur. Weißrötlicher Baldrian, das Gelb von Habichtskraut und Hahnenfuß, Rainfarn, Rote Lichtnelke, Giersch und Kerbel, die blaugelbe, elegant geformte Blüte des Hainwachtelweizens. Hier oben gibt es aber auch Orchideenstandorte: Händelwurz, Fahlblättriges Knabenkraut. Beim Gehen, Schauen und Botanisieren spiele ich mit der Magie der alten Pflanzennamen. Doch, es macht etwas aus, Pflanzen und Tiere zu kennen, zu erkennen und zu benennen. Jedes Kind versteht Natur zuallererst durch die alten Wörter. Die Intimität zwischen Mensch und Natur geht über die Sprache. «Die Sprache», sagt Heidegger, «ist das Haus des Seins.»

Eine Zeit lang flattern fast bei jedem Schritt auf dem Kolonnenweg vor meinem Fuß Bläulinge auf. Aus den Öffnungen der Betonplatten leuchten Walderdbeeren. Ein Fuchs schnürt vorbei. Dann die zarte Klangskulptur, die der Wind im Blattwerk eines kleinen Bestandes von Zitterpappeln modelliert. In der Natur passiert nichts? Irgendetwas passiert immer. Ein Knacken im Unterholz, ein brauner Schatten hinter dem grünen Blattvorhang. Vieles bleibt geheimnisvoll und flüchtig. Man kann sich zu Hause stundenlang meisterhafte Filme reinziehen. Wunder der Natur, Abenteuer Wildnis etc. Eine einzige Begegnung «in natura» ist unvergleichlich beglückender. Behutsam pirschen. «Verhoffen», also in der Bewegung innehalten, und «sichern», der konzentrierte Blick ringsum, wären in eine Kunst des Wanderns zu übernehmen, die keine Fitnessübung für sportlich durchtrainierte Körper sein will, sondern eine Schule der Wahrnehmung von Natur.

In der Mittagshitze stoße ich am Fuße des 627 Meter hohen Seelesberges auf ein verwildertes Gelände mit Spuren ehemaliger menschlicher Besiedlung. Vergreiste Obstbäume, ein verlandeter Ententeich. Durch das Pflanzenkleid ist nur noch mit Mühe Mauerwerk zu erkennen. Es sind Grundmauern und Decke eines Kellergewölbes, von Waldweidenröschen, Nelkenwurz, Brennnesseln, Brombeeren, dem ganzen Spektrum der Ruderalpflanzen überwuchert. Im Inneren haben sich Fledermäuse eingerichtet. Diese wunderbaren, grauseidenen Geschöpfe, diese Nervenbündel und Wunder an Überempfindlichkeit, die es lange vor uns gab, die uns durch die Evolution begleitet haben und sich nun lautlos – jedenfalls, ohne dass wir sie hören könnten – verabschieden. Der Seeles-Hof, so höre ich später unten im Dorf, war einmal ein altes und wohlhabendes Gehöft. Bis 1974. In dem Jahr wurden die Bewohner trotz verzweifelter Proteste in einer Nacht-und-Nebel-Aktion der Grenztruppen zwangsweise umgesiedelt und die Gebäude geschleift. Eine moderne Wüstung, eine von vielen entlang der ehemaligen innerdeutschen Grenze. Dreißig Jahre, gerade einmal eine Menschengeneration, ist seitdem vergangen, und die Relikte von mehreren Jahrhunderten menschlicher Siedlung sind im Dschungel der Vegetation kaum noch sichtbar. Über gemähte Wiesen Abstieg ins Ulstertal. Thüringen, das grüne Herz Deutschlands.

Im grünen Herzen

Quartier in Schleid. Im Dorfgasthof wird eine Hochzeit gefeiert. In der Nacht geht ein schweres Gewitter über das Ulstertal nieder. Zehn Uhr morgens, 20 Grad, leicht bewölkt. In der Morgenkühle wandere ich von Schleid eine Weile am Fluss entlang durch Auenwald, dann bergauf durch Getreidefelder und Heuwiesen zum Waldrand. Ich trete in einen prächtigen Buchenmischwald ein, der am Nordhang des 694 Meter hohen Rossberges stockt. Waldbilder, wie sie möglicherweise Bonifatius vor Augen hatte, als er anno 719 «Buchonia», das Buchenland, betrat. Wie überall im Sperrgebiet konnten sich in den Jahrzehnten eingeschränkter forstlicher Nutzung Zellen von Naturwald regenerieren. An ganz unzugänglichen Stellen hat sogar der Schwarzstorch, der menschenscheue und extrem selten gewordene, waldbewohnende Verwandte des Weißstorchs, sein Habitat gefunden, nistet in den Kronen hoher Bäume, jagt an Waldbächen und Wassergräben. Auf der Kuppe des Berges steht eine Aussichtskanzel. Von hier aus ein Blick zurück, über die Baumwipfel hinab in das Ulstertal. Schon weit zurück die Wachttürme von Point Alpha und die Kuppen des Hessischen Kegelspiels. Dann, ein paar Kilometer weiter, öffnet sich das Panorama nach Osten. Der Kamm des Thüringer Waldes mit dem Inselsberg taucht in der Ferne auf. Ich

180 An der Grenze

ahne die Wartburg und den Kickelhahn, Goethes Rückzugsgebiet und Meditationsraum – «Über allen Gipfeln ist Ruh' … »
Der Kolonnenweg läuft ohne größere Höhenunterschiede
durch die jetzt noch dünner besiedelte offene Landschaft der
Langen Rhön. Auf der flachgewellten Hochfläche oberhalb
von Frankenheim ragen hinter der Kuppe des Grabenbergs in
fast 800 Meter Höhe wieder eine Wachtturmruine und ein
Stück des alten Grenzzauns auf. Jenseits des Schwarzen Moo-
res, an einer Ausbuchtung der Grenze, lag auf der damals west-
deutschen Seite ein berühmter Parkplatz und Aussichtspunkt.
Hierhin strömten Besucher von weit her, um einen Blick hinüber in die «Ostzone» zu werfen, die für viele die alte Heimat
war. Manche, so erfährt man aus den Informationstafeln, ris-
kierten einen kurzen verwegenen Gang ins Niemandsland,
nämlich über ein kleines Stück hier nicht abgesperrtes DDR-
Gelände. Solche Mutproben endeten manchmal mit Warn-
schüssen oder sogar im Kugelhagel. Jetzt die unbeschränkte
Freiheit, gehen zu können, wohin man will. Wer nutzt sie?
Wozu? Unverhofft taucht im Westen, nun ganz nahe, die markante Berggestalt der Wasserkuppe auf.

Spontaner Entschluss, die Route zu ändern. Ich steige hinab ins Ulstertal, umgehe die Wasserkuppe an ihrer nördlichen
Flanke. Abends auf dem Wachtküppel, der sich glockenförmig
aus der Hochebene im Westen des Wasserkuppengebiets erhebt, erlebe ich zum ersten Mal seit langem wieder das Spiel
der Glühwürmchen zwischen den Bäumen. In der Nacht ein
langanhaltendes Gewitter. Zwei, drei Stunden lang zucken die
Blitze, rollen die Donnerschläge, tobt das Gewitter hin und
her durch den Talkessel, bevor es endlich abebbt. Als ich am
Vormittag den Anstieg zur Wasserkuppe unter die Füße nehme, stehen wieder zarte Sommerwölkchen am Himmel. Es

Im grünen Herzen **181**

riecht würzig nach Heu. In gerollten, gepressten Ballen liegt es am Wegrand. Rodholz, Schwarzerden, Sommerberg, so heißen die Weiler ringsum. Bei glühender Hitze laufe ich auf staubigen, steinigen Feldwegen. Als grauweiße Bänder mit einem grasgrünen Streifen in der Mitte schwingen sie sich sanft durch die Landschaft, verbinden Siedlungen und Einzelgehöfte, bilden den Zugang zu den Fluren und Waldinseln, verschwinden hinter den Kuppen in die Ferne. An fast jeder Weggabelung steht ein knorriger Obstbaum, in seinem Schatten eine verfallende Holzbank. Nach tagelangem Gehen auf einer mit Wachttürmen gespickten ehemaligen militärischen Anlage entlang einer historischen Grenzlinie ist es ein ganz besonderes Erlebnis, wieder alte bäuerliche Wege zu beschreiten. Grenzen folgen der starren Topographie von Besitz und Macht. Sie sind linear gezogen. Sie trennen. Die Wege durch das Land folgen den Strukturen der Landschaft. Sie verbinden, was zusammengehört, bilden ein Wegenetz, auf dem Menschen und Güter einfach und schnell in viele Richtungen und an viele Orte kommen können. Sie bieten laufend schöne Blicke. Sie haben etwas Schwingendes, etwas Liebevolles, ja Weises an sich. In dieser Rhönlandschaft der offenen Fernen und der großen Aussichten bleiben Wege viel länger und weiter als anderswo im Blick, bevor sie hinter einer Biegung oder einer Erhebung verschwinden.

An den langen, steilen Wiesenhängen der Eube schmiegt sich in eine Bodensenke der Guckaisee. Endlich die Gelegenheit, ein Bad zu nehmen. Am Ufer erzählt jemand, das runde Gewässer sei vermutlich der Krater eines erloschenen Vulkans. Vom Basaltgestein ringsum gingen noch Strahlungen aus. Nicht messbar, nicht spürbar, aber wer einen Herzschrittmacher trüge, sollte auf sich aufpassen. Beim Schwimmen und danach beim Dösen in der Sonne unternehme ich einen Gedankenflug in die geologischen Zeiträume, als sich hier und in der Umgebung an vielen Stellen das Erdinnere feuerspeiend öffnete und die glühend flüssigen Magmamassen aus der Tiefe herausschleuderte, die durch ihr Ablaufen und Erstarren die Basaltkuppenlandschaft der Hohen Rhön bildeten. Gewaltige Eruptionen, die über Jahrmillionen hinweg stattfanden, bis sie vor etwa 18 Millionen Jahren für immer – oder wenigstens vorläufig – zur Ruhe kamen. Verglichen mit diesen Kräften wäre wohl ein nuklearer Winter nur ein kindisches Feuerwerk.

Vom See aus führt der schönste und steilste Weg über den Pferdskopf auf das Plateau der Wasserkuppe. Ist es drei Tage oder vier Tage her, dass ich es zum ersten Mal vor Augen hatte? Oben, in 950 Metern Höhe, ein Anflug von Euphorie. Das «panoramische Gefühl», mitten in einer Landschaft zu stehen. Die Welt ringsum liegt mir zu Füßen. Ich bin ihr Mittelpunkt. Ein Gefühl, so unverfügbar und so flüchtig wie ein Moment des Glücks, kaum beschreibbar: das Gefühl, frei zu sein.

Der Dialog zwischen dem Zen-Mönch Boddhidharma und dem chinesischen Kaiser Wu kommt mir in den Sinn, aus der Zeit um 520, also zwei Jahrhunderte bevor Bonifatius in die Rhön kam. «Was ist das Wesen der höchsten, der heiligen Wahrheit?», hatte der Kaiser gefragt. «Offene Weite, nichts Heiliges», lautete die Antwort. Standpunkte sind weder gut noch schlecht, weder richtig noch falsch, lehren die heutigen Zen-Meister. Es sind einfach Orte der Betrachtung, an denen du dich zum jeweiligen Zeitpunkt befindest. Schon dein Gegenüber kann nicht exakt deinen Standort haben und hat somit immer auch eine andere Perspektive. Jede Bewe-

Im grünen Herzen **183**

gung, die du vollziehst, verändert deinen Standpunkt und deine Sichtweise. Bleib nicht stehen. Strebe nach einem höheren Standpunkt. Denn von dort ist die Sicht umfassender, die Perspektive weiter. Was du wahrnimmst und von wo aus du handelst, hängt von dir selbst ab. Davon, wo du gerade stehst, wie du dich bewegst, wie offen du bist. Der nächste Schritt – ein faszinierendes Abenteuer. Entscheidend, um die Fülle des Lebens zu erfahren: in Bewegung bleiben.

Abends dann ein Städtchen – Fladungen. Aus dem Ulstertal kommend, überquert man die Wasserscheide zwischen Weser und Rhein und gleichzeitig die Grenze zwischen Hessen und Franken. Während die Ulster nach Norden zur Werra fließt und die Fulda, die auf der Wasserkuppe entspringt, sich mit der Werra zur Weser vereinigt, verläuft das Tal der Streu, das ich oberhalb von Fladungen zum ersten Mal einsehe, nach Süden zur Fränkischen Saale, die ihrerseits von Osten her durch das Grabfeld zum Main strömt. Sind es die geographischen Namen, die Sprache der Leute oder die Architektur des Städtchens? Etwas Süddeutsches, Altfränkisches kommt zum ersten Mal auf dieser Wanderung ins Spiel. Fladungen besitzt noch ein Stück mittelalterliche Stadtmauer, ein paar enge Gassen und Fachwerkhäuser, ein Rathaus aus der Zeit des Dreißigjährigen Krieges, eine gotische Stadtkirche und eine barocke Kapelle auf dem benachbarten Bergrücken.

Der Rhöner Bauernladen am ehemaligen Bahnhof hat noch geöffnet. Ich erkundige mich nach einem Quartier, decke mich mit frischen Lebensmitteln ein: ein Presssack und eine «Schäferstecke» aus Lammfleisch, Rohmilch-Ziegenkäse, Dinkelbrot, eine Flasche Apfelwein, Quellwasser aus einem hiesigen Brunnen. Auf jeder Wanderung versuche ich, mich aus der Landschaft, durch die ich gehe, zu ernähren.

Nirgendwo ist es so einfach wie hier im Biosphärenreservat, wo man mit der Vermarktung regionaler ökologischer Produkte und einer Ökonomie der kurzen Wege Ernst macht. Rhönhöfe für ökologische Lebensmittel setzen uralte Traditionen mit neuem Bewusstsein fort, beleben die Einsicht, dass das Leben in den Lebens-Mitteln mit Frische und Frische mit Nähe zu tun hat. Streuobstanbau, Schafhaltung, Forellenfang, die Jagd auf Wildbret, das Sammeln von Kräutern und Beeren wird von den jungen, unternehmerischen Leuten der Region neu entdeckt. Das «Arme-Leute-Essen» von ehedem erfährt die Nobilitierung zur Delikatesse. Bei der abendlichen Brotzeit schmecke ich das Aroma der Landschaft, die ich durchwandere, sehe die Weideflächen mit den freigrasenden Schafherden vor mir, die schnellfließenden Quellbäche mit den erlen- und weidenbestandenen Ufern, die Streuobstwiesen an den Steilhängen, die Obstbaumreihen an den staubigen Feldwegen, die matt wogenden Kornfelder in der Mittagsglut.

Am letzten Tag der Wanderung ist zum ersten Mal ein größeres Waldgebiet zu durchqueren. Durch den Mellrichstädter Forst komme ich zur alten Grenze und betrete wieder den Kolonnenweg. Zwischen den thüringischen Dörfern Birx und Henneberg ist eine Route als «Friedensweg» markiert. Informationstafeln erzählen in knappen Sätzen ganze Dramen: von tollkühnen Fluchtunternehmen, von der Menschenjagd der Grenztruppen, von Grenzern – auch das gab es –, die im Feuergefecht mit Flüchtenden ums Leben kamen, und von reumütigen Rückkehrern. Sie berichten von den perfidesten Waffen, die es hier gab, den Zigtausenden von Landminen. Jeder dieser Tötungsautomaten, in langen Listen sorgfältig registriert, war nach einem ausgeklügelten System ausgelegt: Du betrittst das Minenfeld. Du trittst auf eine Mine. Du krepierst. So gnadenlos funktionierte das. Zum Glück gab es nur wenige Ernstfälle. Heute gilt das Gelände als «nach menschlichem Ermessen» minenfrei. Der ehemalige Todesstreifen führt kilometerweit durch Fichtenstangenforst. Die Schneise ist schon stark verbuscht. Neben den weihnachtsbaumgroßen Nadelbäumen sind kleinwüchsige Birken und Erlen hochgekommen. Jägerhochsitze reihen sich aneinander. Am Waldrand hat sich die Landschaftskulisse wieder verschoben. Das Blickfeld hat sich nun nach Nordosten bis hinüber zum Kamm des Thüringer Waldes geöffnet. Inmitten der Berglandschaft um Meiningen erhebt sich der grandiose Gebirgsstock des Dolmar aus dem Werratal. Der Name, so behaupten Heimatforscher, komme von dem keltischen Wort für «Opfer». Der Tafelberg vulkanischen Ursprungs sei in der Keltenzeit Opferplatz und Heiligtum gewesen. Ein Zauberberg der Druiden?

Nur noch ein paar Kilometer. In Henneberg, einem stillen thüringischen Dorf, beende ich meine Wanderung. Die Burgruine oberhalb des Ortes hatte ich mir zum Ziel gesetzt. Aus dem frischen Grün der Laubbäume, Sträucher und Gräser tauchen beim Anstieg die grauen Gemäuer der ehemals mächtigen Henneburg auf. Als ich den weiträumigen Burgplatz betrete, fällt der rötliche Schein der untergehenden Sonne durch die gotischen Fensterbögen. Die sich über die Ruine wölbende Himmelsbläue dunkelt allmählich. In der Mitte des Platzes lodert ein Lagerfeuer. Bratwurstgeruch, Stimmengewirr. Ein Kindergeburtstag neigt sich dem Ende zu.

Wandern als Überlebensstrategie

Zu allen Zeiten sind Menschen gewandert. Durch die Millionen Jahre der Evolution sicherte der aufrechte Gang das Überleben in einer feindlichen Umgebung. Der Antrieb zum Wandern verdankte sich den Grundbedürfnissen – Nahrung, Kleidung, Wärme – und dem Bedürfnis nach Sicherheit. Wanderungen waren in vielen Fällen Fluchtbewegungen – oder von der Gier getriebene Eroberungszüge. Immer waren auch Sehnsüchte mit im Spiel: Freiheitsdrang, Entdeckerfreude, die Suche nach Schönheit oder die pure Lust an der Bewegung. Welche Motive auch dominierten, unsere Vor-Gänger hatten erstaunliche Fähigkeiten und Fertigkeiten und haben sie bis zur Perfektion entwickelt. Ein paar Blicke zurück in die Geschichte nomadischer und halbnomadischer Lebensformen könnten eine neue Kunst des Wanderns durchaus befruchten.

Der Gletschermann. Er war einer von uns, ein Wanderer. Der älteste Mensch, den wir von Angesicht zu Angesicht kennen, ist kein einbalsamierter Pharao oder präkolumbianischer Sonnenpriester, sondern der «Gletschermann». Seine dürre, gedunkelte, tätowierte Mumie entdeckte ein Hausmeisterehepaar aus Nürnberg im Spätsommer 1991 während einer Bergtour in den Ötztaler Alpen. Er lag im Schmelzwasser eines Gletschers, in einer Felsmulde am Hauslabjoch, auf 3210 Metern Höhe, direkt am Alpenhauptkamm. Die Bergung des Leichnams wurde zum Event. Die Medien tauften ihn «Ötzi». Gelebt hat er vor über 5000 Jahren, um 3300 vor unserer Zeitrechnung, 170 Generationen vor uns, in einem Tal südlich des Alpenkamms. Seine Zeit war die

Jungsteinzeit, die Zeit des großen Übergangs, als auch in Mitteleuropa die nomadisch lebenden Jäger und Sammlerinnen sesshaft wurden. Ötzi wanderte, als Babylon noch eine unbedeutende Siedlung war und man am Nil erst begann, Hieroglyphen zu ritzen.

Seit 1998 ist der Gletschermann bei konstanten minus sechs Grad Celsius in einer Kühlzelle im Museum in Bozen aufgebahrt und ausgestellt. Aus eingetrockneten, aber noch deutlich erkennbar blauen Augen, die tief in der runzligen, stark nachgedunkelten Kopfhaut der Mumie liegen, starrt er unverwandt zur Decke. Wer war er? Noch nie in der Geschichte der Gerichtsmedizin und der Archäologie ist eine Mumie so akribisch untersucht worden. Bis zum letzten Faden hat man die Habseligkeiten, die Ötzi auf seiner letzten Wanderung mit sich trug, analysiert. Das Rätsel bleibt. Aber aus den Puzzleteilen hat sich ein Bild mit erstaunlicher Tiefenschärfe zusammengesetzt.

Ein primitiver Mensch war der Gletschermann nicht. Er und die Angehörigen seiner Gemeinschaft beherrschten noch souverän beide Formen von Ökonomie, die nomadische, wildbeuterische, aneignende und die bäuerliche, produzierende, sesshafte. Seine letzte Mahlzeit bestand aus gemahlenem und über offenem Feuer geröstetem oder gebackenem Einkorn, einer Urform des Weizens, der ältesten in Mitteleuropa angebauten Kulturpflanze. Dazu gab es Gemüse und Dörrfleisch vom Steinbock. Am Körper trug er einen Gürtel aus Kalbsleder sowie Lendenschurz, Leggings und einen warmen Umhang aus dem Fell einer Hausziege. Beide Tierarten hat man sehr früh domestiziert. Viele andere Materialien seiner Ausrüstung stammten von Wildtieren und Wildpflanzen. Seine Mütze war aus dem Fell des Braunbären geschneidert, ebenso die Sohlen seiner Stiefel. Deren Oberteile bestanden aus Hirschfell. In ihrer ungewöhnlichen Größe und ovalen Form erinnern sie an Schneeschuhe. Mit Gras ausgestopfte Innengeflechte aus Lindenbast waren seine Socken. Ein weiter, gräserner Umhang schützte ihn vor Nässe und diente gleichzeitig als Isomatte. Dieser Grasmantel lag nämlich unter ihm ausgebreitet auf dem Gneisbrocken, seiner Ruhestätte für fünf Jahrtausende, an der Stelle, wo er entkräftet und unterkühlt, von einem Wettersturz überrascht, niedersank.

Ötzis Zeit war die Epoche, als Buche und Tanne auf ihrer nacheiszeitlichen Wanderung von Südosten und Südwesten her Mitteleuropa gerade erst wieder erreichten. In den Tallagen stockte noch dichter, nur an wenigen Siedlungsplätzen gerodeter Laubmischwald, vorwiegend aus Eiche, Ulme und Linde. Auf mittlerer Höhe ging er in einen Nadelwald aus Bergfichten und Lärchen über. Jenseits der Waldgrenze begann Grasland und darüber das Reich der Felsen und Gletscher. In den Wäldern ihrer Heimat müssen Ötzi und seine Leute sich hervorragend ausgekannt haben. Von den heimischen Hölzern hat er unfehlbar das jeweils für seinen Zweck optimal geeignete ausgewählt. Ein Stock aus Haselnuss, u-förmig gebogen, mit zwei Leisten aus Lärchenholz verbunden, bildete das Außengestell seines Fellrucksacks. Dieses Konstruktionsprinzip gilt bei Outdoor-Ausrüstern noch heute als beste Lösung für das Tragen schwerer Lasten. Aus Lindenbast waren die Scheide seines Dolches, aus Weidengerten Schnüre und Bänder verfertigt. Sein Bogen und der Stiel seines Kupferbeils bestanden aus Eibe, die Pfeilschäfte aus dem Holz des Wolligen Schneeballs, der Messergriff aus Esche. In einer Dose aus Birkenrinde, in Ahornblätter eingerollt, trug er Holzkohle aus Fichte und Felsbirne zum Feueranmachen. Zunderschwamm und Feuerstein lagen in einem ledernen Beutel griffbereit. Auch ein Stück Birkenporling, einen Pilz, den man in prähistorischen Zeiten als Antibiotikum und vielleicht auch zum Blutstillen verwendete, hatte er

Wandern als Überlebensstrategie **189**

dabei. Vielleicht seine Reiseapotheke. Und er trug auf seiner letzten Wanderung ein Amulett.

Der Gletschermann war offenbar schnell aus dem Tal aufgestiegen. Die Pollen blühender Hopfenbuchen, die man in seinem Darmtrakt fand, verraten, dass er kurz hintereinander aus Gebirgsbächen verschiedener Höhenlagen getrunken hat. Warum die Eile? Erst spät entdeckten die Gerichtsmediziner: Der Gletschermann war angeschossen worden. Eine Pfeilspitze steckt in seiner linken Schulter. Jäger nennen das einen Blattschuss. An seiner Hand fand man eine Schnittwunde. Nach einer allerdings sehr umstrittenen Theorie fand sich an seiner Kleidung und seinen Waffen Blut von vier verschiedenen Menschen. Ötzi war offenbar auf der Flucht. Opfer? Täter? Jäger? Gejagter? Hat man ihn nach einem Kampf auf Leben und Tod bis hierhin verfolgt und niedergestreckt? Dann hätte man dem Toten wohl zumindest das wertvolle Kupferbeil abgenommen und ihn vermutlich auch verscharrt. Ötzi war faktisch wehrlos. Die Pfeile in seinem Köcher und der Bogen brauchten noch zwei, drei Arbeitsgänge. Erst dann wären sie einsatzbereit gewesen. Ist er einem Angriff auf sein Dorf als einziger Überlebender entkommen, mit letzter Kraft auf diese einsame Passhöhe gelangt, hier oben seinen Verletzungen, den Strapazen der Flucht und dem Wettersturz erlegen, erfroren und eingeschneit?

Der Mann aus dem Eis war Jäger und – vermutlich – Hirte. Die Existenzweise bestimmte seine Art, sich in seiner Landschaft zu bewegen. Die intime Kenntnis des Raumes hat vermutlich auch die Route seiner letzten Wanderung bestimmt. Sein Pfad über den Alpenkamm ist bis heute der Weg der «transumanza», die Route der Schäfer, die zu Beginn des Sommers ihre Herden aus dem Schnalstal und dem Vinschgau über die Passhöhe auf die saftigen Almwiesen des Ötztals treiben. Hatte der Gletschermann in den Siedlungen des oberen Ötztales Angehörige oder Freunde, zu denen er sich flüchten wollte? Oder suchte er nach dem traumatischen Erlebnis eines Gemetzels im Tal die Einsamkeit und Sicherheit der Gipfelzonen? So wie Merlin, die mythische Figur, die uns rund 4000 Jahre später in dem Erzählgut der Völkerwanderungszeit entgegentritt. Der keltische Schamane und Barde, Überlebender einer grausamen Stammesfehde, taucht, halbverrückt und angeekelt vom Blutvergießen, in den Wäldern Kaledoniens, also des südlichen Schottlands, unter. In dieser Wildnis – «gastlich im Sommer und grausam im Winter» – lebt er einsam, in Schafspelze eingemummt, fastend, auf einem Hirsch reitend, von seinem Observatorium aus die Bahnen der Sterne beobachtend, um dann wieder unter die Menschen zu gehen und am glanzvollen Hof von König Artus den «runden Tisch», die ritterliche Bruderschaft der Tafelrunde, zu gründen.

«Nein, ich trauere keiner längst vergangenen Zeit nach», schrieb Reinhold Messner, der die Mumie zwei Tage nach ihrer Entdeckung im Schmelzwasser liegen sah, «aber um zwei Werte beneide ich Ötzi: um sein Wissen jenseits des Wissens – von der Kraft der Morgensonne zum Beispiel, der Ausstrahlung der verschiedenen Plätze, der heilsamen Wirkung von Kräutern, Beeren und Wasser – sowie um die Freiheit des selbstverantwortlichen Halbnomadenlebens zwischen Wintersonnenwende und Gletschereis.»

Nomadische Lebensformen. Wir sind geborene Wanderer. Zwei Millionen Jahre lang zogen die Menschen als Nomaden durch die Welt. Gehen und Tragen waren die Grundkonstanten ihrer Existenz. Unsere Beweglichkeit machte uns so erfolgreich. Von den Anfängen bis vor 10.000 Jahren – also mehr als 99 Prozent der Zeit unserer Existenz auf der Erde – waren wir Jäger und Sammlerinnen. Die Schlüsselkompetenz jeder Wildbeuterkultur: zum richtigen Zeitpunkt dort zu sein, wo die optimale Ausbeute an pflanzlicher und tierischer Nahrung zu erwarten ist.

Die täglichen Streifzüge zum Suchen und Pflücken essbarer und sonst wie nutzbarer Pflanzen sind die wesentliche Aktivität beim Sammeln. Die zurückgelegten Distanzen liegen in Reichweite von Lagerplatz und Lagerfeuer. Freilich sind die Aufenthalte an einem festen Ort nur kurz. Angepasst an die Vegetationszyklen und um Flora und Fauna nicht zu übernutzen, werden die Standorte häufig gewechselt, aber in periodischen Abständen immer wieder aufgesucht. Der Radius eines altsteinzeitlichen Neandertalerstammes soll nicht viel mehr als 100 Kilometer betragen haben. Das Sammeln der Kräuter, Blätter, Blüten, Früchte und Pilze erfordert die Mobilisierung aller Sinne. Sammlerinnen brauchen ein exzellentes Orientierungsvermögen. Gefragt ist ein präzises ökologisches Wissen, also genaue Kenntnisse der Pflanzenhabitate und der jahreszeitlichen Rhythmen von Blüte, Wachstum und Reife. Erforderlich ist ferner eine ganz besondere Art, sich zu bewegen. Wer schon einmal Pilze gesammelt hat, kennt sie. Es ist ein ruhiges, achtsames Gehen mit langsamen, drehenden und kreisenden Suchbewegungen der Augen, des Kopfes, des gesamten Körpers. Der Geruchssinn spielt eine große Rolle. Sich tief bücken oder auf den Boden knien, um den Pilz zu pflücken oder abzuschneiden, sind häufige Bewegungen. Sammlerinnen brauchten Kraft und Ausdauer zum Transport schwerer Lasten. Sie trugen häufig Kleinkinder mit sich. (Vielleicht ist deswegen auch heute noch ein beinahe unfehlbares Mittel, um ein schreiendes Kind zu beruhigen: es in den Arm nehmen und herumtragen.) Überwiegend war das Sammeln die Arbeit der Frauen. Sie sicherten den Nahrungsgrundstock. Etwa

60 bis 80 Prozent ihres Bedarfs haben steinzeitliche Gemeinschaften vermutlich so gedeckt. Der Rest wurde erjagt.

Jäger folgen den täglichen und den saisonalen Wanderwegen der Tiere. Wildlebende Tiere, von der Ameise bis zum Löwen, bewegen sich keineswegs in einem unwegsamen Gelände. Sie schaffen sich ihre «Wildwechsel», also regelmäßig benutzte Pfade, die oft über viele Tiergenerationen überliefert werden. Sie sind so angelegt, dass alle Ziele mit dem geringstmöglichen Aufwand an Energie und in größtmöglicher Sicherheit erreicht werden können. Nie verlaufen sie geradlinig. Stets mäandern sie über das Terrain. Höchst effizient überqueren sie Bergrücken, umgehen Feuchtgebiete, markieren Furte durch Wasserläufe, bieten den bestmöglichen Schutz vor Wind und Wetter. Das so entstehende Netzwerk aus vertrauten Wegen verbindet die Fixpunkte eines Habitats: Ruheplätze und Tränken, Äsungsstellen, Suhlen und Brunftplätze, Sommer- und Wintereinstände. Ist ein Territorium abgeweidet, wird es periodisch gewechselt. Dieses «nachhaltige» räumlich-zeitliche System, in dem Wildtiere leben, ist die Grundlage der Jagd.

Deren Essenz ist die «Pirsch». Das alte Wort bezeichnet die lautlose Annäherung des Jägers an das Wild, um es zu erlegen. Noch die modernen Lehrbücher der Jagdpraxis beschreiben die Pirsch als die «Krone der Jagd». Erfolgreiches Pirschen erfordert eine genaue Kenntnis des Territoriums, der Lebensweise und der Wege der Wildtiere, ihrer Spuren, Zeichen und Laute. Ein Jäger verhält sich ruhig, um seine Umgebung aktiv werden zu lassen. Das erfordert eine besonders achtsame und leichtfüßige Art des Gehens. Der Pirschschritt ist eine extrem langsame, manchmal zeitlupenartige Bewegung. Das Auge des Jägers wandert voraus, sucht die Umgebung nach Spuren ab, erkundet den Boden für die nächsten Schritte. Die Füße folgen, wobei das Körpergewicht

Wandern als Überlebensstrategie **193**

so lange auf einem Fuß ruhen bleibt, bis der andere den Boden berührt und abgetastet hat und fest aufsitzt. Immer wieder innehalten, Deckung suchen, den Wind prüfen: Alles ist darauf ausgerichtet, sich bis in Schussnähe an das Beutetier anzuschleichen – und dann blitzschnell zu handeln. Wild wittert Menschen bei günstigem Wind auf hundert Meter. Von prähistorischen Jägern, deren Waffen selten weiter als zwanzig bis fünfzig Meter trugen, erforderte die Annäherung zweifellos eine hohe Kunst der Bewegung in freier Natur. Und – nicht zuletzt – eine intensive Kommunikation mit den Jagdgenossen.

Jäger und Sammlerinnen haben in der Geschichte gewaltige Wanderungen vollbracht. Vor 70.000 Jahren ist Homo sapiens aus Ostafrika ausgewandert und hat sich, den Wanderwegen großer Tierherden folgend, über Eurasien ausgebreitet. Die Besiedlung des amerikanischen Kontinents erfolgte vermutlich durch Gruppen, die den großen Herden von Grasfressern aus Sibirien über die Landbrücke der Beringstraße folgten.

Die nomadische Lebensweise im engeren Sinne ist freilich erst ein Kind der neolithischen Revolution. Bruce Chatwin, der große Bewunderer nomadischer Existenzweisen, betont sehr stark den Unterschied zur Kultur der Jäger und Sammlerinnen: «Einen wandernden Jäger als ‹Nomaden› zu bezeichnen heißt, die Bedeutung des Wortes misszuverstehen. Das Jagen ist eine Methode, Tiere zu töten, das Wandern des Nomaden eine Technik, sie am Leben zu erhalten.» Diese Art von Nomadentum setzt die Domestikation von Wildtieren voraus, entwickelt sich also erst mit Ackerbau und Sesshaftigkeit. Das Wort «Nomade» leitet sich von dem griechischen «nomos» («Weide») ab. Die nomadische Ökonomie ist angepasst an karge Räume wie Steppe, Tundra und Wüste, die eine Tierpopulation nur ernähren könnten, wenn diese sich ständig von Ort zu Ort bewegt. Der Nomade übernimmt die Aufgabe des Leittiers, eine alljährliche Route entsprechend dem Nahrungsangebot der Natur festzulegen. «Eine Nomadenmigration ist eine Art beaufsichtigter Reise von Tieren durch eine überschaubare Folge von Weideflächen.» (Chatwin) Antrieb zur Mobilität ist der Zwang, das Territorium zu wechseln, bevor es überweidet ist. Das letzte Maß des Handelns ist also nicht der eigene Hunger, sondern die Regenerationsfähigkeit der Ökosysteme. Insofern ist es eine im wahrsten Sinne «nachhaltige» Ökonomie. Ähnlich wie die Lebensweise der Jäger und Sammlerinnen basiert sie auf der Fähigkeit zum Einteilen, zum Verzicht auf die schnelle, restlose Ausbeutung von Ressourcen, zum Teilen innerhalb der Gruppe, zum Tauschen und Schenken im Kontakt mit Fremden. Und nicht zuletzt – wie Chatwin so leidenschaftlich betont – auf der Liebe zur Freiheit.

Die «Walz» – eine Bildungsreise. Selbst die relativ statischen und sesshaften Gesellschaften des europäischen Mittelalters waren auf Wanderungsbewegungen einzelner Gruppen angewiesen. Ohne deren «Schritte» kein Fortschritt, kein Austausch. Ohne Bewegung: Stillstand. Das Wort «wandern» bezeichnete jahrhundertelang fast ausschließlich die Gesellenwanderung. Diese ist so alt wie das Handwerk selbst. Verbreitet war sie vor allem in den mitteleuropäischen Ländern («Walz») und in Frankreich («compagnonnage»). Norddeutsche Zunftsatzungen aus dem 14. Jahrhundert, dem Herbst des Mittelalters, erwähnen, dass die Wanderung der Gesellen üblich sei. Wenig später wurde sie in zahlreichen Berufen obligatorisch. Das Stadtrecht von Augsburg beispielsweise schrieb vor: «Es soll ... keiner zum Meister angenommen werden mögen, er habe denn seine ordentliche Wanderszeit, nämlich vier Jahre nach der Lehrzeit, ausgestanden.»

Wandern als Überlebensstrategie **195**

Um 1800, also in der Zeit der Romantik, und besonders nach dem Ende der napoleonischen Kriege nimmt die Zahl der wandernden Gesellen auf den Straßen Mitteleuropas ein zuvor nie gekanntes Ausmaß an. Für Wien, eine der großen Drehscheiben, besagen Schätzungen aus der Zeit des Vormärz, dass jährlich 140.000 Gesellen in die Stadt kommen. Die meisten halten sich nur wenige Tage oder Wochen auf, manche werden sesshaft und bleiben für immer. Mit Beginn der Industrialisierung nimmt die Bedeutung der Gesellenwanderung ab. Der Übergang zur freien Marktwirtschaft beseitigt in der zweiten Hälfte des 19. Jahrhunderts Zunftwesen und Wanderzwang. Der Erste Weltkrieg bringt den alten Brauch weitgehend zum Erliegen. Nur vereinzelt sieht man sie heute noch über die Straßen ziehen: junge Zimmerleute mit Schlapphut, schwarzer Cordhose und Ranzen.

Die Walz war im Wesentlichen eine mehrjährige reglementierte Bildungsreise. Sie lag zwischen Abschluss der Ausbildung und Existenzgründung. Der Geselle, 17 oder 18 Jahre alt, besorgt sich Reisepass und Wanderbuch für den Arbeitsnachweis. Mancher wählt sich ein «Symbolum», einen Wahlspruch für die Reise. Die Eltern geben ihren förmlichen Segen, ein paar Verhaltensmaßregeln und einen «Reisepfennig» für die ersten Tage mit auf den Weg. Dann beginnt das große Abenteuer, das Glück der ersten Freiheit: «Sowie Heinrich Stilling den Berg hinunter ins Tal ging und sein Vaterland aus dem Gesicht verlor, so wurde auch sein Herz leichter», schrieb über den Aufbruch zu seinen Wanderjahren um 1760 der Siegerländer Schneidergeselle, spätere Augenarzt, Schriftsteller, Professor der Kameralistik und Goethe-Freund Johann Heinrich Jung-Stilling. «Er fühlte nun, wie alle Verbindungen und alle Beziehungen, in welchen er bis dahin so ängstlich geseufzet hatte, aufhörten, und deswegen atmete er freie Luft und war völlig vergnügt. Das Wetter war unvergleich-

196 An der Grenze

lich schön; des Mittags trank er in einem Wirtshaus, das einsam am Wege stand, ein Glas Bier, aß ein Butterbrot dazu und wanderte darauf wieder seine Straße ...»

Die Ausrüstung der Wandergesellen ist schlicht: Stiefel, ein billiger Anzug, Hut, Knotenstock, Wäsche zum Wechseln, die Papiere und ein paar weitere Habseligkeiten, verstaut im «Reisesack», im «Ränzel» oder im «Berliner», einem Schnürbeutel aus schwarzem Wachstuch mit Tragegurten. Zweck der Walz: in fremden Werkstätten so viel wie möglich «aufschnappen», also dazulernen, seine Fähigkeiten bei anderen Meistern unter Beweis stellen, sich in der Fremde bewähren, Menschenkenntnis gewinnen, sein Selbstvertrauen stärken – und schlicht und einfach: Spaß haben. Die Möglichkeit, berühmte Städte und malerische Landschaften kennenzulernen, erhöht den Reiz. Vor allem aber geht es um die Aneignung von neuen Techniken, handwerklichem und kaufmännischem Können, um Exzellenz auf seinem Gebiet – alles wichtige Voraussetzungen für die angestrebte Selbständigkeit. Die Wanderung führt von Ort zu Ort, von Werkstatt zu Werkstatt. Besonders attraktiv sind Städte mit großer handwerklicher Tradition, die süddeutschen Reichsstädte Frankfurt, Nürnberg und Augsburg, die Residenzstädte und Hansestädte. Wer kann, geht auch in die Ferne. Venedig und die oberitalienischen Städte, Paris, London sind verlockende Ziele. Manchen verschlägt es bis in die Türkei und nach Palästina. Nach Möglichkeit sucht man sich vor Ort den Meister mit dem besten fachlichen Ruf oder einen Betrieb, der für innovative Produkte überregional bekannt ist. Werkstatt und Haushalt, also die Familie des Meisters, Gesellen und Lehrlinge, bilden eine ökonomische Einheit. Der Meister hat die Befehlsgewalt, aber auch eine Fürsorgepflicht. Die Meisterin sorgt für Unterkunft und Verpflegung. Man wohnt unter einem Dach und isst an einem Tisch. Der Lohn jedoch ist gering. Gesellen sind billige, flexibel einsetzbare qualifizierte Arbeitskräfte. Demütigungen sind nicht selten, Konflikte manchmal gewalttätig. Besonders brutale oder geizige Meister werden «verrufen», also boykottiert. Das Gefühl der Autonomie macht stark. Man weiß: Nach wenigen Wochen oder Monaten zieht man mit ein paar Taglöhnen Ersparnis weiter, wechselt Werkstatt und Umgebung.

«Herr Meister und Frau Meisterin, / Lasst mich in Frieden weiterziehen / Und wandern ...», dichtete Wilhelm Müller in seinem bekannten Lied über des Müllers Lust am Wandern. Es bildet den Auftakt zu dem von Schubert vertonten Zyklus über die *Schöne Müllerin* und erzählt von der himmelhoch jauchzenden und zu Tode betrübten Liebe eines wandernden Gesellen zur Tochter des Hauses. «Schlaf aus deine Freude, schlaf aus dein Leid. / Der Vollmond steigt, / Der Nebel weicht, / Und der Himmel da oben, wie ist er so weit!» Der Mühlbach, in dem sich der Geselle am Schluss ertränkt, singt ihm ein Wiegenlied. Mit dem Handwerkermilieu war der 1794 geborene Spätromantiker von Kindesbeinen an vertraut. Sein Vater betrieb in der anhaltinischen Residenzstadt Dessau eine Schneiderwerkstatt.

Wandergesellen legen an manchen Tagen dreißig oder vierzig Kilometer zurück. Übernachtet wird in billigen Gasthäusern, notfalls in großstädtischen Nachtasylen. Mit der Zeit gewöhnt man sich daran, auch draußen zu schlafen, unter der Brücke, beim Bauern im Heu. Bevorzugt werden freilich Herbergen, die von den örtlichen Zünften, Handwerksinnungen oder Vereinen betrieben werden. Sie fungieren gleichzeitig als Arbeitsbörsen. Manche kirchliche oder gewerkschaftliche Vereine zahlen ein kleines Reisegeld aus. Kein Geselle soll hungern oder betteln müssen. Die Landstraße war ein Ort der – beglückenden, belustigenden, beunruhigenden, beängstigenden – Begegnungen. Auf der «Walz»

198 An der Grenze

(das Wort stammt aus dem Rotwelsch, der Gaunersprache) war das bunte Volk der bäuerlichen Wanderarbeiter und Schnitter, Hausierer und Zigeuner, Gaukler und Musikanten. Dazu die Heerscharen der Heimatlosen und Entwurzelten: Landstreicher, Prostituierte, Deserteure und entlassene Soldaten, Bettler. Die Wanderwege der Gesellen deckten sich mit den Routen der Kaufleute und Fuhrleute, der Studenten, die ihre Universität wechselten, der jungen Adligen, die ihre Bildungsreise zu den Zentren der Wissenschaften und der höfischen Kultur absolvierten, der Angehörigen der Oberschichten, die zu Pferd und mit der Kutsche unterwegs waren, oft bedroht von Räuberbanden, welche die Landstraßen unsicher machten.

Die Rückkehr zur Sesshaftigkeit fällt oft schwer. Viele Gesellen vollziehen den radikalen Bruch und schließen sich der großen Migration nach Übersee an. Für die, die bleiben, beginnt die Phase der Existenzgründung: Aufbau einer eigenen Werkstatt, Brautschau, Gründung einer Familie. Im Rückblick erscheinen die Wanderjahre nicht selten als das größte Ereignis des eigenen Lebens. Was bleibt, ist die Sehnsucht. Wie kein anderer Dichter hat Joseph von Eichendorff dieser Stimmung Ausdruck verliehen. Am schönsten in dem gleichnamigen Gedicht, eben *Sehnsucht*, in dem das lyrische Ich in «prächtiger Sommersnacht», einsam am Fenster stehend, zwei Gesellen auf ihrem Weg nach Süden vorbeigehen sieht: «Ich hörte im Wandern sie singen / Die stille Gegend entlang: / Von schwindelnden Felsenschlüften, / Wo die Wälder rauschen so sacht ...»; sie sangen von «Palästen im Mondenschein, / Wo die Mädchen am Fenster lauschen, / Wann der Lauten Klang erwacht / Und die Brunnen verschlafen rauschen / In der prächtigen Sommersnacht.»

Von den Neo-Nomaden. In der Mitte des 19. Jahrhunderts, kurz nachdem Eichendorffs Gedicht entstanden war, begann die größte Revolution in der Geschichte der menschlichen Mobilität: die Abschaffung des Zwangs zum Gehen, der unaufhaltsame Aufstieg des Fahrens, also der Fortbewegung in motorisierten Fahrzeugen. Der Siegeszug erst der Eisenbahn, dann des Automobils hat sich im 20. Jahrhundert nicht zuletzt im Gefolge der militärischen Mobilisierungen enorm beschleunigt. Zunächst in den westlichen Industrieländern änderte diese Revolution die Lebensweise der Menschen und das Gesicht der Städte und Landschaften radikal. Es entstand das motorisierte Nomadentum der Pendler, Transitreisenden und Touristen. Mit einer ungeheuren Dynamik erfasst es heute die Schwellenländer, die in einer «nachholenden Entwicklung» das westliche Modell übernehmen.

Vieles deutet jedoch darauf hin, dass ein erneuter Wendepunkt nahe oder sogar schon überschritten ist. Denn unsere Hightech-Mobilität hängt wie die gesamte Ökonomie am Tropf der Versorgung mit billigem Öl. Die Ressourcen aber sind begrenzt. Energieexperten sprechen vom «global oil-production peak». Definiert ist dieser Punkt als das Maximum der weltweiten Ölförderung in einem gegebenen Jahr. Er kommt unweigerlich, wenn etwa die Hälfte der förderbaren Erdölvorräte des Planeten aufgebraucht ist. Ist dieser Höhepunkt überschritten, geht es bergab. Dann läuft der Countdown zum Versiegen der Erdölquellen. Viele Experten vermuten, dass 2005 das Jahr von «peak oil» gewesen sein könnte. Von nun an werde Öl von Jahr zu Jahr knapper, teurer und härter umkämpft. Ein ähnlich billiger und flexibel einsetzbarer Treibstoff ist nirgendwo in Sicht. Die Hoffnung, die Gegenwart verlängern, den bisherigen Lebensstil ungehemmt fortsetzen zu können, wird sich als Illusion erweisen. Worst-Case-Szenarien sehen den Zusammenbruch der alten Strukturen und eine neue Barbarei auf uns zukommen. Um sie noch abzuwenden, werden sehr bald «nachhaltige» zivilisatorische Entwürfe zum Tragen kommen müssen. Auch das «solare Zeitalter», die hoffnungsvolle Alternative, ist mit radikalen Eingriffen in das Wesen der Industriegesellschaft, mit tiefen Einschnitten in das gewohnte Maß an Komfort verbunden. Die fetten Jahre sind vorbei. Oder wie die Dichterin Ingeborg Bachmann schrieb: «Es kommen härtere Tage. / Die auf Widerruf gestundete Zeit wird sichtbar am Horizont.»

Lässt sich trotz alledem an der Idee des «guten Lebens» für alle festhalten? In den Ideenschmieden der Nachhaltigkeit erforscht man die Konturen einer ressourcenschonenden, umwelt- und sozialverträglichen Mobilität. Hier geht es nicht nur um die Entwicklung verbrauchsarmer Fahrzeuge und regenerativ erzeugter Treibstoffe. Man untersucht vielmehr die Bedürfnisse, die Mobilität auslösen. Von dort aus sucht man nach Wegen, hohe Mobilität mit weniger Verkehrsaufwand zu erreichen. Dazu gehört die intelligente Vernetzung der gesamten Verkehrsinfrastruktur und die Einbeziehung der Potenziale von Handy, Laptop und Telebanking, aber auch die Aufwertung der Nahräume und Regionen. Gefragt sind Konzepte zu einer verkehrsvermeidenden «Renaissance der Nähe» in der Stadt- und Raumplanung, in denen der «Mobilität aus eigener Körperkraft» eine neue Bedeutung zukommt. Zu Fuß gehen und Rad fahren, flexibel kombiniert mit anderen Verkehrsträgern und mobiler Kommunikation – das sind künftig tragende Elemente einer Mobilität, die Bewegungsdrang, positive Selbstdarstellung und Wohlbefinden mit einschließt. Mobil sein ist Kult. Beweglich sein, nicht an einen Standort gebunden sein, ist eine Konstante postmoderner Lebensstile. Den Zusammenhang von Mobilität, Freiheit und Kreativität neu zu entdecken, ohne in die Fänge einer zerstörerischen, nicht lebbaren Dynamik zu geraten, wird zur großen Herausforderung.

Wandern als Überlebensstrategie

Auf bestimmte Trends in den Jugendkulturen fällt, so gesehen, ein neues Licht: Laptop und Kopfhörer im Rucksack, Goretexjacke mit Handytasche, Mountainbike mit Anhänger sind möglicherweise mehr als Spielzeuge, nämlich Vorboten neuer «nomadischer» Lebensstile. Bei Handys, Laptops, MP3-Playern etc. spricht man schon von «objets nomades». Ein Angebot der australischen Regierung an Studenten aus aller Welt nennt sich «work & travel». Es geht um mehrmonatige Reisen durch das Land, die man durch Jobs finanziert. Vielleicht bahnen sich hier ebenso wie im zunehmenden Praktikums-Nomadismus neue Formen der «Walz» an, also Wege, Existenzgründungen vorzubereiten.

Der Philosoph Vilém Flusser sah zu Beginn der 1990er Jahre Anzeichen, «dass wir dabei sind, die zehntausend Jahre des sesshaften Neolithikums hinter uns zu lassen». Er, der Prager Jude, hatte durch die Flucht vor den Nazis sein nacktes Leben gerettet, war nach Brasilien emigriert, kannte die Angst und die Einsamkeit des Emigranten, aber auch den «seltsamen Taumel der Befreiung und des Freiseins» und das Gefühl, frei zu sein, «mir meine Nächsten zu wählen». Aus dieser Erfahrung heraus formulierte er in seiner Autobiographie *Bodenlos* die Überzeugung: «Wir, die ungezählten Millionen von Migranten (seien wir Fremdarbeiter, Vertriebene, Flüchtlinge oder von Seminar zu Seminar pendelnde Intellektuelle), erkennen uns dann nicht als Außenseiter, sondern als Vorposten der Zukunft.» Gerade die mobilen, kreativen, der Zukunft zugewandten jungen Menschen überall auf der Welt, so seine Überzeugung, entdecken im Nomaden ihr Ebenbild. Die «nomadischen» Fähigkeiten – sich aus eigener Kraft bewegen, sich selbständig orientieren, mit wenig auskommen, die Ressourcen nachhaltig nutzen, sie mit anderen teilen, auf Fremde zugehen können – könnten im 21. Jahrhundert zu Schlüsselkompetenzen werden. Das Wandern wäre ein Weg, sie einzuüben.

7. Am Strom

Ich weiß nicht, wie oft ich die Strecke zwischen Koblenz und Mainz im Schnellzug gefahren bin. Unter blauem Himmel, nachts, im Morgendunst, bei Schnee, bei Hochwasser, zur Baumblüte. Keine Fahrt, ohne eine neue Landmarke zu entdecken, ein Stück Uferweg, einen kühnen Pfad hoch am Hang, eine graue Burg oder grüne Insel, einen weißen schiefergedeckten Kirchturm. Wie schön das Land – noch immer – ist! Keine Fahrt allerdings auch, bei der nicht ein ödes Gewerbegebiet, ein leerstehender Bau, eine Fabrikruine, eine Straßenrampe, die Steinpackung der Uferbefestigung ein Dorn im Auge gewesen wäre. Ist das noch eine Landschaft für eine – wie sagten die Romantiker – «Fußreise»? Nur zögerlich reifte der Vorsatz, es einmal zu versuchen. Endlich gab ich mir einen Ruck und machte mich auf den Weg von Koblenz nach Rüdesheim. Hier ein paar Momentaufnahmen – und eine Handvoll Gründe, warum es lohnt, am Rhein zu wandern.

Riesling & Co.

Lang ersehnt, der erste Weinberg an der Route. Der Aufstieg in den Bopparder Hamm beginnt in Spay an Rheinkilometer 578. Vom Uferweg durch die Gassen des Ortes, über die vielgleisige Bahnanlage und die dichtbefahrene B 9. Ein asphaltierter Hohlweg windet sich den steilen Hang hinauf durch die wilde Vegetation eines aufgelassenen Weinbergs. Am Weg blühen kräftig gelb Rainfarn und Goldrute. Im Buschwerk ranken Waldgeißblatt und Waldreben, verströmen ihren letzten kräftigen Duft. Die Hundstage sind angebrochen. Ich gehe allein in der prallen Augustsonne, spüre, wie das Herz heftiger pocht, das Gesicht sich rötet, die Haare unter der Mütze schweißnass werden. Wo die Rebflächen anfangen, endlich der erste Halbschatten und ein Plätzchen für eine Rast.

Seit Koblenz bin ich jetzt fünf Stunden unterwegs. Der IC, aus dem ich dort ausgestiegen war, rollt jetzt wohl am Ufer des Zürichsees entlang in Richtung Chur. Ich bin bis jetzt so nahe wie möglich am Ufer gegangen. Von der Moselmündung, vorbei am Deutschen Eck, diesem «Faustschlag aus Stein» (Tucholsky), über die von sonntäglichen Ausflüglern bevölkerte Uferpromenade, an umlagerten Schiffsanlegestellen und Imbissbuden vorüber, durch alte Parks, stille Villenviertel und Auenwald hinaus aus der Stadt. Die erste Rast auf einem Steg, zwanzig Meter im Fluss. Rheinkilometer 586. Die Wellen plätschern träge. Die Bretter schwanken nur leicht. Eine köstliche Brise weht. Langsam wandern die Kumuluswolken am Himmel. Im Rücken die Mauern von Schloss Stolzenfels, gegenüber Burg Lahneck, stromaufwärts im Dunst die helle Silhouette der Marksburg. Hautnahe Erfahrung von Entschleunigung: Was auf den unzähligen Bahnfahrten im Schnelldurchlauf am Zugfenster vorbeiflog, ruht vor Augen, kann im Schritttempo erwandert werden.

Jetzt, beim Aufstieg in den Bopparder Hamm, bin ich heilfroh, dass ich an der Zapfanlage des Rhenser Mineralwasserbrunnens die Flasche frisch aufgefüllt habe. Kein Lüftchen weht. Das Thermometer, abgelegt auf schwarzem Schiefer, spielt verrückt. Die Nadel zittert an der 50-Grad-Höchstmarke. Wie mit solcher Hitze umgehen? Ein paar Tage später, in einem Weinberg oberhalb von Kaub, komme ich mit einem Winzer, also einem Experten für die Energie der Sonne, ins Gespräch. Temperaturen von 55 oder 58 Grad in der Sonne seien im Weinberg im August keine Seltenheit. Aber als Winzer gehe er ja nicht im Galopp von Stock zu Stock. Ab Mittag finde man an solchen Tagen keinen mehr draußen. Dann würde jeder sich Arbeit im Keller oder sonst wo suchen. Ein Rat für Wanderer? Morgens sehr früh losgehen, und wenn es heiß werde, sich was anderes vornehmen, Siesta im Schatten machen, eine Burg besichtigen, gegen Abend weitergehen.

Der Bopparder Hamm liegt am Prallhang einer engen Rheinschleife. Der Fluss kommt von Südosten aus dem Engtal der Loreley, wendet sich hinter Boppard abrupt nach Osten, fließt ein paar Kilometer in west-östlicher Richtung und biegt bei Braubach wieder nach Nordwesten ab. Das hohe, steile Ufer des Weinbergs liegt wie ein riesiges, vollkommen nach Süden ausgerichtetes Amphitheater in der Flussschleife. Eine Naturbühne, ganz dem Bacchus gewidmet. Der Weg schneidet verschiedene Höhenlinien an, quert die schnurgeraden Reihen der Rebstöcke. Mandelstein, Feuerlay, Ohlenberg. Die Namen der Lagen sind auf der Wanderkarte eingezeichnet und verraten, dass hier ein phänomenaler Wein wächst. Beim Nachmittagswandern spürt man hautnah, wie die Sonne ihre langen, glühenden Strahlen schräg in den Weinberg hineinsendet. Jedes Fleckchen in diesem weiten Bogen ist durch den Neigungswinkel ein klein bisschen anders zur Sonne exponiert, liegt ein Stück mehr oder weniger nahe am Fluss. Das bringt die Vielfalt in den Wein. Die Beeren sind noch klein und hellgrün. In diesen Tagen müssen sie den großen Schub bekom-

Riesling & Co.   **205**

men. Die Böden sind steinig und trocken. Die Farbe variiert zwischen Braun und Ocker. Hier und da liegen Schläuche, Strohballen, Holzstapel, Haufen von faulig riechendem Trester am Weg und erinnern an die Knochenarbeit des Winzers. Schilder nennen die Rebsorten: Kerner, Gewürztraminer, Müller-Thurgau und natürlich den Riesling, den Klassiker von Mittelrhein und Rheingau. Nach drei Stunden nimmt der Waldrand den Wanderer auf. Endlich Schatten! Kurz darauf steht man am Gedeonseck, einem der berühmtesten Aussichtspunkte am Rhein. Der Blick geht zurück über den weiten Rebhang hinab ins Tal. Die großen Schleifen lassen den Rhein als Seenlandschaft erscheinen. Containerschiffe und Passagierdampfer ziehen vorbei. Ein IC wirkt wie eine Märklin-Eisenbahn. Gegenüber an der rechten Seite ragt auf Augenhöhe die Felspartie des Filsener Ley. Auf der kahlen Hochfläche darüber thront das Jagdschloss Liebeneck, Schauplatz in Wim Wenders' magisch realistischem Film *Falsche Bewegung* über eine Rheinreise junger Leute in der bleiernen Zeit des Jahres 1975. Am Gedeonseck öffnet sich ein Fenster ins Hinterland. Wendet man sich nach Westen, liegen vor einem die tiefeingeschnittenen Bachtäler und Waldberge des Hunsrücks.

Abends in der Weinstube «Heilig Grab» in Boppard. Sommertags sitzt man draußen unter Kastanien in einem weitläufigen Innenhof. Die Inhaber bewirtschaften selber Rebflächen im Bopparder Hamm. Auf der Weinkarte finden sich natürlich die berühmten Lagen. Zum Schoppen gehört eine Flasche Rhenser Mineralwasser und eine Winzerplatte mit Brot und Wurst. Die Tische sind voll besetzt mit Ausflüglern und Einheimischen, Wanderern und Radlern. Man kommt leicht ins Gespräch. Am Tisch ein Ehepaar aus dem Ort. Beide sind passionierte Wanderer, kennen am Mittelrhein jeden Weg und jeden Weinberg. Mandelstein, Feuerlay und Ohlenberg kommen nacheinander auf den Tisch. Abends Weine zu verkosten aus Lagen, die man tagsüber durchstreift hat, deren Sonne einem auf der Haut brannte, zählt zu den exquisiten Vergnügen einer Wanderung am Mittelrhein. Der Geschmack des Bodens sei in der Flasche, behaupten die Gourmet-Journalisten. Kühler Riesling, strohgelb, anmutig und finessenreich, leicht mineralisch, füllig ausgeprägtes Aroma strenger Gewürze. Die Rhetorik der Sommeliers, die oft so überkandidelt klingt, bekommt auf einmal Sinn. Das Gespräch schweift ins Uferlose. Die Strapazen des Wandertages fallen ab. Milder Rausch. Es wird ein langer Abend.

Weinbergterrassen unterwegs, Weinstuben am Abend geben dem Wandern am Mittelrhein sein besonderes Flair. Ist es der Hauch von südlicher, von mediterraner Kultur, den Sonne und Weinbau einer Landschaft verleihen? Hat es mit der sakralen Bedeutung des Weins zu tun? Der Weinbau geht zwar zurück. Steillagen werden aufgegeben und verwildern. «Jedes Jahr bleiben Flächen liegen», erzählte mir der Winzer in Kaub. «Die jungen Leute machen das nicht mehr. Man muss es richtig machen, oder man lässt die Finger davon.» Andererseits erlebt der Riesling, die charakteristische Rebsorte dieser Region, gerade ein strahlendes internationales Comeback. Ob das Aus naht oder ein neuer Aufschwung beginnt, scheint also offen.

Rheinsteig, die Königsetappe

«Welches ist die schönste Strecke am Rhein?», hatte ich Helmut Frank in Boppard, einen versierten Wanderführer und

Wegeplaner, gefragt. Auf solche Fragen reagiert er in der Regel ziemlich zurückhaltend. Zu viel Subjektives sei beim Wandern im Spiel. Vieles bleibe halt Geschmacksache. Aber hier antwortet er, ohne zu zögern: der Abschnitt von St. Goarshausen nach Kaub. So kam ich am dritten Tag meiner Wanderung auf den Rheinsteig.

Gut 25 Kilometer von Burg Maus nach Burg Gutenfels. Diese «Königsetappe» bietet alles: die langsame Annäherung an die Loreley und die langsame Entfernung von diesem Traumfelsen, Gralsburgen, Weinbergterrassen und Laubwald, verwunschene Seitentäler, Schmetterlingsparadiese – und immer wieder spektakuläre Blickachsen.

Rheinkilometer 559. Mein Einstieg liegt nördlich von St. Goarshausen-Wellmich. Der Rheinsteig läuft hier einen dieser grünen Hügel hinunter, die mich bei jeder Durchfahrt im IC unweigerlich in ihren Bann ziehen. Besonders im Frühsommer, wenn ihre Kuppen von einem frischen Laubdach aus unzähligen einzelnen Kronen bedeckt sind. Es sind diese grünen Berge am Rhein, von denen Bettina von Arnim schrieb, sie hätten aus der Ferne etwas «sehr Anlockendes», so «glatt und samtartig», dass man sie «gern befühlen, streicheln» möchte. Beim Gehen sieht man: Das grüne Kleid besteht aus Eichenlaub. Der Charakterbaum der Berge am Rhein ist die Traubeneiche. Breitkronig, stämmig, krummwüchsig wurzelt sie selbst auf der dünnen Krume steiler Felshänge. Sie kommt mit einem Minimum an Wasser aus, mischt sich mit Hainbuche und Bergahorn, bleibt bis ins hohe Alter kleinwüchsig. Krüppeleiche, sagen die Leute hier. Im Zusammenklang mit den Rebflächen verleiht dieser Niederwald an sonnendurchglühten Steilhängen der Landschaft ihre mediterrane Note.

Beim Abstieg nach Wellmich nutzt der Rheinsteig einen

alten Bergmannspfad. Zwischen den Baumstämmen taucht am gegenüberliegenden bewaldeten Steilhang Burg Maus auf. Eine Höhenburg, gebaut 1356, in der Pestzeit, dem Herbst des Mittelalters. Die Strukturen sind einfach und klar: Ein runder Bergfried, Palas, Wohntürme, Ecktürme, Schildmauer. Die Rheinburgen sind Landmarken. Ihre Standorte sind immer exzellent, die Aussichten alle phantastisch. Sie waren da, um Macht auszustrahlen und den Raum zu überwachen. Sightseeing wird dem nicht gerecht. Man muss nicht unbedingt rein. Sie wirken im Raum, aus der Ferne und bei der Annäherung. Wellmich ist ein beschaulicher Ort am Fuß des Burgbergs und am Eingang zu einem stillen Seitental. Die Gaststätte im Ort ist eine der urigsten, die ich auf meinen Wanderungen kennengelernt habe. Als felsiger Pfad führt auf der anderen Seite der Rheinsteig in Serpentinen den Burgberg hinauf und an dem Gemäuer vorbei. Hoch über dem Rhein am schroffen Abhang entlang geht es weiter im Schatten eines dichten Eichenwaldes. Noch ein Blick zurück auf Burg Maus, und wenig später – magischer Augenblick jeder Rheinwanderung: der erste Blick auf die Loreley.

Von Anfang an kein Zweifel, sie ist etwas Exquisites. Stolz tritt ihre Gestalt in einer Biegung des Flusses aus dem Talhang hervor. Schroff fällt ihre Felswand von der ebenen Hochfläche ab. Mit Unterbrechungen begleitet einen ihr Anblick die nächsten Stunden. Noch zwei Kilometer bis St. Goarshausen. Um die Loreley zu erleben, muss man sie von unten her erklimmen. Der Aufstieg zur «Heide» am Schulzentrum vorbei auf das Loreley-Plateau ist enttäuschend. Ich nehme lieber ein Stück Straße in Kauf, gehe auf der Uferpromenade vorbei an den Hafenanlagen, folge der B 42 am Fluss entlang. Rheinkilometer 554, der Fuß der Loreley. Ein Parkplatz, ein Kiosk. Von hier führt eine Treppe die steile Schulter des Felsens empor. Auf dem Gang in die Höhe hat man die schräggeneigten, übereinanderliegenden Schichten des Schiefers direkt vor Augen. Es sind Dokumente der geologischen Zeiträume, in denen der Fels aufgebaut worden ist. Vor 400 Millionen Jahren begann das Gestein, sich zu bilden. Vor 35 Millionen Jahren begann der Rhein zu fließen. Seit zwei Millionen Jahren gräbt er sich in das Gestein ein und formt sich sein Tal. Dicht vor Augen hat man beim Treppensteigen auch die Moose, Sträucher und Bäumchen, die sich an den Felskanten festkrallen und in Zusammenarbeit mit Regen, Eis, Hitze und Wind den Felsen sprengen, wieder abtragen und zu Sand machen werden. Langsamer Anstieg, häufige Pausen, Zeit für Blicke nach unten, Herzklopfen. Dann die Aussichtsplattformen, 130 Meter über dem Fluss. Der Blick geht hinunter auf die mit 113 Metern engste und mit 25 Metern Normalstand tiefste Stelle des Rheins in seinem Durchbruchstal. «... und ruhig fließt der Rhein»? Hier nicht. Die legendären Untiefen, Wellen und Strudel sind immer noch erkennbar. Der Blick folgt den Uferlinien und fällt auf ein Betonwerk und einen Campingplatz.

Kein Echo, nirgendwo. Vom Deck der Ausflugsschiffe scheppert eine Lautsprecherstimme herauf. Erklärungen in drei Sprache. Und dann, natürlich: «Ich weiß nicht, was soll es bedeuten.» Heines Text, Silchers Melodie. Gänsehaut, noch immer.

Durch Weinberge, über Wiesen, an Hecken entlang verlässt der Rheinsteig das Plateau in Richtung Süden. Am Leiselfeld ein atemberaubender Rückblick: Wie durch ein Fenster, gerahmt von alten Bäumen, Heckenrosen, Weißdorngebüsch und einer Eiche, die dicht am Abhang wurzelnd quer ins Leere

ragt, taucht hinter einer stufenförmig zerklüfteten Felsformation, dem Spitznack, wieder in voller Größe die Loreley auf.

Wenig später überquert der Rheinsteig als steiler, schiefri-
ger Pfad den Bornichbach und taucht in einen prächtigen
Buchenhallenwald ein. Auf einmal: die hochsommerliche Stille des Buchendoms. Die Lärmbänder des Rheintals, die mich
seit Koblenz begleitet haben, sind hier oben, nur ein paar
hundert Meter hinter der Abbruchkante, nicht mehr zu hören. Bald führt der Weg wieder heran. Noch einmal ein zau-
berhafter Blick stromabwärts auf den Spitznack und – schon
weit weg – die Loreley.

Der Weg knickt ab, um das tiefeingekerbte Seitental des
Urbachs zu umgehen, führt durch Felder aufwärts bis fast an
Bornich heran. Aber dann macht er eine Kehre und fällt, hart
an der Hangkante entlanglaufend, ins Urbachtal ab. Pralle
Sonne. Der Weg wird schmaler. Bald ist er nur noch hand-
breit und von blütenreicher Wiesenvegetation, hohem Gras,
Gebüsch und Brennnesseln gesäumt. Oberhalb läuft eine lan-
ge, halbverfallene, fast ganz zugewucherte Trockenmauer.
Hier gerate ich in ein Schmetterlingsparadies. Bei jedem
Schritt fliegt ein Schmetterling auf. Verwirrende Vielfalt: Zit-
ronenfalter, Bläulinge, Schachbrettfalter, Pfauenauge, Kaisermantel. Jeder geleitet den Wanderer ein paar Meter, bleibt,
schon von zwei, drei anderen abgelöst, zurück. Aus einem
Baumwipfel höre ich zum ersten Mal seit langer Zeit wieder
den Pirol singen. Dann das Plätschern eines Gebirgsbaches.
Der Pfad erreicht in einem üppigen Schluchtwald die Talsohle, überquert auf einem Steg den Urbach und macht wieder
eine scharfe Kehre. Nach zwei Kilometern steilem Anstieg
erreiche ich den Rossstein. Eine morsche Sitzbank, auf der
ich mich erschöpft und nassgeschwitzt niederlassen will –

Rheinsteig, die Königsetappe   **211**

und plötzlich blicke ich einer lebhaft grün gefärbten Eidechse in die Augen. Ist es eine Zauneidechse, die sich dort sonnt? Oder gar die rare Smaragdeidechse? Eine kurze Weile verharrt sie regungslos. Dann verschwindet das schöne Tier mit einem Husch im Gras. Ich lasse mich nieder, schaue auf – und sehe unter mir in der Flussbiegung die Schieferdachlandschaft, Türme, Stadtmauer und Burg von Oberwesel. Und ruhig fließt der Rhein.

Stromaufwärts kommt zum ersten Mal Kaub in Sicht. Noch fünf Kilometer. Weiter am Waldrand und über die Dörscheider Heide. Von Dörscheid geht man auf einem Hangpfad mit fast ständigem Blick auf Kaub. Man vollzieht wieder eine langsame Annäherung an eines der schönsten Blickfelder am Rhein: mitten im Fluss, bei Rheinkilometer 546, der Pfalzgrafenstein, die alte Zollburg – «ein steinernes Schiff, ewig auf dem Rheine schwimmend, ewig ... vor Anker liegend» (Victor Hugo). Das Städtchen, das sich den Hang hinaufzieht. Die auf einem Bergsporn thronende Burg Gutenfels, mein absoluter Liebling. Der Gutenfels hat alles. Der Bergfried ragt wuchtig und rechteckig, mit Zinnen und Schießscharten bestückt, an der Angriffsseite auf. Der dreistöckige Palas mit prachtvoller Fensterfront nach Süden schließt lückenlos an. Der Burghof steigt baumbestanden in Geländestufen abwärts. Die Ringmauer ist von Weinbergen umfasst. Quadratisch, trutzig, staufisch, zeitlos – eine Rheinburg, wie sie die kalifornische Hippie-Ikone Grace Slick in ihrer Hymne auf das alte Europa, dem *Common Market Madrigal*, besang: «But the castles on the Rhein / Never seem to mind the time / That will take them slowly back / Into history's memorized lines ...» Hier ist sie wieder, die romantische Metapher der grünüberwucherten Burgruine. Scheinbare Dauer und Beständigkeit, die mit der Zeit zurückgenommen wird in den Kreislauf von Werden und Vergehen.

«Da ist ein Pächter drin, und der macht nit auf», sagt mir ein Winzer, der oberhalb von Kaub seine Rebstöcke inspiziert. Zu besichtigen ist Burg Gutenfels also nicht. Aber übernachten kann man in dem Gemäuer, wenn man das nötige Kleingeld hat. Die Burg ist ein Hotel. Wie denn sein Wein werde? «Also im Moment sieht's gut aus. Aber maßgebend sind die letzten Wochen. Im September, Oktober brauchen wir trockenes Wetter, da muss es warm sein. Dann gibt's einen guten Jahrgang.»

Ein geteerter Weg geht in Serpentinen durch die Weinbergterrassen nach unten. Eine Treppe führt hinab zur Kirche und in die Altstadt von Kaub. Endpunkt – oder Auftakt – der Königsetappe einer Mittelrheinwanderung.

Rheingold

Die Erforschung der Nacht ist unverzichtbare Zutat einer Mittelrheinwanderung in den Fußstapfen der Romantiker. Der beste Zeitpunkt ist natürlich eine sommerlich warme Nacht in der Vollmondphase. Eine Nachtwanderung ist mehr als eine zeitlich verlegte Tagesetappe, ist eher eine andere Art zu wandern. Ein langsames Flanieren, möglichst in offenem Gelände. Ich kehre zur Loreley zurück. Aber diesmal auf der gegenüberliegenden, der linken Rheinseite. Ideal für einen nächtlichen Gang schien mir der Weg von Oberwesel über den Aussichtspunkt Loreleyblick östlich von Urbar nach St. Goar. Das letzte Schiff aus Richtung Kaub erreicht Oberwesel kurz vor 18 Uhr. Noch Zeit, um im Ort zu bummeln.

Durch die Gassen der Altstadt erreicht man am Ochsenturm die mittelalterliche Stadtbefestigung. Ein Weinlehrpfad steigt zum Klöppelberg hinauf. Nur ein kurzes Stück, die ersten 100 Meter, gilt unter Kennern als eine der schönsten Strecken am Mittelrhein. Unvergleichlich die Harmonie von altem Städtchen, Flusslandschaft und Weinkultur. Abrupter Kontrast: ein Neubaugebiet. Hat man es hinter sich, ist es nicht mehr weit zu einem Aussichtspunkt an der Hangkante.

Rheinkilometer 551. Auf der Wanderkarte ist er als «Siebenjungfrauenblick» eingezeichnet. Seit 2002 steht dort unter Kastanien und Birken ein schiefergedecktes Fachwerkhaus mit einer Laube, Tischen und Bänken. Das Ensemble ist Filmarchitektur, eine Kopfgeburt des Autors und Regisseurs Edgar Reitz. Als «Günderrode-Haus» spielt es die Hauptrolle im dritten Teil seines Epos *Heimat*. Dort dient es als Inbild des deutschen Traums von neugefundener und -erworbener Heimat. Das Panorama umfasst zwar nicht – wie im Film – die Loreley, ist aber in jeder Hinsicht grandios. Die Blickachsen reichen tief ins Land: nach Osten über den Rossstein hinweg auf die von einem Gemenge aus Wald und Feld bedeckte Hochfläche bis in den Vordertaunus hinein; südlich den mächtigen Steilhang des rechten Rheinufers entlang bis nach Burg Gutenfels und dem Pfalzgrafenstein; über Oberwesel hinweg zur Schiffsanlegestelle, zur Basilika der Liebfrauenkirche und dem schmalen Bergsporn mit der Schönburg.

Die Sonne steht zwei Finger über dem Kamm, beleuchtet nur noch die Höhen auf beiden Seiten des Stroms. «Abendsonnenschein» – Heines schöne Wortschöpfung. 25 Grad, immer noch. Im Weglosen steige ich durch welkes, hüfthohes Gras, vorbei an Heckenrosen mit fast reifen Hagebutten und kleinen Gehölzstreifen zur Kuppe des Pfaffenbergs. Strohgelbe

Töne dominieren diese Sommerlandschaft. In der Ferne, Richtung Niederburg, treibt ein Schäfer seine Herde zum Pferch. Die gebeugte Gestalt bewegt sich ruhig die Scheitellinie des Kamms entlang. Eine Staubwolke verhüllt die Herde. Ganz schwach hallen die Rufe herüber, mit denen er seine Hunde kommandiert. Bergab führt ein steiniger, staubiger, rötlicher Feldweg, ausgewiesen als «Weinpfad Urbacher Beulsberg». Am breiten Wegrain wuchern in dichten Beständen die weißen Dolden der Wilden Möhre, die violette Kreuzdistel, Beifuß und Rainfarn, Pastinak und Thymian. Der Duft von Heu und Kräutern liegt in der Luft. Ab und zu passiert man Stellen, an denen Heuschrecken zirpen. Ein Bussard und ein Wanderfalke fliegen einträchtig zusammen vom Rheintal herüber in die Sonne, die als roter Ball hinter den Hunsrückhöhen versinkt. Ich präge mir ein paar markante Punkte ein, einen Bildstock, eine Bank, eine Weggabelung. Über abgeerntete Felder nähert sich der Weg der Talkante. Noch bleibt der Fluss hinter dem Laubvorhang eines dichten Gehölzstreifens unsichtbar. Dann öffnet sich ein Fenster. Eine schmale Lücke zwischen einer mächtigen Eiche und einem jungen Felsahorn gibt den Blick frei auf den fast senkrechten Absturz des Felsens und die dunkle Oberfläche des strömenden Wassers in der Tiefe. Gegenüber, auf Augenhöhe, scheinbar zum Greifen nah, ragt die Felswand der Loreley in die Dämmerung. Eine Bank steht an dieser Stelle. Grelles Licht dringt herüber von der anderen Flussseite, eine Baustelle zum Eisenbahntunnel. Zweihundert Meter weiter erreicht man den Aussichtspunkt Maria Ruh. Drei Kilometer Luftlinie von hier zurück zum Günderrode-Haus.

Ich habe das Terrain meiner nächtlichen Wanderung abgesteckt, durchstreife es in den nächsten Stunden auf verschiedenen Wegen kreuz und quer. Mit langen Pausen, in denen ich im Heu liege, auf einer Bank sitze, lausche und schaue. Die Dämmerung ist beendet. Im Südosten ist über den Ausläufern des Taunus der Mond hochgestiegen. Eine rötlich gelbe Scheibe, fast voll. Von jetzt an begleitet mich mein Schatten, die Umrisse von Kopf, Rumpf, Rucksack und Stock in Bewegung. Im hohen welken Gras immer noch intensiv und ausdauernd das Zirpen der Grillen. Die Musik des Sommers, in dieser Nacht zum ersten Mal seit langem wieder wahrgenommen, für mich unlösbar verbunden mit dem Geruch von Heu. Wieder an der Stelle, wo die Lichter von Oberwesel auftauchen. Umkehr. Hinter dem Bildstock ein freier Blick ins Tal. Zum ersten Mal sehe ich den Mond im Rhein. Von Ufer zu Ufer zieht sich eine breite, zerfließende, schimmernde Lichtbahn, in der sich Wellen kräuseln und Strudel kreiseln. Rheingold! «Der Ymelunge (Nibelungen) hort lît in dem Lurlenberge.» Ist das Märchen aus uralten Zeiten, schriftlich festgehalten durch Konrad Marner im 13. Jahrhundert, vielleicht von einem besonderen Lichteffekt inspiriert? In der Kühle der Nacht nahm früher die Schleppkraft des strömenden Wassers zu und bewegte das Geröll am Grund. Durch die Reibung der rollenden Steine soll im Rhein auch ohne Hilfe des Mondes ein goldenes Leuchten entstanden sein. Wenig später noch ein Blick auf den mondbeschienenen Strom, diesmal durch die Rebstockreihen der Urbacher Weinberglage. Kurz vor drei bin ich wieder an Maria Ruh. Die Loreley steht im matten Vollmondlicht. Die Zikaden sind verstummt. Es wird kühl und klamm. Im Osten zieht der Morgenstern, die Venus, auf. In der ersten Dämmerung durch die Straßen von Urbar. Durch offene Landschaft zu den ersten Häusern von St. Goar, die lange Treppe hinun-

ter in die Altstadt. Das erste Schiff nach Bacharach legt um
10.15 Uhr ab.

Loreley, das Gedicht

Zeit zum Lesen. 230 Gramm leicht, im handlichen Packformat
der Reclam-Bändchen, passen die *Gedichte der Romantik*, herausgegeben von Wolfgang Frühwald, in jeden Rucksack. Noch
eine Annäherung an den Loreley-Mythos. Die Sammlung enthält mehrere Variationen. Aus dem seit dem Mittelalter überlieferten topographischen Namen «Lurlei» («lauernder», eventuell auch «brüllender» Schieferfelsen) eine Frauenfigur zu
entwickeln, war eine Idee des Dichters Clemens Brentano. «Zu
Bacharach am Rheine / Wohnt eine Zauberin, / Sie war so
schön und feine / Und riss viel Herzen hin ...» In dem 1801
gedruckten Gedicht tritt sie dem Leser als verführerische Sirene entgegen, die sich allerdings sehr schnell in eine reuige Sünderin verwandelt. Am Schluss stürzt sie sich aus Liebeskummer
vom Felsen. Schon bald, 1818, erklärte ein *Handbuch für Reisende am Rhein* die zeitgenössische Ballade zur «Mär» aus
«grauen Zeiten»: «Ein wunderbarer Fels schiebt sich jetzt
dem Schiffer gleichsam in seine Bahn – es ist der Lurley ...,
aus welchem ein Echo den Zuruf des Vorüberfahrenden ...
wiederholt ... Schüsse und Waldhornklänge bringen eine
schauerliche Wirkung hervor.» Bis hier beschreibt der Autor
Aloys Schreiber die Sehenswürdigkeit. Im nächsten Satz – und
ausführlich im Anhang – aber präsentiert er die neue Mythologie: «Diesen Schieferfels bewohnte, in grauen Zeiten, eine Undine, welche die Schiffenden durch ihr Zurufen ins Verderben
lockte.» Schreibers Reiseführer war 1823 Heinrich Heines

wichtigste Quelle. Auch sein Gedicht knüpft an natürliche Phänomene des Ortes an, die tatsächlich schon «in uralten Zeiten» erwähnt wurden. Die «gewaltige Melodei», sprich: die Echowirkung der Felswand, führten mittelalterliche Quellen auf Zwerge zurück, die in den Gängen des Felsens hausten. Die goldenen Lichtreflexe «im Abendsonnenschein» sind auch heute noch wahrnehmbar, und den Ort mit Gold und goldenem Geschmeide zu assoziieren hat – siehe den Meistersinger Marner – ebenfalls eine lange Tradition.

Dass die Engstelle des Flusses einmal der gefährlichste Punkt der Rheinschifffahrt war, ist ohne weiteres einleuchtend, auch wenn die Klippen längst weggesprengt sind. Auf alten Stichen, die im Loreley-Museum zu sehen sind, erkennt man die Stromschnellen. Zum linken Ufer hin ragten quer zur Strömung hintereinanderliegende Felsriffe über den Wasserspiegel heraus. An der rechten Seite lag eine Sandbank im Fluss. Wo die Strömung sich wieder vereinigte, bildeten sich Strudel. Die Fahrrinne zwischen Riff und Bank war nur äußerst schmal und führte quer durch die Turbulenzen hindurch. Bleibt die «schönste Jungfrau» selbst. Erst Heines Loreley verkörpert ungebändigte Erotik, Narzissmus, weibliche Selbstmächtigkeit – und die Macht von Musik und Poesie. Ihre Ausstrahlung spiegelt das Gedicht doppelt: im todbringenden Kontrollverlust des Schiffers «im kleinen Schiffe» und in der Gefühlsverwirrung des lyrischen Ichs: «Ich weiß nicht, was soll es bedeuten / Dass ich so traurig bin ...» Unergründliche Wehmut, schmerzliche Liebe, die Wildnis des Unbewussten. Dass er zum starken Symbol einer zeitlosen Erfahrung wurde, macht den Fels im Rhein zu einem poetischen Ort für Menschen aus aller Welt, zu einem Weltkulturerbe, das jeder Banalisierung widersteht.

Vermutlich wäre es aussichtslos, einen gymnasialen Deutschleistungskurs zu einer Klassenfahrt zur Loreley und nach Bacharach statt nach Prag oder Amsterdam überreden zu wollen. Für 15- bis 18-Jährige ist der Rhein keine Sehnsuchtslandschaft, nicht cool, gehört er nicht zum Kanon. Heine und Brentano sind bestenfalls Namen aus dem Club der toten Dichter. Aber ein Experiment wäre es wohl wert: mit der langsamen Annäherung an den Ort einen Zugang zum Mythos zu öffnen, mit vertiefter Kenntnis der poetischen Mythen das Erleben einer Landschaft zu steigern.

Romantisches Wandern

Wie wanderten die Romantiker? Ein Blick in ihre Texte gibt ein paar Aufschlüsse. «Auf den Postschiffen ist ein herrliches Leben, ganz wie im Himmelreich, nur nicht umsonst und etwas heißer», schrieb 1802 ein 21-jähriger Student an eine Bekannte. «In einen alten Mantel gehüllt, ohne Plan mit einem Freunde und einem Buche umherirrend ..., ohne Tag und Nacht zu sondern ... – so möchte ich wohl noch einmal leben.»

Die Rede ist von der Rheinreise des Freundespaares Achim von Arnim und Clemens Brentano im Juni 1802, die heute als Geburtsstunde der Rheinromantik gilt. Tagebuch hat offenbar keiner von beiden geführt. Ein paar Briefstellen, ein paar Verse fangen die Stimmung jener Tage – natürlich «romantisiert» – ein. Die beiden kannten sich aus Göttingen, wo sie studierten. Brentano hatte bereits als Schriftsteller debütiert. Sein Roman *Godwi* war im Jahr zuvor erschienen. Er enthielt die so folgenreiche «Lore-Lay-Ballade». Anfang

Juni trafen sie sich in Frankfurt am Main, wo Brentanos Familie zu Hause war. Von dort brachen sie auf. Bettina, Clemens' 17-jährige Schwester, begleitete sie ans Schiff nach Mainz: «O Clemente, Deine blaue Halsbinde, Deine wunderschön lederne Beinkleider …, so fein und elegant, mit rotem Mützchen über Deinen tausend schwarzen Locken …» Arnim dagegen, Bettinas späterer Mann, «ein schöner, munterer, vollblühender preußischer Jüngling», wirkte «in seinem weiten Überrock, die Naht im Ärmel aufgetrennt, … die Mütze mit halb aufgerissnem Futter», eher «schlampig».

Vier Tage logiert man in Rüdesheim. Tagesgespräch im Rheingau ist übrigens die Verhaftung des «ohngefähr» 22-jährigen Johannes Bückler, allgemein bekannt unter dem Namen «Schinderhannes», und dessen Überstellung in Ketten nach Mainz. Die beiden Romantiker kümmern die «Schinderhannessianer» wenig. Man verbringt die frühsommerlichen Tage, in denen «die Trauben am Rheine blühten», damit, in der Umgebung «umherzuschweifen». Clemens Brentano reimte rückblickend im Volksliedton: «Es setzten zwei Vertraute / Zum Rhein den Wanderstab, / Der braune trug die Laute, / das Lied der blonde gab». Sie wandern zum Kloster Nothgottes oberhalb von Rüdesheim, heute ein kirchliches Bildungszentrum, und «im Eichenwald der Osteins», wo heute das Niederwalddenkmal steht (noch ein Faustschlag aus Stein). Damals befand sich dort ein Landschaftspark mit Eremitage, Köhlerhütte, künstlicher Ruine und griechischem Tempel. Alles war darauf angelegt, grandiose Ausblicke zu inszenieren: auf die trutzige Burgruine Ehrenfels, den Mäuseturm und das Binger Loch, nach Bingen und hinüber zum Rochusberg mit der 1795 von französischen Revolutionstruppen zerstörten Kapelle. Miteinander steigen sie «in den Thurm bei Rüdesheim» (vermutlich den Adlerturm der Stadtbefestigung). «Da stelltest du dich an das einzige Fenster», erinnert sich Clemens später, «und sahst den Rhein sehr ernsthaft hinauf, ich aber stand im dunklen Turm und spielte Guitarre ...» Von Assmannshausen aus fahren die beiden Jünglinge im Nachen über den Strom und wandern ein Stück im Kreuzbachtal auf der linken Rheinseite. Dann nehmen sie das Postboot von Bingen «den Rhein herunter» an der Loreley vorbei nach «Coblenz». Von den Gesängen der Schiffer, die sie an Bord hören, lassen sie sich zu einem Buchprojekt inspirieren. 1805 erscheint *Des Knaben Wunderhorn*, eine Sammlung von Volksliedern. Auf der «fliegenden Brücke», der Rheinfähre bei Koblenz, nehmen sie Abschied. «Es wird mir», schreibt Clemens wehmütig, «nie wieder so wohl werden als im Kahne von Assmannshausen und zu Nothgottes und im Kreuzbach.» Achim von Arnim bricht zu seiner «grand tour» durch die Schweiz, Italien und Frankreich auf. Dabei ist er die meiste Zeit mit der Postkutsche unterwegs, aber die Alpen überquert er zu Fuß und erlebt, wie es ist, eine solche Strecke «ganz durch eigene Kraft fußwandernd zurück gelegt zu haben».

Das Skizzenbuch *Itinerary Rhine Tour* und die daraus entstandenen Aquarelle von William Turner sind ein visualisiertes Tagebuch einer Fußreise am Rhein. «Can ich minen mantlesack hier lasen?», war eine der Redewendungen, die sich der in England längst berühmte Maler aus einem Sprachführer notiert hat, als er Mitte August 1817 in Köln aufbricht. Er reist mit leichtem Gepäck. Seine Umhängetasche enthält nicht viel mehr als ein Wams, ein Paar Strümpfe, Halstücher und Hemden, Rasiermesser und Farbkasten. Skizzenbücher und Stifte trägt er in der Rocktasche. Der 42-Jährige wandert zügig. Schon nach drei Tagen erreicht er Koblenz. Ziel der

Romantisches Wandern   **221**

nächsten Tagesetappe ist immerhin St. Goar. Unterwegs porträtiert er seine erste Rheinburg, die Stolzenfels, dann von verschiedenen Standpunkten aus die Marksburg, gegen Abend nur noch sehr flüchtig Wellmich und Burg Maus. Er muss ziemlich erschöpft gewesen sein. «Vier ist myn simmer?» Viel mehr wird ihn bei der Ankunft in St. Goar nicht mehr interessiert haben. Turner bleibt zwei Nächte dort. Sein Skizzenbuch füllt sich mit winzigen Bleistiftskizzen von Straßen- und Flussansichten und Burgen. Vom linksrheinischen Ufer aus zeichnet er aus sieben verschiedenen Blickwinkeln die «Laureligh». Von St. Goar geht der Maler an einem Tag nach Bingen, skizziert Rüdesheim und das Binger Loch und nimmt dann die «Wasser-Diligence», das reguläre Passagierboot, das zu der Zeit noch mit Pferdekräften stromaufwärts getreidelt wird. Am 24. August, sechs Tage nach seinem Aufbruch in Köln, erreicht er Mainz. Sein Skizzenbuch bildet die Grundlage für zahlreiche Zeichnungen und Aquarelle. Sie machen den Rhein in England endgültig zu einer Sehnsuchtslandschaft. Die meisten seiner Bilder hängen in der Tate-Gallery in London. In dem schönen Ausstellungskatalog *Turner in Deutschland* sind etliche abgedruckt.

Die Bildwelten der Rheinromantik lassen sich in den großen Museen der Region besichtigen: in Köln (Kölnisches Stadtmuseum), Koblenz (Mittelrhein-Museum), Mainz (Landesmuseum). Langweilige Galerien des immer Gleichen? Isoliert betrachtet, ja. Man lese aber einmal Bilder und literarische Texte parallel! Stimmungen, Motive, Orte der Bilder in der zeitgenössischen Dichtung wiederzufinden und beim Wandern in der realen Landschaft von heute nach ihnen zu fahnden, das ist reizvoll und erhellend.

«Hier sind noch tausend herrliche Wege, die alle nach

berühmten Gegenden des Rheins führen», schrieb Bettina von Arnim unter dem Datum des 16. Juni 1808 an Goethe. Dass sie für ihr Buch *Goethes Briefwechsel mit einem Kinde* die Originalbriefe stark bearbeitet und ergänzt, ganze Briefe frei erfunden hat, ist bekannt. Ob authentisch oder fiktiv, die Briefe des Sommers 1808 sind eine wunderbare Quelle der Inspiration für die Kunst des Wanderns. Bettina ist gerade 23 Jahre alt geworden, also nach damaligem Recht noch nicht volljährig. Ihre Eltern sind tot. Sie lebt in Frankfurt im Haushalt ihres Bruders und Vormunds Franz Brentano. Der Kaufmann und Millionär will sie zu «weiblicher Glückseligkeit» durch Ehe und Familie zwingen. Aber sie ist sich gewiss, «dass eine große Sehnsucht mit einem starken Willen alle Räume durchfliegt». Von Anfang Mai bis Ende August 1808 wohnt Bettina im familieneigenen Landhaus nahe am Flussufer in dem Rheingau-Ort Winkel und übt sich im Extremwandern.

Vor Sonnenaufgang aufstehen, den «Nachen … verstohlen von der Kette lösen» und ein Stück rudern, an Land gehen. So beginnt (am 7. Juli) einer ihrer vielen Wandertage. «Ohne Wahl belaufe ich dann einen der vielen Strahlenwege, die sich hier nach allen Seiten auftun.» Die «allumfassende Höhe» und die Sonne, «die plötzlich alles aus dem Schlaf weckt», lösen alle Verspannungen. Sie klimmt herab an Felswänden, sucht sich kleine Höhlen – «in denen verschnauf ich» – oder liegt «am unbeschatteten Ort mit brennenden Wangen» und sammelt Mut, «wieder hinüber zu klettern zur duftenden Linde». Ein Finkenweibchen im Nest beobachten, den Streit von gänsehütenden Bauernkindern schlichten – so enden irgendwo zwischen Johannisberg, Scharlachberg und Schloss Vollrads die Abenteuer des Tages.

«Warst Du schon auf dem Rochusberg?», fragt Bettina am 18. Juli ihren Weimarer Brieffreund. «Er ist mir der liebste Platz im Rheingau.» Von der zerstörten Kapelle aus genießt sie die Aussichten über Hunsrück und Nahetal, auf die Taunusberge und den ziehenden Strom, den sie «mit allen grünen Inseln wie mit Smaragden geschmückt» unter sich sieht. Auf der Kuppe – ringsum «alles Blüte und Wohlgeruch» – hat sie eine ganze Nacht verbracht. Angst? Doch nicht in der Gemeinschaft mit dem aufgehenden Mond und den Hunderttausenden von Sternen. «Ja, wer bin ich denn, dass ich mich fürchten sollte?», fragt sie Goethe. «Da legte ich mich auf die andere Seite und sagte den Sternen gute Nacht.» Die Julinächte sind nicht lang. «Da ich erwachte, war's mir, als hätte ich Großes erlebt.» Die Nacht draußen genießt sie als befreiende Erfahrung. «Das ist mein Gelübde: Freiheit von allen Banden und dass ich nur dem Geist glauben will, der Schönes offenbart, der Seligkeit prophezeit.» Sich im Nachttau waschen, im Morgenwind trocknen, beim Herabsteigen wärmen. So beginnt der neue Tag. «Die Schmetterlinge flogen schon um die Blumen; ich trieb sie alle vor mir her, und wo ich unterwegs einen sah, da jagte ich ihn zu meiner Herde.»

Ein weißes Kleid, ein Strohhut, ein langer Hakenstock sind Bettinas Ausrüstung beim Wandern. Wohl auch, als sie Ende Juli in einer kleinen Gesellschaft den Steilhang von Burg Rheinfels oberhalb von St. Goar erklimmt. «Meine Hände sind von Dornen geritzt, und meine Knie zittern noch von der Anstrengung, denn ich war voran und wählte den kürzesten und steilsten Weg.» Oben hat sie viel Muße, den Lauf des Rheins zu betrachten, der «um den verzauberten Lurlei sich herumschwingt, über Felsenschichten hinrauschend, schäumt, bullert, schwillt, gegen den Riff anschießt ...» Die Burgmauer schützt sie vor dem Regenguss, während ihre Mitwanderer «mit roten und grünen Parapluies mühsam den schlüpfrigen Pfad hinaufklettern» und kurz vor dem Ziel verzagt wieder umkehren. Am nächsten Morgen früh um vier Uhr ist sie schon wieder auf den Beinen, hilft den Salmfischern von St. Goarshausen, auf den Fang zu «lauern».

Bettinas letzte große Wanderung dieses Sommers führt in eines der Seitentäler des Rheins, das Wispertal. Diesmal geht sie zusammen mit Achim von Arnim. Ihr Ziel, ein Sauerbrunnen am Grolochsbach, lag in einer «wüsten Wildnis» hinter dem heutigen Forsthaus Weißenthurm. «Das Tal wird endlich so enge, dass man genötigt ist, im Fluss zu gehen. Da kann man nicht besser tun, als barfuß und etwas hochgeschürzt von Stein zu Stein springen, bald hüben, bald drüben am Ufer sich forthelfen.» Zum Ausruhen legt sie sich auf eine Felsplatte, «mit dem glühenden Gesicht auf dem feuchten Stein; das stürzende Wasser beregnete mich fein ...» Man hat die Strecke und die Strapazen völlig unterschätzt, erreicht das Ziel erst um acht Uhr, kehrt ohne Pause um und kommt nach zwölf Stunden nachts um eins zu Hause an. «Ich stieg in ein Bad, das mir bereitet war», berichtet sie Goethe, «und setzte eine Flasche Rheinwein an und ließ es so lange heruntergluckern, bis ich den Boden sah.»

Das romantische Wandern ist subversiv. Fußreisen sind in dieser Epoche noch Sache der Unterschichten. Der Adel reitet, fährt mit der Kutsche und lustwandelt in Parks. Die Jugend der höheren Klassen sucht, indem sie wandert, den direkten Kontakt zur freien Natur und zum einfachen Volk. Niemand von den Romantikern, so scheint es, ist so wild gewandert wie Bettina von Arnim. Sie besaß einen angeborenen Drang «zum eigenen freien Bewegen». An den ganzheit-lichen Weltbildern ihrer Zeit hat sie ihre spontane Freude an der einfachen «Haushaltung der Natur» (ein Topos der Goethe-Zeit, den Ernst Haeckel 1866 in Jena mit «Oecolo-gie» übersetzte) weiter ausgebildet. «Man müsse im Ein-klang leben wollen mit der Natur», hatte ihre Freundin Karo-line von Günderrode gefordert. Und Bettina antwortete mit einem Satz, in dem ihre Kunst des Wanderns schon in der Sprachmelodie mitschwingt: «Ich fühl's, wenn ich gehe in der freien Luft, im Wald oder an Bergen hinauf, da liegt ein Rhythmus in meiner Seele, nach dem muss ich denken, und meine Stimmung ändert sich im Takt.»

Routen

Der Zauber dieser Landschaft, das wussten die Romantiker, liegt in der engen Verschränkung von exquisiter Natur und exquisiter Kultur. Das wird in dieser Region gerade neu ent-deckt. Die Anerkennung als UNESCO-Welterbe hat – nicht überall, aber an vielen Stellen – ein neues Selbstbewusstsein erzeugt. Nicht die museale Konservierung unter einer Käse-glocke, sondern die Gestaltung der Region im Sinne der Nach-haltigkeit ist das neue Leitbild. Auch im Tourismus. Man wirbt nicht länger mit den Kegelklubattraktionen der Rüdesheimer Drosselgasse, sondern eher mit der blauen Stunde, der Abend-dämmerung, mit der Bacharacher Wernerkapelle oder den schmalen Pfaden durch die Weinbergterrassen. Von dem neu-en Denken profitieren nicht zuletzt die Wanderer. Zwei neue Weitwanderwege sind in den letzten Jahren entstanden.

«Wer den Rhein liebt, muss an der Kante wandern», sagt

Helmut Frank, Wanderführer und Wegeplaner aus Boppard. Das ist, kurz gesagt, die Philosophie der beiden neuen Wanderrouten am Rhein. Seit 2005 gibt es den durchgängig von Bonn bis Wiesbaden markierten Rheinsteig. Er läuft rechtsrheinisch. Am Mittelrhein, von Koblenz-Ehrenbreitstein bis Rüdesheim, ist er 140 Kilometer lang. Der Rheinburgen-Wanderweg verbindet linksrheinisch Koblenz mit Bingen. Beide nutzen verschiedene alte Wanderwege. Das Konzept, mit dem die Planer sie neu verknüpft haben, ist gut durchdacht: die Route in möglichst vielen Bereichen so nahe, wie es geht, an der Abbruchkante des Talhangs entlangführen; auf diese Weise dem Wanderer immer wieder wechselnde Blicke in den Canyon des Rheins bieten; Straßen und geteerte Wirtschaftswege meiden; felsige Pfade, erdige Graswege, Weinbergswege bevorzugen; möglichst viele von den charakteristischen Naturräumen und den kulturellen Schätzen des Rheintals berühren; die Route narrensicher markieren; genügend Übernachtungsmöglichkeiten bereitstellen; Information und Buchung leicht handhabbar machen. So entstehen «Premium-Wanderwege». Ihr Vorzug: Man kann losgehen und ihnen tagelang einfach folgen. An jedem Punkt ist man gut aufgehoben. Selbst zu navigieren ist überflüssig, denn verlaufen kann man sich kaum. Grandiose Aussichtspunkte und kulturelle Höhepunkte kommen am laufenden Band auf einen zu. Die Sorge um das Nachtquartier ist unnötig. Rheinsteig und Rheinburgen-Wanderweg ermöglichen beide diese Art von unbeschwertem Wandern. Gut für Gruppen. Gut für Solo-Wanderer, die schöne Landschaft genießen und ihren eigenen Gedanken nachhängen wollen.

Beide Wege sind keineswegs «sanft». Um nahe an der Kante des Talhangs zu bleiben, müssen sie die Seitentäler dort queren, wo sie am tiefsten eingekerbt sind. Das bedeutet ein häufiges Auf und Ab mit stellenweise extrem steilen Partien. «Wandern auf hohem Niveau», nennen das die Wegeplaner. Der Pferdefuß steckt jedoch woanders. Das Rheintal ist eine äußerst dicht besiedelte Region und eine zentrale europäische Transitachse. Wer in Sichtweite des Stroms wandert, den begleitet ständiger Verkehrslärm. Hinzu kommt: Die Routen bleiben auf ihrer jeweiligen Seite. An den ökologischen und kulturellen Kleinodien des anderen Ufers gehen sie vorbei. Wem das zu «linear» ist, kann sich seinen eigenen Traumpfad basteln. Also nicht entweder den Rheinsteig oder sein Gegenstück «durchwandern», sondern beide streckenweise nutzen und öfter mit den Fähren die Talseite wechseln. Wer einige der extrem steilen Passagen umgehen will, wandert ein Stück am Ufer, also auf dem Radweg oder Treidelpfad, muss dafür Asphalt und einen hohen Lärmpegel in Kauf nehmen. Wer Oasen der Stille sucht, findet sie in den Seitentälern, wird aber auf dem Weg dahin ins Schwitzen kommen. Ökologische und kulturelle Schätze findet man auf beiden Seiten, linksrheinisch mehr Kultur, rechts mehr Natur. Wer sich seine Sightseeing-Liste selbst zusammenstellt, muss pendeln. Jedes starre Besichtigungsprogramm wird allerdings schnell zur Belastung. Man muss nicht auf jeder Burg, jeder Fünf-Sterne-Aussicht gewesen sein. Ziele im Raum nach eigenem Geschmack festzulegen und flexibel zu erwandern, statt sich einem Weitwanderweg ganz anzuvertrauen, macht eine Wanderung in gewisser Weise «unruhig». Ob man das in Kauf nehmen will, muss man selber wissen. «Keep your corners quiet, centre your interest», empfahl William Turner, der Landschaftsmaler, einer Schülerin. Bleib zentriert! Auf das, was du wirklich willst.

Ich für meinen Teil bleibe für die letzte Etappe meiner Wanderung linksrheinisch. Auf Bacharach zum Beispiel, das alte Zentrum des Weinhandels, will ich nicht verzichten. Unvergesslich der gewitterträchtige Abend im «Posthof». Im Innenhof oder der Remise des mittelalterlichen Ensembles unter der Ruine der Wernerkapelle kann man wunderbar sitzen. Die Speisekarte bietet keine Touristenmenüs, «Original-Rittermahlzeiten» oder dergleichen. Hier kommt vom Brot über den Fisch und das Lammfleisch bis – natürlich – zum Wein alles aus der Region und wird nach regionalen Rezepten frisch zubereitet. Unverzichtbar auch der Abstecher ins Morgenbachtal, eines der «wildromantischen» Seitentäler des Rheins, dessen Oberlauf man von Burg Sooneck durch den Binger Wald erreicht. Hier kann man mal wieder in tiefe Waldesstille eintauchen. Der Abstieg durch die Schlucht führt durch eine ökologische Schatzkammer. Der Morgenbach endet seinen Lauf in Trechtingshausen. In einem dicken Rohr fließt er unter Bahntrasse und Bundesstraße 9 hindurch und mündet, Flusskilometer 534, zwischen den Fahnenmasten und Stellplätzen eines überdimensionierten Campingplatzes in den Rhein.

Gleich nebenan aber steht die romanische Clemenskapelle, ein Lieblingsmotiv der Rheinromantik – und bei jeder meiner Zugfahrten ein gespannt erwarteter Anblick. Ein Hauch vom Geist des Ortes weht noch auf dem kleinen Kirchhof. Hier findet man viele Gräber, die ohne Namen blieben. Dort liegen Menschen, die aus verschiedenen Gründen im Rhein zu Tode kamen und in dieser ersten Stillwasserzone hinter der Felsstrecke des Binger Lochs angespült wurden. Vielleicht wäre hier auch Karoline von Günderrode begraben worden, die sich 1806 in Winkel am Rheinufer aus Trauer über ihre gescheiterte Liebe erdolchte. Als sie «die schöne Erde verließ» (Bettina), hatte sie sich ein Säckchen Steine umgehängt, um in den Fluten zu versinken, fiel jedoch rücklings zu Boden und blieb am Ufer liegen.

Flussgefühl

Gewiss sind es die ständig wechselnden Aussichten, die das Wandern am Rhein so attraktiv machen. Wandert man jedoch die ganze Strecke durch, sollte man gut dosieren. Beim zehnten spektakulären Rheinblick des Tages schaut man nicht mehr unbedingt hin. Dann wird es Zeit, seinen Weg auch mal nach ganz unten zu verlagern. Ans Ufer.

Zu den schönsten Momenten meiner fünftägigen Wanderung zähle ich die langen Pausen auf einem Steg im Fluss unterhalb von Schloss Stolzenfels (Rheinkilometer 585) oder auf einem Baumstamm im Auengehölz am Binger Loch (Rheinkilometer 531). Dem fließenden Wasser zuzusehen, zu hören, wie die Wellen ans Ufer schlagen, die vorbeifahrenden Kähne zu beobachten wirkt beruhigend, trotz des Lärms ringsum. Mit Anglern, Radlern, Müßiggängern zu plaudern macht Spaß. Die Alten zeigen einem die Stellen, wo sie als Kinder durch den Fluss geschwommen sind, nie im Voraus wissend, wo sie anlanden würden, immer im Kampf mit der Strömung und mit den Schiffern, die jeden Versuch, den Kahn zu entern, fluchend und mit dem Wasserschlauch spritzend oder schlagend abwehrten. Verächtlich lassen sie die heutigen Hightech-Containerfrachter passieren, die zwischen Rotterdam und Basel «den Anker nicht mehr nass machen».

Einen Schlafplatz am Fluss findet man allemal. Man muss

wohl etwas länger nach einer Stelle suchen, die versteckt genug und einigermaßen sauber ist. Und natürlich sollte man darauf eingestellt sein, dass Züge und Autos die ganze Nacht hindurch fahren. Die Aussicht aus dem Schlafsack auf den mondbeschienenen Strom entschädigt. Einmal traf ich frühmorgens Kanuwanderer, die gerade ihr Zelt abbrachen. Ein Vater mit seinem zwölfjährigen Sohn, unterwegs von Speyer nach Bonn. Ob das nicht riskant sei? Nein, man müsse sich einfach zwischen Fahrrinne und Ufer halten. Zum Wandern sind die Uferwege eigentlich nicht vorgesehen. Der Rheinradweg, der durchgängig linksrheinisch direkt am Fluss verläuft, ist besonders an den Wochenenden des Sommers extrem stark befahren. In den unübersichtlichen Biegungen sollte man sich vor Kollisionen in Acht nehmen. Dieses schmale Asphaltband ist jedoch auf kurze Strecken durchaus auch für Wanderer ein guter Weg, um ein «Flussgefühl» zu gewinnen. Nirgendwo ist man der Route so nahe, die Fußreisende am Rhein durch die Jahrhunderte genommen haben. Dem Charakter der römischen Heerstraße, der mittelalterlichen Reichsstraße und der Route Napoléon kommt der Radweg wohl näher als die heutige B 9.

An ganz wenigen Abschnitten kann der aufmerksame Wanderer sogar noch einen Überrest des alten Leinpfades entdecken und nutzen. Kurz vor Rhens, Rheinkilometer 584, stößt man auf ein Schild der Wasser- und Schifffahrtsverwaltung mit der Aufschrift «Leinpfadbrück». Nur ein unscheinbarer Erd-Gras-Pfad verläuft zwischen Ufer und Kleingärten. Aber es ist ein letztes Stück des durchgängigen Weges, der über Jahrhunderte eine Lebenslinie bildete. Hier gingen die Treidler mit ihren Pferden. Auf manchen alten Stichen sind sie zu sehen. William Turner beispielsweise hat sie auf einem Bild

Flussgefühl **231**

verewigt. Im Schlepptau zogen, «treidelten», sie die Schiffe «zu Berge», also flussaufwärts. Eine unendlich mühselige, ganz und gar unromantische Knochenarbeit für Mensch und Tier. Die Einführung der Dampfschifffahrt um 1830 machte sie nach und nach überflüssig.

Das absolute Kontrastprogramm zu den einsamen Saumpfaden der Höhen und Seitentäler sind die Rheinuferpromenaden der Städtchen. Vor dem Flusspanorama flaniert man unter schattenspendenden Alleebäumen an Hafenbecken und Grünanlagen vorbei. Cafés, Snackstände, Eisdielen und Souvenirläden konzentrieren sich an den Anlegestellen. Viermal am Tag, wenn die eleganten Schiffe der Reederei Köln-Düsseldorfer – immer pünktlich – hinter der nächsten Flussbiegung in Sicht kommen und ihre Anlegemanöver vollführen, wird es hier betriebsam. Während einer Tagesetappe kann man das Linienschiff nutzen, um kurze Distanzen zu überbrücken oder dort, wo keine Fähre verkehrt, auf die andere Rheinseite zu wechseln. Über den schaukelnden Steg geht man an Bord. Das verhaltene Gerangel um die aussichtsreichsten freien Sitzplätze ist schnell vorbei. Dann kann man in die Atmosphäre an Deck eintauchen. Ein paar Rucksacktouristen, viele Familien mit Kindern bevölkern das Schiff. Und internationales Publikum: Busladungen von Engländern und Holländern, Gruppenreisende aus Japan, China, Indien, russische Touristen. Stimmengewirr, Kinderlärm, Pommes-frites- und Dieselgerüche. Entspannte, heitere Ferienstimmung vor großer Landschaftskulisse.

Das letzte Stück gehe ich wieder auf asphaltierten Wegen am Fluss. Durch einen Auenwald aus Pappeln und Weiden und einen breiten Schilfgürtel erreicht man das Ufer und steht – Rheinkilometer 530 – am Binger Loch. Das spektaku-

232 Am Strom

lärste Ensemble der ganzen Wanderung: der Mäuseturm auf
der Insel im Fluss, die Ruine von Burg Ehrenfels am gegenüberliegenden Abhang, weit hinten die Kapelle auf dem Rochusberg, dazwischen die hügelige Stadtlandschaft von Bingen. Auf dem Rupertsberg im Ortsteil Bingerbrück stand –
noch zur Zeit der Romantik – das Kloster der Hildegard von
Bingen, der rheinischen Mystikerin. Bis auf einen vor kurzem
freigelegten Gewölbekeller im Gebäude eines Sonnenstudios
ist nichts davon erhalten. Ich nehme die Personenfähre hinüber nach Rüdesheim, Rheinkilometer 528, wandere wieder
in praller Sonne durch Weinberge hinauf zur Abtei St. Hildegard in Eibingen. Noch einmal ein Stück Rheinsteig. Bi-
schofsberg, Klosterlay, Klosterberg heißen die Lagen am Weg.
Als ich ankomme, ist die Besichtigungszeit für das Kloster
gerade vorbei. Ich merke, dass die Kirchentür noch nicht verschlossen ist, und trete ein. Aus dem Seitenschiff sind auf
einmal Schritte zu hören. Niemand kommt. Stattdessen ertönt Gesang. Die Klosterfrauen beginnen ihre Abendvesper.
Ich bilde mir ein, der himmlischen Vokalmusik der Hildegard
von Bingen zu lauschen. Der Gesang endet. Wieder die de-
zenten Schritte der Nonnen. Dann Stille.

Vier Stunden braucht das Linienschiff der KD für die
Fahrt «talwärts» von Rüdesheim, Rheinkilometer 527, nach
Koblenz, Rheinkilometer 590. Wer sich die Zeit nimmt, kann
seine Route und seine Erlebnisse an sich vorbeiziehen lassen.
Der perfekte Ausklang einer Wanderung am Mittelrhein.

Spirituelles Wandern

Immer schon gab es Formen des Wanderns, die nicht ökonomischen Zwecken dienten, sondern dem Seelenheil. Und es hat sehr den Anschein, als ob das spirituelle Wandern im 21. Jahrhundert eine Wiederkehr erlebt, was nicht unbedingt mit der vielbeschworenen «Rückkehr der Religion» zu tun hat. Aber nach dem Abschied von den kollektiven Gewissheiten scheint das Bedürfnis, seine Traumzeit, den ureigenen Gral, seine höchstpersönliche blaue Blume, die Vision für das eigene Leben zu entdecken, neu zu erwachen. Chatwins Reiseroman über die «Songlines» haben die archaischen Kultplätze im abgelegenen Inneren Australiens auf die Landkarte des Ferntourismus gebracht. Der Jakobsweg in Spanien ist heute vermutlich so bevölkert wie zur Zeit der Gotik. Immer mehr Reiseveranstalter bieten «Visionssuchen» in der Wildnis an. So unterschiedlich die Rituale sein mögen, Methoden und Ziele ähneln sich: In Phasen der persönlichen und gesellschaftlichen Krisen und Umbrüche einen möglichst großen Abstand vom Alltag suchen. Sich allein und ohne Ballast in einer geschichtsträchtigen Landschaft bewegen. Unterwegs sich den existenziellen Fragen stellen: Wer bin ich? Wo stehe ich? Wo will ich hin? An was glaube ich? Zu wem gehöre ich? Was ist mein Auftrag? Um dann mit den Umrissen eines erneuerten tragfähigen Lebensentwurfs gestärkt und gereift in den Alltag zurückzukehren.

Traumpfade – «Songlines». In den «Fußstapfen der Ahnen» zu gehen ist eine uralte und ureigene Technik der australischen Aborigines. Es geht darum, die ungeheure Weite des Kontinents lesen und verstehen zu lernen. Von «Songlines» sprach der britische Autor Bruce Chatwin in seiner großen Reiseerzählung aus dem Jahr 1987. Unter dem Titel *Traumpfade* wurde sie auch im deutschsprachigen Raum zum Kultbuch. Der «Roman» – die Grenze zwischen Fiktion und Reportage ist fließend – handelt von Erlebnissen eines Ich-Erzählers auf der Suche nach dem Geheimnis der nomadischen Lebensform. Er findet es in den «Songlines» der australischen Aborigines. Was aber sind Songlines?

Folgt man Chatwins Bericht, so verfügt jeder Stamm über einen von Generation zu Generation mündlich weitergegebenen «Song». Das sei ein vielstrophiger Gesang, der markante Punkte in der Landschaft, also Gebirgskämme, Felsformationen, Baumgruppen, Wasserstellen in einer bestimmten Reihenfolge mit jeweils wenigen Worten und Tonfolgen benenne und besinge. In der mythischen «Traumzeit» des Stammes hätten totemistische Ahnen die Welt wandernd und singend ins Leben gerufen. Der jeweilige Mythos sei Schöpfungsgeschichte, Stammeschronik und Landkarte zugleich, ein sprachliches Gebilde, das die unverrückbare Gestalt der Landschaft benutze, um Mensch und Natur, kollektives Gedächtnis und individuelles Bewusstsein miteinander zu verknüpfen. So lege die Abfolge der besungenen topographischen Fixpunkte eine lineare Struktur in die unendliche Weite des Raumes – einen imaginierten und zugleich real begehbaren «Traumpfad». Besonders beauftragte und ausgebildete Weisheitslehrer dienten als Hüter der Überlieferung. Bei der Geburt erhalte jedes Kind das Wegerecht für ein Stück Songline, später erfolge dessen Einweihung in das Wissen des jeweiligen Textes und der Musik. Als Medium diene ein persönliches «Tjuringa», eine ovale Tafel aus Stein oder Holz, auf der die Songlines eingeritzt seien. Mit dieser mythologischen «Datenbank», nämlich Text und Melodie seines Gesangs im Kopf, begebe sich jedes

Spirituelles Wandern **235**

Stammesmitglied einmal im Leben auf den «walkabout», auf eine rituelle Wanderung über den Kontinent. Sie folge, wie laut Chatwin die Aborigines selbst sagen, den «footprints of the ancestors», den «Fußstapfen der Ahnen». Wandernd, durch seine körperliche Bewegung auf Wegen, die ihm vertraut seien, bevor er sie gehe, lerne der junge Mensch das Land und dessen Ökologie verstehen. Im Vorwärtsschreiten begebe er sich auf eine Zeitreise zurück zu den Ursprüngen, kommuniziere er mit den göttlichen Vorfahren, versetze er sich in die «Traumzeit» zurück. Durch seine Songline werde ihm die Landschaft belebt und «verzaubert». Aus den gesamten Songlines aller Stämme entstehe ein zusammenhängendes labyrinthisches Wegenetz, das den riesigen australischen Kontinent überspanne. «Die Aborigines glauben, dass ein ungesungenes Land ein totes Land ist: Denn wenn die Lieder vergessen sind, wird das Land selbst sterben.»

An einer Schlüsselstelle seines Buches schreibt Chatwin: «Ich habe eine Vision von den Songlines, die sich über Kontinente und Zeitalter erstreckt; dass, wo immer Menschen gegangen sind, sie die Spur eines Liedes hinterließen (von dem wir hin und wieder ein Echo auffangen können) und dass diese Spuren in Zeit und Raum zu isolierten Inseln in der afrikanischen Savanne zurückführen, wo der erste Mensch den Mund öffnete, den ihn umgebenden Schrecken zum Trotz, und die erste Strophe des Weltenliedes sang: ‹ICH BIN!›» Die Verbindung von Individuum, Gruppe, Raum und geistig-spirituellen Traditionen ist also überall möglich.

Global und in den Dimensionen von Menschheitsgeschichte zu denken heißt für Chatwin keineswegs, die prägende Erfahrung von Heimat abzustreifen. Mitten im australischen «outback» erinnert sich der Ich-Erzähler an einen Gang, den er als Kind mit seiner Tante im heimatlichen Stratford-on-Avon gemacht habe. Der Pfad am Fluss, auf dem sie gerade gingen, so habe ihm die alte Dame erzählt, sei einmal der Lieblingsweg Shakespeares gewesen. Ein «Traumpfad» vor der Haustür.

Poesie des Ortes – «uta-makura». Der Weg ist das Ziel. Die Kurzformel für taoistische und buddhistische Lebenskunst ist zur Allerweltsweisheit und zum Werbetext der Automobilindustrie banalisiert. Ein genauerer Blick auf den fernöstlichen «Kult des Weges» zeigt, dass nicht etwa ein Wandern ohne Ziel und Richtung gemeint ist, kein Umherschweifen in einem beliebigen Raum, schon gar nicht das lustvolle Fahren in PS-starken Autos auf kurvenreichen Straßen. Es geht vielmehr um die bewusste Annäherung an ein sorgsam gewähltes Ziel. Der Wunsch, ans Ziel zu gelangen, darf dabei nicht die Bedeutung jedes einzelnen Schrittes herabmindern. Das Aufsuchen von bestimmten bedeutungsgeladenen Orten in einer von sehnsüchtiger Spannung angetriebenen, oft auch kräftezehrenden Annäherung ist die Essenz von «angya», den zenbuddhistischen Wanderexerzitien. In diesem Zusammenhang erst erscheint der Weg als ebenso wichtig wie das Ziel.

Ein klassischer Text, der davon handelt, ist der Bericht des japanischen Dichters Basho (1644–1694) von seiner Wanderung durch den Norden der japanischen Hauptinsel. Im Alter von 46 Jahren bricht er 1689 in Tokio auf zu seiner großen Wanderung *Auf schmalen Pfaden durchs Hinterland* (so der Titel seines berühmten Reiseberichts). In 150 Tagen wird er eine Wegstrecke von 2400 Kilometern zurücklegen, zum Teil in unwegsamen Berggebieten, oft im Regen, manchmal bei Schnee. Sein tägliches Pensum – Ruhetage nicht eingerechnet – beläuft sich auf sieben bis zehn Li. Das sind 25 bis 35 Kilometer. Was treibt ihn an? «Im Geiste sah ich bereits den Mond von Matsushima.» Die-

Spirituelles Wandern **237**

ses Bild begleitet ihn beim Aufbruch. Matsushima, der entfernteste Punkt der geplanten Fußreise, ist eine inselreiche, von Föhrenwäldern und steilen Felsen umgebene Bucht am Pazifik. Seit alters her für die Schönheit ihrer Vollmondnächte berühmt, ist die Landschaft von zahlreichen Dichtern besungen worden. Basho schöpft aus dem Kanon der zu seiner Zeit schon weit über tausendjährigen japanischen Poesie. Eine Kette solcher poetischen Bilder von Orten verdichten sich zu einer Reiseroute. Sie formen seine Songlines, auch er folgt den «Fußstapfen der Ahnen». Die Sehnsucht, die in der Literatur verherrlichten Orte «in natura» zu sehen und zu erleben, bewegt ihn zu seiner langen Wanderung und lässt ihn unterwegs alle Strapazen verkraften.

Sein Idol ist der mittelalterliche Dichter-Mönch Saigyo (1118–1190). 500 Jahre vor Basho war Saigyo sein ganzes erwachsenes Leben lang durch Japan gewandert, um an Hunderten von Orten in Hunderten von Nächten den Mond zu schauen. Die Energie des Mondes und die Schönheit der Kirschblüte durchziehen leitmotivisch seine Dichtung. In immer neuen Variationen macht er die Phänomene zu Symbolen für Vollkommenheit – und Vergänglichkeit. «Was ich mir wünsche: / unter den Blüten weilend / im Frühling zu sterben, / gerade im zweiten Monat / zur Zeit des vollen Mondes.» Der Legende nach hat er dieses letzte Ziel erreicht.

Die Kette von Sehnsuchtsorten formt Bashos Route durch das Land. Er besichtigt einen Weidenbaum inmitten von Reisfeldern, den Saigyo in einem seiner Gedichte beschrieben hatte, und tritt in dessen Schatten. Die Schranke am Grenzpass von Shirakawa, die er erreicht, als die Heckenrosen blühen, ist ein Ort, der in der klassischen Dichtung vielfach besungen wurde. Eine Burgruine an seinem Weg birgt in einem Schrein das Schwert eines legendären Samurai. Ehrfürchtig steht er eines Nachts vor dem Allerheiligsten eines Tempels. «Durch die Zweiglücken sickerte Mondlicht auf die Sandfläche.» Diesen Sand vor seinen Augen hatte der Überlieferung nach ein buddhistischer Heiliger 300 Jahre zuvor eigenhändig ausgestreut. Einen langen Abstecher nimmt er in Kauf, um bei Sonnenuntergang über Klippen und bemooste Felsen zu einem Bergtempel zu gelangen, den man als einen besonderen Ort der Stille verehrt. Der Zauber des Augenblicks und die Texte der Dichter, die vor ihm hier waren, inspirieren ihn zu einem klassischen Haiku der japanischen Literatur: «Stille ...! / Tief bohrt sich in den Fels / das Sirren der Zikaden.»

«Uta-makura» heißen solche Orte in der japanischen Tradition. Das Wort lässt sich mit «Gedicht-Kissen» übersetzen. Oder genauer mit: «Gedicht-Kopf-Stütze», denn im alten Japan legte man nachts den Kopf auf ein kleines, nur wenig gepolstertes Bänkchen. Bei den Orten handelt es sich um Schau-Plätze, an denen sich die Schönheit und Erhabenheit von Natur und Landschaft auf charakteristische Weise konzentrieren. Ihre besondere ökologische, ästhetische und spirituelle Qualität hat Dichter, Maler und Mönche im Laufe der Jahrhunderte immer wieder aufs Neue angezogen und inspiriert. Deren Denkbilder, zu denen sie in den «Fußstapfen der Ahnen» das eigene Erleben verarbeiten, sind oft miniaturhafte Momentaufnahmen, die von Generation zu Generation überliefert und weitergedichtet werden. Diese Kontinuität und die daraus erwachsenen Landmarken wie Gedenksteine, Stelen, Tempel oder Schreine bilden die Aura dieser Orte, machen sie zu Kultplätzen. «Vergessen waren alle Beschwerden der Reise», schreibt Basho über die Ankunft an einem «Kopfkissen-Ort», «Tränen traten mir in die Augen.»

Ein Ritual vollzieht sich. Am langersehnten Ziel atmet der Wanderer die besondere Luft des Ortes, setzt sich mit den Erinnerungen und der Stimmung der Landschaft in Beziehung. Das

Bewusstsein: «Ich bin da», löst einen Gänsehauteffekt aus. Er wird von der Örtlichkeit «berührt», «angerührt» und «ergriffen». Der Ausdruck «mono no aware» (wörtlich: der Dinge Leid) meint das entzückte und zugleich wehmütige Berührtsein von den Dingen angesichts ihrer Schönheit und Vergänglichkeit. Er gelangt in eine Region, die höher ist als der Alltag. «Selbstvergessen» versenkt er sich in seine Umgebung, bis zu dem Punkt, wo er in ihr aufgeht. Der Ort setzt den Geist frei. In einem tranceartigen Ausnahmezustand wartet er auf eine Eingebung, die ihn sein Erleben in Gedanken und Worte fassen lässt. Ein neues Haiku, ein Denkbild, eine Idee machen ihn zum kreativen Fortsetzer und Erneuerer der Tradition. Er fühlt sich in den großen Strom der Zeit hineingenommen. Durch sein Erleben «im Herzen geläutert» setzt er seine Wanderung fort.

«Sangya» bedeutet: offen sein für die Wechselfälle, für unerwartete Erlebnisse und überraschende Begegnungen, für Windungen und Wendungen des Weges. Auch Irrwege und widrige Wetterereignisse und damit verbundene Strapazen nimmt man tief in sein Bewusstsein auf. Sie sind beispielhaft für die Unsicherheit und das Prekäre des Lebensweges. «Sangya» heißt auch: offen sein für die Erfahrung der kosmischen Zusammenhänge. Unterwegs Sonne und Mond auf ihren Bahnen beobachten, den Wechsel der Jahreszeiten wahrnehmen, Makrokosmos und Mikrokosmos, der Einmaligkeit der Naturphänomene und den Konstanten des Daseins nachspüren. Zuletzt: Gelassenheit gegenüber den existenziellen Fragen einüben. So wird die Wanderung zu einem starken Symbol für den gesamten Lebensweg.

Basho war mit den Werken des chinesischen Dichters Li Po (699–762) vertraut, in dessen berühmtem Gedicht *Frühlingsnachtgelage unter Pflaumen- und Pfirsichblüten* es heißt: «Das Leben in dieser flüchtigen Welt/gleicht einem Traum.» Das sind zwei Motive, die auch in der europäischen Literatur auftauchen: «La vida es sueño», das Leben – ein Traum, dichtete 1635 der spanische Jesuitenzögling Calderon. «Ich bin ein Gast auf Erden», schrieb 1666 in Berlin der lutherische Liederdichter Paul Gerhardt. Beide waren Zeitgenossen Bashos.

Die Pilgerfahrt. Pilgern ist spirituelles Wandern, ein Gebet mit den Füßen. Man wandert zu etwas Heiligem. Auf der Via Sancta geht jeder für sich, aber in den Spuren all derer, die vor ihm gingen. Der monotone Schritt, der gleichmäßige Rhythmus von Atem und Herzschlag, Gehen und Ruhen, Sonnenaufgang und Sonnenuntergang werden zum Medium für die meditative Annäherung an die Erfahrung des Göttlichen.

Der Mensch des frühen Mittelalters hatte einen Aktionsradius, der selten über fünfzehn Kilometer hinausreichte. Alles, was jenseits dieses Horizontes lag, erschien ihm fern und fremd, verlockend, aber auch bedrohlich. Reisen war das Privileg der Herrscher, der Wanderkaiser und ihrer Heere, der Kleriker und Händler, der Ausgestoßenen – und der Pilger. Die «peregrinatio spiritualis» ist im christlichen Europa eng mit dem Grab- und Reliquienkult verknüpft. Dieser setzte um 600 ein und hatte einen frühen Höhepunkt in der Karolingerzeit um 800. In dieser Epoche entdeckte man im nordwestlichen Zipfel der Iberischen Halbinsel ein Grab, von dem man glaubte, es berge die Gebeine des Apostels Jakobus. Die Kreuzzüge im ausgehenden 11. Jahrhundert schürten die Sehnsucht nach den heiligen Stätten und erweiterten den Radius des Pilgerns. Die wichtigsten Routen führten nach Rom, über Venedig auf dem Seeweg nach Jerusalem und nach Santiago de Compostela. Vor dem Aufbruch beglich man seine Schulden, machte sein Testament, beichtete und empfing den Pilgersegen. Am Ende des Weges aber lag verheißungsvoll eine heilige Stätte: ein Grab, der Schauplatz einer Erscheinung, die Aufbewahrungsstätte einer Reliquie. Dort angekommen, übte man die vorgegebenen Rituale aus: Man versenkte sich in ein ikonenhaftes Bild, berührte die Reliquie, zündete eine Kerze an, trank geweihtes Wasser.

Pilgern geht es immer um Heilung. Oft steht die Gesundung von leiblichen Krankheiten oder Gebrechen im Vordergrund. Meist aber ist es ihnen darum zu tun, auf diesem Weg für eine begangene schwere Sünde individuell und aktiv Buße zu tun, die Vergebung zu erlangen, sich mit Gott zu versöhnen und das künftige Seelenheil zu sichern.

«Ultreia!» Auf geht's! «Santiago!» Mittelalterliche Jakobspilger wanderten aus ganz West- und Mitteleuropa viele hundert Kilometer nach Santiago de Compostela, zum Finisterre, dem «finis terrae», dem geographischen Ende des alten Europa. Zu der Zeit lag es hart an der Grenze zum maurischen und damit islamischen Kulturraum. Pilger auf dem Camino de Santiago hatten ihre besondere Ausrüstung. Sie gingen in Schnürstiefeln oder Sandalen. Eine weitgeschnittene, aufgeschlitzte Pelerine und ein breitkrempiger Hut schützten vor Regen, Kälte und Sonnenbrand. Ein trapezförmiger lederner Beutel hing an einem Riemen über der Schulter. Er war eng, denn man führte nur kleine Vorräte mit sich, und stets offen, denn man war bereit, zu geben und zu nehmen und mit den Armen zu teilen. Der schulterhohe Wanderstab diente als dritter Fuß zur Entlastung beim Gehen, aber auch zur Abwehr von Hunden und Wölfen. Die Kalebasse, ein ausgehöhlter Kürbis, fasste den Wasservorrat. Das war alles. «Allez sur le léger!» Geht leicht!, so hieß die Regel. Die Jakobsmuschel, das Symbol des Apostels, war das jedem Menschen entlang des Weges geläufige Erkennungszeichen.

Eine Pilgerfahrt ist eine Unterbrechung des Alltags, ein Ausstieg auf Zeit. Pilger sind freiwillig arm. Im Extremfall gehen sie barfuß, ungewaschen und langhaarig ihren Weg. «Wandeln» – das alte Wort für «eine edlere Art des Ganges» (Grimms Wörterbuch) – und «sich wandeln» im Sinne von «verwandeln» hängen eng zusammen. «Wallen» wiederum, das Grundwort von «Wallfahrt», bezeichnet neben der Bewegung von Ort zu Ort auch die Bewegung des quellenden und sprudelnden Wassers. Die «innere Reise» zu den spirituellen Quellen der Existenz ist das eigentliche Ziel der «peregrinatio sacra». Das gesamte bisherige Leben läuft vor dem inneren Auge ab. Während man geht, ist Zeit, über sich selbst nachzusinnen. Pilgern befreit. Manchmal ist es freilich schlicht und einfach der einzige Weg, um aus der Enge des gewohnten Daseins auszubrechen. Unterwegs ist man selten allein. Pilgern ist auch das Erlebnis der Begegnung mit fremden und doch gleichgesinnten Menschen. Wenn die Wanderung gelingt, ist man dem Geheimnis des Menschseins und dem Geheimnis des ganz Anderen ein Stück näher gekommen. Das existenzielle Abenteuer, das sich der Pilger unterwegs erhofft, ist der Einbruch des Numinosen. Er macht sich auf den Weg, um eine Offenbarung zu erleben, die seinem Leben eine neue Richtung gibt und ihn in einen «neuen» Menschen verwandelt.

Viele Kulturen der Welt kennen die spirituelle Wanderung. Der heilige Fluss der Hindus ist der nordindische Ganges. Seine Quellen liegen im Himalaya, dem Dach der Welt und Wohnsitz der Götter. Varanasi (Benares), die Stadt am Ganges, ist eine der ältesten kontinuierlich bewohnten Städte der Erde und ein uralter Pilgerort. Mehr als eine Million Pilger kommen noch heute jedes Jahr hierher. An vielen Stellen des Ufers führen Treppen in den Fluss hinein. Mantras rezitierend, vollziehen die Pilgerinnen und Pilger dort das rituelle Bad. Es soll von allen Sünden reinigen. Nur zwei Wegstunden entfernt liegt Sarnath. An diesem Ort soll Gautama Siddharta, der Buddha, seine erste Predigt gehalten haben. Sie eröffnete seinen Zuhörern den achtfachen Pfad, auf dem innerer Frieden, Erleuchtung und Nirvana zu erreichen sei.

Die «hajj» (sprich: Hadsch), die Pilgerfahrt nach Mekka, ist ein zentrales Element des islamischen Glaubens. Es ist die Einladung Gottes in sein Haus. Die Kaaba ist für gläubige Moslems der Nabel der Welt: ein schwarzes, würfelförmiges Gebäude, laut Überlieferung auf göttliche Weisung von Abraham errichtet, das aus einem einzigen Raum besteht. Wo immer ein Moslem sich aufhält, richtet er bei jedem Gebet den Körper nach diesem Ort aus. Einmal im Leben, wenn irgend möglich, pilgert er dorthin. Zumindest die letzte Wegstrecke legt man zu Fuß zurück. Jeder Pilger ist in zwei weiße Tücher gehüllt. Alle sehen völlig gleich aus. Die Gewänder haben keine Taschen. Soziale Unterschiede sind aufgehoben. Alle trinken aus dem Zamzam-Brunnen, steinigen die «iblis», die Säulen, die das Böse verkörpern. Ist Mekka erreicht, beginnt der «tawaf», die siebenmalige rituelle Umkreisung der Kaaba. Inmitten eines riesigen Stroms von Menschen hat der Pilger das emotionalste Glaubenserlebnis seines Lebens. Es markiert einen Neuanfang für die Zeit, die ihm noch bleibt.

Der «grâl» (franz. «graal», engl. «grail») taucht Ende des 12. Jahrhunderts als Motiv in den westeuropäischen Literaturen auf. Das magische Wort bezeichnet den Abendmahlskelch Christi. Nach einer apokryphen, von der Kirche nie anerkannten Überlieferung habe Joseph von Arimathia in dem Gefäß bei der Kreuzigung Blutstropfen Christi aufgefangen. Danach bleibt der Gral verschollen. Auf verschlungenen Wegen soll er in das mittelalterliche Europa gelangt sein. Der französische Dichter Chrestien de Troyes verknüpft um 1200 die Gralserzählung mit der Artussage von den Rittern der Tafelrunde, die aus dem keltischen Kulturkreis stammt. Nun erscheint «le graal» als ein mit Edelsteinen besetztes Gefäß für die Aufbewahrung der Hostie. In Wolfram von Eschenbachs Nachdichtung, dem *Parzival*, wird der «grâl» zu einem Stein mit lebenspendender Kraft. Auf der Gralsburg inmitten eines großen Waldes hütet ihn eine «rîterlîche bruoderschaft». Bewusst bleibt er in ein geheimnisvolles Dunkel gehüllt. Der Gral symbolisiert die «heiligen dinge», das stets zu Erstrebende und doch nur durch göttliche Gnade zu Erlangende, also das Kostbarste im Leben, die höchsten Ziele. Der *Parzival* handelt vom Auf-dem-Weg-Sein, der stetigen lebenslangen Suchbewegung. Jede Annäherung an den Gralsbezirk ist voll von Gefahren und Verlockungen, von unvorhergesehenen Prüfungen, Strapazen, Bewährungsproben und metaphysischen Abenteuern. Es gibt keinen leichten Weg. Der Pilger hat zwar «vil vrîe wal». Aber unter der Vielzahl von Wegen, zwischen denen er wählen kann, führt nur einer zum Ziel. An den Weggabelungen, den Scheidewegen, ist immer die Entscheidung für den schmalen «stîc», den «phat», niemals die für die breite und bequeme «strâze» die richtige. Parzival ist Ritter. Seinem Stand gemäß reitet er, selbst im unwegsamen Gelände. Aber er lernt, dass es Ziele gibt, die man nur «ze vuoz», zu Fuß, erreichen kann. Der graubärtige Ritter, sein Weib und seine zwei schönen Töchter, denen Parzival an Karfreitag im verschneiten «wilden walt» an der Grenze zum Gralsbezirk begegnet – «sie giengen alle barvuoz».

Der Homo viator, der Wanderer, ist ein aktiv Suchender. Aber der Weg trägt, führt und leitet. Ihm selbst wohnt eine verlässliche Kraft inne, die sich ihm vom Ziel her überträgt. Indem sich der Pilger zielstrebig dem verborgenen Gral und der Aufdeckung des Geheimnisses nähert, gibt er seinem Leben eine neue Richtung. «Der Prozess der Selbsterkenntnis», so der Germanist Joachim Bumke, «steht im Mittelpunkt der Dichtung.» Die Suche

nach dem Gral dient dazu, sich und seine Bestimmung kennenzulernen.

Die blaue Blume. Wegbereiter der romantischen Fußreise war
Jean-Jacques Rousseau. Als junger Mann vagabundierte er wie
ein «compagnon», ein Handwerksgeselle, über die Landstraßen
zwischen Genf und Lyon, Turin und Paris. Der Liebe zum Wandern
blieb Rousseau treu. In den *Träumereien eines einsamen Spazier-
gängers*, die er gegen Ende seines Lebens aufschrieb, koppelte er
das freie, intuitive Denken an die Bewegung des freischweifen-
den Gehens. Nie habe er so intensiv gedacht und existiert, nie
sei er so sehr bei sich selbst gewesen. «Wandern ist für mich ein
Bedürfnis. Eine Fußreise bei schönem Wetter und in einer schönen Gegend zu machen, ohne Eile zu haben …, ist von allen
Arten zu leben am meisten nach meinem Geschmack.» Bis in
Rousseaus Epoche reiste man, um anzukommen. Für die Oberschichten war die Fortbewegung zu Pferd oder in der Kutsche die
einzig standesgemäße Art des Reisens. Rousseau hat das Wandern nobilitiert. Und er hat die Vorstellung von landschaftlicher
Schönheit revolutioniert. «Gießbäche, Felsen, dunkle Wälder …,
schroffe Pfade, die ebenso schwer zu erklettern wie herabzustei-
gen sind, Abgründe auf beiden Seiten, die mir Angst einjagen» –
was bis dahin als Wildnis und Ödland galt, erklärte man nun für
schön. Rousseau gehörte zu denen, die die Alpen in Mode brachten. Wie naturbelassene Nahrung, schlichte Kleidung, kindgemä-
ße Erziehung und körperliche Arbeit machte er das Wandern zu
einem Bestandteil seines Programms für eine andere Moderne.
Nach seinem Tod umschrieb man es mit der Kurzformel «Zurück
zur Natur». Sein Loblied auf das «vie ambulante» wirkte auf eine
ganze Generation europäischer Jugend.

Die «blaue Blume» ist eine Schöpfung der deutschen Romantik. Wilperts *Lexikon der Weltliteratur* beschreibt sie als «Inbegriff aller romantischen Sehnsucht nach dem Unendlichen, Unerreichbaren, All-Einen ...» Ein genauerer Blick auf dieses zarte Pflänzchen lohnt. Novalis hat das Symbol in seinem 1802 postum erschienenen Roman *Heinrich von Ofterdingen* eingeführt. Er schöpfte aus vielen Quellen. In der Geheimsprache der Alchemie, mit der sich der Dichter während seines Bergbaustudiums im sächsischen Freiberg beschäftigt hatte, spielte die Lilie eine Rolle – als Symbol für eine mit dem inneren Auge geschaute Realität. Eine thüringische Sage vom Kyffhäuser, also aus der engeren Heimat des Dichters, erzählt von einer Wunderblume, die einem Schäfer am Johannistag den Zugang zu einer Schatzhöhle öffnet. Als er sie mit vollen Taschen verlassen will, ruft eine Stimme: Vergiss das Beste nicht! Ohne den Sinn der Worte zu verstehen, verlässt er die Höhle. Sie schließt sich hinter ihm – für immer. Das Beste, die Wunderblume, bleibt verschollen.

Die blaue Blume ist ein Traumbild. In Novalis' Roman folgt Heinrich, die Hauptfigur, seinem Traumpfad durch einen dunklen Wald zu einer Felsenschlucht. Er klettert über bemooste Steine, gelangt über eine Bergwiese zu einer hohen Klippe, betritt den Gang zu einer weitläufigen Tropfsteinhöhle mit einem Wasserbecken, entkleidet sich, schwimmt mit einem leuchtenden unterirdischen Strom zutage und findet sich auf weichem Rasen an einer von dunkelblauen Felsen umgebenen Quelle. Diese Traumsequenz am Anfang des Romans ist stark erotisch aufgeladen. Die «männlichen» und «weiblichen» Aspekte signalisieren eine Intimität mit der durchwanderten Landschaft, die über Rousseaus Wohlgefallen an malerischen Gebirgspfaden weit hinausgeht. Das zugrundeliegende landschaftsästhetische Konzept hat Novalis an anderer Stelle formuliert: «Landschaften – Oberflächen – Structuren – Archetektonische. HöhlenLandschaften, Atmosphären, WolkenLandschaften. Die ganze Landschaft soll Ein Individuum bilden – Vegetation und unorganische Natur – Flüssige, Feste – Männliche – Weibliche, geognostische Landschaften. Natur Variationen … Die Bäume, Landschaften, Steine, Gemälde bewohnen. Eine Landschaft soll man fühlen wie einen Körper. Jede Landschaft ist ein idealischer Körper für eine besondere Art des Geistes …»

In dieser Körper-Landschaft also spielt der Traum Heinrichs und nähert sich seinem «peak experience». «Was ihn aber mit voller Macht anzog, war eine hohe lichtblaue Blume, die zunächst an der Quelle stand und ihn mit ihren breiten glänzenden Blättern berührte … Endlich wollte er sich ihr nähern, als sie auf einmal sich zu bewegen und zu verändern anfing; die Blätter wurden glänzender und schmiegten sich an den wachsenden Stängel, die Blume neigte sich ihm zu, und die Blütenblätter zeigten einen blauen ausgebreiteten Kragen, in welchem ein zartes Gesicht schwebte …» Die blaue Blume ist also keine Blume, sondern eine Verschmelzung von menschlichen und pflanzlichen Elementen, ein Mischwesen. Das Leitmotiv romantischer Naturphilosophie ist hier gestaltet: sich der Naturzugehörigkeit des Menschen wieder bewusst werden, die Entfremdung aufheben, die Einheit von Natur und Geist wiederherstellen. «Gehören», so fragte Novalis, «Tiere, Pflanzen und Steine, Gestirne und Lüfte nicht auch zur Menschheit? Und ist sie nicht ein bloßer Nervenknoten, in dem unendlich verschieden laufende Fäden sich kreuzen?»

Die Chiffre der blauen Blume, von Heinrich Heine zum umfassenden Symbol der ganzen Epoche erklärt, haben viele Dichter des 19. Jahrhunderts aufgenommen. Noch Friedrich Hebbel lässt den blauen Kelch einer Blume der blauen Glocke des Himmels entgegenwachsen. Der Jüngste Tag dagegen erscheint in seiner Phantasie als eine ungeheure rote Blume, die alles einsaugt. Vergiss das Beste nicht! Die Suche nach der blauen Blume wird zum lebenslangen Streben nach einem Ideal, nach dem tieferen Sinn der Existenz, der Erfahrung des Einsseins mit Natur und Kosmos. «Wo gehn wir denn hin?», fragt am Schluss von Novalis' Romanfragment Heinrich, mittlerweile als Pilger «auf einem schmalen Fußsteige, der ins Gebürg hinauflief», unterwegs. Und Zyane, das Mädchen, das ihm dort begegnet, antwortet: «Immer nach Hause.»

8. Am Strand

Du kannst die ganze Strecke barfuß wandern: von der Kaimauer des Rostocker Hafens bis zum Leuchtturm am Darßer Ort und weiter bis zum Pramort, dem äußersten Ende der Halbinsel Zingst. Der 80 Kilometer lange Streifen Ostseeküste ist ein einziger weißer Sandstrand. Landeinwärts ist er zunächst von einem Deich gesäumt, hinter dem dunkelgrün die Kiefernwipfel der Rostocker Heide aufragen. Hinter Wustrow wandert man für kurze Zeit an der haushohen rötlich gelben Lehmwand einer Steilküste entlang. Das Kliff flacht bald wieder ab und geht in einen vom Wind angewehten Dünenzug über. Der Darßer Weststrand ist einer der wenigen Abschnitte Naturküste, die wir in Deutschland noch haben. An seiner Leeseite steht ein ausgedehnter Küstenbuchenwald. Eine der raren Stellen in Europa, wo sich das Grollen des Meeres mit dem Rauschen eines tiefen Laubwaldes verwebt. Hat man die weite weiße Dünenlandschaft an der Bernsteininsel hinter sich und wandert den Nordstrand entlang, kommt der Inselarchipel zwischen Rügen und der Boddenküste ins Blickfeld. Am Horizont taucht die Insel Hiddensee aus dem Dunst auf.

In den Hundstagen des so beunruhigend schönen Sommers 2003 mache ich mich auf den Weg. Luft 28 Grad, Wasser 22 Grad, Windstärke 2. Für die nächsten Tage erwarten die Hydrologen in einigen windgeschützten Buchten der Ostsee einen Anstieg auf noch nie gemessene 26 Grad Wassertemperatur. Vor Gotland wurden noch in 20 Meter Wassertiefe 20 Grad gemessen. Vier Grad mehr als normal. Dort blühen flächende-ckend die Blaualgen.

Am Badestrand von Warnemünde: heißer Sand, nackte Leiber, sanfte Dünung. Erste Blicke aufs Meer. Die Horizont-linie ist so gut wie aufgehoben. Meeresoberfläche und Himmel verschwimmen zu einer einzigen pastellblauen Fläche. In die-sem Licht wirkt die Ostsee beinahe südseehaft. Mein Weg für die nächsten Tage ist der Spülsaum, der schmale, zum Wasser geneigte Streifen, an dem die Brandung, heute nur in kleinen Wellenreihen, ausläuft. Hier ist der Sand unter den Fußsohlen feucht, fest und glatt. Jede neue Welle macht den Weg vor mir frei, spült das Strandgut aus Kies, Tang und Muscheln höher den Strand hinauf, verwischt das kleine Sandrelief der Fußab-drücke, die ich hinterlassen habe. Der Spülsaum ist eine Zone intensiven Lebens. Jede noch so sanfte Welle bringt unzählige Lebewesen mit sich. Auf den umbrandeten, glatt- und rund-geschliffenen Steinblöcken hat sich hellgrüner Darmtang ange-siedelt und filtert das Plankton aus dem schäumenden Wasser. Florfliegen lecken sich am Glasleib einer Ohrenqualle satt. An-geschwemmter Grüntang, besetzt von winzig kleinen schwar-zen Punkten, den Larven der Miesmuschel, bringt den Geruch des Meeres mit. Fingerlange silberne Strandaale werden auf den Sand geworfen, schnellen sich empor und suchen den Weg zurück ins Wasser, bis die nächste, höhere Welle sie er-fasst und mitnimmt.

Manchmal wate ich eine Weile im knöcheltiefen Wasser oder gehe ein kurzes Stück im lockeren Sand, bevor ich auf den Spülsaum zurückkehre. Die Variationsmöglichkeiten ma-chen eine Strandwanderung zu etwas ganz Besonderem. Im Meerwasser zu waten ist ungemein erfrischend. Der Sand wärmt und massiert den Fuß. Auf dem Spülsaum geht man unangestrengt, fast schwerelos. Einiges ist jedoch gewöhnungsbedürftig. Im tiefen Sand findet der Fuß wenig Halt, rutscht in alle Richtungen, kann sich leicht verdrehen. An der Wasserlinie läuft man auf einer schrägen Ebene. Bein und Becken werden einseitig angehoben. Das Salzwasser macht die Haut weich und empfindlich für Abschürfungen, Blasenbildung und Sonnenbrand. Langsam angehen, die Gangart häufiger wechseln ist wie immer ein gutes Rezept. Die Füße, darauf kann man sich verlassen, lernen schnell. Der Rucksack jedenfalls ist ultraleicht. T-Shirt, Shorts, Mütze, Sonnenöl, ein Paar Joggingschuhe für Abstecher ins Hinterland, einen Pullover für abends, einen leichten Schlafsack – viel mehr braucht man nicht.

Der stete Rhythmus des Meeres begleitet einen. Manchmal übertönt ihn das Geräusch rollender Steine, die eine kräftige Woge hochhebt und wieder auf den Grund prasseln lässt. Ab und zu auf dem Wasser der Schatten und in der Luft der Schrei einer Silbermöwe. Ein Strandläufer trippelt vor mir her und pickt mit langem Schnabel Würmer aus dem Sand. Ein Kormoran taucht im Sturzflug ins Wasser ein.

Am Morgen noch hatte ich in einer Bahnhofsbuchhandlung die aktuelle Ausgabe von *Psychologie heute* gesehen. Auf dem Cover war die Silhouette eines Rucksackwanderers am Strand abgebildet. Ein brusthohes, krummes Stück Treibholz als Wanderstab vorwärts setzend, geht er unter hohem Wolkenhimmel an der gischtschäumenden Brandung entlang seinen Weg. Das Bild visualisiert hervorragend den Themenschwerpunkt des Heftes: «Sinnsuche». Und in der Tat ist eine lange Strandwanderung eine wunderbare Gelegenheit zum Lauschen auf die innere Stimme. Der gleichmäßige Rhythmus des Meeres und die weiten Horizonte, die einfache Orientierung und das leichte Gepäck schaffen nahezu perfekte äußere Voraussetzungen.

Im Frühlicht des nächsten Morgens, auf der Höhe von Dierhagen, von der Deichkrone aus, kommen ganz am Horizont zum ersten Mal, wie an einer endlosen Schnur aufgezogen, die Schiffe ins Blickfeld, die diese Küste Tag und Nacht passieren. Dort draußen verläuft eine der meistbefahrenen Schifffahrtsrouten der Welt. Zwischen dem deutschen Darß und der dänischen Insel Falster verengt sich die Route zu einem Nadelöhr. «Kadetrinne» steht auf den Seekarten. Von zwanzig Metern Tiefe mitten in der Rinne steigt der Meeresboden an beiden Seiten steil auf acht Meter an. Die Fahrrinne zwischen den Untiefen ist durch Tonnen markiert und in zwei von einer Trennzone abgegrenzte Fahrbahnen aufgeteilt. An der schmalsten Stelle haben große Schiffe ein Fahrwasser von nur 1000 Metern Breite. Sie fahren schnell. Zwölf Knoten und mehr. Sie haben keinen Lotsen an Bord. Sie passieren einander im Abstand von 500 Metern, zwei Schiffslängen, wenigen Minuten. Die Kadetrinne ist einer der wichtigsten Transitwege für russisches Erdöl. Allzu viele der Tanker sind so alt und marode wie die *Prestige*, die am 6. November 2002 die Kadetrinne durchfuhr. Das Schiff, Baujahr 1976, hatte 77.000 Tonnen Schweröl an Bord. Wenige Tage später brach es im Sturm in der Biscaya auseinander und ging unter. Das Öl verschmutzte die Atlantikküste von Spanien und Frankreich auf einer Länge von 3000 Kilometern. Jeden Tag fährt mindestens ein als gefährlich geltender Tanker hier entlang. Pro Woche gibt es zwei bis drei massive Verstöße gegen die Verkehrsregeln, vor allem dadurch, dass «Geisterfahrer» auf die falsche Seite des Verkehrstrennungsgebietes geraten. Jeden Tag kann es hier zu einem verheerenden Unglück kommen. Die Gefahr wächst. Zurzeit passieren 8200 Öltanker pro Jahr diese Route, zwanzig am Tag. Russland plant, in den nächsten Jahren seine Ölexporte über die Ostsee erheblich zu steigern. Die Risikobereitschaft scheint grenzenlos.

Vor kurzem hatte ich für eine Radiosendung in seiner Bürozelle der Greenpeace-Zentrale im Hamburger Hafen Christian Bussau interviewt. Der gelernte Meeresbiologe war im Winter 2002/2003 mit einer Gruppe von Aktivisten auf dem umgebauten Feuerschiff *Sunthorice* in die Kadetrinne aufgebrochen. Auf dem Radarschirm verfolgten sie vier Wochen lang die Schiffsbewegungen in der Kadetrinne und dokumentierten die Verstöße gegen die Verkehrsordnung. Mit den Schlauchbooten fuhren sie raus, um die Schiffsnamen zu registrieren. Da war die Ostsee nordmeerhaft. Es war kalt. Ihr Schiff war vereist. Das Deck war spiegelglatt. Vor jedem Schlauchbooteinsatz mussten sie mit den Fäusten die Gummiwand bearbeiten, damit das Eis abplatzte. Die meisten Einsätze fanden nachts statt. Die Schiffe, auf die sie zusteuerten, tauchten wie schwimmende Wolkenkratzer vor ihnen auf, die mit zwölf Knoten durch die Nacht fuhren. Wenn sie dicht am Heck mit ihrem Scheinwerfer den Namenszug suchten, mussten sie aufpassen, nicht in das aufgewühlte Wasser der Schiffsschraube zu geraten. Sie nahmen das volle Risiko auf sich. Ihr Ziel: ein Protokoll der Schiffe in der Kadetrinne, um anhand der Register Baujahr und Zustand der Tanker festzustellen, die das Öl transportieren. Eine endlose Litanei von Namen kam zusammen: *Klements Gotvald*, Baujahr 1978, 39.870 Tonnen Tragfähigkeit, Flaggenstaat Liberia. *Tamyra*, 1983, 86.843 Tonnen, Zypern. *Merapi*, 1979, 101.905 Tonnen, Malta … Öltanker mit nur einer Hülle, in einem Alter, wo Materialermüdung unausweichlich eintritt. Mit Crews aus unterbezahlten, einsamen,

entwurzelten oder heimwehkranken Männern, zusammenge-
würfelt in den Heuerbüros der Welt ohne Rücksicht auf die
babylonische Sprachverwirrung an Bord, den ersten Opfern
jeder Schiffshavarie. Gehört das Schiff, das ich gerade durch
das Fernglas im Sonnenschein verfolge, zu diesen «schwim-
menden Zeitbomben»? In seinem Bauch schwappt ein See
aus Rohöl auf dem Weg von den Lagerstätten am Ural oder in
der sibirischen Tundra über die Transitwege der globalisierten
Ökonomie zu den Raffinerien der Welt, die es zu Benzin verarbeiten für die Tankstelle in meiner Nähe, wo ich es abzapfe
in den Tank des Autos, das meine Mobilität garantiert. Nach
den Folgen einer Tankerhavarie in der Kadetrinne hatte ich
Christian Bussau gefragt. Seine Antwort: Innerhalb eines Tages würde der Ölteppich die Küste erreichen, je nach Wind-
richtung, die deutschen oder die dänischen Strände. Sie wären
auf Jahre hinaus verschmutzt. Unter Umständen wären auch
die Kreidefelsen von Rügen und die Klippen von Bornholm
betroffen.

Am zweiten Tag der Wanderung habe ich meinen Rhythmus als Strandläufer gefunden. Die nackten Füße finden ihren Weg wie von selbst. Die Atmung verlangsamt und vertieft
sich. Die Blicke schweifen frei. Ein morgendliches Seebad,
eine Siesta im Schatten von Kiefern oder Sanddornbüschen
sorgen für Erfrischung und Ruhe. Manchmal setzt beim Gehen eine Art Trance ein. Ist das der von Psychologen beschriebene «flow»-Zustand, bei dem die Energien von Körper, Geist und natürlicher Umgebung zusammenfließen? An
diesem Tag finde ich Bernstein. An der Steilküste hinter Wustrow, wo sich das Ufer zehn, zwölf Meter hoch auftürmt, die
winterlichen Sturmfluten riesige Lehmklötze herausreißen,
ganze Hänge in die Tiefe rutschen lassen und mitnehmen,

wo der Strand von einem bunten Geröll aus Kieseln, Feuerstein und Kreideklumpen bedeckt ist, sehe ich das Stück Bernstein matt leuchten. Oben auf einem modrigen, braunen Büschel abgerissenem Tang liegt es, fingerkuppengroß, inmitten von zerschlissenen Möwenfedern, Schwemmholz und zerbrochenen Muschelschalen. Das Tangbüschel ist noch nass. Der Augenblick, als die sanfte Brandung den Bernstein aus dem Meer ans Ufer gehoben hat, liegt also noch nicht lange zurück. Triumphierend und ehrfürchtig zugleich hebe ich ihn auf, halte ihn gegen das Sonnenlicht, bewundere die Durchsichtigkeit und das Spiel der Farben, die zwischen dunkelgelb und rötlich braun changieren. Jeder noch so kleine Splitter Bernstein ist ein Medium, das eine Zeitreise in die Geschichte dieser Landschaft in Gang setzt. Durch geologische Zeiträume hindurch versetzt das Fundstück den Strandgänger in den Bernsteinwald, der den Ostseeraum vor 50 Millionen Jahren bedeckte. Zurück zu dem einen Moment, als ein Kiefernstamm genau diesen Tropfen Harz absonderte, der sich durch eine Verkettung vieler Umstände ablagerte und aushärtete, in den Waldboden geriet, von dort ins Packeis und in den Sand des Meeresbodens, aus dem ihn endlich Wellen und Strömung befreien und ihn just in diesem Moment in ein Büschel Tang verheddern, das sich aus den Unterwasser-Algengärten losgerissen hat, ihn an Land spülen und mir vor Augen legen.

Der Strand ist ein archaischer Lebensraum. Jedes Sandkorn, das ich unter den Fußsohlen und auf der Haut spüre, das der Wind verweht und das Wasser angspült hat, ist glashart und unzerstörbar. Es hat sich durch lange Verwitterungsprozesse gebildet, ist in Bächen und Flüssen und küstennahen Meeresströmungen bis hierhin gewandert. Jeder Stein in dem Geröll, das den Strand unterhalb des Steilufers bedeckt, er-

Am Strand **257**

zählt eine große Geschichte. Du hebst einen hühnereigroßen Brocken auf. Schwer und rund liegt er in der Hand. Die Nässe bringt seine rötliche Grundfarbe zum Leuchten. Feinkörniger Granit bildet die Matrix. Eingebettet sind blaugraue Quarze und rosa Feldspat. Vor etwa 1,8 Milliarden Jahren ist dieses Gestein aus dem Erdinneren an die Oberfläche geschleudert worden. Beinahe die Hälfte der Zeit, die der Planet überhaupt existiert, hat er also in dieser Gestalt existiert. Die Gletscher der Eiszeiten haben ihn aus den skandinavischen Gebirgen abgehobelt und auf die Wanderung nach Süden mitgenommen. Dort lag er im abgelagerten Boden, bis ihn die Wellen aus dem steilen Ufer herausgelöst und am Strand zurückgelassen haben. Das Rauschen des Meeres, mal ein dumpfes Grollen, mal ein leises Plätschern, hat etwas vom Pulsschlag der Ewigkeit. Und ist nicht die Brandungszone, wo das Wasser, von der Kraft des Windes und der Energie des Mondes bewegt, im steten Rhythmus anbrandet und abfließt, der Raum, wo sich «die erste Szene im Drama des Lebens auf der Erde» (Rachel Carson) abspielte – die Bühne der «Urphänomene» (Goethe), jener Phänomene, die sich selbst ins Leben rufen und durch allen Wandel hindurch wiederkehren und sich behaupten?

Am Steilufer kurz vor Ahrenshoop hat eine Kolonie Uferschwalben ihre metertiefen Brutröhren in den Lehm des Steilufers gegraben. Die zierlichen, ungemein wendigen Vögel fliegen im Fünfminutentakt mit frischer Beute im Schnabel die Brutstellen an. Sie sind gerade dabei, ihre Jungen für den bevorstehenden Abflug in die Winterquartiere im Herzen Afrikas stark zu machen. In der Nähe führt eine Treppe hinauf auf die Kliffkante. Zeit für einen ersten Abstecher ins Hinterland. Ein grasiger Feldweg führt durch Schläge von Roggen,

Hafer und Raps nur ein paar hundert Meter weit auf eine Anhöhe. Fast weiß und schlaff hängen die Ähren vom Halm. Am Wegrand leuchten die gelben Blütenknöpfe des Rainfarns. Dazwischen stehen Johanniskraut und Beifuß, die blassblaue Blüte der Wegwarte. Ein Schwarm Stare fliegt bei der Annäherung auf, lässt sich unweit wieder nieder. Der Geruch des Sommers liegt über dieser Landschaft, die schwermütige Stimmung der Hundstage, der Erntezeit, der «Aust», wie man in der hiesigen Mundart früher sagte. Diese Bilder und Stimmungen trifft man jetzt überall im Hinterland der Ostsee an – an der langen Küste von Pommern zur Danziger Bucht, auf Bornholm und Gotland und hinauf an die samländische Küste und den baltischen Landrücken. Von der kleinen Anhöhe, dem Bakelberg, aus ist die Landzunge zwischen Meer und Bodden, die Nehrung, auf der ich wandere, zum ersten Mal zu überblicken. Still liegt die weite Wasserfläche des Boddens, des großen, nur noch durch einen schmalen Zugang mit der Ostsee verbundenen Binnengewässers, vor mir. Die Ortschaften von Fischland und Darß sind zu sehen: vor mir Ahrenshoop, ehemalige Fischersiedlung und – um 1900 – Künstlerkolonie, rechter Hand Wustrow, wo früher Seefahrer wohnten und noch früher die legendären Vitalienbrüder Schlupfwinkel für ihre Piratenschiffe unterhielten. «Störtebekers Utkiek» heißt noch heute eine Anhöhe im Dorf. Beide Orte hat längst der Massentourismus erobert.

Hinter Ahrenshoop betrete ich am Strand das Territorium des Nationalparks Vorpommersche Boddenlandschaft. Bis zum Strand reicht hier der Darßer Urwald. Vor dem Waldrand stehen einzelne «Windflüchter», vom Sturm und Sandflug gezeichnete Kiefern, die sich nach Lee, also landeinwärts, krümmen, während die Äste und Zweige an der Luvseite ver-

Am Strand **259**

dorrt sind. Am Strand häuft sich gebleichtes, glattgeschliffe-
nes Totholz, ganze Baumstämme. Ein halbskelettierter Aalka-
daver ringelt sich zwischen den Muscheln. Ein paar Schritte
weiter duftet eine Schwanenfeder. Der Leuchtturm kommt
in Sicht, Aussichtspunkt, Leuchtfeuer und Landmarke. Am
Darßer Ort laufen die Strömungen und Wasserstrudel des
Weststrandes aus. Dort entsteht aus dem Sand und Kies, den
sie mitbringen, seit Jahrtausenden jedes Jahr ein acht bis zehn
Meter breiter Streifen neues Land. Zwanzig Quadratkilometer
Fläche, der ganze Norden dieser Landzunge, haben sich seit
der Eiszeit so gebildet. Die Prozesse von Abtragung und Anlandung, die Kräfte von Wind und Wellen, die diese Land-
schaftsskulptur in jedem Moment neu modellieren – Gaia
selbst ist bei ihrem großen Spiel zu beobachten.

Von Prerow aus gehe ich gegen Abend quer zur Anlandung
nach Süden. Zusammen mit Gerd Wolff, dem hiesigen Naturführer, Jäger und Sammler, der diesen Naturraum wie kaum
ein anderer kennt. Mit jedem Schritt, sagt er, gehen wir jetzt
ein Jahr zurück in die Vergangenheit der Landschaft. Es ist ein
Gang durch den Raum und die Zeit der natürlichen Sukzession. Von den Dünen, wo Silbergras und Sandsegge, anspruchs-
loseste, zäheste Pioniervegetation, im toten, vegetationsfeindli-
chen Sand Fuß gefasst haben, kommen wir in den Bereich der
Braundünen. Hier wachsen schon Heidekraut, Heidelbeeren,
Wacholder. Hier blühen im Frühsommer Wachtelweizen und
Siebenstern. Wir lassen die Heide hinter uns. Keine halbe
Stunde vom Nordstrand entfernt, gehen wir durch einen von
den Bodenwellen der «Riffe», der alten Dünen, durchzogenen
urwüchsigen Kiefernwald. Unter dem Teppich der Nadeln und
dem hauchdünnen Humus des Waldbodens liegt der Strand
von 1630, der Zeit, als Gustav Adolf mit seiner «soldatesca»

(wie man damals sagte) aus schwedischen und finnischen Bauern nahe der Odermündung an Land ging und seinen mörderischen Kriegszug durch Deutschland begann. Zwischen den Stämmen riecht es nach Harz und den ätherischen Ölen der Nadeln. Ein Duftfeld wie im Wald der Bernsteinzeit? Dann eine Bodensenke, eine der verlandeten Lagunen, wo sich immer noch das Wasser sammelt. Hier stockt im schwarzen Wasser oder auf sumpfigem Grund, unnahbar, ein Erlenbruchwald. Die Waldbilder wechseln in rascher Folge. Überall sind sie von erlesener Qualität. Reste des legendären Darßer Urwalds, Vorboten der neuen Wildnis, des Urwalds von morgen, der im Nationalpark wieder entstehen soll. Am Strand der Störtebekerzeit treten wir in den grünen Schatten von *Fagus sylvatica*, der Rotbuche. 600 Jahre waren nötig, damit die Muscheln im Sand sich auflösten und ihren Kalk frei gaben. Sechs Jahrhunderte Sukzession von Pflanzen- und Tiergesellschaften haben den Humus gebildet, um dem Buchenurwald den Boden zu bereiten. Hier ist alles versammelt, vom Keimling bis zum Baumpatriarchen mit gewaltig verzweigtem, in die Vertikale ausstrebendem Astsystem. Wir biegen nach Westen ab. Der grüne Vorhang wird durchlässiger. Das Licht scheint heller zwischen den Buchenstämmen. In das Rauschen des Waldes mischt sich das leise Grollen der Ostsee. Ein kurzer Anstieg, schon auf Sand, dann der Blick auf das Meer.

Von einer Düne unweit des Leuchtturms sehe ich am nächsten Morgen über den Baumkronen des Küstenwaldes die Sonne aufgehen. Mit dem ersten hellen Schimmer erwacht ein vielstimmiges Vogelkonzert. Die Lagune hinter mir liegt unter einem feinen Nebelschleier. Drei Hirsche stehen bis zum Bauch im Wasser und äsen. Der Himmel über dem Meer ist von einem blassblauen Dunst bedeckt. Der Wind frischt auf.

Der Meeresspiegel leuchtet dunkelblau. Über einer Sandbank in Ufernähe schimmert das Wasser türkisgrün. Selbst zu dieser frühen Morgenstunde geht der Geleitzug der Schiffe durch die Kadetrinne. Dann, urplötzlich, wie aus dem Nichts, taucht an der Horizontlinie ein Windjammer auf. Mit vollen Segeln fährt er von Osten in die Kadetrinne ein, bewegt sich entlang der gekrümmten Linie, die Himmel und Wasser trennt. Ein Dreimaster mit bordeauxrotem Rumpf und riesigen weißen Segeln. Gebannt verfolge ich durch das Fernglas, wie das majestätische Schiff einen Moment lang hinter den unförmigen Aufbauten eines entgegenkommenden Öltankers verschwindet, wieder ins Blickfeld kommt und seine Fahrt fortsetzt, bis es nach einer guten Weile hinter dem Horizont unsichtbar wird. Es war, lese ich später in der Tageszeitung, die *Khersones*. Ein Dreimast-Vollschiff, 100 Meter lang, 2800 Quadratmeter Segelfläche. Gebaut in Danzig, Heimathafen Kerch an der ukrainischen Schwarzmeerküste, auf dem Weg vom schwedischen Karlskrona nach Rostock zur Hanse Sail.

Die Atmosphäre dieser morgendlichen Stunde kommt mir so unwirklich vor, als sei ein Seestück Caspar David Friedrichs zum Leben erwacht. Einen Augenblick lang fühle ich mich in den *Mönch am Meer* hineinversetzt. Ursprünglich sollte Friedrichs Meisterwerk aus dem Jahre 1810 «Wanderer am Meer» heißen. Das Bild, das heute im Romantiksaal der Berliner Nationalgalerie hängt, zeigt eine knochenbleiche Düne aus erstarrten Sandwellen, die ins Meer hinauslaufen, weiße Wellenkämme auf der bleiernen Schwärze der Wasserfläche, überwölbt von der endlosen Weite des bedrohlich verfinsterten Himmels, der sich nur ganz oben zu einem Stück Bläue öffnet. An einer ins Meer vorgeschobenen Erhebung der Düne, nahe des Spülsaums, geht die kleine Gestalt eines Men-

262 Am Strand

schen in langem schwarzem Gewand. Verloren in der Unermesslichkeit von Natur und Kosmos, sich dennoch aufrecht haltend, die einzige Vertikale der gesamten Bildfläche. «Möwen fliegen ängstlich schreiend um ihn her», schrieb Friedrich, «als wollten sie ihn warnen, sich nicht aufs ungestüme Meer zu wagen.» Man weiß, dass der Maler für die Strandlinie des Bildes eine Federzeichnung zur Vorlage verwendet hat, die er ein paar Jahre zuvor an der Küste der Rügener Halbinsel Mönchgut gemacht hatte. Genau gesagt am Zickerschen Höft, südlich des Dorfes Gager, während einer Wanderung, die er von seiner Heimatstadt Greifswald aus über Zudar und Putbus im August des Jahres 1801 unternommen hatte. Atmosphärisch jedoch ist die Szenerie des Gemäldes dem Darßer Ort viel näher als dem Greifswalder Bodden. Zeitgenossen wie Heinrich von Kleist sahen in dem *Mönch am Meer* ein Sinnbild der Apokalypse. Es sei, wenn man es betrachte, «als ob einem die Augenlider weggeschnitten wären». Von Goethe, der das Bild während der Entstehung im Atelier in Dresden in Augenschein genommen hatte, ist nur ein knappes «Wunderbar» – möglicherweise im Sinne von «wunderlich» – überliefert. Für Friedrich selbst war es eine Parabel für die Vergeblichkeit des Nachsinnens über das Jenseits. Ich glaube, der Mönch am Meer ist dem Strandläufer auf dem Zeitschriftencover seelenverwandt: ein Sinnsucher.

Die Küstenlinie am Darßer Ort, der Strand zwischen Leuchtturm und Nothafen, der ganze weite Bogen mit der längst versandeten Bernsteininsel ist Kernzone des Nationalparks, also nicht zugänglich. Aber auf Holzplanken durchquert ein Weg diese junge, sich frei und dynamisch formende Landschaft. Für die drei, vier Kilometer lasse ich mir viel Zeit, bleibe immer wieder stehen zum Schauen, Genießen,

Am Strand 263

Erkennen. Kann mich nicht sattsehen an den traumhaften Bildern. Der Pfad führt vorbei an den Weißdünen, auf denen Strandgräser Sand, Salz und Trockenheit widerstehen, zu den Braundünen, wo schon Zwergsträucher und solitäre Kiefern wachsen. Über der von hohem Schilf umstandenen Lagune, dem Libbertsee, kreist einen Moment lang ein großer Greifvogel, zeigt seine hellbraune Unterseite, bevor er mit mächtigen Flügelschlägen nach Norden aufs offene Meer abdreht. Ein Seeadler?

Dann ein abrupter Szenenwechsel: Im «Nothafen», der mit fadenscheiniger Begründung und großem Aufwand in dieser Naturlandschaft weiter betrieben wird, liegen schicke Jachten, die keineswegs den Eindruck machen, als ob sie letzte Nacht in akuter Seenot gewesen seien. Dahinter beginnt ein endloser Badestrand. Auf den nächsten zwei, drei Kilometern ist er gesäumt vom Regenbogencamp, einem überdimensionierten Campingplatz mit über 1200 Autostellplätzen.

Hinter Prerow gehe ich weiter am Nordstrand entlang. Die Schifffahrtsroute ist aus dem Blickfeld verschwunden. Am Horizont nur noch ab und zu ein weißes Segel. Die Küstenlinie ist schnurgerade. Der Sand ist an manchen Stellen von scharfkantigen Muschelschalen durchsetzt. Man muss achtsam auftreten, um sich keine Schnittwunden zuzuziehen. Die Dünung ist sanfter als am Weststrand. Gut für Atemübungen: mit den anrollenden Wellen Luft holen, mit dem zurückströmenden Wasser ausatmen. Auf der Höhe von Zingst tauchen in der Ferne schemenhaft aus dem Meer die Konturen des Dornbuschs auf, der höchsten Erhebung der Insel Hiddensee. Etwa fünf Kilometer weiter sperrt bis ins Wasser hinein ein Holzgatter den Strand. Unüberwindlich ist es nicht. Aber jeder respektiert die Absperrung. Hier verläuft wieder die Grenze zur

Kernzone des Nationalparks. Also für die letzten Kilometer Schuhe anziehen und auf einem asphaltierten Weg durch ein Waldgebiet ein Stück quer über die Landzunge laufen. Der Weg biegt nach Osten ab, führt parallel zum Strand bis ans Ende der Halbinsel Zingst. Rechter Hand reichen ausgedehnte Weideflächen, die Sundischen Wiesen, bis ans Ufer des Boddens. Auf der linken Seite erstreckt sich im Wald- und Wiesengelände ein ehemaliger Schießplatz, 100 Jahre militärisch genutzt.

Dann Pramort, der äußerste Punkt der Halbinsel von Fischland, Darß und Zingst. Von den Aussichtsplattformen hat man eine weite Sicht über das farbige Mosaik aus Wasserflächen, Inseln, Windwatt, Sandbänken und Prielen, das sich zwischen Ostsee und Bodden bis hinüber nach Hiddensee zieht. Die Aussicht ist atemberaubend. Das große Schauspiel, das jedes Jahr diese Landschaft verzaubert, hat allerdings noch nicht begonnen. Zwischen Zingst und Rügen liegt eine Drehscheibe des europäischen und transkontinentalen Vogelzugs. Ein wichtiger Rastplatz der Kraniche, Wildgänse, Blässgänse und all der anderen Nomaden der Lüfte auf dem Weg zwischen den Brutgebieten in Skandinavien oder Karelien und den Winterquartieren im südlichen Spanien und nördlichen Afrika. Das Wunder des Vogelzugs: Vögel wandern, um zu überleben. Alljährlich ziehen sie über Tausende von Kilometern zwischen dem Ort, wo sie geschlüpft sind, und jenem, wo sie die besten Bedingungen zum Überwintern finden.

Der Vogelzug ist uns bis heute ein Rätsel geblieben. Er wird – soweit wir wissen – von einem inneren Kompass gesteuert. Dieser orientiert sich – vermuten wir – an der Sonne, an den Sternen, an den Magnetfeldern, vielleicht zusätzlich auch an Duftfeldern und Landmarken auf der Erde. Die Schwärme

Am Strand **265**

überfliegen Meere und Wüsten, die keine Nahrungsquellen für sie bereithalten. Dort fliegen sie sehr hoch oder bei Nacht, um exakt die Fünf-Grad-Celsius-Zone beizubehalten, die sie für die Regulierung ihres Wasserhaushalts brauchen. Aber sie dürfen nicht zu hoch steigen, denn ab einer bestimmten Höhe wird die Luft zu dünn. Fliegen sie zu tief, geraten sie in kräftezehrende klimatische Turbulenzen oder fallen der Jagd zum Opfer. Viele Individuen kostet die Migration das Leben. Schutz bietet allein der Schwarm und seine flexible Ordnung. Wildgänse, die in einer V-Formation fliegen, erhöhen ihre Reichweite um ein Vielfaches. Jeder Flügelschlag eines ziehenden Vogels verschafft dem dahinterfliegenden Tier Auftrieb. Die vorderste Gans gibt den Takt der gesamten Formation an. Wird sie müde, lässt sie sich zurückfallen, und ein anderer Vogel nimmt den Platz an der Spitze ein. Wenn ein Tier mit seiner Kraft am Ende ist, sich verletzt hat, angeschossen wurde, fallen zwei andere aus dem Schwarm heraus, folgen ihm nach unten, bleiben bei ihm, bis es wieder fliegen kann oder stirbt. Erst dann steigen sie wieder auf, um sich einer anderen Formation anzuschließen und weiterzuziehen. Ihr instinktives Handeln ist ein Lehrstück in Vorsorge, Fürsorge und lebenserhaltender Risikobereitschaft. Im März und April werden sie aus ihren Winterquartieren zurückkehren, werden wieder hier rasten, um dann ihren Weg nach Norden fortzusetzen. Und jedes Paar wird wieder dieselbe einsame sumpfige Bodensenke vom Vorjahr, den abgeschiedenen Schilfsee in der Wildnis Skandinaviens oder der Tundra Kareliens aufsuchen – jenes Fleckchen Erde, das es für den besten Ort auf dem blauen Planeten hält, um die nächste Generation zur Welt zu bringen.

Das Wunder des Vogelzugs? Sein Zauber schien zeitlos. Im Jahr der Vogelgrippe sind wir – zum ersten Mal in der

Kulturgeschichte – darauf abgerichtet worden, den Vogelzug, statt ihn mit Sehnsucht zu erwarten, als tödliche Bedrohung wahrzunehmen.

Am Pramort endet meine einwöchige Wanderung. Der Traum, sie fortzusetzen, bleibt. Von Zingst mit dem täglichen Schiff nach Hiddensee fahren. Die Insel erwandern und mit der Fähre nach Rügen übersetzen. Am Wieker Bodden und der Steilküste von Wittow bis zu dem slawischen Kultplatz von Kap Arkona wandern. Dort nach Süden abbiegen und über die Kreidefelsen am Königsstuhl, dem Lieblingsmotiv der norddeutschen Romantiker, durch den prächtigen Buchenwald des Jasmund den Hafen von Sassnitz erreichen. Sich nach Bornholm einschiffen. Von Rønne aus entweder am endlosen Sandstrand die Dueodde im Süden umrunden und die Ostküste entlangwandern. Oder die westliche Felsenküste hoch auf dem «redningsstien», dem alten Küstenrettungspfad, über die schroffen Klippen von Jons Kapel an der wuchtigen Burgruine von Hammerhus vorbei bis zu den Granitfelsen und den Runensteinen an der Hammerodde wandern. Die Nordspitze von Bornholm. Bei guter Sicht kommt die Küste von Schonen in den Blick. Inselhopping in der Ostsee – ein Traum vom Wandern.

Am Strand **267**

«Liebliche Bläue, süße Ruh'»

Natürliches Licht. Satellitenaufnahmen des nächtlichen Europa zeigen wahre Lichtermeere. Diese liegen überwiegend im Westen und in der Mitte des Kontinents. Wie eine terrestrische Milchstraße zieht sich ein breiter leuchtender Gürtel vom Norden Englands bis nach Sizilien. Die Ränder des westlichen Mittelmeers sind «Küsten des Lichts». Nach Osten hin nimmt die Dichte der Lichtpunkte ab. Im Süden taucht Afrika als dunkler Kontinent unter. Die Nachtfotos zeigen die dichtbesiedelten, wohlhabenden Metropolenräume an. Sie kartieren das Gefälle zwischen Arm und Reich. Zugleich verweisen sie auf eine Form von Überfluss, die immer mehr zum Problem wird. Astronomen, Ökologen und Mediziner sprechen von «Lichtverschmutzung» oder Lichtsmog. Straßenbeleuchtung, nächtlicher Autoverkehr, angestrahlte Gebäude, Leuchtreklamen, das Flimmern von unzähligen Bildschirmen tragen dazu bei. Neonröhren, Halogenscheinwerfer und Laserleuchten erhellen die letzten Winkel von Innenstädten und Wohngebieten. Mal steckt die Illusion dahinter, mit mehr Beleuchtung die Kriminalität, ein soziales Problem, in den Griff zu bekommen. Mal installiert man sie im Namen der Verkehrssicherheit dort, wo ein Tempolimit gewiss wirkungsvoller wäre. Mal ist es die Zunahme von Nachtarbeit oder einfach die Lust an der dekorativen Wirkung von Licht.

Künstliches Licht hat den Menschen aus der Abhängigkeit vom natürlichen Hell-Dunkel-Rhythmus befreit. Mit der Zähmung des Feuers vor circa 400.000 Jahren fing es an. Die Erfindung der Glühbirne (1878) beschleunigte den Fortschritt rapide. Wir machen die Nacht zum Tage. Das ist jedoch höchst ambivalent. Die grassierende Lichtverschmutzung ist eine gewaltige

Energieverschwendung. Sie hat zudem fatale Folgen für unseren Biorhythmus.

Lebewesen sind Lichtwesen. Alles Leben verdankt seine Existenz der Sonne. Ihr Licht erreicht uns in kosmisch vorgegebenen Abständen. Die Rotation der Erde um ihre eigene Achse, der Umlauf des Mondes um die Erde und die Bahn der Erde um die Sonne bestimmen die Helligkeitsrhythmen. So entstehen die Zeitordnungen, die Zyklen und Polaritäten, in denen das Leben sich seit den Anfängen der Evolution entwickelt: Tag und Nacht, Vollmond und Neumond, Sommer und Winter, warm und kalt, feucht und trocken, wachen und schlafen, Aktivität und Ruhe.

Kunstlicht ist niemals so wirkungsvoll wie Tageslicht. Eine künstliche Lichtquelle erzeugt nur einen Teil des solaren Spektrums. Die Tageslichtsurrogate senden falsche Signale an das Gehirn. Es reduziert beispielsweise die Produktion von Melatonin. Dieses Hormon teilt uns die Zeit mit und sorgt dafür, dass wir müde werden, wenn es dunkelt. Solche hormonellen Fehlsteuerungen beeinflussen Stoffwechsel und psychisches Gleichgewicht.

Eine futuristische, möglicherweise zukunftsfähige Lichtkultur kristallisiert sich zurzeit in kleinen Laboratorien, Ateliers und Produktionsstätten rund um den Globus heraus. Dass der Mensch sich bei Tageslicht am wohlsten fühlt, ist Ausgangspunkt etwa für den österreichischen Lichtdesigner Christian Bartenbach. Mittels ausgeklügelter Lichtlenkverfahren holt er via Prismen, Spiegel und Reflektoren die Sonne tief ins Haus hinein. So nutzt er jeden Schimmer Tageslicht. Auch der Umgang mit künstlichem Licht wird revolutioniert. «Die Konsequenz aus der Kolonialisierung der Nacht», sagt der Leuchtenhersteller Henrik Tim Maack, «heißt nicht, dass man das Licht einfach ausmacht.» Blendungsfreie Leuchtstoffröhren, Dioden und Lichtleisten erhellen die vertikalen Flächen des Raumes. Mit «Darklight», Spots, Strahlern und Dimmern beleuchtet man präzise nur, was gerade erhellt werden soll. Diese Lichtsysteme vermeiden Lichtmüll und sparen Energie ein. So werden sie kompatibel mit der nächsten Generation in der Photovoltaik, den Dünnschichtzellen, nanokristallinen Farbstoffsolarzellen und organischen Solarzellen. All diese Verfahren werden die Zukunftstechnologie billiger und effizienter machen, aber keineswegs elektrischen Strom im Überfluss bereitstellen.

Inspiration kommt in vielen Fällen von avantgardistischen Künstlern. Der Isländer Ólafur Elíasson beispielsweise installiert einen Raum mit gelbem Dunkelkammerlicht, an den sich eine Passage mit verkantet angeordneten Edelstahlspiegeln anschließt. Er baut einen «Schattenturm», in dem man nichts als wechselnde Lichtintensitäten wahrnimmt, oder beleuchtet eine verspiegelte Decke mit Hunderten von gelben Lampen und lässt auf der Netzhaut des Betrachters eine riesige künstliche Sonne entstehen. Die belgische Lichtbildnerin Marie Jo Lafontaine versetzt in einer Videoinstallation aus gleißendem Licht und abrupter Dunkelheit den Betrachter in das Zentrum einer Gewitterfront. Die Lichtinstallationen des Japaners Takuro Osaka machen die unsichtbaren kosmischen Strahlungen sichtbar. Einige zehntausend Leuchtdioden sind in einem dunklen Raum zu einem Netz von Lichtpunkten angeordnet, die kurzzeitig aufleuchten, sobald sie von der Höhenstrahlung getroffen werden, und sofort wieder verlöschen. Der amerikanische Lichtkünstler Peter Erskine fängt das Sonnenlicht mit einem «Heliostaten», einer solarbetriebenen Spiegelvorrichtung, auf, zerlegt es in seine Spektralfarben und lenkt farbige Spuren durch den Museumsraum.

Medizin, Psychiatrie und Wellness-Szene haben die «Lichttherapie» neu entdeckt. Dabei werden Licht und Farbe zur Behandlung von Erschöpfung und depressiven Zuständen angewendet. So therapiert man beispielsweise SAD, die saisonal abhängige Depression. Der Patient blickt 20 bis 60 Minuten lang in eine 10.000 Lux helle Therapielampe. Der Wert entspricht der Lichtintensität des blauen Himmels an einem Sommertag. Ein in der Wintersonne glitzerndes Schneefeld wird sogar 80.000 Lux hell. Die Innenbeleuchtung unserer Wohnräume erzeugt dagegen nur 300 bis 800 Lux. Die Behandlung, sagen die Lichttherapeuten, kuriere Leiden, die vor allem eine Ursache haben: dass wir uns zu wenig unter freiem Himmel aufhalten. Auch sie empfehlen einen längeren Spaziergang an einem sonnigen Tag als bestes Hausmittel gegen die Winterdepression.

Nichts Neues unter der Sonne. Im Gras liegen und in den Himmel schauen, die einfachste Form der Lichttherapie, ist in der Dichtung ein altes Motiv. Goethes junger Werther versetzt sich so an einem Maimorgen in einen Zustand «wunderbarer Heiterkeit». «Hier lieg' ich auf dem Frühlingshügel ...», dichtet einige Jahrzehnte später der schwäbische Spätromantiker Eduard Mörike. «Es dringt der Sonne goldner Kuss / Mir tief bis ins Geblüt hinein ...» Das lyrische Ich fühlt seine Augen «wunderbar berauschet». Annette von Droste-Hülshoff, Mörikes westfälische Schwester im Geiste, spürt im Gras liegend die «tief trunkne Flut» des Luft- und Lichtozeans über sich: «süße Ruh ..., süßer Taumel im Gras». Leibliche Naturverbundenheit geht in einen Zustand der Selbstvergessenheit und Entrückung über. Es sind Momente des Einsseins mit sich und der Welt.

Jede Wanderung ist auch eine Lichttherapie. Man setzt sich für längere Zeit dem natürlichen Licht – und dem Schatten – in allen seinen Spielarten aus. Wer nächtliche Etappen oder Biwaknächte möglichst weit weg von den urbanen Lichtglocken einplant, gewinnt die Anschauung von Dämmerung, Finsternis und

Nachthimmel zurück. Der Wanderer klinkt sich in den natürlichen Hell-Dunkel-Rhythmus ein.

Der niederländische Astronom und Sonnenforscher Marcel Minnaert, der unter den hellen, klaren, weiten Himmeln der flämischen Nordseeküste aufwuchs, ist den vielfältigen Erscheinungen von *Licht und Farbe in der Natur* nachgegangen – so auch der Titel seines empfehlenswerten Buches. Die Bläue des Himmels, sagt er, vermittelt das Erlebnis des Grenzenlosen. Sie lässt das Firmament als eine immense lichte Kuppel erscheinen, die sich vom Zenit hinab zu den Horizontlinien senkt. Ein bewölkter Himmel wirkt sehr viel flacher. Die Horizonte rücken scheinbar weiter weg. Der wolkenlose Himmel hat eine Mischfarbe aus viel Violett, ziemlich viel Blau, wenig Grün und sehr wenig Gelb und Rot. Seine «liebliche Bläue» (Hölderlin) entsteht dadurch, dass das harte weiße Sonnenlicht, das von der Sonne aus acht Minuten lang durch totale Finsternis gereist ist, bei dem Eintritt in die Erdatmosphäre von den Luftmolekülen gestreut wird. Die Farbtöne wechseln zwischen blassem Blau und tiefem Azur, je nach der Menge an Wassertröpfchen und Staubpartikeln in der Luft. Dunst ist ein dünner Schleier aus kleinen Tropfen. Nebel bildet sich aus vergleichsweise großen Tropfen. Von den in der Luft schwebenden Partikeln hängt unsere «Sicht» ab, also die Entfernung der Punkte, die wir gerade noch zu erkennen vermögen. Um die Blendwirkung der Sonne zu verringern, genügt oft ein einfacher Trick. Schirmt man die Augen mit der leichtgebogenen Handfläche ab, erscheinen die Farben satter und die Konturen der Gegenstände klarer. So wie die akustische Wahrnehmung des Raumes sich erheblich verbessert, sobald man die Handteller hinter die Ohrmuscheln stellt.

Die vielfältigen Spiegelungen des Lichts im Wasser erhöhen den Reiz der Naturphänomene. Lichtreflexe sind immer beweglich. Sie schimmern, glitzern, blitzen, funkeln, flimmern. Sonnenlicht bringt eine gekräuselte Wasseroberfläche zum Glitzern. Wellen und Strömung dehnen den Lichtfleck, den Sonne oder Mond werfen, zu fließenden Lichtbahnen. Das feine Linienspiel der Äste und Zweige eines kahlen Baumes zeichnet sich im stillen Wasser eines Teiches ab. Tautropfen funkeln auf hohen, wogenden Gräsern und verzaubern das Frühlicht. Im Regenbogen zerlegen Wassertröpfchen das Sonnenlicht in seine verschiedenen Farbanteile. Scheitel und Fuß dieser natürlichen Lichtskulptur sind ein bis zwei Kilometer von unserem Standort entfernt. «Wolken sehen niemals so schön aus wie in einem Spiegel», behauptet Minnaert. Viele Spiegelbilder hätten eine Reinheit, Schärfe, Klarheit der Farben, die eindrucksvoller sei als die der Gegenstände selbst. «Haben Sie jemals beobachtet», fragt er, «wie Sterne sich im Wasser spiegeln?»

Das grüne Licht, vom Pflanzenkleid der Landschaft gefiltert, hat ebenfalls einen hohen Reiz. Wir sehen es in verschiedenen Schattierungen durch das Laubdach des Frühlings- und Sommerwaldes leuchten. Nicht überall ist der Waldboden beschattet. Helle, elliptisch geformte Flecken am Boden zeigen die Lichtschächte zwischen den Baumkronen an. Besonders eindrucksvoll: die bei feuchter Luft schräg durch die Stämme hindurch einfallenden parallelen Lichtbündel der niedrigstehenden Morgensonne, die sogenannten «Jakobsleitern». Wer in solchen Momenten der Sonne entgegengeht, erlebt wunderbare Lichtspiele. Ein Phänomen großer hügeliger Nadelwälder ist die «blaue Stunde» an warmen Sommerabenden. Dann beginnt der Wald an fernen Berghängen bläulich zu leuchten. Diese Fata Morgana entsteht, wenn sich durch die Wärme in den Tannennadeln organische Dämpfe entwickeln, die durch die Strahlen der Abendsonne aufsteigen. Im Wald ist dem Wanderer die horizontale Sicht versperrt. Er hat keinen

«Liebliche Bläue, süße Ruh'» **273**

Horizont. Es herrscht Dämmerung. Je nach Stimmung fühlt man sich geborgen oder beklommen. Die Erfahrung des «Unheimlichen» liegt nahe. Licht sorgt dann für Orientierung. Lichtungen öffnen sich, wo der Baumbestand kahl geschlagen ist, Schneisen oder breite Wege verlaufen. Wo Helligkeit durch die Bäume schimmert, nähert man sich wieder offenem Gelände.

Die größte Pracht der Lichterscheinungen, die feinsten Farbnuancen, die zartesten und gleichzeitig kräftigsten Farbtöne bietet das Schauspiel der aufgehenden und der untergehenden Sonne. «Ich will nach der Abendsonne in kein Licht mehr sehen», schrieb Rilke. In dem Dunst, dem Staub, den Abgasen und der Lichtverschmutzung der städtischen Ballungsräume geht viel von der Farbenpracht dieser Erscheinungen verloren. In der freien Natur entfaltet sich erst der ganze Zauber der weiten, ineinanderfließenden, horizontal geschichteten Farbbögen, der grandiosen Übergänge zwischen Blau, Blassorange, Purpurrot und Schwarz. Für das Ereignis Sonnenaufgang und Sonnenuntergang, Morgenröte und Abendröte – für diese «Events» – sollte man sich auf jeder Wanderung Zeit nehmen. Wichtig ist: Glück mit der Witterung zu haben. Dann zur richtigen Zeit am richtigen Ort zu sein. Sorgfältig den besten unter den erreichbaren Aussichtspunkten zu wählen. Seinen Ausguck nicht zu früh zu räumen.

Das Beste am Sonnenuntergang kommt nämlich zum Schluss. Wenn die Sonne schon zwei bis drei Grad unter dem Horizont steht, also fünfzehn bis zwanzig Minuten nach ihrem Versinken, dann beginnt die interessanteste aller Dämmerungserscheinungen. «An der Spitze des klaren Scheins, etwa 25 Grad über dem Horizont, entsteht ein rosenroter Fleck, der rasch größer wird», schreibt Minnaert. «Dieses Hauptpurpurlicht erstrahlt in wunderbar sanften, durchscheinenden Farben, eher rosa und lachsfarben als purpurn.» In der alten christlichen Philosophie und Theologie war Aurora, die Morgenröte, mit dem Urlicht der Schöpfungsgeschichte verknüpft. Den Sonnenuntergang verband man mit der Vorstellung von Ruhe, Frieden und Ewigkeit. Das unmittelbare Erleben dieser Urphänomene aber gehörte noch für Herder und Goethe zur Praxis der Lebenskunst.

«Zu wenig Zeit genommen / für die Betrachtung der Sterne», klagte der 2003 verstorbene Lyriker Rainer Malkowski in einem seiner späten Gedichte. Einen Gleichgesinnten hatte er in Adriano Sofri, dem zu lebenslänglicher Haft verurteilten italienischen 68er. Der beantragte bei der Gefängnisleitung für alle Gefangenen die Erlaubnis zum nächtlichen Hofgang, damit sie den Nachthimmel über Pisa anschauen könnten. Aus purer Bequemlichkeit sollte man auf dieses Schauspiel jedenfalls nicht verzichten.

Der Sternenhimmel, immer den annähernd wolkenlosen, «sternenklaren» Zustand vorausgesetzt, ist bei Neumond am eindrucksvollsten. Dann ist das Funkeln am stärksten, also die durch Ungleichmäßigkeiten in der Dichte der Atmosphäre verursachten Helligkeitsveränderungen der Fixsterne. Die Mondscheibe ist in diesen Nächten aschgrau, die Sichel schmal. Es ist also besonders dunkel, und man sollte lieber biwakieren als laufen. Die beste Zeit für eine Nachtwanderung ist natürlich die Vollmondphase. Die Jäger rechnen dazu die drei Nächte vor und die drei Nächte nach Vollmond. In den Sommermonaten steht der Mond am niedrigsten. Günstigeres Licht hat man also im Herbst, Winter und Frühling. Der Vollmond scheint mit nur 0,5 Lux. Sein Licht ist diffus. Zum Mondscheinwandern in offenem Gelände reicht es in der Regel aus. Feldwege sind besonders geeignet, auch Kammwege außerhalb dichter Wälder. «Ach könnt' ich doch auf Berges Höh'n / In deinem lieben Lichte gehen», wünscht sich Faust bei seiner Zwiesprache mit dem vollen Mond gleich zu

«Liebliche Bläue, süße Ruh'»

Anfang des Dramas. Wasserflächen erhöhen die Helligkeit und die Schönheit der Mondnacht. Wege an Fluss- oder Seeufern und am Meeresstrand sind also ebenfalls zu empfehlen. Im alten Japan errichtete man Aussichtsplattformen an Teichufern, um auch das Spiegelbild des Mondes genießen zu können.

Bei Tageslicht haben die Dinge eindeutige Konturen. Oben und unten, Himmel und Erde sind klar geschieden. Im Zwielicht der Dämmerung verschwinden die Differenzierungen. Die Dinge entgegenständlichen sich. Sie entziehen sich der Verfügbarkeit. Sie lösen sich in ihre «Aura» auf. «Dämmrung senkte sich von oben, / Schon ist alle Nähe fern ...» Die Formulierung Goethes griff Walter Benjamin auf, als er «Aura» als «einmalige Erscheinung einer Ferne, so nah sie sein mag», definierte. Dunkelheit ist ein Hindernis für die Wahrnehmung der Dinge um einen herum. Die Nacht macht dafür die Tiefe des Weltraums sichtbar. Damit öffnet der nächtliche Raum das Bewusstsein für etwas zutiefst Geheimnisvolles und Spirituelles: die Erfahrung der Einheit von Erde und Kosmos.

«The darkest hour is just before dawn», sagt man im Englischen. Die finsterste – auch die kühlste und stillste – Zeit der Nacht ist die Stunde vor Sonnenaufgang. Alle Lebenserscheinungen gehorchen den Helligkeitsrhythmen. Mit den ersten Anzeichen der Dämmerung beginnt in der freien Natur ein akustisches Ereignis: der Morgenchor der Singvögel.

«The Sun is God», soll William Turner 1851 auf dem Sterbebett in London gesagt haben, als die Dezembersonne sein Zimmer durchflutete. Goethe, dessen Farbenlehre Turner sehr schätzte, befahl in seiner Sterbestunde, die Fensterläden zu öffnen. Seine letzten Worte: «Mehr Licht!»

Lebendige Stille. Die absolute Stille gibt es nicht. Einen schalltoten Raum empfinden wir als Folterkammer. Selbst in dieser künstlich geschaffenen, tonlosen Umgebung sind noch die eigenen Körpergeräusche vernehmbar. Die nächste Stufe wäre die Totenstille der Grabkammer. Als Zonen der Stille empfinden wir die naturnahen Klanglandschaften. Also Gebiete, in denen die Eigengeräusche der Natur vorherrschen und die von Menschen verursachten, technisch erzeugten Geräusche in den Hintergrund treten. Solche Ruhezonen liegen in abgelegenen ländlichen Räumen und in den großflächigen Naturschutzgebieten. Allerdings existieren auch dort nur noch Nischen. Orte, an denen in längeren Intervallen überhaupt keine menschengemachten Geräusche zu hören sind, gibt es in ganz Mitteleuropa kaum noch. Selbst die stille Nacht ist häufig gestört. Die Ursache liegt in dem ungebrochenen Wachstum des Verkehrs auf der Straße und vor allem in der Luft.

Was uns nervt, ist Lärm. Der hat zunächst mit der Art des Geräusches zu tun, nicht unbedingt mit der Lautstärke. Eine Nachtigall, die wir in einer Mittsommernacht im Geäst eines Baumes direkt vor uns lautstark singen hören, ist etwas Wunderbares. Ihr melodiöser Schlag entzückt und beruhigt uns. Der Hubschrauber, der mit derselben Dezibelzahl über unsere Köpfe fliegt, macht in unseren Ohren einen höllischen Krach. Es sei denn, es ist ein Rettungshubschrauber. Dessen Geräusche akzeptieren wir, weil wir den Zweck seines Einsatzes und damit die «Botschaft» des Lärms gutheißen. Unser Gehirn verfügt offenbar über ein Programm, das abfragt, ob wir ein Geräusch, das an unser Ohr dringt, positiv beurteilen oder nicht.

Eine akustische Glocke wölbt sich über die urbanen Räume. Sie besteht ganz überwiegend aus technischen Geräuschen. Große Produktionsanlagen, kleinteilige Geräte und Maschinen, audiovisuelle Medien, vor allem jedoch die Motoren und Reifen der Fahr-

«Liebliche Bläue, süße Ruh'»

zeuge produzieren akustischen Abfall, den Lärm. Unterschiedliche Geräusche vermischen sich zu einem Ganzen. Ein mal anschwellender, mal abebbender dröhnender, wummernder Grundton beherrscht die urbane Klanglandschaft. In der Nacht und in den Morgenstunden arbeitsfreier Tage geht er zwar spürbar zurück. Zur Ruhe kommt er so gut wie nie. Selbstverständlich gibt es Möglichkeiten, sich abzuschotten. Und es gibt Töne, die uns die Belastungen ertragen lassen. Sei es das Konzert der kulturfolgenden Vögel in den Gärten, Parks, Stadtwäldern und Friedhöfen, das fließende Wasser der Flüsse und Brunnen, der Klang von Glocken, die Aufführung von Musik, das anregende Stimmengewirr eines öffentlichen Platzes oder die einzelne vertraute Stimme, mit der wir Zwiesprache halten.

Geräusche – genauer gesagt: der «energieäquivalente Dauerschallpegel» – werden in Dezibel gemessen. 0 Dezibel (dB) ist die Reizschwelle, bei der wir ein Geräusch wahrnehmen. Bei spätestens etwa 120 dB ist die Schmerzgrenze erreicht. In diesem Bereich wird das Risiko bleibender Gehörschäden extrem hoch. Die eigenen ruhigen Atemzüge und Pulsschläge erzeugen etwa 10 dB. Das Rauschen eines Laubwaldes ist 20 dB leise, unser Gang über ein Schneefeld weitab von jeder Straße etwa 30. In einer verkehrsberuhigten Wohnstraße werden tagsüber 50 dB gemessen. Die Anwohner einer nachts von 500 Fahrzeugen pro Stunde befahrenen Ausfallstraße haben durchschnittlich 60 dB zu ertragen. Der Grenzwert für relativ ungestörte Nachtruhe liegt bei 45 dB. Um diesen Wert zu erreichen, dürften nur noch 16 Fahrzeuge in der Stunde die Straße benutzen. Eine hochbelastete Autobahn verursacht 80, ein vorbeifahrender Zug 88, eine Kreissäge 90 dB. Das Gewummer einer Disco erreicht 110 dB. Fast so viel wie der Probelauf eines Düsenflugzeugs. An der Startbahn misst man 120 dB.

Krach macht krank. Das Ohr ist nicht verschließbar. Selbst

wenn es gelingt, die stetige Lärmbelastung zeitweise auszublenden, und wir subjektiv meinen, wir hätten uns daran gewöhnt, hat sie Folgen für Leib und Seele. Sie macht auf Dauer schwerhörig. Die Überdosis Schallenergie blockiert Funktionsbereiche des Gehirns. Der Körper schüttet Stresshormone aus. Die Risiken und Nebenwirkungen sind Bluthochdruck und Herzinfarkt. Der Biorhythmus gerät aus den Fugen. «Leute, die ständig belärmt werden», sagt der Lärmforscher Gerald Fleischer, «fühlen sich in der Grundstruktur ihrer Persönlichkeit bedroht.»

Der Sound der Stadt verfremdet die leisen, intimen und die natürlichen Klänge. Wind und Regen wirken in den Canyons der versiegelten steinernen Stadtlandschaft härter als in der unzerschnittenen und unbebauten Landschaft. Die Kontaktlaute der Tiere werden platt gewalzt. Oft können sich die Vögel gegenseitig nicht mehr wahrnehmen. Bei manchen Arten scheint die Modulationsfähigkeit der Stimme abzunehmen. In der verlärmten Umgebung verlernen sie das Singen.

In der relativ zivilisationsfernen und stillen Landschaft dagegen bilden die Eigengeräusche der Natur eine eigene feine Klangsphäre. Wir empfinden sie als erholsam und heilsam, als Wohllaut. Noch das rhythmische Auf und Ab der Meeresbrandung, in der Lautstärke durchaus dem Lärmband einer Autobahn vergleichbar, wirkt beruhigend. Jeder Raum hat seine eigene akustische Identität, seine typischen Klangbilder. Die meteorologischen Ereignisse spielen eine wichtige Rolle. Ein Sommergewitter, ein Herbststurm, eine leichte Brise, Regen und Schneeflocken erzeugen im Gras, in den Hecken, in den Blättern und Ästen der Bäume vielfältige Resonanzen. Waldesstille beispielsweise ist ein reichstrukturiertes Klanggewebe. Der Wind rauscht durch die Blätter des Laubwaldes. Im Nadelwald dagegen verursachen die kleinen Luftwirbel, die entstehen, wenn die bewegte Luft an den

Nadeln vorbeiströmt, einen sirrenden Klang. Das Plätschern eines Baches, verstärkt durch die Resonanzflächen der Talwände, setzt weitere Akzente. Im Auenwald wiederum ertönt das Gurgeln größerer Fließgewässer. Der unterschiedliche Pflanzenbewuchs lockt jeweils andere Insekten und Käferpopulationen an. Von diesem Nahrungsangebot hängt der Bestand an Singvögeln ab. Die Bewegungen der Säugetiere im Unterholz und ihre Kontaktlaute geben der Klanglandschaft weitere Konturen. Ein Rascheln im Gras, ein Knacken im Unterholz. Irgendetwas passiert immer. Jedes natürliche Klangbild ist einmalig. Der Morgenchorus der Singvögel ändert sich von Tag zu Tag, abhängig von der Witterung und dem Fortschritt der Balz- und Brutaktivitäten.

Diese Klanglandschaften sind bedroht. Nicht nur durch zunehmende Verlärmung der freien Landschaft, sondern auch durch die Abnahme der Artenvielfalt. *Stummer Frühling*. Mit dieser genialen Metapher beschrieb die amerikanische Ökologin Rachel Carson 1962 die Folgen von DDT und anderer Todeselixiere aus den Retorten der chemischen Industrie für die Nahrungsketten und Ökosysteme. «Es herrschte eine ungewöhnliche Stille … Schweigen lag über Feldern, Sumpf und Wald.» Dieses Schreckensszenario ist bis jetzt nicht Wirklichkeit geworden, möglicherweise aufgrund der von Carsons Buch ausgelösten ökologischen Bewegung. Die Industrialisierung und Chemisierung der Landwirtschaft hat man jedoch keineswegs gebremst. Die Vielfalt des Vogelkonzerts geht zurück. Die Tonketten von Nachtigall und Lerche, vor zwei, drei Generationen noch – wie zu Romeos und Julias Zeiten – selbstverständlicher Genuss, sind aus weiten Teilen der Landschaft verschwunden. Auch die Abnahme der Bestandszahlen hat Auswirkungen auf das Klanggeschehen. Je weniger Individuen sich um ein Territorium und um ein Weibchen bemühen müssen, desto weniger klangvoll wird der Gesang.

Der Grundton einer Landschaft aber hat sich in unserem Gedächtnis abgespeichert. Er trägt viel dazu bei, dass wir eine Region als vertraut empfinden und uns dort zu Hause fühlen. Eine Wanderung ist eine exzellente Schule des sensiblen Hörens. Aus der Distanz zwischen den eigenen Körpergeräuschen und der Reihe der am weitesten entfernten Töne bildet sich ein Klanghorizont. Wir nehmen Klangschatten wahr, etwa das Murmeln eines Baches, das für kurze Zeit hinter einem Baumstamm verschwindet. Wir orten die Geräusche bewusster, nutzen also die unglaubliche Fähigkeit unseres Gehirns, sich auf die Schallgeschwindigkeit einzustellen. Aus der Zeitdifferenz, mit der ein bestimmter Schall das linke bzw. rechte Ohr erreicht, ermittelt es nämlich die Lage der Geräuschquelle.

Um die Fülle des Lebens um sich herum wahrnehmen zu können, muss man selbst zur Ruhe kommen – und schweigen können. Wer beim Wandern in der Natur den Eindruck gewinnt, es geschehe um ihn herum nichts oder nicht viel, täuscht sich. Jede unserer Passagen über eine Wiese oder durch einen Wald wird von einer Vielzahl von Lebewesen wahrgenommen. Sie löst Alarm aus. Die Reaktion ist in der Regel Flucht oder Tarnung. Das Leben um einen herum erstarrt. Diese Stille ist Ausdruck einer gespannten Wachsamkeit. Der Trick ist: selber innezuhalten, also das zu praktizieren, was die Jäger «Ansitz» oder «Anstand» nennen – in Deckung gehen, sich absolut ruhig verhalten, schauen und lauschen, regungslos und schweigend warten. Nach einiger Zeit gerät das Leben wieder in Bewegung. Die Tiere, die die ganze Zeit da waren, kommen wieder ins Offene. Sie nehmen ihre Wege wieder auf, geben wieder Laute von sich. Man selbst ist nicht mehr Mittelpunkt, sondern wird Zuschauer, Zuhörer und Teilnehmer an dem großen Spiel.

So bekommt die Rast beim Wandern eine zusätzliche Funkti-

«Liebliche Bläue, süße Ruh'»   281

on. Sie ist nicht mehr nur Erholungspause. Nicht allein «Schaurast», um Fernblick und Panorama zu erleben. Sie ist eine Zeit der besonders achtsamen Wahrnehmung der Nahräume mit allen Sinnen, ein Moment besonderer «Naturverbundenheit».

Das Wort ist ziemlich abgenutzt. Es klingt nach Hermann Löns und nach spießigen Heiratsannoncen. Im Englischen bezeichnet «connectedness with nature» ein hohes Ziel der modernen Wildnis- und Erlebnispädagogik. Es geht jedoch um nichts anderes. «Naturverbundenheit» ist nicht nur eine Forderung der ökologischen Ethik, sondern vor allem ein Weg, die Fülle des Lebens zu genießen.

Merlin, der Zauberer aus der keltischen Überlieferung, hörte das Gras wachsen. Die Philosophen der Renaissance beschrieben die Schwingungen und Rotationen, die Sphärenmusik der Planeten in der Weite und Ruhe des Kosmos. Die Erde ist in Bewegung, ständig, in jeder Millisekunde ihrer Existenz. Die Kontinentalplatten verschieben sich. Erdbeben, Vulkanausbrüche, Tsunamis, Wind und Brandung lösen seismische Wellen aus. Die Erde erzeugt Klänge, ständig, in jedem Moment. Es lohnt sich, die Pforten der Wahrnehmung weit zu öffnen. Es gibt keine Hierarchie der Sinne. Hören und Sehen sind komplementär.

9. Über die Alpen

Zu Fuß über die Alpen. Das war die Idee. Keine Gipfel stürmen, nicht «in Eis und Fels alles wagen», sondern in der Bergwelt wandern. In eine Richtung, nach Süden. Die klassische Alpenüberquerung, zu Fuß nach Italien. Ausgeheckt hatten wir die Idee an einem langen Abend beim Bier in einem rustikalen Gasthaus im Schwarzwaldstädtchen Calw. Ein Interview zum Hermann-Hesse-Jubiläumsjahr hatte mich mit dem Autorenkollegen und erfahrenen Wanderer Herbert Schnierle-Lutz zusammengeführt. Zwei Jahre lang hatten wir den Faden locker weitergesponnen. Dann genügten ein paar E-Mails hin und her, einige Gespräche am Telefon, und der Plan nahm Gestalt an. Unter den vielen möglichen Routen kristallisierte sich eine heraus, die uns beide gleichermaßen reizte und in unser Zeitbudget von zwei Wochen passte: Im Allgäu losgehen, die Lechtaler Alpen übersteigen, den Inn aufwärts auf Höhenwegen durchs Engadin wandern, auf einem der Pässe den Alpenhauptkamm überqueren und durchs Bergell zu den oberitalienischen Seen absteigen. So weit die Füße tragen ...

Das war unsere Abmachung. Wer sich, aus welchen Gründen auch immer, unterwegs ausklinken würde, sollte keinen Vorwurf zu hören bekommen. Ob die Kondition reichen würde? Auch was meine Trittsicherheit und Schwindelfreiheit anbelangte, nagten plötzlich Selbstzweifel an mir. Die Vorstellung, auf einen schmalen, rutschigen Steig im Fels zu geraten, in schwindelnder Höhe nicht vor und nicht zurück zu können, bereitete mir ein paar Nächte vor dem Aufbruch ungewohnte Träume: Alpenträume, Alpträume.

Ein grüner Fluss – Gletscherwasser! Das muntere Geplauder, mit dem wir nach mehrstündiger Zugfahrt durch die Altstadt von Füssen bummeln, stockt überrascht, als wir in eine abschüssige Gasse einbiegen und plötzlich den Lech vor Augen haben. Kalt, wild und grün strömt er vorüber. Als grün erscheint das Flusswasser, lerne ich später, durch die feinen Plättchen von Glimmer, die sich auf Sandbänken und im Schotter abgelagert haben und in der Sonne leuchten. Der Anblick allein erzeugt unbändige Alpenwanderlust. Zweite Septemberwoche, ein früher Nachmittag. 27 Grad im Schatten, wolkenlos blauer Himmel. Uns packt das prickelnde Gefühl, auf dem Weg zu sein.

Zwischen den Betonpfeilern der Lechbrücke hindurch fällt der erste Blick auf die Märchenschlösser. Die filigrane weiße Silhouette von Neuschwanstein ist von Tannenwald und Felswand grundiert und von Gipfeln flankiert. Die Sichtachsen verändern sich laufend, das Ensemble aber begleitet uns für Stunden. Bald haben wir es von ganz nah, mitten aus dem entspannten Gewimmel der Touristenscharen heraus, die sich zwischen Parkplätzen, Imbiss- und Souvenirbuden und den Zugängen zu den Königsschlössern tummeln. Wenige Minuten später, als wir den Uferweg des Alpsees eingeschlagen haben, teilen wir das Panorama nur noch mit kleinen Grüppchen von Spaziergängern. Von der Badestelle am Ufer gegenüber schallen Kinderstimmen herüber. Nachdem wir den See halb umrundet haben und den Waldhang des Kitzbergs hinaufsteigen, sind wir allein. Bis auf einen jungen Mountainbiker, der urplötzlich aus dem Dickicht hervorbricht und talabwärts

284 Über die Alpen

saust. Unterhalb der Bergkuppe gewährt unser Saumpfad durch eine Lücke im Baumbestand ganz überraschend einen letzten atemberaubenden Weit- und Tiefblick: Miniaturhaft thront jetzt die hohe, schneeweiße Gralsburg mit ihren Türmen und Zinnen auf dem Bergsporn oberhalb des Sees inmitten der alpinen Bergwelt. Linker Hand aber senkt sich der Blick auf den eiszeitlichen Fleckerlteppich aus Seen und Wäldern, Mooren, Wiesen – das sanft hügelige Alpenvorland. Neuschwanstein erscheint von hier oben als schönes, kleines künstlerisches Zeichen in einer großen Landschaft. Ein Spielzeug. Hier ist Ort und Zeit für eine ausgiebige Schaurast, die erste von vielen auf unserer Wanderung. Da sich der Pfad zurück in Richtung Seeufer zu senken scheint, verlassen wir ihn und kämpfen uns im Zickzack durch den finsteren Tann. Dort, wo es hell wird, muss der Bergkamm sein. Eine alte Fichte ist rot-weiß markiert. Sind wir wieder auf einem Wanderweg? Keine Spur! Auf dem benachbarten Steinblock prangt der bayerische Löwe. Auf der Rückseite der österreichische Doppeladler und die Jahreszahl 1824. Wir sind Grenzgänger. Der steile Abstieg endet an der Forststraße nach Oberpinzwang. In der Abendsonne schimmern die Berge purpurrot. Der Widerschein der Abendröte auf den nackten Felswänden: Alpenglühen!

«Zeit loss'n!» war früher ein Gruß unter Schweizer Bergwanderern. Tatsächlich ist man gut beraten, eine lange Wanderung im Hochgebirge sehr langsam anzugehen. Jedes schnelle Anfangstempo rächt sich unweigerlich. Mit einer gemächlichen, regelmäßigen, ausdauernden Gangart passt man den eigenen Kräftehaushalt am besten dem Gelände an. Ab dem dritten Tag sind in aller Regel die anfänglichen Wehwehchen an Füßen und Schultern überstanden. Ein Rhythmus von

Atmen und Gehen ist gefunden. Belastbarkeit und Achtsamkeit nehmen zu.

Das «Kraxeln» beginnt für uns auf dieser dritten Etappe. Gemeint ist hier die ursprüngliche Bedeutung dieses österreichisch-bayerischen Dialektwortes: das mühsame Gehen und Klettern auf schmalen, steilen, felsigen Pfaden mit der «Kraxe» auf dem Rücken. Ausgangspunkt für unsere Überquerung der Lechtaler Alpen ist das Dörfchen Namlos auf 1225 Metern Höhe in einem Seitental des Lech. Im dortigen Gasthof hatten uns am Abend zuvor bimmelnde Kuhglocken und, weit entfernt, die Brunftschreie von Hirschen in den Schlaf gelullt.

Durch taufeuchte Wiesen ziehen wir los. Das Azorenhoch bleibt uns treu. So tiefblau habe ich den Himmel nur selten gesehen. Herbert schneidet sich aus dem Weidengesträuch am Bachufer einen federnden Stock und spitzt ihn sich an. Ich packe zum ersten Mal meine Teleskopstöcke aus. Ein langer Aufstieg in die steinerne Landschaft der Kalkalpen. Durch kleine Baumgruppen, über weite saftiggrüne Matten, auf denen das Blau von Glockenblumen, Enzian und Eisenhut leuchtet, vorbei an Geröllhalden, am Fuß schroffer Felswände steigt der Weg über die Waldgrenze in eine andere Welt. Unsere Route für diesen Abschnitt: Aufstieg Anhalter Hütte – Hanauer Hütte (Übernachtung) – Steinsee Hütte – Abstieg ins Inntal.

Zwei Tage lang durchwandern wir eine Felsregion. Ringsum graue Zacken, steile Wände, Abbrüche, markante Gipfelgestalten, zerklüftete Felsgrate, Sturzbäche, riesige Schuttrinnen, smaragdgrüne Karstseen und erratische Blöcke. Man geht auf Stein in Form von glattem Fels, knirschenden Kieseln und Geröll, hält sich an Felsvorsprüngen fest, spürt ihre sonnendurchglühte Oberfläche. Steinbrechstauden, die sich in Felsritzen eingewurzelt haben und prächtig blühen, pechschwarze Dohlen, die laut krächzend über einen Grat geflogen kommen – Zeichen von vitalem Leben in dieser Steinwüste. Man hört Steine, die man mit dem Fuß angestoßen hat, ins Rollen kommen und Fahrt aufnehmen. Man hat das nackte, brüchige Dolomitgestein auf Augenhöhe und folgt, sobald man den Blick hebt, mit den Augen den steinernen Linien des Horizonts. Ich spüre die Gravität dieser Landschaft in mir. Die Essenz des Wanderns im Hochgebirge: die Wucht der umgebenden Natur zulassen. Man steht hier etwas Größerem gegenüber. Die Welt um einen herum ist sehr alt. Ihre Erhabenheit ist das Ergebnis von Millionen Jahren Erdgeschichte. Die geologischen Zeiträume entziehen sich unserer Vorstellungskraft. Man kann ihre Schöpfungen nur aufnehmen und auf sich wirken lassen, gleichsam von Angesicht zu Angesicht und als stummes Lehrstück. Denken wie ein Berg, forderte der amerikanische Ökologe Aldo Leopold und meinte damit ein ganzheitliches Denken in großen Dimensionen und langen Zeiträumen.

Ein Hubschrauber der Bergwacht fliegt über uns hinweg und verschwindet hinter der Wand des Maldongrats, als wir von der Anhalter Hütte aufbrechen. Unsere Route wird in der Literatur des Alpenvereins als «unschwierig» eingestuft. Trotzdem ist auf Schritt und Tritt Vorsicht geboten. Der Anstieg zum Steinjöchl ist ein Abschnitt, der hochkonzentriertes Gehen erfordert. Wir sind jenseits der 2000 Meter. Der Pfad ist mit lockerem Geröll bedeckt. Viele Wanderer sind unterwegs. Ein Kletterfelsen in der Nähe ist für einige das Ziel. Kleine Grüppchen, Paare, selten nur solitäre Wanderer. Jeder grüßt. Manchmal entwickelt sich ein kurzes Gespräch. Ein junger Mann mit Helm auf dem Kopf überholt uns. Er sei

Über die Alpen **287**

ein guter Geher. Es mache ihm nichts aus, allein hier oben zu wandern. Den Helm trage er wegen der Steinschlaggefahr. Vor kurzem habe sich ein Freund schwer verletzt. Wenn es ihn erwische, solle wenigstens der Kopf noch arbeiten können. Zwei Frauen mit sechs- oder siebenjährigen Mädchen an der Hand kommen uns auf dem Grat entgegen. Die Kleinen erkundigen sich, wie weit es noch zur Hütte ist. Als wir den Grat überschreiten, öffnet sich der Blick hinab zum Hahntennjoch. Von unten blinken die Rotoren des Hubschraubers, der dort gelandet ist. Später hören wir von Augenzeugen, dass kurz zuvor ein Wanderer auf unserem Weg gestürzt sei und sich den Oberschenkelhals gebrochen habe. Unter Narkose werde dort unten gerade Erste Hilfe geleistet.

Eine Mahnung zur rechten Zeit. Hier oben ist es absolut notwendig, seinen Blick auf den Weg zu konzentrieren. Die zwei mal zwei Meter Boden, die fortlaufend vor den Augen erscheinen und wieder verschwinden, das ist der Ausschnitt, den man braucht. Denn da befindet sich die nächste und übernächste Trittfläche für die Füße. Schauen und den Fuß gezielt setzen. «Vor-Sicht» ist die Sicht auf den Fleck, auf den man beim nächsten Schritt die Füße setzt. Vorsicht hat mit Vorsorge zu tun. Hier wird sie überlebenswichtig. Achtsamkeit ist keineswegs allein Aufgabe der Augen. Eine Genauigkeit des gesamten Bewegungsablaufes ist erforderlich. Die Füße selbst tasten bei jedem Schritt behutsam den Untergrund auf seine Tragfähigkeit ab. Ist die Trittstelle eben genug? Ermöglicht sie eine sichere Statik? Ist sie rutschig? Lagert dort ein Hindernis, auf dem der Fuß seitlich abknicken oder abrutschen könnte? In Sekundenbruchteilen haben die Füße zu spüren und zu signalisieren, ob die Lage sicher ist. Dann verlagert der Bewegungsapparat das Körpergewicht. Dosiert, jederzeit bereit, in der Bewegung innezuhalten, Schrittrichtung und Schrittlänge zu ändern, um auf sicheren Untergrund zu kommen. Sorgsam Tritt fassen. Jeder Fehltritt kann verhängnisvolle Folgen haben. Der Verlust des Gleichgewichts bis hin zum Sturz kann nicht nur – wie überall – zu Brüchen, Verrenkungen, Verstauchungen oder Kopfverletzungen führen. Der größte anzunehmende Unfall: im Fallen von der schmalen Fläche des Pfades abzurutschen und auf abschüssiges Gelände zu geraten. Wenn man sich dann nicht auf den ersten Metern irgendwo mit Händen und Füßen festkrallen kann und kein Hindernis einen früh genug bremst, nimmt der Körper Fahrt auf, wird zum Geschoss, bleibt irgendwo am Fuß des Hanges zerschmettert liegen oder stürzt an der Hangkante in den freien Fall. Die eigene Trittsicherheit ist der einzige Schutz. Sie erfordert volle Aufmerksamkeit. Eine besonders hohe Konzentration aber ist auf den Passagen nötig, wo ein Sturz zum Absturz führt. Dort kann man sich eine falsche Bewegung einfach nicht leisten. Viele dieser Wegstücke allerdings sind in den Alpen durch Drahtseile oder Geländer entschärft.

Hanauer Hütte, zwei Stunden, sagt der Wegweiser. Wir mobilisieren noch einmal alle Kräfte. Ein letzter langgezogener, am Schluss sehr steiler Anstieg. Zum ersten Mal das Gefühl, alles aus sich herausholen zu müssen. Tröstlich und Mut machend, jemanden dabeizuhaben, der die Strapazen mit einem teilt. Keine großen Worte. Nur zur rechten Zeit eine kleine Geste. Die Backen aufblasen, sich den Schweiß von der Stirn wischen, ein Stirnrunzeln und ein trotziges Lächeln. Selbstsorge und Fürsorge sind zwei Seiten derselben Medaille.

Dann «Hüttenzauber»? Na ja, der Betrieb auf der Hanauer Hütte wirkt routiniert geschäftsmäßig. Die einzelnen «Seil-

Über die Alpen **289**

schaften» bleiben ziemlich unter sich. Die Nacht im Matratzenlager ist erholsam.

Der nächste Tag beginnt gleich mit einem kurzen, schweißtreibenden Anstieg zur Dremmelscharte, fast 2500 Meter hoch, der höchste Punkt auf unserer gesamten Tour. Von dort geht es jäh hinunter. Es ist das erste Stück auf unserer Route, das mit Drahtseilen gesichert ist. Am Fuß des Felsens leuchtet türkisblau ein verwunschener Bergsee in der Sonne. Sein Ufer ist ein wunderbarer Ort für Erholungspause und Schaurast. Die Steinsee Hütte ist nahe. Die Hüttenwirtin, braungebrannt wie eine Sennerin, freundlich, jeden Weg und Steg hier oben kennend, bereitet einen wunderbaren Kaiserschmarrn zu. Danach beginnt der langgezogene Abstieg ins Inntal.

Stockwandern ist eine Möglichkeit, die Belastungen zu reduzieren. Bergwandern kostet in jedem Fall mehr Energie als das Gehen auf ebener Fläche. Bergauf schiebt man seinen Körper nicht nur vorwärts, sondern stemmt ihn zugleich mit jedem Schritt um die Tritthöhe aufwärts. Die Muskulatur des Beckens, der Oberschenkel und der Waden wird fühlbar stärker beansprucht. Bekanntlich ist der Abstieg noch belastender als das Gehen bergauf. Man muss bei jedem Schritt sein gesamtes, im Schwung befindliches Körpergewicht abfangen, um nicht zu stürzen. In dem Moment, wo der Fuß den tieferen Tritt berührt, wird das Knie leicht gebeugt, um den Ruck abzuschwächen. Das beansprucht die Streckermuskulatur des Oberschenkels. Der Druck auf Ferse, Ballen und große Zehen wird vom Boden über den Fuß zum Knie hin abgelenkt. Dieses empfindliche Gelenk steht unter starkem Druck. Ich bin jetzt froh, die Stöcke dabeizuhaben. Ihr Einsatz verlagert einen Teil der Belastung von den Knien auf die Muskulatur von Armen und Schultern. Experten behaupten, beim Bergaufgehen sei der diagonale Einsatz der Stöcke effektiver. Beim Abstieg aber bringe der parallele Einsatz, also das annähernd gleichzeitige Aufsetzen der Stöcke auf den Boden, die stärkere Entlastung.

Ein Stock ist für die Leute in den Bergen schon immer ein selbstverständliches Requisit gewesen. Vermutlich hatte schon Ötzi einen Knotenstock, eine Schäferschippe oder einen mannshohen Wanderstab zur Hand. Aber an zwei Skistöcken gehen? Das ist neu. Das aus Finnland importierte «sauvakävely», hierzulande mit Nordic Walking «übersetzt», bedeutet schlicht und einfach «stockwandern». Es ist auch in den nordischen Ländern keineswegs eine traditionelle Gehtechnik, sondern hat sich aus dem sommerlichen Trainingsprogramm finnischer Skilangläufer entwickelt. Nun ist es im alpinen Raum und in den Mittelgebirgen gang und gäbe geworden, selbst in den Grünanlagen unserer Städte. Ein Dogma sollte man daraus nicht machen. Die Stöcke sind im Prinzip nichts anderes als verlängerte Arme. Mit zwei Stöcken geht man auf allen vieren. Es ist, so scheint mir, ein Dementi des aufrechten Ganges, eine Rückkehr zum vierbeinigen Gehen. Möglicherweise beeinträchtigt es den Gleichgewichtssinn. Auf jeden Fall konzentriert sich die Aufmerksamkeit des Wanderers stärker auf die Abläufe und auf den Boden. Bei schwierigen Abschnitten in den Bergen ist das manchmal angebracht. Für ältere Wanderer und für Leute mit Knie- oder Rückenproblemen ist es plausibel und vernünftig.

Nach sechs Stunden und 1700 Höhenmetern Abstieg tut sich zwischen Fichtenstämmen der erste Blick ins Inntal auf: die Ruine der mittelalterlichen Kronburg, pittoresk auf einem Bergkegel, davor das breite Band der Autobahn. Durch die Unterführung erreichen wir am Rande eines Industriegebiets

Über die Alpen **291**

das Ufer des Inn. Eine neue Etappe unserer Wanderung beginnt.

Via Claudia Augusta ist der Name der Römerstraße, auf der in den ersten Jahrhunderten unserer Zeitrechnung Händler und Legionäre die Alpen überquerten. Sie führte von einem Hafen bei Ravenna über Verona und Meran nach Augsburg, verband das Kernland des Imperium Romanum mit den Provinzen am Limes. Archäologen sind dabei, die Trassenführung zu erforschen und Überreste der Straßenbauten frei zu legen. Tourismusplaner haben daraus eine neue Route für Radfahrer und Wanderer konzipiert und 2002 eröffnet. Von Landeck wandert man gut 30 Kilometer zwischen bewaldeten Hängen durch das streckenweise sehr enge Tal den Inn aufwärts. Zügig und unbeschwert. Abgesehen vom Straßenlärm, der vom anderen Ufer herübertönt. Die Abwechslung von der Kraxelei über die Lechtaler Alpen ist uns sehr willkommen.

Kurz vor Einbruch der Dunkelheit erreichen wir Finstermünz. Auf der Straße herrscht immer noch starker Verkehr. Tag und Nacht wälzt sich die Karawane der Lkw über die Passstraße, die österreichische Staatsstraße 315, in Teilen die alte Trasse der römischen Reichsstraße, in Richtung Reschenpass und Südtirol. Die Alpen sind seit uralten Zeiten Transitraum. Nur wird dieses Schicksal unter den Vorzeichen der globalisierten Import-Export-Ökonomie immer mehr zum Fluch. Auf dieser Passstraße von Finstermünz habe ich plötzlich das stolze Gefühl, Teil einer reichen Geschichte zu sein. Wir überqueren die Alpen wie all die Generationen vor uns seit der Römerzeit, wie die Pilger, Söldner, Händler und Handwerksgesellen aller vergangenen Zeiten.

Das alte Gasthaus oben an der Straße wirkt geisterhaft

verlassen. Der Parkplatz ist leer. Kein Licht, kein Laut. Die Tür ist angelehnt. Ich trete in den dunklen Flur. Aus dem hinteren Bereich dringt ein Schein. Dort hantiert eine alte Frau mit Kochtöpfen. Sie schlurft herbei, als ich «Grüß Gott» rufe. Das Gasthaus sei geschlossen. Man nehme nur noch angemeldete Gäste. Es täte ihr leid.

Im letzten Tageslicht steigen wir auf einem gewundenen, stellenweise gestuften Pfad durch den Wald in die Schlucht von Altfinstermünz hinab. Das Rauschen des Flusses wird immer lauter. An der Talsohle ragt die Ruine der spätmittelalterlichen Zollburg in die Dunkelheit. Keine Menschenseele. Eine überdachte Holzbrücke mit einem mehrstöckigen Turmaufbau führt über den Inn. Am anderen Ufer beginnt die Schweiz. Im Vorraum der Burg, wo offenbar tagsüber Renovierungsarbeiten im Gange sind, rollen wir unsere Schlafsäcke aus. Nach der Brotzeit sitzen wir noch eine Weile an der Brücke. Unter uns tost weißlich trüb das Wildwasser durch die enge Klamm. Gletschermilch! Die Erscheinung wird hervorgerufen durch feinste Gesteinsteilchen, Schwebstoffe, die vom Schmelzwasser der zentralalpinen Gletscher mitgeführt werden. Links und rechts ragen schwarze Schieferfelsen. Der kleine Ausschnitt des Himmels über dem Talkessel ist von glitzernden Sternen übersät. Oben am Steilhang verschwindet Lichtkegel auf Lichtkegel, Lkw auf Lkw in einem Straßentunnel. Kälte kriecht vom Fluss herauf. Wir kriechen in die Schlafsäcke. Eine Nacht im Herzen der Alpen. Gefühl der Geborgenheit. Sternstunde!

Die Via Engiadina Bassa wird uns für die nächsten drei Tage – und in der Erinnerung für immer – zum Traumpfad. Es ist ein sich in weiter, offener Hochgebirgslandschaft dahinziehender Höhenweg auf der Sonnenseite des Unterengadins.

Am Grenzort Vinadi beginnt der Panoramaweg. Nach 60 Kilometern und circa 20 bis 24 Wegstunden endet er in Lavin, am Fuß des 3400 Meter hohen Piz-Linard-Massivs, am Ausgang des von Klosters kommenden Vereinatunnels. Auf weite Strecken folgt die Route sanft den Höhenlinien des Geländes, durchquert Matten und hochmontane Wälder, die höchstgelegenen der Alpen. Dann biegt er abrupt in enge Tobel mit rauschenden Sturzbächen ein, führt mit seinen Varianten bis an die Gletscherregion heran. Wer will, kann von dort aus den Aufstieg zu einem Dreitausender, dem Piz Linard (3411 Meter) beispielsweise, in Angriff nehmen. Stets hat der Wanderer die mächtigen, unwegsamen Bergketten von Samnaun und Silvretta im Rücken, die Gipfel der Engadiner Dolomiten und des Schweizer Nationalparks auf der anderen Seite des Inns im Blick, die verwinkelten, farbenfrohen, stillen Dörfer des Engadins zu seinen Füßen. Ein Weg für Genusswanderer, Naturerlebnis und Kulturerlebnis. Ein idealer Weg auch zum Wandern mit Kindern. Eine bessere Einführung in den Zauber der Alpen und in die Faszination des Wanderns lässt sich kaum vorstellen.

Unser Einstieg auf den Höhenweg liegt oberhalb der Finstermünzschlucht bei dem Dörfchen Vinadi. Fast auf Anhieb spürt man südlicheres Fluidum. In einem Trockentobel steigen wir durch macchiaähnliches Gestrüpp. Es riecht nach Thymian und wilder Minze. Dann taucht man in den Schatten eines Waldes ein. Der harzige Geruch von Bergfichten, Lärchen und Arven umfängt den Wanderer. Ein schwarzes Eichhörnchen springt über den Weg. Im Unterholz fliegt ein Auerhahn auf. Dann wieder Almwiesen in sattem Grün. Zikadenkonzert, Bläulinge flattern vorbei.

Eine Jagdhütte am Weg. In den Ästen einer Tanne hängen

zum Ausbluten zwei Hirsche und eine Gams. Die Jagdsaison ist gerade eröffnet. Von drinnen sind Stimmen zu hören. Die ersten rätoromanischen Töne. Die alte Frau gestern in Finstermünz sprach tirolerisch. Auch die Ortsnamen sind ab nun romanisch: Ramosch, Scuol, Piz Buin. Mit der Grenze zwischen Tirol und Graubünden haben wir auch die uralte, seit den Völkerwanderungen flexible und durchlässige Linie zwischen germanischen und romanischen Siedlungsräumen innerhalb der Alpen überquert. Kleine Gruppen von Tannen auf den Matten. Von den Höhen ertönt das Gebimmel der Kuhglocken. Ausgedehnte Flecken sind mit blühenden Herbstzeitlosen bedeckt: die blaue Blume, wunderschön mit ihren zarten und doch kräftig leuchtenden Kelchen – und sehr giftig. Der Blick geht zum Reschenpass. Man ahnt die Ötztaler Alpen, wo vor 5000 Jahren Ötzi, der Mann aus dem Eis, wanderte.

So ziehen wir über den Engadiner Höhenweg. Leichtfüßig gehend, raumgreifend, unangestrengt, unverschwitzt, obwohl unser frühherbstliches Azorenhoch konstant bleibt, die Sonneneinstrahlung in der dünnen Atmosphäre dieser Höhen wenig gefiltert wird und sehr intensiv wirkt. In diesen Tagen der Wanderseligkeit kommt uns das urbane Zeitgefühl abhanden. Körperliche Frische und Erschöpfung, Licht und Schatten im Lauf der Sonne, die Wegmarken in der Landschaft, die wir in der Ferne sehen, erreichen und dann hinter uns lassen – das sind unsere Zeitgeber geworden. Herbert, der viel über Hermann Hesse publiziert und in Calw Gänge auf dessen Spuren leitet, zitiert seinen Patron: «Wo werde ich diesen Abend schlafen? Einerlei! Was macht die Welt? Einerlei! Sind neue Götter erfunden, neue Gesetze, neue Freiheiten? Einerlei! Aber dass hier oben noch eine Blume blüht und dass der leise süße Wind dort unten in den Bäumen singt und dass zwischen meinem Auge und dem Himmel eine dunkelgoldene Biene schwebt und summt – das ist nicht einerlei.» Als Philosoph der Lebenskünstler, Entschleuniger, Neo-Hippies und Bergvagabunden ist Hesse einfach bärenstark.

Vom Engadiner Höhenweg sind die Ortschaften nach kurzen Abstiegen zu erreichen. Eine ist schöner als die andere. An Quartieren aller Kategorien ist kein Mangel. Abends in der Pension in Ramosch treffen wir ein Grüppchen von fünf Frankfurter Mountainbikern. Sie sind am Morgen von der Heidelberger Hütte auf der anderen Seite der Silvretta gestartet. Ihre Gespräche auf der Terrasse drehen sich um gebrochene Speichen, abgerissene Bremsbeläge und halsbrecherische Abfahrten. Sie hatten ihren Spaß. Ihre Euphorie ist echt. Mit ihnen tauschen möchten wir nicht.

Beim Frühstücksbuffet am nächsten Morgen liegen Papierbeutel bereit. Ein Schild lädt ausdrücklich dazu ein, sich mit Proviant für den Tag zu versorgen. Die Schweiz – ein teures Land für reiche Alte? Nicht unbedingt. Ein Teller Schoppa da giotta, die typisch Graubündner Gerstensuppe, ist überall für ein paar Fränkli zu haben. Auch bessere Hotels in nobleren Orten bieten Matratzenlager zu Jugendherbergspreisen an. Und selbst am Rand von St. Moritz findet man einen Supermarkt, wo man sich – grob gesagt – zu Aldipreisen verproviantieren kann.

Hinter Sent beginnt ein langgezogener Anstieg auf schiefrigem Pfad durch Geröllfelder und weite baumlose Grasflächen auf über 2000 Meter Höhe. Freie Blickfelder reichen tief ins Innere der Silvretta und hinüber zur grandiosen Kulisse des Mot Lischana und seiner Nachbargipfel. Wir gehen zügig. Die Bewegungsabläufe werden leicht und wirkungsvoll. Beine und Füße, Arme, Hände, Atemzüge sind im Einklang. Ein Fließen geht durch den Körper. Ein schwingendes Gleichmaß scheint alles, was verstockt und verhärtet ist, zu lösen. Der Berg, der Weg, der harte Boden sind nicht mehr Hindernis, sondern Bühne, nicht Feinde, sondern Partner. Illusion der Schwerelosigkeit, des Schwebens. Ozeanisches Gefühl. Glücksmomente.

Dann Motta Naluns, das Zentrum des Skigebietes von Scuol. Rockmusik beschallt geisterhaft die menschenleeren Restaurants, die Anlagen der Gondelbahnen und Sesselbahnen und die Baustellen, an denen neue Pisten für Snowboarder und Downhill-Biker entstehen. Ein Prospekt liegt aus. Stolz wird darin die Landschaft zu einem «natürlichen Sportplatz von 1000 Quadratkilometern» erklärt.

Abends streifen wir durch die Gassen von Ardez. Ein schlanker Kirchturm und die Burgruine auf dem Hügel beherrschen den kleinen, zauberhaften Ort, der sich auf einer Terrasse über dem Inn hinstreckt. Eng und anheimelnd stehen die wuchtigen Steinbauten zusammen. Meterdicke Mauern, schräge Fensteröffnungen, Rundbogentore, alles in das warme Licht von Laternen getaucht. Viele dieser typisch rätoromanischen «Bauernpaläste» sind mit Sgraffiti-Malereien verziert. In der Nacht beginnt es zu regnen. Die Temperatur fällt. Der scheinbar endlose Nachsommer ist vorbei.

Sils-Maria erreichen wir drei Tagesetappen später, nachdem wir beschlossen hatten, St. Moritz und Umland zu «überspringen». Zu viel «Flair», zu viele Baustellen. Dazu kam, dass ich am Morgen mit Schmerzen im Fuß aufgewacht war. Die legen sich nach und nach, als wir in Sils-Maria aus dem Bus steigen und lostippeln. Das Nietzsche-Haus hat geschlossen. Es steht vor einer bewaldeten Steilwand am Ortsrand. Ganz so ärmlich, wie es in der Literatur oft beschrieben wurde, wirkt es von außen nicht. Das Haus zeige, hatte ich bei Adorno gelesen, «wie würdig man vor achtzig Jahren arm sein konnte» und wie man sich «um den Preis bescheidenster Lebensführung die geistige Unabhängigkeit» erkaufen konnte. Zu Nietzsches Zeit mag es eine einfache Pension in einem abgelegenen Dorf gewesen sein. Heute ist es edel hergerichtet. Das wirklich schlichte Haus an der Stadtmauer in Naumburg an der Saale fällt mir ein, der andere Lebensmittelpunkt des armen Meisterdenkers. Ich kenne es gut. Nur ein paar Gassen weiter stand, bis es nach der Wende von einer Immobilienfirma aufgekauft und abgerissen wurde, das Elternhaus meines Vaters. Ich lehne Rucksack und Wanderstöcke an die Tür und mache ein Erinnerungsfoto. Ein Plakat am Eingang kündigt einen Vortrag an: «Den Süden in sich wiederentdecken».

Wir machen uns auf den Weg. Sils-Maria ist ein gepflegter Ort. An den breiten Promenadenwegen steht alle 100 Meter eine Ruhebank mit dem Namen des Stifters. Vom Ufer aus schweift der Blick in die Runde. Ein eisiger Wind weht vom Maloja-Pass herüber. Nebelschwaden ziehen über den See. Wolkenbänder steigen auf. Das Oberengadin ist eine Hochebene, Flachland auf hohem Niveau am Talschluss des Inn, umgeben von einer majestätischen Bergwelt. Die Halbinsel Chasté am nordöstlichen Ufer des Silser Sees ist ein starker Platz. Nach einer ausgiebigen Brotzeit folgen wir auf dem beschilderten Rundweg Nietzsches Spuren. Der Gang führt durch Nadelwald. Lärchen, Arven, Fichten, kleine Feuchtwiesen mit welkem Gras, und immer wieder Durchblicke auf die Wasserfläche. An der Südspitze steht ein Gedenkstein mit Versen aus dem *Zarathustra*. Sein «Höhenluft-Buch» hat Nietzsche auf einsamen Gängen rund um Sils-Maria imaginiert und zum Teil hier geschrieben. Die Figur des Zarathu-

stra ist ein Wanderer, «ein Freund des Alleingehens». Er ist
einer, «der das Leben bejaht». Einer, der nicht sein Vaterland, sondern seiner «Kinder Land» liebt. «Bleibt mir der
Erde treu, meine Brüder …» So verhängnisvoll und böse
die zu Schlagwörtern degradierten Formulierungen über den
«Übermenschen» und den «Willen zur Macht» im 20. Jahrhundert auch gewirkt haben – den *Zarathustra* in der Höhen-
luft und dem Licht der Engadin-Landschaft zu lesen oder neu
zu lesen wäre wohl trotz alledem ein inspirierendes Erlebnis
für heutige Sinnsucher.

Am Südufer des Sees entlangwandernd erreichen wir Ma-
loja. Im Dorf fragen wir nach der Salecina-Hütte. Herbert
und ich wussten beide von diesem legendären Projekt der
Gegenkultur der 70er Jahre. Der Zürcher Buchhändler und
Mäzen Theo Pinkus hatte Salecina als Treffpunkt, Rückzugs-
ort, Bildungsstätte der westeuropäischen Linken gegründet.
Nicht zufällig in der Nähe der Grenze. Im Notfall sollte die
Hütte politischen Flüchtlingen als Asyl dienen können. In
den letzten Jahren hatte man nicht mehr viel davon gehört.
Wir wussten nicht mal, ob die Hütte noch existiert. Als wir
nach kurzem Anstieg von Maloja vor der Hütte stehen, wird
uns klar, dass Salecina lebt. Ja, man habe mehr als genug
Platz, sagt die gerade amtierende Hüttenwartin, eine junge
Frau aus Ardez. Feste Preise habe man nicht. Jeder gibt, was
er kann. Im Durchschnitt 40 bis 60 Franken für eine Übernachtung mit Frühstück, Lunchpaket und Abendessen. Jeder
beteiligt sich am Hüttendienst, also am Kochen und Putzen.
Im Büro hängt ein Foto aus dem Sommer 1976. Vor dem
Eingang der Hütte steht Herbert Marcuse, der Philosoph, ins
Gespräch vertieft mit Max Frisch, dem Dichter. Im Hinter-
grund Theo Pinkus, der Gastgeber. Die Gebäude des in den

Über die Alpen **299**

70er Jahren umgebauten, uralten Bergbauernhofs sind nach modernsten baubiologischen Gesichtspunkten renoviert: Küche, Speiseraum, Kaminzimmer, Bibliothek, Abstellraum für Wanderschuhe, Skier und Rucksäcke, Waschküche und Trockenraum, die zwei Etagen mit Vierbettzimmern, das Büro – alles ist architektonisch sorgfältig durchdacht, gediegen, schlicht und schön eingerichtet.

Abends die Tafelrunde von Salecina. Hans und Wolfgang, zwei Mainzer, beide um die 60, nach bewegter politischer Vergangenheit heute als Taxifahrer jobbend, haben ein Käsefondue zubereitet. Es wird von allen Seiten hoch gelobt. Eine Künstlerin aus Berlin ist da, eine Mutter mit Tochter aus Basel, zwei Attac-Aktivisten aus dem Ruhrgebiet, ein paar andere. Das Tischgespräch ist geistreich. Man fachsimpelt über die Touren, die man tagsüber gemacht hat, blödelt, politisiert, erzählt von neuen Projekten und alten Zeiten. Die Hüttenwartin verkündet die aktuellste Wetterprognose. Die Schneefallgrenze sinke unter 2000 Meter. Dann bespricht sie die Arbeit für morgen. Im Kaminzimmer beim Rotwein plaudert und diskutiert man weiter. Ende offen ... «Hüttenzauber» der ganz besonderen Art.

Über den Maloja-Pass brechen wir am nächsten Morgen nach Frühstück, Putzdienst und Abschied von Salecina zu unserer letzten Etappe auf. Von der Hütte aus schaut man über die Häuser von Maloja hinweg auf eine Felswand, von der ein Gebirgsbach beinahe senkrecht zum Silser See stürzt. Das ist der Inn, der dort oben im Gletschersee des Lunghin seinen Ursprung hat. Auf dem Maloja-Pass überqueren wir die kontinentale Wasserscheide. Die Maira, der wir ab hier folgen, mündet in den Comer See und fließt zur Adria ab. In Casaccia zweigt der Bergeller Panoramaweg von der Passstraße ab.

300 Über die Alpen

Noch einmal ziehen wir durch eine grandiose Bergwelt. Allerdings sind die Granitgipfel und Gletscherzonen der Dreitausender auf der gegenüberliegenden Seite grau verhangen. Wir wandern zum ersten Mal im Nebel. Von den Buchen, Linden und Eichen am Weg tropft es. Der felsige, durchwurzelte Pfad ist rutschig und schwer begehbar. Ab und zu überquert ein hölzerner Steg einen wildrauschenden Bach. Dauerregen setzt ein. Trotzdem ist es bestimmt fünf Grad wärmer als auf dem Maloja-Pass. Kurz darauf sehen wir unter uns die verwinkelte Dachlandschaft von Soglio. Die Häuser, die Kastanienwäldchen in der Umgebung geben dem Ort ein sehr südliches, schon mediterranes Flair. Für den Maler Giovanni Segantini, der im 19. Jahrhundert im Bergell lebte, war Soglio «la soglia del Paradiso», die Schwelle zum Paradies. Ein Teller Schoppa da giotta und ein Glas Veltliner im schon von Rilke gerühmten «Palazzo Salis» stärken uns für die letzten Kilometer. Mit neuem Schwung und ungeahnter Leichtigkeit ziehen wir der italienischen Grenze und den Palmen von Chiavenna entgegen. Genau zwei Wochen nach dem Aufbruch in Füssen sind wir am Ziel. Das Gefühl, aus eigener Kraft die Alpen überquert zu haben, ist einfach triumphal. Die Strapazen sind schnell vergessen. Die körperliche Kräftigung hält bis in den Winter hinein an.

Auszeiten, Spielräume, Entschleunigung

«Auszeit». Der neue Begriff ist der Sprache des Sports entlehnt. «Time out» hat einen festen Platz im Regelwerk des Basketballs. Eine Mannschaft unterbricht das Spiel. Meist in einer kritischen Situation. Die Zeit wird angehalten. Man korrigiert den Kurs, motiviert sich neu, stellt sein Spiel um ... Wann immer wir im Alltag von Hektik, Stress oder Ausbrennen sprechen und eine «Auszeit» erwägen, kommt das Phänomen der «Beschleunigung» ins Blickfeld. Sie beunruhigt uns bis ins Innerste, geht buchstäblich an die Substanz.

Beschleunigung ist die hautnah zu spürende Erscheinungsform der Globalisierung. Ihre Merkmale, im Schnelldurchgang: Die Spitzengeschwindigkeit, auch die Durchschnittsgeschwindigkeit unserer Verkehrs- und Transportmittel erhöht sich. Die Informationsübermittlung wird permanent schneller. Die Unterscheidung zwischen nah und fern verblasst. Im globalen Dorf ist alles «hier» und steht «jetzt» zur Verfügung. Der Raum verschwindet. Neuentwicklung und Produktion von Gütern laufen im schnelleren Takt. Lean production, just in time. Warenumschlag und Konsum beschleunigen sich. Die Märkte wachsen – und die Müllhalden: Fast Food, Kult des Billigen, Wegwerfgesellschaft. Neue Technologien setzen sich immer schneller durch. Die Innovation auf allen Gebieten wird rasanter. Gewohnheiten, Lebenswelten, gesellschaftliche Institutionen und Strukturen wandeln sich zunehmend rascher. Das Lebenstempo erhöht sich. Handlungsoptionen nehmen zu, damit auch die Qual der Wahl. Aktivitäten, Erlebnisse, zwischenmenschliche Begegnungen und Beziehungen verlaufen flüchtiger und schneller. Wir tun immer mehr Dinge gleichzeitig und nonstop. Pausen werden kürzer und fallen weg. Stress, ursprünglich eine Strategie von Körper und Seele, um in Ausnahmesituationen kurzfristig alle Kraftreserven zu mobilisieren, wird zum Dauerzustand. Der Kapitalismus ist die Herrschaft der Schnelleren. Seine Wachstumslogik ist ursächlich für die Beschleunigung. Die globale Grunderfahrung zu Beginn des 21. Jahrhunderts: Der Raum schrumpft unaufhaltsam. Die Zeit vergeht rascher. Sie rast. Die ungeheure Dynamik dieser Entwicklung ist alles andere als nachhaltig. Sie wirkt zerstörerisch auf die Natur, auch auf die menschliche Natur. Sie beschädigt selbst die Erfolgreichen, die Global Players, die vermeintlichen Gewinner. Auf Dauer ist sie nicht lebbar.

Eine Gegenstrategie auf der Ebene der individuellen Lebensführung und Lebenskunst ist die Auszeit. Früher sprach man von «schöpferischer Pause». Das Thema boomt in der populären Lebensstil-Literatur. Auszeit ist der Griff nach der Notbremse, ein Ausstieg auf Zeit aus dem Teufelskreis von Hyperaktivität und chronischer Erschöpfung, Getriebensein und Depression. Vorbeugend oder im akuten Notfall wird sie selbsttherapeutisch zum Krisenmanagement eingesetzt. Auszeit ist mehr als Freizeit. Sie ist bewusst gestalteter Gegenpol zu den normalen Abläufen von Arbeit und Freizeit. Sie braucht Distanz. Sich aus dem Normalleben räumlich und geistig herauslösen. Abstand gewinnen, sich Zeit lassen, zur Ruhe kommen. In sich gehen, zu sich kommen, ganz bei sich sein, sich sammeln. Gestärkt in den Alltag zurückkehren. Auszeit ist eine bewusste Unterbrechung des Alltags. Sie bedeutet einen zeitweiligen Rückzug in selbstgewählte Isolation. So jedenfalls beschreibt die neuere Ratgeberliteratur die Praxis der Auszeit. Eine Strategie, um das «Rattenrennen» anschließend effizienter und erfolgreicher wieder aufzunehmen? Eine Übung, um den Übergang zu einem entschleunigten Lebensstil auf Dauer zu meistern? Daran scheiden sich die Geister.

Auszeiten, Spielräume, Entschleunigung **303**

Die Formen, eine Auszeit zu gestalten, sind vielfältig: Rückzug in eine Hütte in den Bergen oder am Strand oder in exotische Fernen, Sommerfrische in einem Kurort oder einer Wellness-Oase, exklusive Stunden, um konzentriert den musischen und künstlerischen Neigungen nachzugehen, ein paar Wochen des Fastens und Meditierens im Kloster, ein Sabbatjahr, gewidmet der Erfahrung des ganz Anderen. Fast immer wird in der einschlägigen Literatur auch das Wandern genannt.

Zu Recht. Denn kaum eine andere Praxis kommt dem Sinn und Ziel der Auszeit so nahe. Das Wandern antwortet unmittelbar auf die Zumutungen der Beschleunigung. Das Gehen in der Landschaft nimmt das Tempo aus dem Ablauf des Tages heraus. Es wird auf das menschliche Maß, den Fuß, den Schritt, die vier bis fünf Kilometer pro Stunde durchschnittliche Geschwindigkeit reduziert. Damit verändert sich die Wahrnehmung von Raum und Zeit.

Der Raum kehrt zurück. Er bekommt seine ursprünglichen Dimensionen wieder. Erfahrung von Raum ist wesentlich eine Funktion der Zeitdauer, die notwendig ist, ihn zu durchqueren. Mit jedem Schritt verändern sich Sichtbezüge und Perspektiven. Von Augenblick zu Augenblick treten in einem ruhigen Fluss neue Bilder hervor. Der Blick schweift ungehindert und unverwandt zwischen Weite und Enge, Licht und Schatten. «Zu Fuß kann man besser schauen», sagte der Maler Paul Klee, der viel vom Schauen verstand. Aber der Bewegungsraum ist nicht nur Anschauungsraum. Wir nehmen ihn in der Gesamtheit seiner Qualitäten wahr. Wir fühlen, riechen und hören ihn. Wir spüren ihn unter der Fußsohle, mit Haut und Haaren. Wir nehmen seine Stimmung wahr, äußern unsere Stimmung in ihn hinein. Das können wir von keinem motorisierten Transportmittel aus. Er ist gleichzeitig Handlungsraum, zentriert auf unseren Standort oder – beim Gehen –

auf unseren Gesichtspunkt, von dort aus nach Nähe und Ferne stufenlos gestaffelt. Ständig verschieben sich die Horizontlinien. Sie wandern mit. An jedem Standpunkt blickt man zurück auf die Kette von Punkten in der Landschaft, die man berührt hat. Man sieht buchstäblich, woher man kommt. Und man sieht gleichzeitig, wohin man geht. Denn vor sich hat man die Fülle der Punkte, die man in absehbarer Zeit erreichen könnte. Daraus wählt man die nächsten Ziele aus. Wir kreieren den Raum, indem wir eine lineare Struktur ziehen, unsere Strecke.

Mit dem Raum strukturiert sich die Zeit neu. Die lineare Zeit, der von der Uhr beherrschte Takt des Alltags, tritt in den Hintergrund. Wir spüren stärker den kreisförmigen Rhythmus der Tageszeiten und Jahreszeiten. Zum Zeitgeber wird das Licht, das den Raum, den man durchwandert, jeweils anders beleuchtet. Sonnenaufgang, Mittag, Sonnenuntergang. Die Phasen der Erdumdrehung geben uns Aufschluss über die verstreichende Zeit und über die Himmelsrichtung, in der wir wandern. Mit den Mondphasen verändert sich die nächtliche Landschaft im Laufe des Monats. Vegetation und Witterung signalisieren die Phasen des jahreszeitlichen Kreislaufs, also der Wanderung der Erde um die Sonne. Unser Zeitgefühl klinkt sich, wenn wir es zulassen, in die kosmischen Zyklen ein.

Die Eigenzeiten von Leib und Seele kommen zu ihrem Recht. Der Rhythmus der Atemzüge und Schritte, die Lust an der Bewegung bestimmen die Gangart. Abhängig ist sie nur noch vom Profil des Geländes und von den Phasen der körperlichen Anspannung, Erschöpfung und Ruhe, Hunger und Durst. Eine natürliche Balance von schnell und langsam, raumgreifendem Schreiten und Rasten, pendelt sich ein.

Unterwegs lernt man den Wert der Pause neu kennen. Die Faustregel erfahrener Wanderer: für jede Stunde Gehen 15 Minuten Rasten. Die Einteilung ist variabel. Alle zwei Stunden für eine halbe Stunde unterbrechen, auch das kann einen guten Rhythmus ergeben. Eine lange mittägliche Siesta mit einem kurzen Schlummer ist ebenfalls keine schlechte Idee. Nach einer erfrischenden Pause am späten Nachmittag kann man noch stundenlang weiterlaufen. Wichtig ist, den Platz für die Pause sorgfältig zu wählen. Instinktiv rastet man nie vor einem Hindernis, sei es ein Anstieg, eine Straße, eine Ortschaft, sondern erst, wenn man es hinter sich gebracht hat. Der Platz sollte einen Untergrund aus Gras oder Laub bieten. Denn die Körperhaltung beim Rasten ist wichtig. Beim Sitzen auf einer Bank strömt das Blut in die unteren Extremitäten. Eine gute Durchblutung des Körpers kommt so nicht in Gang. Am besten wirkt: Schuhe und Socken ausziehen, sich auf den Boden setzen oder – noch besser – legen, Füße und Beine ausstrecken und hochlegen. Es empfiehlt sich ein naturnahes Ambiente, möglichst mit einer Aussicht ringsum in eine schöne Landschaft. Ein erhobener und damit «erhabener» Ort ist ideal für das Gespräch mit der Natur – und mit sich selbst.

Ob beim Gehen und beim Rasten, Wandern ist immer ein Wechselspiel zwischen Wahrnehmung der Außenwelt und Wahrnehmung des eigenen Innenlebens. Die Anteile sind unterschiedlich. Die Reize der Umgebung und die eigene Stimmungslage spielen eine Rolle. Natürlich konzentriert sich beim Wandern zu zweit oder in der Gruppe vieles auf die Kommunikation mit dem Gegenüber. Bei einer solitären Wanderung aber haben Spielarten des Tagträumens und Projektmachens, des Hörens auf die innere Stimme, der Visionssuche in der Regel mehr Anteile als die Konzentration nach außen. Aber die Umgebung ist niemals gleichgültig. Die freie Bewegung in schöner Natur beeinflusst die Qualität der Innenschau positiv.

Noch ein weiterer Aspekt von Zeit spielt beim Wandern eine Rolle: Wir lernen, mit dem Unvorhersehbaren zu rechnen. In den kreisförmigen und den linearen Ablauf der Zeit tritt der Kairos, der günstige Moment. Jeden Moment kann sich ein Zeitfenster für eine besondere Erfahrung, für Glücksmomente, für das Erlebnis von Freiheit, öffnen. Man ist, sagt der Dichter Wilhelm Genanzino sehr plastisch, in «Magieerwartung».

Der Raum ist frei. Unsere Landschaften, sofern sie nicht zur «Zwischenstadt» geworden sind, bieten immer noch erhebliche Freiräume. Der Wanderer ist nicht einmal an Wege gebunden, die ihm bestimmte Bewegungsrichtungen vorschreiben und andere ausschließen. Wald und Flur dürfen im Prinzip überall und jederzeit, Tag und Nacht, betreten werden. Abgesehen von landwirtschaftlichen Kulturen, eingezäuntem Privatgelände, Flächen, die unter Naturschutz stehen, und militärischem Sperrgebiet gibt es kaum ein Betretungsverbot. «Das Betreten des Waldes zum Zwecke der Erholung ist gestattet», sagt lakonisch § 14 des Bundeswaldgesetzes. Den deutschen Wald kann jeder kreuz und quer durchstreifen. Dasselbe gilt im Prinzip für gemähte Wiesen und abgeerntete Felder. «Das Betreten der Flur auf Straßen und Wegen sowie auf ungenutzten Grundflächen zum Zwecke der Erholung ist auf eigene Gefahr gestattet», so steht es in § 27 des Bundesnaturschutzgesetzes. Natürlich gilt das Prinzip des verantwortlichen Umgangs mit der Bewegungsfreiheit, also der Rücksicht auf die ökologische Sensibilität der Landschaft. Die Freiheit des Zugangs jedenfalls, so zeigt der internationale Vergleich, ist hierzulande relativ großzügig geregelt.

Nicht vor allem der materielle Besitz, sondern der Zugang zu den materiellen und ideellen Gütern entscheide in Zukunft über unsere Lebensqualität. Die These des amerikanischen Soziologen Jeremy Rifkin gilt nicht zuletzt für den freien Zugang zur Landschaft und zu ihren Schönheiten. Unsere Vorstellung von Wohlstand, so der Konsumforscher Gerhard Scherhorn, müsse sich lösen von der einseitigen Fixierung auf die Menge an Gütern, die uns zur Verfügung stünden. Ebenso wichtig sei es, Zeit für die Dinge zu haben, die einem wichtig sind. Dazu brauche man die Möglichkeit, in Räumen zu verweilen, in denen man sich wohl fühle. In der neuen Balance von Zeitwohlstand und Raumwohlstand würden die materiellen Güter eine neue Rolle spielen. Dann gehe es nicht mehr um die Menge, die man besitze, sondern um das Wohlbefinden im Umgang mit ihnen. Aus solchen neuen Bildern des guten Lebens, so scheint mir, könnten Gegenentwürfe zum «Rattenrennen» der Beschleunigungsgesellschaft entstehen.

Der utopische Gehalt des Wanderns: Wir gewinnen Fähigkeiten zurück, die mit der Beschleunigung des Lebenstempos verloren gehen – Zeitsouveränität, Bewegungsfreiheit und die Aufmerksamkeit für die innere Stimme.

10. Herbstgala

Der Herbst 2005 war voller Sonne, Licht und Wärme. Nach dem ziemlich feuchten und kühlen Sommer sorgten südliche Winde für einen kontinuierlichen Zustrom von trockener Warmluft aus dem Mittelmeerraum. Von Anfang September bis in den November hinein war der Himmel fast täglich azurblau. Noch Ende Oktober, als die Nächte allmählich kühler wurden, stiegen die Temperaturen mittags auf Werte von über 20 Grad. Die Laubfärbung setzte etwas später ein als sonst. Dafür war sie so intensiv wie seit vielen Jahren nicht mehr.

Der Raum, den ich mir für eine zweitägige Herbstwanderung ausgesucht habe, ist der Hainich, ein kleines Waldgebirge, an der Wasserscheide von Werra und Unstrut, zwischen Eichsfeld und Thüringer Wald. «Das grüne Herz Deutschlands», der alte, schon etwas abgegriffene Werbespruch der thüringischen Tourismusplaner, hier trifft er zu. Der geographische Mittelpunkt Deutschlands liegt am nordöstlichen Rand des Hainichs in dem Dorf Niederdorla. Und: Diese Mitte ist grün. Über die Kuppen des Hainichs zieht sich ein geschlossenes Buchenmischwaldareal, eines der größten, die wir noch haben. Seit 1997 ist es Nationalpark.

Ich kannte den Hainich von einer früheren Wanderung. Meine damalige Route begann in Mühlhausen. Sie führte auf 30 Kilometern über den Rennstieg, den Hauptwanderweg des Hainichs (nicht zu verwechseln mit dem Rennsteig des Thüringer Waldes), nach Behringen. Damals war es Mai. Alles war grün. Bei Sonnenaufgang stieg eine Klangglocke aus Vogelstimmen über dem Laubdach auf, wie ich sie noch nie so intensiv gehört hatte. An manchen Stellen stapfte ich durch einen üppig grünen, mit weißen Blüten über und über bedeckten Bärlauchdschungel, der auf Schritt und Tritt betäubende Duftwolken ausströmte. Der Weg war erst seit zwei, drei Jahren wieder frei. Noch warnten Schilder vor Blindgängern und verstreut liegender Munition. Jahrzehntelang hatte die Rote Armee große Flächen als Truppenübungsplatz genutzt. In Behringen kam ich aus dem Wald, überquerte die trotz des Autobahnlärms einsamen Hörselberge und stieg in Eisenach hinauf zur Wartburg. Diesmal hatte ich kein festes Ziel – außer: zwei Tage lang frei schweifen und die Herbstfarben des Laubwaldes genießen.

Der Hainich ist ein Höhenzug aus Muschelkalk. Seine Kammlinie verläuft auf 400 bis – am höchsten Punkt – 500 Metern Höhe in südöstlicher Richtung. Vom Kamm fällt das Terrain nach beiden Seiten ab – nach Westen relativ steil ins Werratal, nach Osten ziemlich abgeflacht ins Thüringer Becken. Das Kalkgestein ist porös, der Untergrund verkarstet. Das Wasser versickert. Die wenigen Bäche führen nur zeitweise Wasser. Schluchten, die von Wasserläufen in das Gelände gekerbt wurden, fehlen. Die Kuppen der Hügel sind gerundet, die Übergänge sanft.

Der Hainich ist ein großes, geschlossenes Waldgebiet mit einer klaren Struktur. Der Wald bedeckt als langgestrecktes, aber schmales Band Höhenkamm und Abhänge. Nirgendwo ist man weiter als drei, höchstens vier Kilometer von den Waldrändern entfernt. Und er ist transparent. Die Strauchschicht unter den Buchen fehlt oder ist relativ schütter. Die

Baumstämme sind bis hoch hinauf astlos. Die horizontalen Blickfelder gehen also an vielen Stellen in die Tiefe. Erst nach zweihundert, dreihundert Metern schließt sich ein lockerer Vorhang aus Buschwerk und jungen Bäumen. Ausblicke in die offene Landschaft sind rar. Auch das Laubdach wirkt raumbildend. Es verdeckt den Himmel bis auf kleine Ausschnitte, filtert den Sonnenschein zu einem farbigen Licht, bündelt es zu wandernden Lichtbahnen.

27. Oktober, später Vormittag. 17 Grad, windstill. Der Himmel ist weiß, von einem hochnebelartigen Dunstschleier überzogen. Am ICE-Bahnhof Eisenach habe ich den Bus in Richtung Mühlhausen genommen und bin in Nazza, einem Dorf an der Westflanke des Hainichs, ausgestiegen. In der Landfleischerei versorge ich mich mit thüringischer Wurst und Brot, steige an der Burgruine Haineck vorbei ins Waldesinnere. Herbstliche Stille. Das vielstimmige Vogelkonzert des Frühlings, das Summen des Sommerwaldes ist verstummt. Nur vereinzelt und immer nur kurz ist der Ruf einer Meise oder eines Buchfinks, das Pochen eines Spechtes zu hören. Die üppig grüne, blütenweiße Bodenvegetation ist abgestorben und hat den Brauntönen des welken Laubes Platz gemacht.

An der Antoniusherberge, einem Knotenpunkt des Wegenetzes, betritt man das Territorium des Nationalparks. Bis dahin war der Hauptweg ein breiter, steiniger, geradliniger Forstweg. Jetzt geht man auf schmalen Waldpfaden. Sie sind knapp zwei Meter breit, ganz mit Laub bedeckt. Das Band des Weges ist kaum vom umgebenden Waldboden zu unterscheiden. Nur wächst hier nichts, und kein Totholz liegt quer. Schlicht und unaufdringlich windet sich der Pfad zwischen den Stämmen hindurch und gibt dem Wanderer das Gefühl,

Herbstgala **311**

er schweife frei im weglosen Wald. So wie ein Jäger oder eine Sammlerin. Man fühlt sich in Deckung, aber nicht eingeschlossen. Ein starkes Raumerlebnis.

Die Betteleiche, die man kurz hinter der Grenze des Nationalparks passiert, gilt als ein Wahrzeichen des Hainichs. Ein Baumtorso, in zwei Teile gespalten, ohne Kernholz, aber noch vital. Heimatforscher schätzen ihr Alter auf 1000 Jahre. Selbst wenn das großzügig aufgerundet ist, eine Zeitzeugin ist diese Eiche allemal. Vielleicht hat Thomas Müntzer in ihrem Schatten gerastet? Der Wanderprediger und wandernde Agitator, klein gewachsen, schwarzes Haar, breites Gesicht, der laut Luther «im Lande umherstrich und seiner Untugend ein Nest suchte», forderte, dass Wald, Wasser und Weide überall frei sein sollten. Auf seinem Weg von Mühlhausen, wo er 1524 den «Ewigen Bund» gegründet hatte, unterwegs zur nahen Probstei Zella, wo eine Felsplattform heute Thomas-Müntzer-Kanzel heißt, weil er dort die Bauern des Werratales unter der Regenbogenfahne versammelt haben soll, könnte er an der Betteleiche vorbeigekommen sein. Hier kann man sich in seine Zeit versetzen: «Wye lange slafft ihr? Ir must dran, dran, es ist zeyt! ... Omnia sunt communia und sollt eynem ieden nach seyner notdurft ausgeteylt werden nach gelegenheyt.» Ende Mai 1525 hat man Thomas Müntzer auf einem Feld östlich von Mühlhausen hingerichtet und seine Leiche zur Schau gestellt.

Der Hainich gehörte damals dem Deutschen Ritterorden. Nach den Bauernkriegen ging er in den Besitz der dörflichen Laubgenossenschaften über. Die existieren bis heute. Einen ihrer Sprecher hatte ich bei meinem ersten Besuch Mitte der 90er Jahre kennengelernt. Der kleine, untersetzte Mann agitierte gegen den damals in Planung befindlichen Nationalpark.

Sein Credo: «Wir leben hier. Die landwirtschaftlichen Verhältnisse sind schwierig. Das Holz war immer unsere zusätzliche Einnahmequelle. Wir haben den Wald über die Jahrhunderte pfleglich behandelt und wollen ihn für unsere Nachkommen erhalten. Jetzt planen die da oben einen Nationalpark, und am Ende vertreiben sie uns aus dem Wald. Wir werden zum dritten Mal enteignet.» Ich mochte diesen thüringischen Querkopf genauso wie seinen Kontrahenten, einen jungen Förster und Öko-Aktivisten aus Göttingen, der vehement für den Nationalpark Hainich kämpfte und sich dabei aufrieb. Inzwischen scheint eine Lösung gefunden. Die Laubgenossenschaften, die ihren Wald am Rande des Nationalparks weiter gemeinschaftlich bewirtschaften, haben ihn zertifizieren lassen und sind für vorbildlichen ökologischen Waldbau ausgezeichnet worden.

Der Dunstschleier hat sich inzwischen aufgelöst. Gegen Mittag beginnt der Hainich zu leuchten. Der Himmel ist jetzt strahlend blau. Die Sonne steht im Zenit. Ihre Lichtbahnen fallen vertikal durch das schüttere Kronendach. Ich gehe über eine Lichtung, eine von hohen Bäumen gesäumte Waldwiese. Beherrscht wird sie von einer solitär stehenden, bestimmt 40 Meter hohen Sommerlinde. Der mächtige Stamm verzweigt sich auf halber Höhe in drei dicke Schäfte. Die weitausladenden Äste bilden mit ihrem noch vollen Laubwerk die wunderbar gewölbte Gestalt einer Linde perfekt aus. Ich bin schon vorbei, wende mich dann aber noch einmal um und bleibe wie angewurzelt stehen. Voll ausgeleuchtet steht der Baumriese vor mir in der Sonne und entfaltet ein grandioses Farbenschauspiel. Gelb in allen Tönungen und Schattierungen: blassgelb, zitronengelb, quittengelb, goldgelb, safrangelb. Die Augen tasten den Umkreis ab, blicken von Baum zu

Herbstgala   313

Baum. Da steht eine Wildkirsche im purpurnen Rot. Dort eine junge Esche, deren Blätter ihr Grün bis zum Schluss unverfärbt bewahren. Ein Feldahorn strahlt in einem unwahrscheinlich zarten, hellen Gelb. In dieser durchsonnten Mittagsstunde beginnt für mich die Galavorstellung des Herbstwaldes.

Bei jedem Schritt auf meinem Pfad erlebe ich nun, wie die Farben den Mischwald verfremden und verzaubern. Was mir im Mai als ein einziges Meer von Grün erschien, enthüllt jetzt seine bunte Vielfalt. Jede Baumart hat ihre eigenen Farben, jede ihre eigene Zeit für die Verfärbung. Jeder einzelne Baum bringt seine individuelle Kontur zum Vorschein. Im Hainich dominieren die Bestände von *Fagus sylvatica*, der Rotbuche. Deren Blattwerk ist in sich bunt. Es vereint in den verschiedenen Etagen des Baumes, ja sogar in einem Blatt lichtgrüne Flecken mit den verschiedensten Gelb- und Brauntönen, je nach Sonnenexposition, je nachdem, wie die Kronenteile beschattet und belichtet sind. Aber in den Buchenhängen tritt jetzt die Hainbuche mit ihren fleckigen gelben Blättern hervor, die Eiche mit braunem Laub. Hier und da steht die so rare Elsbeere mit ihrem roten Laub. Und immer wieder die Ahornarten – Feldahorn, Bergahorn, Spitzahorn – in unterschiedlichsten Gelbtönen. Es sind leuchtende Farben, warme Farben, glühende Farben, lodernde Farben. Der Wald brennt. So feiert er vor dem Eintritt in die Winterruhe seine Abschiedsgala. Grün ist die Farbe des frischen, neuen, unreifen Lebens, die Farbe der unbändigen, von der Sonne angetriebenen Lebenskraft. Jetzt, wo die Bäume ihren Blättern das Chlorophyll entziehen, um es für den Winter im Stamm einzulagern, kommen die Farbstoffe zum Vorschein, die das Grün bisher unsichtbar begleitet haben. Sie verkünden den

Übergang zu einem Zustand später und vollkommener Reife – und größter Schönheit. Henry David Thoreau, der um 1850 in den Wäldern Neuenglands, einem Paradies des herbstlichen Farbenrausches, zu Hause war, hat die spirituelle Botschaft des bunten Laubes formuliert. Er sei «Schmuck der Natur» und «Emblem eines gelungenen Lebens, vollendet durch einen nicht vorzeitigen Tod». 150 Jahre nach Thoreau bekommt die Ästhetik des Herbstwaldes eine zusätzliche Bedeutung: als Kontrasterfahrung zum bunten Technicolor der Einkaufs- und Erlebniswelten, Medienlandschaften, flimmernden Bildschirme und virtuellen Räume. Bunt sind schon die Wälder … Wo sonst ist das volle Spektrum der Naturfarben so intensiv zu erleben? Eine elementare Empfindung lässt sich beim Wandern regenerieren: die Farbenfreude.

Bei Sonnenuntergang komme ich aus dem Wald. Am Craulaer Kreuz, einem Knotenpunkt der Wanderwege an der östlichen Grenze des Nationalparks, öffnet sich das Blickfeld auf eine endlos weite Feld- und Wiesenlandschaft. Ich gehe ein paar hundert Meter durch abgeerntete Felder und blicke von der Kuppe noch einmal zurück. Allmählich versinkt der bunte Waldsaum in der Dämmerung. Am Himmel über dem Hainich entwickelt sich das Farbenspiel der Abendröte. In langen, gedehnten Streifen segeln Zirruswolken in der rasch dunkelnden zarten Bläue, pastellrosa und feuerrot beleuchtet von den letzten Strahlen der hinter dem Wald untergegangenen Sonne.

Craula ist ein stilles Dorf. Ein idealer Ausgangspunkt für Wanderungen im Nationalpark. Im Gasthof bin ich freilich selbst an diesem perfekten Herbsttag der einzige Gast. Der Hainich ist noch keine «Destination» für Naturpilger. Die

Nacht ist traumhaft ruhig. Gegen Morgen tönt die Glocke der Kirchturmuhr. Ein Hund schlägt an. Zum Frühstück gibt es selbstgemachte Marmeladen aus Holundersaft und Pflaumen, Honig von Lindenblüten.

Bei Sonnenaufgang bin ich wieder am Waldrand. Zwölf Grad. Leichte Nebelschleier liegen über den Wiesen. In der Ferne lässt ein Schäfer seine Herde aus dem Gatter. Über mir streicht ein Habicht so dicht vorbei, dass ich hören kann, wie sich die Luft an seinen Schwingen teilt. Dicke Tautropfen hängen in Ketten an den Zweigen und den Spinnfäden einer jungen Heckenrose. Feuchter Lehm macht den Weg rutschig, klebt an den Wanderschuhen. Schnell tauche ich wieder in den Wald ein. Die sich aufwärmende Feuchtigkeit der Nacht lässt eine Palette von Duftstoffen in die Nase steigen. Zu keinem Zeitpunkt riecht der Wald so intensiv wie jetzt im Herbst, wenn sich Regenwürmer und Bakterien über das abgeworfene Laub hermachen und es zersetzen und wenn die Pilze ihre eigenen, feinabgestuften Modergerüche verströmen.

Einmal klettere ich auf einen Baum. Zum ersten Mal seit langer, langer Zeit. Als Kind war ich leidenschaftlicher und risikofreudiger Kletterer. Der Entschluss kam spontan, als mir eine Buche mit starken, tiefansetzenden Ästen auffiel. Eine Rarität in diesem Wald. Die alte Methode: In Griffhöhe über dem Kopf den Ast fest packen, sich hochziehen und gleichzeitig die Füße am Stamm entlang in die Höhe setzen, dabei ein Bein über den Ast schwingen. Der Einstieg ist das Mühsamste. Dann nach Ästen suchen, die festen Halt für beide Hände und Füße geben, und Stufe für Stufe in dem Astwerk nach oben. Die alten Gefühle kehren zurück: Das Herz pocht, die Knie schlottern, von der Anstrengung und vor Angst, wenn ich mal ins Leere trete oder ein Ast nachgibt. Dann aber der

316 Herbstgala

Triumph bei jedem Meter, den es aufwärts geht. Nach zehn, zwölf Metern sehe ich kein Weiterkommen mehr. Rittlings setze ich mich auf einen oberarmdicken Ast. Beide Füße sind auf ebenso starke Äste gestellt. Mit den Händen greife ich ins Astwerk über mir. Die Stirn kann ich an die glatte Rinde des Stamms lehnen. Ein Gefühl der Geborgenheit. Von meiner hohen Warte aus beobachte ich einen Buntspecht, der zwei, drei Bäume weiter arbeitet. Von nahem höre ich minutenlang die Schreie eines Bussards, ohne ihn zu sehen. Hier muss auch das Reich der Wildkatze sein. Von dieser Art sollen hier zwanzig bis dreißig Paare leben. Nur wenige haben jemals eines dieser schönen, extrem scheuen Tiere zu Gesicht bekommen. An meinem Stamm krabbelt ein hellbrauner, weißgepunkteter Marienkäfer nach oben. Vor einem Wulst in der Rinde zögert er kurz, fährt die Fühler aus, schlägt einen kleinen Bogen, setzt unbeirrt seinen Weg fort und entschwindet meinen Blicken. Ein paar Minuten später kommt der nächste. Der Kronenbereich, so haben die Forstökologen erst kürzlich entdeckt, ist die Zone des intensivsten Lebens im Wald.

Auf dem Baumkronenpfad an der Thiemburg kann, wer den Rummel nicht scheut, diese Zone bequem in Augenschein nehmen. Ein 300 Meter langer Steg führt auf stählernen Stelzen bis auf eine Höhe von 24 Metern über dem Boden. Hier ist man auf Augenhöhe mit den Wipfeln von Buchen, Stieleichen, Eschen, Elsbeeren und ein paar anderen Arten. Viel passiert zu dieser mittäglichen Stunde nicht. Das Leben im Kronendach bleibt unsichtbar. Richtig spannend, erzählt der Führer, wird der Gang, wenn starker Wind weht und die Bäume biegt, die Kronen zerzaust und den Steg in Schwingungen versetzt. Von der Aussichtsplattform, einem Ungetüm, das an den Kontrollturm eines Flughafens erinnert,

Herbstgala **317**

hat man ein Rundum-Panorama. Zehn Kilometer von hier liegt der geographische Mittelpunkt Deutschlands. Hinweisschilder auf der Brüstung nennen die Punkte, die bei guter Sicht zu sehen sind. Zum Brocken sind es 80, zum Ettersberg bei Weimar 52 Kilometer. Im Süden ganz nahe liegen Hörselberge und Wartburg. Im Nordosten ahnt man den Kyffhäuser, im Südwesten den Meißner. Mythische Orte: Hexentanzplatz und Barbarossahöhle, Tannhäusers Venusberg und Sängerhalle, Frau Holles Brunnen und – nicht auszublenden – das Mahnmal für Buchenwald, den bösen Ort auf Goethes und Herders geliebtem Ettersberg. Ein Moment lang das Gefühl, im innersten Deutschland zu sein.

Mittags klettert das Thermometer auf über 25 Grad. Noch einmal durchquere ich den Hainich in seiner ganzen Breite. Die Sonne bildet lange Lichtbahnen auf den grauen Buchenstämmen. Absolute Ruhe. Kein Bachlauf plätschert. Ganz selten nur eine Vogelstimme. Kaum einmal geht eine Brise durch die Baumkronen. In einem solchen Ambiente zu erleben, wie die Blätter fallen, ist etwas ganz Besonderes. Sie fallen vereinzelt. Sie kommen aus großer Höhe. Der Baum legt seinen Mantel, der sich aus etwa 200.000 einzelnen Blättern zusammensetzt, ab. Es ist ein aktives, von den kosmischen Rhythmen der Lichtgebung und den inneren Hormonen des Baumes gesteuertes Geschehen. Seit Anfang Mai haben die Blätter für ihn die Sonnenenergie eingefangen, die er brauchte, um die Kohlenhydrate für die Ernährung seiner Triebe und Früchte zu produzieren. Dafür hat er sie den Sommer über mit Wasser versorgt. Wenn er im Winter auf Sparflamme leben muss, kann er das Laub nicht mehr brauchen. Dessen Wasserversorgung wäre nicht mehr aufrechtzuerhalten. Jeder Sturm, jede Schneelast fände eine zu große

Angriffsfläche und würde die Statik des Baumes gefährden. Nachdem er das Chlorophyll eingelagert hat, zieht er an der Basis des Blattstiels ein korkartiges Trenngewebe ein. Ist es fertig, genügt die geringste Erschütterung, und die Blätter lösen sich von ihren Zweigen. Sanft, schwerelos, lautlos schweben sie zu Boden. Sie trudeln, kreiseln, tänzeln. «Sie fallen mit verneinender Gebärde», dichtete Rilke. Ich weiß nicht. Mir kommen ihre Bewegungen eher fröhlich und ausgelassen vor. Besonders bei den Ahornblättern, die sich mit ihrem handförmigen Umriss am längsten in der Luft halten. Sacht prallen auch sie auf die Erde. Nur ganz selten noch ein kurzes Beben, dann legen sie sich endgültig zur Ruhe. Eine Brise kommt auf. Das Treiben wird lebhafter. Einmal, bei einem Windstoß, kommt ein dichter Schauer von bronzenem Buchenlaub aus den Kronen. Beim Aufprall klingen die Blätter wie Regentropfen. «Was mag denn ein Blatt erleben?», fragte Hans Jürgen von Wense, der große Wanderer, der die Wälder an Fulda und Werra zu allen Jahreszeiten durchstreift hat. «Was mag denn ein Blatt erleben in dieser einen Minute, da es frei ist, nicht mehr hängt, noch nicht liegt, zwischen Himmel und Erde?» Der Laubmantel des Waldes, der den ganzen Frühling und Sommer hindurch hoch oben über dem Kopf des Wanderers rauschte, raschelt jetzt als bunter Teppich unter seinen Füßen. Ein wunderbares Gefühl und Geräusch beim Gehen. Dem Baum aber dienen seine abgestorbenen Blätter als neue Lebensgrundlage. Aus ihnen bildet sich der Humus, von dem sich seine Wurzeln und seine Keimlinge in Zukunft ernähren können. Auf dem toten Substrat wächst neues Leben. «Wir alle fallen», sagt Rilke in seinem Gedicht *Herbst*. «Und doch ist einer, welcher dieses Fallen / unendlich sanft in seinen Händen hält.» Weniger

Herbstgala **319**

pathetisch schreibt Thoreau angesichts der fallenden Blätter im Herbstwald: «They teach us how to die.» Sie lehren uns die Kunst des Sterbens.

Oberhalb von Berka komme ich aus dem Wald heraus. Die Aussicht öffnet sich weit nach Südwesten. Vor mir zeichnet sich im warmen Licht des Herbstnachmittags gralsburgartig die Silhouette der Wartburg ab. Von dort zieht sich der Kamm des Thüringer Waldes bis hinüber zum Inselsberg, dessen Turmnadeln in blauer Ferne aufragen. Abschied vom Nachsommer. Keine vier Wochen mehr, dann werden die ersten Schneestürme über den Kamm hinwegfegen, das letzte Laub herunterreißen und winterkahle Wälder hinterlassen. Die Zweige der Buchen aber haben längst Knospen angesetzt. Hellbraun, schlank und prall gefüllt mit den Blättern und Blüten der nächsten Vegetationsperiode, tragen sie eine einzige Botschaft: Der nächste Frühling kommt bestimmt.

Bewusstseinszustände

Der österreichische Psychologe und leidenschaftliche Bergsteiger Viktor E. Frankl erzählte einmal in einem Fernsehinterview von seiner Erfahrung mit der Rax, seinem geliebten Wander- und Kletterrevier südwestlich von Wien: «Es ist so, wenn ich auf die Rax komme und übers Plateau gehe, dass dies die einzige Zeit in meinem Leben gewesen ist, in der ich immer wieder, ich möchte sagen, meditiert habe. Die Gedanken bekommen ihren freien Lauf, und es gibt eigentlich keine größere, wesentliche Entscheidung in meinem Leben, beruflicher oder privater Natur, die ich nicht auf der Rax getroffen hatte. Und so wandere ich übers Plateau im Sinn der Vita contemplativa, also des Meditierens, des beschaulichen Lebens. Und dann, wenn ich bei der Preiner Wand angekommen bin, dann beginnt die Vita activa, das tätige Leben, das zugreifende, das anpackende – buchstäblich den Fels ‹anpackende› Leben.»

Auch wer im Flachland oder Mittelgebirge wandert, kennt die Erfahrung, von der Viktor Frankl berichtet. Jede Wanderung ist nicht nur eine körperliche Bewegung im Raum, ein Gang von A nach B. Mit dem Aufbruch in die offene Landschaft und freie Natur wechselt man in einen Bewusstseinszustand hinüber, der sich vom Alltagsbewusstsein unterscheidet. Die Flut an chaotischen Reizen und kalkulierten Botschaften, die den urbanen Alltag bestimmen, ebbt ab. Analysearbeit und diskursives Denken, absolut notwendig, um diese Flut zu bewältigen, werden weniger wichtig. Beim Gehen in der freien Landschaft verflechten sich objektive und subjektive Realität auf eine ungewohnte Art. Die «Pforten der Wahrnehmung» öffnen sich für die Gesamtheit der Erscheinungen. Man betritt eine Region, die höher ist als der Alltag. Dort angekommen, hat man die Freiheit zu pendeln: zwischen Phasen weitgehender Konzentration auf den Fluss des inneren Erlebens, Phasen großer Durchlässigkeit für alle Reize, Empfindungen und Ereignisse, die von außen einströmen, und Phasen völliger Geistesgegenwart, in denen sich alle Aufmerksamkeit auf den nächsten Schritt, die eine Handlung, die Einzelheit fokussiert. Jeder Wanderer kennt solche Momente: Verlangsamung des Zeitflusses, beinahe körperlose Leichtigkeit, das Gefühl von Entrückung, von «flow».

Um besser zu verstehen, was da vor sich geht, ist ein kleiner Streifzug durch die psychologische Forschung hilfreich. Diese hat sich in letzter Zeit verstärkt den «veränderten Bewusstseinszuständen» («altered states of consciousness») und den Techniken, sie herbeizuführen, gewidmet. Einige dieser Phänomene sind für eine Kunst des Wanderns von besonderem Interesse.

Das Tagträumen ist natürlich auch im Alltag eine häufige Erscheinung. Oft setzt es ein, wenn die Aufmerksamkeit durch die aktuelle Situation nicht vollständig gebunden ist. Also überwiegend in Momenten der Langeweile und Routine. Tagträumen galt lange als eine Form von illusionärem Denken und unproduktivem Grübeln. Die Gefahr sei groß, dass man sich darin verliere und es zum Ersatz für das Handeln mache. Drängende Probleme würden nicht bearbeitet, sondern verschärft. In der modernen Kreativitätsforschung entdeckt man jedoch gerade die fruchtbaren Seiten dieses Phänomens. Tagträume werden von äußeren oder inneren Impulsen spontan angeregt. Ein Wort, eine Melodie, ein Geruch kann sie auslösen. Sie können visuell, auditiv oder sprachlich geprägt sein. Sie bestehen aus einer nicht bewusst gesteuerten Abfolge von mentalen Bildern. Sie bilden sich aus Erlebnismaterial, Gedankensplittern und Erinnerungsbruchstücken, Assoziationen und Phantasien. Im Vergleich zu nächtlichen Träumen sind Wachträume eine aktive Form von Imagination. Sie sind stärker auf das, was einen gerade umtreibt, ausgerichtet. Sie beschäftigen sich mit offenen Fragen und ungelösten Problemen, vor allem aber mit langfristigen Wünschen und Zielen. Tagträume sind vor allem Zukunftsdenken. Man nimmt Kommendes spekulativ vorweg. Handlungsoptionen werden durchgespielt, Wunschbilder ausgemalt. Jedes unserer Ziele kann zur Quelle von Visionen werden. Tagträumen kann Zielsetzungen konkretisieren, die Lust wecken, daran zu arbeiten, den Willen und die Zuversicht stärken, sie zu verwirklichen. Tagträumen und Projekte machen sind zwei Seiten einer Medaille.

Die Zeit des Wanderns ist natürlich eine günstige Gelegenheit, seinen Tagträumen nachzuhängen. Sie bekommen dabei eine besondere Frische und Lebendigkeit. Ein Terrain, das keine besondere Achtsamkeit oder häufige Orientierungsleistungen verlangt, aber dennoch schön und harmonisch gestaltet ist, wirkt besonders stimulierend. Der unangestrengte, monotone Rhythmus des Gehens begünstigt es. Die Aufmerksamkeit kann sich nach innen verlagern, bei jedem Reiz aber wieder leicht nach außen kehren. Wie ein Fluss durch seine Auen mäandern die Tagträume durch das Bewusstsein. Bei einer Solowanderung nehmen diese und ähnliche Arten von Gedankenproduktion mindestens die Hälfte der Zeit ein. Wer zu zweit oder in der Gruppe wandert, wird der Kommunikation mit den Mitwanderern die meiste Zeit einräumen. Wo Weg, Landschaft oder hohe körperliche Belastung die Aufmerksamkeit stark in Anspruch nehmen, hört das Tagträumen so oder so auf.

Trance und tranceartige Zustände sind andere Formen, die Grenze unseres normalen Wachbewusstseins zu überschreiten. Man unterscheidet verschiedene Formen, etwa die ekstatische oder die schamanische Trance. Allen Spielarten gemeinsam ist die

Fokussierung der Aufmerksamkeit. Sie wird auf ein bestimmtes Objekt, eine Stimme oder eine Handlung eingeengt. Man gerät in einen Zustand der Versunkenheit und Entrückung. Die Selbstkontrolle ist reduziert. Die erhoffte Wirkung besteht im Abbau von Stress, dem Erreichen eines Zustands körperlicher und mentaler Entspannung. Das Ziel ist, zur Ruhe zu kommen, auf diesem Weg sich selbst zu erfahren, Momente der «ozeanischen Selbstentgrenzung», der Ausweitung des Ichs in die Welt hinein, zu erleben.

Auch hier gibt es verschiedene Berührungspunkte zum Wandern. Es gibt ein meditatives Wandern. Und umgekehrt hat die Zen-Tradition «kin hin», die Gehmeditation, entwickelt – als Ergänzung zu «zazen», dem Meditieren im Lotussitz. Kin hin ist eine extrem verlangsamte und geräuschlose Art des Gehens. Dabei kommt es darauf an, mit aufrechter Haltung dem Kontakt des Fußes mit dem Boden nachzuspüren, Bewegungsabläufe und Atemzüge zu synchronisieren und deren Weg durch den Körper zu verfolgen.

Der «flow»-Zustand hat demgegenüber eher mit Ekstase zu tun. Das Konzept hat der amerikanische Psychologe Mihaly Csikszentmihalyi in den 90er Jahren weltweit populär gemacht. Eins seiner Beispiele für das «In Fluss kommen» der Energien von Körper, Geist und Seele: «Stell dir vor, du fährst auf Skiern einen Hang hinab. Deine Aufmerksamkeit ist völlig ausgerichtet auf die Bewegungen deines Körpers, die Stellung der Skier, die Luft, die dir um die Ohren pfeift, und die schneebedeckten Bäume, die an dir vorbeirasen. In deiner Wahrnehmung ist keinerlei Raum für Konflikte oder Widersprüche. Du weißt, dass dich jeder Gedanke, jedes Gefühl, das dich ablenkt, kopfüber in den Schnee werfen würde. Der Lauf aber ist so perfekt, dass du wünschst, er möge ewig dauern.» Nicht die Situationen, in denen man passiv, rezeptiv und entspannt ist, seien die besten Momente im Leben.

Diese ereigneten sich vielmehr, «wenn Körper und Seele eines Menschen bis an die Grenzen angespannt sind, in dem freiwilligen Bemühen, etwas Schwieriges und Wertvolles zu erreichen». Csikszentmihalyi definiert «flow» als einen «Zustand, bei dem man in eine Tätigkeit so vertieft ist, dass nichts anderes eine Rolle zu spielen scheint». Die Herausforderung muss selbst gewählt sein. Sie darf die Kräfte des Individuums nicht überfordern. Die Aufgabe muss machbar sein. Andererseits sollten alle wichtigen Fähigkeiten, über die man verfügt, zur Bewältigung der Situation gebraucht werden. Es geht um die Balance von Herausforderung und Fähigkeit auf einem möglichst hohen Niveau. Die völlige Versenkung, die Hingabe, ist die eine Seite, die völlige Klarheit über das, was zu tun ist, die andere. Das Gefühl, auch in Ausnahmesituationen Kontrolle und Souveränität über den Körper und das, was im Kopf geschieht, zu behalten oder gewinnen zu können, ist der entscheidende Faktor. «Ziele setzen. Sich in die Handlung vertiefen. Aufmerksamkeit auf das Geschehen richten. Lernen, sich an der unmittelbaren Erfahrung zu erfreuen.» In diesen Schritten fasst Csikszentmihalyi sein Modell zusammen. Seine Beispiele holt er aus den unterschiedlichsten Praxisbereichen: Fabrikarbeit, Lesen, Motorradfahren, Gartenarbeit, Musizieren und immer wieder Bergsteigen und Bergwandern.

Das «flow»-Konzept, nicht zuletzt in der Sportwissenschaft und in der Tourismusbranche stark gefragt, hat für eine neue Kunst des Wanderns einen hohen Gebrauchswert. Es verweist auf den Kern dessen, was Wandern ausmacht. Es gibt der Anstrengung einen Sinn. Die Strapaze ist nicht nur das unvermeidbare Übel, die in Kauf zu nehmende Begleiterscheinung des Wanderns. Vielmehr kann sie zum Medium der «Verflüssigung» von Denken und Fühlen werden, sozusagen zur Startbahn in höhere Regionen des Erlebens.

«Präsenz» ist der Zustand der ungeteilten, unabgelenkten Geistesgegenwart. Der Begriff meint: im Hier und Jetzt aufgehen, durchlässig und weltoffen werden, feinfühlig und hellhörig seine Umgebung wahrnehmen und hellwach darin agieren. Die Alltagsroutine ist von den Rastern der automatisierten Wahrnehmung beherrscht. Wir konzentrieren uns auf die Signale, Objekte und Situationen, die unseren Zwecken dienlich sein könnten. Präsenz dagegen ist die «freischwebende Aufmerksamkeit» (Freud) für die Gesamtheit der Phänomene um einen herum. Im Zuge des Wahrnehmens erschließen sich erst die Nuancen, die Einzelheiten, die Feinheiten und feinen Unterschiede zwischen den Dingen.

Eine klassische Beschreibung dieser Art von Wahrnehmung findet sich in Walter Benjamins berühmter Abhandlung *Das Kunstwerk im Zeitalter seiner technischen Reproduzierbarkeit*. Inspiriert hat ihn vermutlich ein Erlebnis während einer Wanderung im Jahre 1933 auf Ibiza. «An einem Sommernachmittag ruhend einem Gebirgszug am Horizont oder einem Zweig folgend, der seinen Schatten auf den Ruhenden wirft – das heißt die Aura dieser Berge, dieses Zweiges atmen.» Eine Situation des Rastens inmitten einer Landschaft. Ruhen, mit den Blicken folgen, etwas «atmen», im Sinne von unangestrengt in sich aufnehmen, wahrnehmen – das sind die rein kontemplativen Tätigkeiten des Betrachters. Es geschieht scheinbar nichts. In Wirklichkeit geschieht etwas Außerordentliches. Der Betrachter nimmt nämlich in diesem Moment die «Aura» (wörtlich übersetzt: «Wind» oder «Hauch») wahr, die «diesen» Berg, «diesen» Zweig umgibt. Die Magie des auratischen Erlebnisses liegt in der Einmaligkeit und Unwiederholbarkeit der Konstellation von Raum, Zeit, Atmosphäre und Stimmung – Wahrnehmung als Ereignis und als empfundenes Glück.

Glück dauere nie länger als dreißig Sekunden, behauptete der französische Dichter Camus. Die moderne Neurobiologie scheint diese These zu stützen. Ihre These: Der Körper unterstützt einen Vorgang, der früher einmal mit Freude verbunden war, durch positive Emotionen. Er erzeugt sie, indem er Endorphine ausschüttet. Diese Stoffe werden von der einen Zelle gebildet und von einer anderen aufgenommen. Und dann zerfallen sie wieder. Es könnte gut sein, sagt der Neurophysiologe Klaus Schildberger, «dass diese Dynamik sich im Bereich von Minuten bewegt».

Aura zu atmen ist immer ein Ausnahmezustand. Er ist dem Zugriff entzogen. Er lässt sich nicht erzwingen. Dasselbe gilt für das «flow»-Erlebnis. Das Gefühl der Freiheit, der Zustand von Glück sind außerordentlich fragil und flüchtig. Um für diese Momente bereit zu sein, bedarf es eines klugen Umgangs mit den Pforten der Wahrnehmung. «Die fünf Sinne», schrieb vor 700 Jahren der Mystiker Meister Eckhart, «sind die ‹Stiegen›, auf denen die Seele hinausgeht in die Welt und auf denen die Welt zur Seele geht.» Es hängt viel davon ab, ob es uns gelingt, unsere Wahrnehmung zu schützen und zu sensibilisieren. Die Kunst des Wanderns könnte dabei helfen. Es geht nicht allein um die Ökologie der Landschaft, die man durchquert, sondern immer auch um die Ökologie der Sinne.

11. Heideggers Weg

Spuren suchen. Den Wegen von Dichtern, Malern, Philosophen in ihrer Landschaft nachgehen. Ein paar ihrer Werke, einige autobiographische Zeugnisse, vielleicht auch ein Stück Sekundärliteratur dabeihaben. Unterwegs nach Bezügen zwischen Werkmotiven und Lebensumständen, Wegen und Denkwegen Ausschau halten. Das ist eine erprobte Art der Annäherung an ein Werk und ein guter Weg zum Verstehen einer Landschaft.

Mein Versuch galt einem schwierigen, zugleich anziehenden und abstoßenden Denker: Heidegger. Wie kaum ein anderer Philosoph hat sich Martin Heidegger auf eine Landschaft bezogen und sich in dieser Landschaft selbst inszeniert. Todtnauberg im Hochschwarzwald ist der Ort meiner Spurensuche.

Heidegger kam mit dem Bus. An der Haltestelle beim Rathaus, so erinnern sich die alten Leute, stieg er aus. Manchmal kam er mit Familie, manchmal ganz allein aus Freiburg in den Hochschwarzwald hinauf. Mal nur übers Wochenende, in der vorlesungsfreien Zeit oft über Monate. Dann wollte er sich zurückziehen, in seiner Hütte über dem Hochtal von Todtnauberg wohnen, in den Wäldern wandern, denken und schreiben, ausruhen.

«Nun sind wir bald vier Wochen auf der Hütte. Wir hatten die herrlichste Sonne und immer übergenug Schnee. Wunderschöne Fahrten gaben alle Kräfte zurück, die das Semester verbrauchte. Seit einer Woche arbeite ich schon in meiner Bauernstube, doch so, dass ich den Verlockungen von Neuschnee und Sonne zum Opfer falle» (Heidegger an Elisabeth Blochmann, 29. März 1927).

Bläulich schwarzer Abendhimmel über dem leuchtenden Weiß des verschneiten Tales, die Dorflichter funkeln – ein erster Blick auf Todtnauberg nach einer Wanderung von Freiburg her, im Winter 2003. Ein ereignisreicher Weg, im Morgendunst stetig ansteigend bis auf den Gipfel des Schauinsland. An einer Wegbiegung fielen die Sonnenstrahlen, vom Geäst der Fichten gebrochen, in schrägen Bahnen ein und bildeten eine flüchtige Skulptur aus Licht und Nebeltröpfchen. Raureif überzog das liegende Totholz, sammelte sich im welken Buchenlaub am Boden, glitzerte in den Ästen. Über einem Wiesengrund «rüttelte» ein Turmfalke, verharrte minutenlang flügelschlagend in der Luft, bevor er sich auf seine Beute stürzte und gemächlich davonflog. Vom Schauinsland verläuft eine Blickachse durch das langgezogene, enge St. Wilhelmer Tal hinüber zur Gipfelzone des Feldbergs. Baumlos und weiß, wie ein Gletscher, lag die runde Kuppe mit den spitzen Nadeln der Sendemasten in der Mittagssonne. Dann, schon im Schnee, der Weg über die Passhöhe am Notschrei. Allmählich begann ein Wettlauf mit der Dämmerung. Die Wanderkarte, die ich nun öfters hervorzog, verzeichnet eigentümliche Flurnamen: Dürrtannenmoos, Holzschlagbach, Heubühl … Namen wie aus Hauffs *Das kalte Herz*. Die Geschichte vom Kohlenpeter, Holländer-Michel und dem Schatzhauser im grünen Tannenbühl, von Flößern und Glasbläsern, schnellem Geld und emotionaler Kälte – romantische Kapitalismuskritik im Märchengewand.

An der Kante über dem weiten Todtnauberger Hochtal

330 Heideggers Weg

stößt der Wanderer auf den Radschert, einen Knotenpunkt mehrerer Wanderwege. Bis hierhin: 800 Meter Höhenunterschied zwischen der Oberrheinebene bei Freiburg und dieser schon hochmontanen Zone an den Flanken von Stübenwasen und Feldberg. 1100 Meter Seehöhe. Die Luft ist merklich dünner. Nun ist es nicht mehr weit. Die Lichtpunkte im Tal, der Klang der Glocken – irgendwie anheimelnd, anziehend. Oberhalb des Weges, den ich in der Dunkelheit hinab zu den Häusern von Rütte laufe, muss Heideggers Hütte stehen.

Die habe ihr Großvater gebaut, damals, 1922/23, erzählt die Pensionswirtin vom Glöcklehof beiläufig beim Abendbrot. Die durchnässten Wanderstiefel stehen ausgestopft an der Heizung. Die Stube ist warm. Die Zimmer und Ferienwohnungen in dem Schwarzwaldhof sind gerade von Grund auf erneuert – aufwändig, mit Stil, einschließlich der alten Balken und des Glöckles aus dem 18. Jahrhundert, der Zeit Johann Peter Hebels.

«Es ist schon tiefe Nacht – der Sturm fegt über die Höhen, in der Hütte knarren die Balken, das Leben liegt rein, einfach und groß vor der Seele» (Brief, 24. April 1926).

Im virtuellen Raum des Internets sind an diesem Wintertag 2003 unter dem Suchbegriff «Heidegger» rund 284.000 Einträge verzeichnet. John Bergers zorniger Essay *Konsum und Schmerz* – allgemeiner und heftiger: über den «Schmerz, in der heutigen Welt zu leben» – ist dort anzuklicken. Eine Vision, geschrieben in der Nacht: «Um mich ist es dunkel, aber ich sehe nicht nur die Tyrannei … Ich sehe Menschen schlafen, ich sehe, wie sie aufschrecken und aufstehen, um einen Schluck Wasser zu trinken, wie sie anderen ihre Pläne oder ihre Ängste zuflüstern …» In sein poetisches Manifest gegen den Konsumismus hat Berger kleine Medaillons eingearbeitet, in einen Satz gefasste, imaginierte Porträts von Einzelgängern, von Selbstverwirklichern in der Masse der Verdammten dieser Erde: «Ich sehe die Pastetenbäcker in Teheran und die Hirten auf Sardinien, die neben ihren Schafen schlafen und als Banditen gelten … Ich sehe einen Mann in Berlin-Friedrichshain im Schlafanzug mit einer Flasche Bier da sitzen und Heidegger lesen. Und seine Hände sind die eines Proletariers …»

In der Nacht fiel Neuschnee. Ein paar Flocken treiben noch, während sich die Frühnebelfelder verflüchtigen. Frostige sechs Grad, leichter Nordostwind, blassblauer Himmel, als die Sonne über den östlichen Kamm des Hochtales emporsteigt. Die Eiskristalle blitzen auf. Unter den Füßen knirscht es. Das Gespür für Schnee, seit Jahren nicht mehr erprobt, nicht mehr benötigt, kehrt zurück.

Von der Straße, die Rütte mit dem Ortskern verbindet, zweigt ein Weg ab. Das Schild, provisorisch angebracht, hängt erst seit dem Sommer 2002 da: Martin-Heidegger-Rundweg.

Der Weg erscheint von hier unten als eine leichtgeschwungene Linie, die ohne Hast gemächlich den steilen Talhang ansteigt, an der Waldgrenze eine Biegung macht, an einem Kirchlein für kurze Zeit im Wald verschwindet, um fast horizontal weiter unterhalb der Kammlinie das Halbrund des Tales entlangzulaufen. Ein Weg, angelegt im Dienste der dörflichen Ökonomie, für die Abfuhr von Holz und Heu, ganz früher vielleicht von Erz aus den Pingen und Stollen des mittelalterlichen Bergbaues. Ein Weg für Erntewagen und Hörnerschlitten. Breite und Neigung, Biegung und Länge sind so austariert, dass die Zugtiere ihn verkraften konnten. Heute ist der Weg für Winterwanderer gebahnt und für Skiläufer gespurt. Hat man die Weggabelung, von der aus ein Wanderweg über die Todtnauer Hütte zum Feldberg abzweigt, passiert und blickt von der Aussichtskanzel an der in einem kleinen Fichtenbestand versteckten Kapelle zum ersten Mal zurück, hat sich die Perspektive fast schlagartig geweitet.

Im Südwesten ist hinter dem Kamm urplötzlich die runde, baumfreie, an einer Seite felsige Kuppe des Belchen aufgetaucht. Ein Berg, exakt zehn Kilometer Luftlinie von hier, nur 80 Meter niedriger als der Feldberg. Der schönste Berg des Schwarzwalds? Seine Aura hat auch mit dem Namen zu tun. Vogesen und Jura haben gleichnamige Erhebungen. Mystische «Zauberberge» der alten Kelten und Alemannen, wie Heimatforscher und Tourismusmanager behaupten? Nur werbeträchtige Esoterik? Die kleine Gemeinde der Astroarchäologen jedenfalls will bei ihren Peilungen in den Stunden der Sonnenwende und der Tagundnachtgleiche besondere Konstellationen zwischen Sonne, Mond und Sternen und dem Ensemble der Belchenberge entdeckt haben.

An der anderen Seite, am nördlichen Talschluss, schon auf Augenhöhe, aber erst als winzig kleiner Punkt vor dem dunklen Waldsaum, von jungen Laubbäumen abgeschirmt, nach Süden exponiert: Heideggers Hütte. Während der Belchen bald wieder aus dem Gesichtskreis verschwunden ist, bleibt die Hütte für den Wanderer Blickfang und Landmarke in der verschneiten Landschaft. Der Martin-Heidegger-Weg läuft nun am Bergrücken des Tannenbodens fast ohne Steigungen an der Wald-Wiesen-Grenze entlang. Die Struktur dieser Kulturlandschaft wird erkennbar. Der Talgrund unten ist besiedelt. An den Hängen hinauf erstrecken sich Wiesen für den Weidebetrieb. Wo die Hänge steiler werden, stockt Wald, meist Fichtenforst, an manchen Stellen naturnäher mit Buche, Tanne, Bergahorn gemischt. Die weiten Rücken der höchsten Berge sind wiederum baumfrei. Diese Waldgrenze ist jedoch nicht klimabedingt. Der «Mons Veltperch», wie er in einer Quelle aus dem Jahre 1065 genannt wurde, ist wohl schon damals gerodet gewesen.

Zweimal überqueren in kurzen Abständen Skilifts den Weg. Einer ist in Betrieb. Das Tack-tack der Bügel, die über die Rollen laufen, ist dezent, das «Hallo» der Skiläuferin, die sich den Berg hinaufziehen lässt, freundlich. Die Schneise aber klafft im Wald. Eine schwere, laute Maschine macht den Tiefschnee platt.

«Wenn der Bergbach in der Stille der Nächte von seinen Stürzen über die Felsblöcke erzählt ... » Ein Notat, erschienen zum ersten Mal 1947 in dem kleinen privaten Druck *Aus der Erfahrung des Denkens*. In diesem so genannten *Hüttenbüchlein* verknüpft Heidegger Momentaufnahmen von meteorologischen Ereignissen in dieser Landschaft, Bilder von Himmel und Erde, mit philosophischen Reflexionen.

Eine Wegbiegung. Ein Wanderweg zweigt ab, führt in einer guten Stunde hinauf zum Feldbergplateau. Das Tosen eines Wildwassers. Es ist, wenn auch nur sehr gedämpft, noch an der Hütte zu hören. Hier am Stübenbach beginnt der engere Bezirk von Heideggers Wohnen und Wandern. «Do obe durch den Wald», erzählt mir abends der Bauer vom Schneiderhof in seiner Stube, «un hinnere bis zum Stübenbach, da isch er wahnsinnig viel gange.» Und beim Gehen «hätt er halt überlegt, hätt meditiert», und wer ihm entgegenkam, musste darauf achten, nicht auf ihn «uffzurenne, weil er in Gedanken woanders war». Sich jeden Tag einmal an der frischen Luft zu bewegen, das «gehörte zu ihm». So erinnert sich Hermann Heidegger an die Gewohnheiten seines Vaters. Abends beim Bauern Milch holen, ein «Schwätzerle» machen und dann mit zwei, drei Litern Milch in der Kanne wieder den steilen Hang hinaufsteigen. Im Winter auf Skiern. Oder den Weg zum Stübenbach gehen. «Es ist das Hören auf die innere Stimme, die in dieser unberührten Landschaft und in dieser Stille möglich wird. Mein Vater sagte mir einmal: Es denkt aus mir.»

In *Hebel – der Hausfreund* heißt es: «Denken wir das Zeitwort ‹wohnen› weit und wesentlich genug, dann nennt es uns die Weise, nach der die Menschen auf der Erde unter dem Himmel die Wanderung von der Geburt bis in den Tod vollbringen. Diese Wanderung ist vielgestaltig und reich an Wandlungen. Überall bleibt jedoch die Wanderung der Hauptzug des Wohnens als des menschlichen Aufenthaltes zwischen Erde und Himmel, zwischen Geburt und Tod, zwischen Freude und Schmerz, zwischen Werk und Wort.» Die Sätze kann man als Schlüssel zu Heideggers Existenzphilosophie lesen: Wohnen und wandern sind komplementär – zwei sich ergänzende Weisen, in der Welt zu sein. Unterwegs ist man zu Hause, zu Hause in Bewegung.

Die Strömung des Stübenbachs schießt über das Geröll, verschwindet in einer Betonröhre unter dem Weg und kommt zwischen Fichtengestrüpp wieder hervor. Früher überquerte hier nur ein Steg das steil abfallende Bachbett. Die Quelle sickert nur ein paar hundert Meter oberhalb aus einem der kleinen postglazialen Flachmoore des Feldberggebietes. Unterhalb von hier, nachdem er die Häuser von Todtnauberg hinter sich gelassen hat, stürzt der Stübenbach 100 Meter über eine Stufe des Felsens im freien Fall in die Tiefe – Deutschlands größter Naturwasserfall – und fließt dann in das breite Tal der Wiese.

Die Geländeformen, all die Trogtäler, runden Seen, Moränen und Gletscherschliffe, sind Folgen der langen Vergletscherung und Gletscherwanderung. Der Feldberg ist – einzigartig in unseren Mittelgebirgen – Fluchtburg von eiszeitlichen Pflanzen- und Tiergesellschaften. An den kalten Quellfluren blühen im Juli Eissegge und Troddelblume, flattert die Hochmoor-Mosaikjungfer, eine Libellenart. Zarte Wesen, angepasst an extreme Bedingungen. Das gleichförmige Tosen des «Stübenbächles», anschwellend während der Schneeschmelze, abebbend in der Dürre der Hundstage, ewiger Rhythmus seit dem Ende der letzten Eiszeit, zehntausend Jahre alte Klangskulptur.

Hinter der Wegbiegung, unvermutet, der erste Blick auf die Alpenkette. Im Nebelmeer Wiesental und Vorderrheingraben. Daraus auftauchend einzelne bucklige Kuppen von Schwarzwald und Vogesen. Ganz am Horizont, erhaben, die schroff gezackte Silhouette der Alpen. Immer wieder anders, immer wieder überraschend kommt beim Wandern in dem Dreieck von Feldberg, Schauinsland und Belchen das Dach Europas in den Blick. Der Säntis mit der langgestreckten östlichen Flanke, die das Tal des jungen Rheins begrenzt. Das Berner Oberland mit Mönch, Jungfrau und, wie eine Pyramide, dem Eiger mit seiner Nordwand. Heute unsichtbar im äußersten Südwesten des Blickfelds liegt der Mont Blanc. Bei guter Sicht, erzählt ein Wanderer, sei der Berg mit bloßem Auge zu sehen, eindeutig erkennbar an der winzigen Biwakschachtel unterhalb des Gipfels, deren Glasverkleidung, je nach Sonnenstand, bis hinein in den Schwarzwald funkelt.

Die Hütte ist bei der Annäherung durch Bäume verdeckt. Ein Fußpfad zweigt vom Hauptweg ab. Ein Abstecher, neu angelegt, um den Rundweg an die Hütte heranzuführen. Der Pfad läuft sanft geneigt zwischen hohen Tannen hindurch. Nach ein paar Schritten beginnt ein Bachlauf zu murmeln.

Seine Quelle liegt unweit oberhalb des Weges im Dickicht. Hellgrünes Milzkraut im Schnee, ein erstes leises Rieseln verraten die Austrittsstelle. Spuren von Tieren. Ein Wildwechsel. Dann links vom Weg ein für die Blicke undurchdringlicher Vorhang aus Stamm an Stamm stehenden Fichten. Wo er endet, wandert der Blick zurück und fällt auf die Hütte. Der Anblick ist vertraut. Das Bild hat man im Kopf. In unzähligen Publikationen ist es abgedruckt, auf zahllosen Websites flimmert es durch das Internet. Auf einer, beim Surfen zufällig entdeckt, vergleicht ein texanischer Universitätsprofessor die Todtnauberger Hütte mit Thoreaus «hut» in den Wäldern am Walden Pond und erörtert die Verwandtschaft von Thoreaus Begriffen «wilderness» und «wild» mit Heideggers «Seyn».

Sieht man die Hütte von nahem, ist man doch überrascht, wie klein sie ist, wie schlicht und einfach sie sich in die Umgebung einfügt. Ein Bau aus Holz, zehn Schritte lang und acht breit. Die Konturen des Daches verschwinden wie unter einer Schneewehe, aus der nur der Kamin hervorlugt. Die Bretterwände sind mit leichtverwitterten Fichtenschindeln ummantelt. Wetterfest. Die Rückwand mit dem tief heruntergezogenen Dach lehnt sich an eine Bodenwelle des Steilhangs an. Die Giebelseite steht talwärts. Im Rücken also Erde, Berg und der Wald, vor Augen der weite Blick hinab ins Tal und in die Ferne zum Horizont. «Der Sternenhimmel über der in der Nacht liegenden stillen Hütte», erzählte mir Hermann Heidegger, der Sohn, der den Nachlass verwaltet, «hat mich immer enorm beeindruckt. Seit meiner Jugendzeit.» Die Hütte war sozusagen mit dem All verbunden.

Dicht vor dem Fenster steht ein Bergahorn. Baumstümpfe mit Stockausschlag, schon drei, vier Meter hoch nachgewachsen, Naturverjüngung. An der Wetterseite ist ein Vorrat Feuerholz – auf alemannisch eine «Beige» – die Wand entlang gestapelt, in Reichweite vom Küchenfenster. Ein paar Schritte zur Seite, und man steht am Brunnen.

«Arnika, Augentrost, der / Trunk aus dem Brunnen mit dem / Sternwürfel drauf», so beginnt Paul Celan sein Gedicht *Todtnauberg*, geschrieben im Sommer 1967 unter dem Eindruck eines langen, vermutlich schmerzlichen Gesprächs mit dem Philosophen. «Krudes, später, im Fahren, / deutlich ...» Die Verstrickung Heideggers in die Politik des Dritten Reiches. Sein aktivistischer Einsatz für die Ideologie des Nationalsozialismus oder für das, was er dafür hielt. Vielleicht nur kurz, aber unverzeihlich. Es gibt, wusste schon Johann Peter Hebel, «Untaten, über welche kein Gras wächst».

Der Sternwürfel, eine Spielerei des Zimmermanns, der den Brunnen gebaut hat, ist noch da, krönt den hölzernen Brunnenstock, der das Wasserrohr hält. Der Wasserstrahl ist zu einem armdicken Eiszapfen erstarrt. Daneben rinnt es weiter in den kantigen Brunnentrog, der, aus einem Baumstamm geschnitten, einer Viehtränke ähnelt. Der Brunnen wird von einer eigenen Quelle gespeist. «Ein kleines, erzählendes Naturgeschöpf», nennt sie Hermann Heidegger. «Die Quelle gehörte einfach zu dieser Stille.»

Drei hölzerne Stufen zur Haustür, dahinter knapp 50 qm Wohnraum. «Wenn man reinkam», erzählt Erich Schneider, der schon als Dreikäsehoch den Heideggers die Milch hochtrug, «un man war so ä großes Bauernhaus gewohnt, hätt des aussähe – wie e Knuschperhaisle ...»

Die Fotoserie der *Spiegel*-Fotografin Digne Meller-Marcovicz, im Herbst 1967 und Sommer 1968 entstanden, erlaubt Blicke in das Innere: Holzherd, Esstisch, Ofenbank, Waschtisch, Doppelbett, Schrank, Schreibtisch, Bücherbrett, Leselampe.

«Unter den hohen Tannen hindurch ...» führt der Rundweg weiter. Zum ersten Mal hat man das Gefühl, mitten im Wald zu sein. «Gierwald», steht auf der Karte. Es ist Bergwald der hochmontanen Stufe. Kein dichter Tann, sondern schütterer Nadelwald, wo viel Licht an den Boden kommt. Jetzt liegt Schnee auf dem Tannengrün. Viele Kronen sind vom Sturm zerzaust. Im Feldberggebiet kommen Windgeschwindigkeiten vor, die höher sind als auf den Nordseeinseln – wahre Luftwalzen. Man sieht Fichten mit ganz schmalem, schlankem Wuchs, angepasst an schwere Schneelasten. Ab und zu stäubt eine Ladung herab.

Unter den hohen Tannen hindurch: «Weg und Waage, / Steg und Sage / finden sich in einem Gang. / Geh und trage / Fehl und Frage / deinen einen Pfad entlang.» So steht es im *Hüttenbüchlein*.

Beim Betrachten der alten Fotos ist das Sommeraroma dieses Waldstücks zu ahnen: der Geruch von Harz, Steinpilzen, Pfifferlingen, das Grün der schwellenden Moospolster, des Heidelbeerengesträuchs, die Schreie der Rehböcke, das Aufschrecken der Auerhähne im Unterholz. Dann sind in diesem Wald auch die Holzwege begehbar, die von dem Rundweg abgehen und «jäh im Unbegangenen aufhören». Sie führen keineswegs in die Irre, sondern auf dem kürzestmöglichen Wege zu den jeweils hiebreifen Beständen, in denen jede Familie im Dorf gegen geringes Entgelt für den eigenen Bedarf eine festgesetzte Menge Holz einschlagen durfte. Der Gierwald ist Gemeindewald, seit Jahrhunderten für das Gemeinwohl nachhaltig genutzt.

Unter dem Schnee liegt Schotter. Der Rundweg ist fast

Heideggers Weg **339**

überall befestigt. Früher war er ein schmaler Waldweg, schön mit Tannennadeln bedeckt. «Da ist höchstens mal son Ochsenfuhrwerk drüber fahre», erinnert sich Erich Schneider, «und sonst nix ... Der Weg war halt wie Samt. Und da ist er viel drauf gelaufen, der Professor. Ich glaub scho wege der Eigenschafte. Des hätt, hajo, fast federt, gell.»

Wo man aus dem Wald tritt, steht ein Baumsolitär. Ein tief gespaltener Buchenstamm, 130 oder 150 Jahre alt, ausgehöhlt, bemoost, völlig von Flechten überzogen. Selbst dieses morsche Baumwesen hat schon im Spätsommer seine langen, schlanken, hellbraunen Knospen ausgebildet. Unter Schneehäubchen oder in Eisperlen eingeschlossen, warten sie auf die ersten milden Nächte Anfang Mai.

Am Horizont jetzt wieder das Alpenpanorama. Entgegenkommende Wanderer weisen auf die einzelnen Gipfel – und: «Sehen Sie, direkt vor der Alpenkette, das Wölkchen über dem Nebelmeer?» Das kommt von der Abwärme des schweizerischen Atomkraftwerks Beznau. Die Anlage steht an der Aare, nicht weit von der deutschen Grenze, nur 40 Kilometer Luftlinie von hier, ein Druckwasserreaktor. Ans Netz gegangen ist der «Meiler», wie man damals im Rückgriff auf ein vertrauenerweckendes Wort sagte, 1969. Aber die Schatten der Planungen und Baustellen reichen lange zurück. Die Debatte um die Atomenergie entbrannte in dieser Region, als gegen den erbitterten Widerstand von Naturschützern im benachbarten Krunkelbachtal der Abbau von Uran in Angriff genommen wurde. Es war dieselbe Zeit, als man begann, das Feldbergplateau mit modernster Informations- und Kommunikations-Technologie zu bestücken. Wie bei der Atomenergie stand am Anfang die militärische Nutzung durch die NATO, dann folgte die zivile durch Radio- und Fernsehsen-

340 Heideggers Weg

der. Das war um 1957, und Heidegger warnte, «dass der Mensch durch die Atomenergie nicht leben, sondern höchstens umkommen, das heißt sein Wesen verlieren muss, auch dann, wenn die Atomenergie nur zu friedlichen Zwecken genutzt wird …» Waren nicht diese frühen Regungen widerständigen Denkens der Humus für spätere Bewegungen in der Region: für die Winzer und Bauern vom Kaiserstuhl, die das AKW in Wyhl verhinderten, für die Stromrebellen von Schönau, für die Ökoarchitekten, Solarpioniere, Lebenskünstler und Selbstverwirklicher von Freiburg, für diese ganze vitale, kreative und stabile südbadische «Szene»?

Am Jacobus-Kreuz vorbei geht man wieder durch Schneefelder. Darunter liegen die «Matten». Das poetische Wort für Wiesen ist immer noch in Gebrauch. Es ist die «Kampfzone» zwischen Wald und Weideflächen. Zufällig angesamte Fichten, Stubbenstellen, Maulwurfshügel, schwindsüchtige Streifen von Buchen. Der Wald dringt vor, seitdem die Beweidung zurückgeht. Grasbülten. Die Viehherden von Todtnauberg ziehen nicht mehr sommertags auf diesem Weg zum Wald und zu den höhergelegenen Weiden am Stübenwasen. Ihr Glockengeläut, auch das metallische Geräusch, wenn die Bauern am Feierabend ihre Sensen dengelten, diese Klanglandschaft, die Heidegger so liebte, ist verstummt. Aber immerhin, aus dem Stall vom Schneiderhof ist auch an diesem Wintertag das Muhen der Rinder zu hören. Um die 150 Stück Vieh gebe es heute noch im Dorf, erzählt mir Erich Schneider, der Bauer, abends in seiner Stube. In den «Spitzenzeiten» seien es 450 Stück gewesen, die man zusammen auf die großen Weidenflächen oberhalb von Todtnauberg getrieben habe. In jedem «Gewann», in jedem Waldstück habe es eine «Durchfahrt» gegeben, auf der das Vieh zu den höhergelegenen Weiden des Feldberggebiets durchgetrieben werden durfte. In dieser extremen Höhenlage bedeutete Agrarkultur vor allem das Hüten von Herden, regelmäßiges Wechseln der Weideplätze, um das Grasland nicht zu übernutzen, strikte Einhaltung von Schonzeiten für das Wild, pfleglicher Umgang mit dem Wald, gegenseitige Hilfe in den Nachbarschaften – ökologische, ökonomische, soziale Nachhaltigkeit.

Am Radschert laufen die Wege vom Notschrei, vom Stübenwasen und aus Todtnauberg zusammen. Ein Parkplatz für die Autos der Wanderer, dann die Jugendherberge, ein Bau aus den 20er Jahren. Hier macht der Heidegger-Weg eine Kehre und neigt sich dem Ende zu. Zum Schluss überraschend ein Déjà-vu-Erlebnis: der Weg, der hinter dem Hang verschwindet, die eisernen Masten und das Drahtseil eines Skilifts, die Silhouette der gegenüberliegenden Anhöhe, fichtenbestanden, mit Kahlschlägen. Woher kenne ich den Anblick? Die Rückenansicht zweier Männer, gehend ins Gespräch vertieft, genau in dieser Szenerie. Ein grotesker Kontrast besteht zwischen Aktentasche und urbaner Kleidung des einen, dem Rucksack und der bäuerlichen Kluft des anderen. Es ist Hochsommer. Das Gras am Wegrain steht hoch und welk. Der Weg ist weiß von Staub. Die Schatten der beiden Wanderer sind kurz, fallen zusammen. Die Sonne steht hoch und heiß am Himmel. Es ist das berühmte Foto, das während des *Spiegel*-Gespräches im September 1966 entstand. «Ich weiß nicht, ob Sie erschrocken sind», sagte Heidegger zu Rudolf Augstein. «Ich bin jedenfalls erschrocken, als ich jetzt die Aufnahmen vom Mond zur Erde sah … Wir brauchen gar keine Atombombe, die Entwurzelung des Menschen ist schon da. Wir haben nur noch technische Verhältnisse. Das ist keine Erde mehr, auf der der Mensch heute lebt. Das ist gerade das Unheimliche: dass es funktioniert und dass das Funktionieren immer weiter treibt zu einem weiteren Funktionieren und dass die Technik den Menschen immer mehr von der Erde losreißt und entwurzelt.»

Man hat Heideggers Denken mit dem Etikett «Technik-kritik» versehen und in die Nähe einer reaktionären «Agrar-romantik» gerückt. Vieles an seiner Biographie wirkt absto-ßend, vieles in seinen Texten ambivalent, manches lächerlich. Aber immer wieder stößt man auf Elemente einer hellsichti-gen Philosophie der Nachhaltigkeit. Sie enthält eine frühe Kritik an einer Globalisierung, die den Planeten nur noch als homogenen Raum für die industriell-technische Expansion wahrnimmt. Global reach, global control, neue Weltordnung? In seiner Schrift *Der Feldweg* heißt es: «Der Mensch versucht vergeblich, durch sein Planen den Erdball in eine Ordnung zu bringen, wenn er nicht dem Zuspruch des Feldwegs einge-ordnet ist.» Fetisch Wachstum und Beschäftigung, Terror der Ökonomie? Heidegger nennt das den «Unfug des nur Arbei-tens, der, für sich betrieben, allein das Nichtige fördert», und er definiert neu, was wachsen heißt: «Bereit dem Anspruch des höchsten Himmels und aufgehoben im Schutz der tragen-den Erde.» Heute würde man von der Tragfähigkeit der Öko-systeme sprechen. Hüten, pflegen, schonen, das Prinzip der Nähe, das «Geviert» aus Erde und Himmel, den Sterblichen und dem Göttlichen – um solche «Existenzialien» kreist die Philosophie des späten Heidegger. «Simplify your life» – was in den aktuellen Bestsellern der Ratgeberliteratur meist unerträglich banalisiert wiederkehrt, hat Heidegger beschwo-ren und beschrieben: «die unerschöpfliche Kraft des Einfa-chen» und die «Pracht des Schlichten».

Ein paar der späten Schriften enthalten den Kern von Heideggers Nachhaltigkeitsdenken: *Bauen, Wohnen, Denken; Das Ding; Hebel – der Hausfreund; Der Feldweg; Gelassenheit ...* Keine schlechten Wegbegleiter auf einer Wanderung rund um das Hochtal von Todtnauberg.

Ein Detail auf dem Foto von 1966, das mich von Anfang an fasziniert hat, ist der Rucksack des Philosophen. Es ist das klassische Modell, birnenförmig, aus Leinen. Nur ein Stück Stoff mit zwei ledernen Riemen, grüngefärbt oder strohfarben, von der Sonne gebleicht, stockfleckig von Regen, Schnee und Schweiß. Behältnis für die Dinge des Grundbedarfs, unentbehrliches Requisit der Schnitter und Kräuterfrauen, Holzfäller und Flößer. Heidegger trägt ihn beiläufig stolz zur Schau. Als Symbol seiner Identifikation mit einer untergegangenen bäuerlichen Arbeitswelt? Nicht ahnend – oder vielleicht doch? –, dass nur wenig später Rucksäcke verschiedenster Machart zum Accessoire der Hippies und Alternativen aller Couleurs wurden, zum postmaterialistischen Symbol der großen Weigerung, die Herbert Marcuse, der Heidegger-Schüler, von der kalifornischen Westküste aus predigte, zum neuen Zeichen des Protests gegen Technokratie und Konsumismus, des Willens zur Autonomie und zum einfachen Leben?

Der Weg neigt sich dem Ende zu. Die alten Schwarzwaldhöfe von Todtnauberg-Rütte tauchen auf: Schneiderhof, wo *Sein und Zeit* geschrieben wurde, Bühlhof, Glöcklehof. Ein Vorsatz: im Sommer wiederkommen, wenn Arnika und Augentrost blühen, Himbeeren und Heidelbeeren reif sind, die Gewitter über die Bergkämme ziehen. Dann den großen Bogen um die Hütte schlagen: hinauf zum Stübenwasen, über den Notschrei zum Belchengipfel, hinab ins Tal der Wiese, am Wasserfall vorbei zum Feldbergplateau. Ein paar Tage «hellen

Sinnes» wandern, schauen, zur Ruhe kommen, pendeln zwischen selbstvergessener Achtsamkeit auf die Außenwelt, Phasen, um den eigenen Gedanken nachzuhängen und auf die innere Stimme zu hören, und Pausen, um einen kleinen Heidegger-Text zu lesen – so lange, bis wieder die Phänomene der schöpferischen Landschaft die Aufmerksamkeit fesseln.

Gaia

Das klassische Porträt von Gaia ist ein kleines Dia, aufgenommen im Dezember 1972 aus 37.000 Kilometern Höhe durch das Fenster des Raumschiffs Apollo 17, dem bis heute letzten bemannten Flug zum Mond. In einer perfekten Momentaufnahme zeigt das Foto den Blauen Planeten in der schwarzen Leere des Alls. Die Sonne steht so direkt über dem Raumschiff, dass sie die Erde voll beleuchtet. Ihr Licht erfasst den ganzen Globus ohne jede nächtliche Schattenzone. Zu sehen sind weite Teile des Indischen Ozeans und des südlichen Atlantiks. Das tiefe, leuchtende, ozeanische Blau ist die vorherrschende Farbe. Weiße Wolkenbänder ziehen in riesenhaften Wirbeln durch die Westwindzonen. Auf der Südhalbkugel ist Spätfrühling. Gletscher und Eisschelf der Antarktis liegen blendend weiß im Sonnenlicht. Zu sehen ist ganz Afrika, die Wiege der Menschheit, und – am oberen Rand der Erdkugel – die Arabische Halbinsel und das östliche Mittelmeer, eine Region früher Hochkulturen. Am Äquator bauen sich Wolkentürme auf und verdecken die Erdoberfläche. Schwach dringt das Grün des tropischen Regenwaldgürtels hindurch. Tiefdruckgebiete wechseln mit Hochdruckzonen. Die Atmosphäre ist wolkenlos über der Sahara im Norden und der Kalahari im Süden. Deutlich treten die warmen, erdigen, rot-gelb-braunen Farbtöne der Wüsten hervor. Nirgendwo ist ein Artefakt erkennbar. Die Lufthülle der Erde wirkt transparent und hauchdünn, das Pflanzenkleid wie ein zarter Flaum. Ihr Schwebezustand inmitten des Alls erhöht den Eindruck von traumhafter Schönheit, großer Verletzlichkeit und völliger Einsamkeit.

«Wir brachen auf, um den Mond zu erkunden», sagte der Kommandant von Apollo 17, Eugene Cernan, «aber wir entdeckten die Erde.» Bereits von den vorausgegangenen Mondflügen gab es faszinierendes, weltweit verbreitetes Fotomaterial mit dem Blick zurück. Besonders symbolträchtig war das Bild der Erde, wie sie über dem Horizont der öden Mondkraterlandschaft aufgeht: «Earthrise», aufgenommen und zur Erde gesendet an Heiligabend 1968, begleitet von einer Lesung der biblischen Schöpfungsgeschichte aus dem All. Es ist jedoch diese Aufnahme von Apollo 17, die nun millionenfach reproduziert und rund um den Globus kommuniziert wird. Sie gilt als das meistpublizierte Foto der Mediengeschichte, als «Ikone unserer Epoche». Zum ersten Mal in ihrer Geschichte sah die Menschheit die ganze Erde vollständig von außen.

An die zwischen 1968 und 1972 entstandenen Bilder vom Blauen Planeten koppelten sich – oft live und im O-Ton gesendet – die Berichte der Augenzeugen, der amerikanischen Astronauten und russischen Kosmonauten. Sie beschrieben und deuteten ihre starken Eindrücke mit weitgehend identischen Metaphern. Sehr schnell verdichteten sie sich zu einer «großen Erzählung» aus wenigen Worten. Darin ist die Rede von der «grenzenlosen Majestät», die das «funkelnde blauweiße Juwel» ausstrahle. Als eine zarte himmelblaue Sphäre, umkränzt von langsam wirbelnden Schleiern, steige die Erdkugel wie eine Perle «unergründlich und geheimnisvoll» aus einem tiefen Meer empor. Die zutiefst beunruhigende «Schwärze des Weltraums» und die kalte Pracht der Sterne machten die absolute Einzigartigkeit der Erde bewusst. Dieses «einsame, marmorierte winzige Etwas» aus uralten Meeren und Kontinenten, heißt es in einem Bericht, sei «unsere Heimat», während wir durch das Sonnensystem reisten. Dieser Ton von Staunen und Ehrfurcht, diese Haltung der Demut bei Männern, die auf ihren Entdeckungsreisen ins All extremen persönlichen Mut bewiesen hatten, verknüpften sich unlösbar mit den

Gaia   347

grandiosen Fotos. «Die Herausforderung an uns alle», so Harrison Schmitt, der Fotograf von Apollo 17, «ist es, diese Heimat zu behüten und zu schützen. Gemeinsam. Als Menschen dieser Erde.» Das ästhetische Faszinosum bekam eine ethische und eine spirituelle Dimension. Die Ikone des Blauen Planeten hatte genug Aura, um ein anderes Bild abzulösen, dessen düstere, albtraumhafte Macht Denken und Fühlen einer ganzen Generation geprägt hatte: das apokalyptische Bild des Atompilzes, der alles menschliche Leben auf der Erde auszulöschen droht.

Der atemberaubende Blick von außen ließ binnen kurzer Zeit ein «planetarisches Bewusstsein» aufkeimen. Die Tonspur dazu hatte John Lennon im Juli 1971 komponiert. *Imagine* war eine Ode an die friedliche, von Gier und Hunger befreite, von allen solidarisch bewohnte Eine Welt. Ein Feuerwerk von Gedankenblitzen, Ideen und Visionen erhellte die Konturen des neuen planetarischen Denkens. In den nächsten Jahren formierte sich im Schoß der UNO das Leitbild für das 21. Jahrhundert: «sustainable development», nachhaltige Entwicklung. Der Brundtland-Bericht, der es 1987 auf die Weltbühne brachte, begann mit den Worten: «Mitten im 20. Jahrhundert sahen wir unseren Planeten zum ersten Mal aus dem Weltall, und wir sahen eine kleine zerbrechliche Kugel, die nicht von menschlichen Aktivitäten und Bauwerken geprägt war, sondern von einem Muster aus Wolken, Ozeanen, grünem Land und Böden.»

Etwa gleichzeitig entstand ein neues naturwissenschaftliches Denkmodell. Zu dessen Passwort wurde «Gaia», der Name der griechischen Erdgöttin: «Als man die Erde zum ersten Mal von außen betrachtete», schrieb James Lovelock, «und sie als Gesamtplaneten mit den leblosen Partnern Mars und Venus verglich, wurde man das Gefühl nicht los, dass sie eine merkwürdige und schöne Anomalie darstellt.» Lovelock, ein britischer Forscher, der in

348 Heideggers Weg

den 60er Jahren im Auftrag der NASA nach Spuren von Leben auf dem Mars gesucht hatte, ging diesen Abweichungen gemeinsam mit der amerikanischen Biochemikerin Lynn Margulis nach. Die Gaia-Hypothese: Das Leben sorge selbst für die lebensfreundliche Atmosphäre der Erdkugel. Alle seine mikroorganischen, pflanzlichen und tierischen Stoffwechselprozesse wirkten zusammen mit der unbelebten Natur. Es reguliere diese ständig und erhalte damit die Bedingungen für die eigene Existenz aufrecht. Die Erde verhalte sich wie ein riesiger lebendiger Organismus. So lautet das Credo des neuen holistischen Weltbildes. Der Planet erscheint darin als ein hochkomplexer, mit Sonnenenergie gespeister Körper, ein vernetztes Ganzes, ein ineinandergreifendes, sich selbst regulierendes System mit ungeheuer vielfältigen Rückkoppelungen. Symbiotische Gemeinschaften, Alge und Wolke, Pilz und Fels, weben an diesem Netz des Lebens mit und erhalten es. Zu diesem Gewebe, so die Gaia-Hypothese, gehöre untrennbar auch der Mensch. Mit jedem Atemzug, jedem Schluck Wasser stehe er mit jeder seiner Zellen in Verbindung mit Erde und Kosmos. Gaia aber sei weder eine «gütige, alles verzeihende Mutter» noch eine «zerbrechliche Jungfrau, die einer brutalen Menschheit hilflos ausgesetzt» sei. Auf die zerstörerischen Aktivitäten der Menschen – im Englischen spricht man von den drei Cs: «cars, cattle, chainsaws» (Autos, Rinder, Kettensägen) – antworte Gaia «streng und hart»: mit unbarmherzig negativen Rückkoppelungen, die – zugunsten des Lebens insgesamt – zu einer Dezimierung, letztlich Eliminierung der Gattung Mensch führen könnten. Um eine solche Katastrophe noch abzuwenden, müsse das Umdenken sehr tief ansetzen. Ein wichtiger Schritt: das maximale Gefühl der Verbundenheit mit allen Lebewesen in seinem eigenen überschaubaren Lebensraum zu erzeugen.

Das planetarische Bewusstsein hat in unserer Kultur erstaunlich viele und tiefe Wurzeln. Die Weimarer Klassik hatte ihre ureigene Gaia-Theorie. Das schönste Gedicht deutscher Sprache, entstanden auf einer Wanderung im Thüringer Wald, ist eine kleine Hymne an Gaia. *Wanderers Nachtlied* beschreibt verschiedene Stadien von Ruhe in den verschiedenen Sphären der Natur. Es lenkt den Blick aus der Lufthülle der Erde («Hauch») über die Sphäre der unbelebten Natur («Gipfel») in das Reich der Pflanzen («Wald») und Tiere («Vögelein») und endet mit dem «metaphysischen Gleichheitszeichen» zwischen Mensch, Natur und Kosmos: «... balde / ruhest du auch». Dass der Mensch, das unruhigste Glied der Schöpfung, «auch» in die große Kette der Wesen gehört, war Goethes felsenfeste Überzeugung. Sein Gesprächspartner, Alexander von Humboldt, der große Entdeckungsreisende und Wanderer – allein auf seiner Südamerika-Expedition legte er circa 10.000 Kilometer zu Fuß und im Kanu zurück –, wurde in seiner Nachfolge Wegbereiter der Ökologie. Für Humboldt war die Natur «ein netzartig verschlungenes Gewebe» und «ein durch innere Kräfte bewegtes und belebtes Ganzes». Sein 1845 erschienenes Opus magnum über den *Kosmos* imaginiert den Blick von außen auf den Blauen Planeten: «Wir beginnen mit den Tiefen des Weltraums und der Region der fernsten Nebelflecken, stufenweise herabsteigend durch die Sternenschicht, der unser Sonnensystem angehört, zu dem luft- und meerumflossenen Erdsphäroid, seiner Gestaltung, Temperatur und magnetischen Spannung, zu der Lebensfülle, welche vom Licht angeregt sich an seiner Oberfläche entfaltet.» Alle diese «naturverbundenen» Dichter und Denker zehrten von der Philosophie des niederländisch-jüdischen Aufklärers Baruch Spinoza und dessen Formel: Deus sive natura, Natur ist Gott, Gott ist die Natur. In Spinozas Sprache erscheint Gaia, die lebendige und lebenspendende Kraft des Planeten, als «natura naturans».

Auf der Basis dieses reichen kulturellen Erbes entstanden in der Literatur der Weimarer Republik Denkbilder, die der Astronautenpoesie von 1968 schon sehr nahe kamen. Alfred Döblins 1933 erschienenes (und sofort verbranntes) Buch *Unser Dasein* nimmt in wenigen Sätzen die ganze Gaia-Hypothese vorweg: «In dem Sonnenkraftfeld von Wärme, Licht, Schwere liegt die Erde wie ein Kind in seinem Kissen im Arm der Mutter ... Man kann sich schwer näher an diesen Gedanken bewegen, die Erde sei eine organische Bildung. Man muss aber zugeben, dass das eigentümlich zweckmäßige Verhalten der Erde gegen die Kälte und die Ähnlichkeit des Verhaltens von Erde und tierischem Organismus zu dem Gedanken drängt.»

Heute macht der Philosoph Wilhelm Schmid den Blick von außen zum Ausgangspunkt einer «ökologischen Lebenskunst» für das 21. Jahrhundert. «Da hat etwas Epochales stattgefunden», sagt er angesichts der Fotos aus dem All, nämlich «eine Umkehrung des Blicks der Menschheit. Ein Blick, der über Hunderttausende von Jahren von der Erdoberfläche zu den Sternen gerichtet war, ist umgedreht worden zu einem Blick aus den Sternen auf die Erde ... Deswegen glaube ich: Das Einzige, was vom 20. Jahrhundert übrig bleibt, wird diese Umdrehung des Blicks sein.» Aus der kosmischen Perspektive könne das Individuum sich nun in einen sehr umfassenden Zusammenhang eingliedern und wahrnehmen. Im Maßstab des Universums ist die Menschheit unbedeutend. Wer erkenne, dass die Erde aus dem All nur ein winziger einsamer Punkt sei, finde diesen Punkt auf einmal faszinierend und erlebe es als ein unglaubliches Privileg, auf diesem Punkt leben zu dürfen. Er gewinne einen Abstand zu den Dingen und den Verhältnissen, erkenne klarer deren Bedeutung oder Bedeutungslosigkeit. Das eigene Leben, eigene momentane Schwierigkeiten, die sonst absolute Bedeutung hätten, seien so zu relativie-

Gaia **351**

ren. Das führe zu einer größeren Gelassenheit. Die Wahrnehmung der Erde als Ganzes fördere zudem ein Heimatgefühl, das nicht mehr nur auf einen Ort oder eine Region bezogen bleibe. Es entstehe eine innige Verbundenheit mit dem Schicksal dieses Planeten, ein ökologisches Bewusstsein und ein Bewusstsein von Weltgesellschaft. «Wenn wir finden, dass die Existenz des Menschen auf diesem Planeten bejahenswert und sogar schön ist, dann tun wir auch etwas für diese Existenz.» Das alles ergibt sich nicht automatisch. Aber der Blick von außen eröffnet Optionen. Wir haben die Wahl, unsere Konsequenzen für eine Politik, Ethik und Lebenskunst der Nachhaltigkeit zu ziehen.

Jedes neue Denken bedarf der Einübung. Wie lässt sich der Blick von außen auf den Blauen Planeten verinnerlichen und ein planetarisches Bewusstsein bilden? Die Beschäftigung mit medial aufbereiteten Bildern ist nur ein erster Schritt. Die klassischen Porträts von Gaia aus der Zeit der Mondflüge stehen auf Postern und in hervorragenden Bildbänden zur Verfügung. Die bis 2003 allnächtlich auf Bayern 3 ausgestrahlte TV-Sendung *Space Night* übertrug live Bilder der Erde, die von den Satellitenkameras aufgenommen wurden. Ab und zu sind sie noch im Programm. Per Mausklick ist die Erderkundung mittels aktueller Satellitenbilder über verschiedene Portale des Internets zu realisieren. Der mediale Blick allein reicht nicht. Hinzu kommen muss das eigene sinnliche Erleben. «Es gibt viele Möglichkeiten», schrieb Lovelock 1988, «mit Gaia in Berührung zu bleiben.» Dazu sei es notwendig, der «sensorischen Deprivation», also der Abstumpfung der Sinne, entgegenzuwirken. «Versuchen Sie, sich daran zu erinnern, wann Sie das letzte Mal auf einer Wiese in der Sonne gelegen sind, den duftenden Thymian gerochen und dem Gesang der aufsteigenden Lerchen gelauscht haben. Denken Sie einmal zurück an die letzte Nacht, als Sie in die tiefblaue Dunkelheit des Himmels geschaut haben, eines Himmels, der so klar war, dass Sie die Milchstraße sehen konnten.»

Ein starkes Plädoyer für ein bewussteres Wandern. Jedenfalls ab und zu sollte eine Wanderung die «kosmischen» Momente des Tages einplanen: den Sonnenaufgang, den «großen Mittag», den Sonnenuntergang. Wer die Erdrotation sinnlich spüren will, der lege sich mit dem Gesicht der Sonne gegenüber rücklings auf den Boden und sehe zu, wie sie versinkt. Eine Nachtwanderung ist ein hervorragender Weg, zu erleben, wie oben und unten, Himmel und Erde verschmelzen und sich die nächtliche Einheit des Raumes öffnet. Dann versteht man, warum die frühen Aufklärer das griechische Wort «Planet» mit «Wandelstern» oder «Wanderstern» übersetzten. Man versteht, was der Privat- und Universalgelehrte – und besessene Wanderer – Hans Jürgen von der Wense meinte, als er 1946 notierte: «Die Erde ist ein Stern. Wir leben im Himmel.» Und an anderer Stelle: «Das Erlebnis, dass wir auf einem Stern leben, muss alles bestimmen.»

12. Im urbanen Raum

Jeder Mensch ein Künstler, jede Wanderung, wenn nicht ein Kunstwerk, so doch eine bewusstseinserweiternde Aktion im Raum. Meine Idee für einen Streifzug quer durch einen Metropolenraum: eine langsame Annäherung an die «global city» Düsseldorf, gleichzeitig eine Pilgerfahrt zu Beuys, dem «Partisanen der Utopie». In Form einer Tageswanderung durch das Neandertal bis in die Innenstadt von Düsseldorf, seinem Lebensmittelpunkt. Endziel ist der *Palazzo Regale*, seine letzte große Installation, ausgestellt in der Kunstsammlung Nordrhein-Westfalen.

7.12 Uhr. «Nächster Halt: Gruiten. Ausstieg: Fahrtrichtung rechts.» Die S-Bahn-Linie 8 durchquert parallel zu einer Autobahn auf der Strecke von Wuppertal nach Düsseldorf die letzten flachwelligen Ausläufer des Rheinischen Schiefergebirges. Im Zug sitzen Pendler und Schüler. Am Haltepunkt Gruiten steigen nur wenige aus, aber viele ein. Ein frostiger Wintermorgen, minus vier Grad, leichter Ostwind. Die Wettervorhersage in der Zeitung meldet ein umfangreiches Hoch mit Schwerpunkt über dem Weißen Meer, das an seiner Südostflanke eisige Dauerfrostluft heranführt. Es dämmert. Am Himmel verblasst eine intensive Morgenröte. Raureif glitzert auf dem weiträumigen Parkplatzgelände, das sich an den Gleisanlagen entlangzieht. Die Durchgangsstraße nebenan verbindet die Orte Haan und Mettmann und ist Zubringer zu den Autobahnen und Schnellstraßen, die den Raum in

Im urbanen Raum **355**

einem engmaschigen Netz überziehen. Der Verkehr fließt. Staus sind hier nicht zu erwarten. Die notorischen Nadelöhre rings um Düsseldorf liegen woanders.

7.20 Uhr. Die Straße macht eine Kurve und senkt sich nach Norden ins Tal. Ich passiere ein Fitnesscenter, eine Bauschlosserei, dann einen größeren Bürohauskomplex. Er beherbergt die deutsche Filiale eines amerikanischen Konzerns, der Antriebs- und Steuerungssysteme zur Automatisierung von Industrieanlagen herstellt. Autos fahren vor und parken ein. Die Ankommenden verschwinden nach ein paar Schritten hinter dem gläsernen Portal. Die allmorgendlichen tranceartigen Rituale rund um Radiowecker, Dusche, Kaffeemaschine und Auto liegen hinter ihnen. Gleich werden sie ihre Schreibtische im Customer Service Center oder im European Technology Design Unit erreichen, die PCs starten und sich auf der Datenautobahn in virtuelle Räume begeben. An der Straße tauchen die ersten Wohnsiedlungen auf. Rechts dreigeschossige Blöcke, gegenüber Reihenhäuser und freistehende Einfamilienhäuser. Wo die Bebauung allmählich in offenere Landschaft übergeht, kurz vor einer Brücke, ein weiterer Parkplatz. Autos fahren vor, Kinder steigen aus. Auf der Kuppe eines Hügels, der höchsten Erhebung ringsum, liegen um einen Innenhof gruppiert die Gebäude einer Waldorfschule. Hinter den erleuchteten Fenstern beginnt gleich der Unterrichtstag, für die Kleinen vielleicht mit Formenzeichnen oder Rechnen, später dann: Pflanzenlehre und Ackerbau, Stricken, Flöte, Eurythmie.

7.45 Uhr. Auf der Brücke über die Düssel. Der Bach kommt aus Streuobstwiesen und Siedlungen heran. Seit der Quelle auf Wuppertaler Gebiet hat er etwa fünfzehn Kilometer zurückgelegt. Bis zur Mündung in den Rhein im Zentrum von Düsseldorf ist es noch einmal so weit. Dort liegt mein Ziel. Kurz vor der Einmündung speist der nördliche Arm der Düssel die Teiche des Hofgarten-Parks und strömt dann unter dem postmodernen Bau der Kunstsammlung NRW her. Im oberen Geschoss befindet sich der *Palazzo Regale*, der Raum, den Joseph Beuys kurz vor seinem Tod installiert hat.

«Dorf Gruiten» steht auf dem Schild an der Bushaltestelle. Hier beginnt die 30-Kilometer-Zone. Die Gasse ist mit Kopfsteinen gepflastert und mit Gaslaternen-Imitaten ausgestattet. Die Häuser, alle gediegen restauriert, sind aus schwarz-weißem Fachwerk oder massivem Bruchstein, einige mit Schiefer verkleidet. Fast alle haben Gärtchen und Hausbaum. Die Balken sind mit Jahreszahlen aus dem 17. und 18. Jahrhundert beschriftet. Ein Mann im schwarzen Mantel geht vorbei, grüßt, betritt das Pfarrhaus neben dem Kirchlein. Am Ende des Dorfes wieder eine Brücke. Die Düssel ist sieben, acht Schritt breit und schnell fließend, eher ein Flüsschen als ein Bach. Hier beginnt der Wanderweg durch das Düsseltal, das ab hier im mittleren Abschnitt Neandertal heißt.

8.23 Uhr. Sonnenaufgang. Im Tal bleibt es schattig. Mein Schritt verlangsamt sich. Der Weg ist von Laubbäumen, Buschwerk und Wiesen gesäumt. Das Flüsschen schlängelt sich durch einen Stangenwald aus Erlen und Weiden. Hinter der ersten Biegung, keine 300 Meter hinter den letzten Häusern von Gruiten, steht ein Graureiher am Ufer und lauert auf Beute. Der vorübergehende Wanderer stört ihn nicht.

8.35 Uhr. Geruch von fauligem Wasser weht herüber. Hinter den Bäumen die Bauten einer Kläranlage. Aus einem dicken Rohr in der Uferbefestigung fließt das gebrauchte Wasser ein. Das Tal wird enger. Die mit alten Buchen bestandenen Abhänge werden steiler, felsiger. Der Fluss hat sich tief in den

Im urbanen Raum   **357**

Kalkstein eingeschnitten. An die 50 Meter beträgt der Höhenunterschied zwischen Talsohle und Kante der Hochfläche. An den Ufern stockt Auenwald aus Bergahorn, Eschen, Schwarzerlen. An einigen Bäumen umspült Wasser das Wurzelwerk. Der Fluss mäandert an kulissenartigen Kalkfelsen vorbei. Die Prallhänge sind an manchen Stellen schulterhoch. Das Rauschen und Gurgeln übertönt jetzt das dumpfe Grollen des Verkehrslärms, das bis dahin stets präsent gewesen war.

9.15 Uhr. Zwei Wasseramseln jagen sich gegenseitig dicht über die Wasseroberfläche flussaufwärts, erkennbar an der breiten weißen Brust im schwarzbraunen Federkleid. Gleich darauf ein weiteres Pärchen. Die beiden lassen sich auf dem Geröll im Flussbett nieder. Die Art ist äußerst rar geworden. Im Neandertal brüten noch mehrere Pärchen. Durch die schluchtartige Einkerbung und die dichte Bewaldung vermittelt das Tal jetzt die Illusion, man wandere irgendwo in einem abgelegenen Winkel des Bergischen Landes oder Westerwalds. Die Aura dieses Waldtals aber rührt nicht von seiner naturbelassenen Schönheit und dem Kontrast mit dem umliegenden urbanen Konglomerat her. Durch das Neandertal bewegt man sich in dem Bewusstsein: Vor 40.000 Jahren zog hier ein Stamm des Homo sapiens neanderthalensis durch, unterhielt einen Lagerplatz, ließ einen Toten zurück. Es waren seine Gebeine, die uns vor 150 Jahren die Augen über die Evolution unserer Gattung öffneten. Beuys, der «Schamane vom Niederrhein», hat die Magie des Ortes gekannt. Mehrfach soll er Ideen für eine Aktion oder Installation im Neandertal entwickelt haben. Realisiert wurde nichts. Aber die potenzielle Botschaft einer solchen Aktion hat er an anderer Stelle visionär ausgedrückt: Wir müssen wieder, sagt er, mit der Tierwelt, der Pflanzenwelt, den Böden «in einen Dialog eintreten». In dem Bewusstsein, dass «die Evolution sich mit Hilfe dieser Wesen vollzogen hat, zu denen keine Liebesbeziehung mehr besteht».

9.30 Uhr. Anstieg auf einem der Wege zur Hochfläche. Das Panorama von der Talkante nach Norden: Ein Streifen aus Wiesen und Feldern, dahinter, zwei Kilometer von der Talkante entfernt, setzt städtische Bebauung ein, der Rand von Mettmann. Zurück im Tal. Alle paar Minuten begegnen einem Leute. Jogger, Nordic Walker, Leute, die ihre Hunde ausführen, Naturfreunde, Naturfreaks. Fast alle grüßen. Immer genügt ein kleiner Impuls, und die Leute bleiben stehen und kommen ins Plaudern. Wer will, erfährt schnell sehr viel: über die Stellen, wo früher die Nachtigall sang, wo die Kinder im kalten Fluss badeten, wo bei klarer Sicht von hier die «köl'sche Kapelle», der Kölner Dom, und das Siebengebirge zu sehen seien. Man bekommt erzählt, wo die alten bäuerlichen Steinbrüche im Grün versteckt liegen, wie der Stahlkonzern Mannesmann den Kalkabbau an der Düssel hundert Jahre lang in großem Stil betrieben hat, wie der Konzern 2001 ausgeschlachtet und bewusst kaputt gemacht worden ist.

Dicht am Weg die Relikte eines Kalkofens aus der Zeit des Dreißigjährigen Krieges, kurz darauf eine alte Wassermühle. Das hohe Bruchsteingebäude steht mit der Wand in der Strömung. Im 19. und 20. Jahrhundert war die Winkelsmühle eine beliebte Ausflugsgaststätte. Jetzt ist sie zum bloßen Wohnhaus umfunktioniert. Das Mühlrad hat man mit restauriert, es dreht sich wieder und vermittelt einen Hauch von Mühlenromantik. «In einem kühlen Grunde …» Von hier ab weitet sich das Tal. Feuchtwiesen nehmen die Sohle ein. Die Abhänge zu beiden Seiten treten zurück, bleiben aber dicht bewaldet. Mit Buchen und sehr viel Ilex, der sta-

Im urbanen Raum **359**

chelblättrigen, immergrünen «Hülse» im Unterholz, einer Charakterpflanze des Bergischen Landes.

10 Uhr. Seit Gruiten sind etwa sechs Kilometer zurückgelegt. Am linken Ufer zieht sich ein Metallzaun den Abhang hinauf. Ich habe das «eiszeitliche Wildgehege» des Neandertals erreicht: 16 Hektar Wiese und Waldweide am Ufer und an der rechten Talflanke der Düssel sind Reservat für drei kleine Herden, von Wisent, Tarpan und Ur – Arten, die in Europa völlig oder doch so gut wie ausgerottet sind. Ein steiler Anstieg führt, zum Teil auf Treppenstufen, am Zaun entlang auf die Hochfläche. Die Sonne steht blendend hell knapp über der Kammlinie. Mein Schatten bildet sich auf den Baumkronen der gegenüberliegenden Talseite ab. Grasland bedeckt die runde Kuppe des Hügels, den ich emporsteige. Das schüttere, gelblich-welke Gras ist weiß von Raureif, darüber die kalte Bläue des Himmels. Ein Gedankenblitz: Das ist das Ambiente der Eiszeit! So wie für mich innerhalb meines Gesichtsfelds während dieses Anstiegs an diesem eisigen Wintermorgen könnte sich für den Neandertaler-Stamm, der vor 40.000 Jahren durch dieses Tal wanderte, sein gesamter Lebensraum dargestellt haben. Die Strukturen der Erdoberfläche waren schon da. Die Formen des Tales, der tief in die Kalksteinhochfläche eingekerbte Lauf des Flüsschens, das zum – damals noch vielarmigen – Rhein hinabfloss, haben sich seitdem nicht mehr wesentlich verändert. Zu beiden Seiten breitete sich freilich eine so gut wie baumlose Tundra aus. Offene Landschaft, Grasland, mit den heutigen Pflanzen der skandinavischen und nordrussischen Kaltsteppen bewachsen, arktische Kälte, Dauerfrostböden, kurze Sommer.

Ein Blick ins Tal. Tief unten am Hang grasen, wie an einer Kette aufgereiht, etwa ein Dutzend Auerochsen. Scheinbar reglos steht die kleine Herde am Waldrand. Ihr schwarzes Fell schimmert im Sonnenlicht. Ein majestätischer Anblick, von dem man sich schwer lösen kann. Ein paar Schritte weiter ein aus Holz gezimmertes Stallgebäude. Als ich es passiert habe, sehe ich gleich hinter dem Zaun auf nacktem, aufgewühltem, mit Ästen und Zweigen übersätem, gefrorenem Boden drei Wisente. Mächtige, dunkle Köpfe mit großen braunen Augen und gebogenen, spitzen Hörnern. Hohe, massige, muskulöse Körper mit mannshohem Rist und breitem Bug, der sich nach hinten verschlankt, hellbraunes Fell, kurzer Schwanz. Die Bewegungen sind zeitlupenhaft. Das eine Tier senkt den Kopf, betastet mit dem Maul einen Zweig am Boden. Das andere macht einige Schritte in Richtung Zaun. Dumpf schlagen die Hufe auf den gefrorenen Boden. Das Spiel der Muskulatur zeichnet sich bis zu den Schultern hinauf ab. Ruhig wendet es den Kopf, um mich zu beäugen. Gebannt sehe ich mich auf Augenhöhe mit einem Tier der Eiszeit.

Der Waldwisent zog damals in Herden von vielen tausend Köpfen durch die weiten Räume zwischen Biscaya und den weißrussischen Sümpfen, möglicherweise auch über diese wellige Hochfläche oberhalb des Düsseltales. Wie haben die Neandertaler sie wahrgenommen? Als wandernde Fleischberge und Felllieferanten? Als ebenbürtige Gegner? Mit Ehrfurcht? Der Jagd- und Beutemacherinstinkt wird gewiss stark gewesen sein. Ich versuche, mich in die steinzeitlichen Jäger hineinzuversetzen, taste den Körper des Wisents mit den Augen nach Stellen ab, wo er mit Stoßlanze oder Wurfspeer am leichtesten verwundbar sein könnte, male mir den Kampf bis zum bitteren – oder triumphalen – Ende aus. Die Verletzungen, die man an den fossilen Knochen des Neandertalers diagnostiziert hat, entsprechen exakt denen, die sich heutige amerikanische Ro-

deoreiter zuziehen. Sie stammen ganz überwiegend von Huf-
tritten. Man kann an einem eiskalten Tag wie heute gut die
Befriedigung eines Jägers nachfühlen, der seiner Beute das Fell
abzieht, um sich und seine Angehörigen mit der wärmenden
zweiten Haut und einem Zelt, der dritten Haut, zu versorgen.
Man kann in Gedanken den Tierkörper in Bug- und Filetstü-
cke, in Zunge, Nackenkamm, Hochrippe und Markknochen
zerlegen, den Geschmack des am Lagerfeuer mit Thymian
oder Beifuß gekochten Fleisches auf der Zunge spüren. Die
Gedanken- und Gefühlswelt der Neandertaler, ihre Art der
Wahrnehmung, bleibt uns verschlossen. Dass ihre Fähigkeit,
die Landschaft zu lesen und sich darin zu bewegen, unserer
überlegen war, ist ziemlich wahrscheinlich. Und wahrscheinlich ist auch, dass sie in ihrer Steinzeitökonomie nur circa
18 Stunden pro Woche gearbeitet haben.

Die eiszeitlichen Bilderhöhlen Frankreichs und der Iberischen Halbinsel sind zwar eindeutig das Werk von Homo sapiens sapiens, dem anatomisch modernen Menschen. Aber als
dieser vor über 30.000 Jahren die ersten Höhlenzeichnungen
schuf, war der Neandertaler vermutlich noch nicht gänzlich
ausgestorben. Auch seine Welt ist in den Höhlen abgebildet.
Von den 2000 bis heute entdeckten Felsbildern stellen etwa
500 den Wisent dar. Nur das Wildpferd kommt häufiger vor.
Repräsentieren diese «lebendigen Bilder lebendigsten Lebens» aus den nomadischen Jäger- und Sammlerinnenkultu-
ren nicht wesentlich mehr als pure, auf das Begehren nach
Fleisch gerichtete Jagdmagie? Sind sie nicht vielmehr Ausdruck einer spirituellen Beziehung zur kreatürlichen Mitwelt,
der von Beuys gemeinten «Liebesbeziehung», die heute ver-
schüttgegangen ist? Beuys hat «große Gletscher» gezeichnet.
Seine heimatliche Landschaft am Niederrhein, mit der er sich

auf Dauer verbunden fühlte, mutete ihn an, «als wäre dort die Eiszeit noch gegenwärtig». Das Bildprogramm und die Lebenswelt der Höhlenkünstler sind in seinem Werk, das er einmal als die Entwicklung einer «neuen Wärmezeitmaschine» beschrieb, allgegenwärtig: *Toter Hirsch und Mond, Elch und Geysir, Das Rudel, Schamane, Aufbruch aus Lager 1, Feuerstätte 2, Tierfrau.* Das Wirken von Wärmeströmen zwischen den Geschöpfen der Eiszeit, die in der Höhlenkunst zum Ausdruck kam, muss ihn fasziniert haben. «Was nottut», sagte er, «ist Wärme.»

11 Uhr. Die Wildpferde sind an diesem Vormittag nicht zu sehen. Unten am Fluss stoße ich auf das Gebäude der Steinzeitwerkstatt, die museumspädagogische Einrichtung des Geheges. Kinderstimmen. Eine Gruppe im Grundschulalter spielt Steinzeit. Anfeuerungsrufe, dann Triumphgeheul. Worum es geht, bleibt verborgen. Auf dem Programm der Werkstatt stehen: Gebrauch der Speerschleuder, Schmuckherstellung aus Speckstein, Malen steinzeitlicher Motive mit Naturfarben – Bildung für künftige «Schamanen vom Niederrhein»? Hundert Meter weiter stößt die vielbefahrene Straße von Mettmann nach Erkrath aus einem Seitental auf die Talsohle der Düssel.

11.10 Uhr. Auf der gegenüberliegenden Straßenseite glänzt ein ovaler Bau aus grünem Glas: das Neanderthal Museum. Auf einer spiralförmig nach oben führenden Rampe erzählt es die Geschichte der Evolution: von den ersten Hominiden, die in der afrikanischen Savanne den aufrechten Gang erlernten, bis zu den Bewohnern des globalen Dorfes, die zum ersten Mal in der Geschichte die Chance haben, ihren Heimatplaneten aus dem Weltall zu sehen – und die Macht, ihn zu zerstören.

Im urbanen Raum **363**

12.30 Uhr. Vom Ausgang des Museums führt ein Pfad über eine Brücke zum Fundort des berühmten Neandertalers am Düsselufer. Am Eingang des Geländes ragt ein mit Efeu bewachsener Fels. Er ist das letzte Überbleibsel einer engen Schlucht, die an dieser Stelle begann und auf 800 Meter die Düssel einzwängte. Die 50 Meter hohen Kalksteinwände wurden schon im 19. Jahrhundert restlos abgebaut und verschwanden als Beimischung in den Hochöfen der rheinisch-westfälischen Stahlindustrie. Steinbrucharbeiter entdeckten die Knochen in einer Höhle zwanzig Meter über der Talsohle, in einer Einbuchtung des Canyons, etwa 30 Meter vom Ufer der Düssel entfernt. Die Stelle ist mit Signalstangen im Grasboden markiert. Nicht weit davon sind Beete mit kaltzeitlicher Flora angelegt. Krähenbeere, Zwergbirke, Thymian, Wacholder sind in dieser Mittagsstunde noch weiß von Raureif.

Fundort und Fund liegen heute 50 Kilometer auseinander. Ausgestellt sind die Gebeine aus dem Düsseltal im Rheinischen Landesmuseum in Bonn. Ein paar Tage nach meiner Wanderung war ich da. Der Neandertaler hat einen Raum für sich, keine düstere, unheimliche Kammer, sondern eine helle, freundliche Halle. Die Gebeine liegen ebenerdig in einer geräumigen, von einem lindgrünen Rahmen eingefassten Vitrine, 26 Knochen, alle an ihrem anatomischen Platz. Die Umrisse des vollständigen Skeletts sind auf den Vitrinenboden gezeichnet. Die menschliche Gestalt des Neandertalers gewinnt Konturen. Der Blick tastet über die in verschiedenen Brauntönen glänzende, elegant gewölbte Schädeldecke, über den berühmten Überaugenwulst bis hinab zu den starken Gelenkenden der Knie. Vor einem liegt ein Mann, der 40 bis 45 Jahre alt wurde. In seiner Jugend erlitt er eine Knochenfraktur am linken Arm, die schlecht verheilte und ihn bis zu seinem Tod behindert hat. Seine Gruppe muss ihn nach seiner Verwundung eine Zeit lang gepflegt und versorgt haben. Die Stirn verlief flacher als bei uns. Er hatte eine weitaus kräftigere Schultermuskulatur, war extrem breitschultrig. Die Arm- und Beinknochen waren kürzer, aber stärker, dickwandig und mit großen Ansatzflächen für Bänder und Muskeln ausgestattet. Ein ungemein robuster Körper, aber kein primitiver Geist, sondern – so ist auf der Tafel zu lesen – «ein perfekt an seine Umwelt angepasstes und intelligentes Wesen». Er trug keine Keulen. Seine Jagdwaffen waren in ihren ballistischen Eigenschaften heutigen Wettkampfspeeren ebenbürtig. Der Neandertaler, der erste Europäer, war sicherlich ein hervorragender Wanderer. Jemand, der zu Fuß weite Strecken zurücklegen, sich orientieren und schwere Lasten tragen konnte.

13 Uhr. Aufbruch in Richtung Düsseldorf. 600 Meter Straße, dann eine Brücke. Bis hierhin gingen die Felswände der Schlucht. Der Weg führt hinauf in den Wald. Unten rauscht die Düssel unter einer Fabrikanlage hindurch, deren Dach von oben zu sehen ist. Dort wird, sagt mir jemand, Kunststoff hergestellt. Hoch auf der gegenüberliegenden Talkante fährt ein Zug. Dort verläuft die S-Bahn von Mettmann zum Düsseldorfer Hauptbahnhof.

13.10 Uhr. Durch mächtige Buchenstämme, die im Hang wurzeln, fällt der erste Blick in die Rheinebene. Eingerahmt von auseinandertretenden und sich abflachenden bewaldeten Talflanken, taucht weit hinten die Silhouette der Stadt auf. Vertikale Linien, Bürotürme, Fernsehturm, Kraftwerksschlote. Ganz im Vordergrund jetzt, auch zum ersten Mal im Bild, die horizontale Linie der Autobahnbrücke über das Düsseltal.

Im urbanen Raum **365**

Ein langgezogener Abstieg, dann unterquere ich die Autobahn und betrete wieder urbanes Gebiet. Unter meinen Füßen, geologisch gesehen, die zweite Stufe der Rheinterrassen, die der Fluss in der Eiszeit aufgeschüttet hat. Um mich herum Wohnsiedlungen, Geschäfte, Praxisgebäude, Tennisanlagen, Grünanlagen – Erkrath, eine Kleinstadt im Weichbild und Speckgürtel von Düsseldorf.

14.05 Uhr. Der Wiedereintritt in die Stadtlandschaft ist von kleinen Schocks begleitet: Die rote Ampel an einer Querstraße nehme ich erst in letzter Sekunde wahr. Mein Zaudern vor einem Zebrastreifen zwingt eine Fahrerin zu einer energischen Bremsung. Die Reklametafeln, normalerweise wenig beachtet, wirken extrem aggressiv. Eine Fast-Food-Kette verspricht: «Schnauze voll für 1 Euro», ein Mobilfunkhersteller: «Doping für die Sinne». Tröstlich dann eine von Kindern (nicht ohne sozialpädagogische Anleitung) auf zig Metern buntbemalte Bretterwand vor einem stillgelegten Fabrikgelände. Darauf der Spruch: «Wer den Himmel nicht in sich selber findet, sucht ihn im ganzen Universum umsonst.»

14.30 Uhr. Wieder in offener Landschaft. Die Düssel mäandert durch eine breite Aue aus Wiesen, Feldern und Gehölzstreifen ein letztes Mal unter Erlen und Pappeln. Schneereste. Der Anstieg zu einer Eisenbahnbrücke ist noch vereist. Ich halte mich am Geländer fest. Beim Abstieg trotzdem ein schwerer Sturz auf den Rücken. Der Rucksack federt ihn ab. Auf der linken Seite noch einmal ein Hochwald aus Buchen und Ilex-Unterholz. Spaziergänger und Mountainbiker sind unterwegs. Dann führt der Weg hinab in das Zentrum von Gerresheim, einem Stadtteil von Düsseldorf. Von hier ab bis zur Mündung ist der Fluss begradigt, in ein Korsett aus steilen, mit Gras bewachsenen Böschungen gezwängt, fließt durch endlose Stadtrandsiedlungen, streckenweise zwischen den Masten einer Hochspannungstrasse, hin und wieder vorbei an städtischen Grünanlagen, Spielplätzen, Kleingärten.

15.25 Uhr. Ich erreiche den Punkt, wo sich der kanalisierte Fluss in zwei Arme teilt, wähle die südliche Düssel als Route. Am gegenüberliegenden Ufer eine Reihe Kopfweiden und die Ställe eines Reiterhofs, dahinter die rostigen Rohranlagen einer frischen Industriebrache. Die Glashütte, erklärt mir jemand, der mit seinem Rad am Ufer steht. Über 100 Jahre lang sei die Hütte das industrielle Rückgrat von Gerresheim gewesen, 2004 von einem amerikanischen Konzern aufgekauft und binnen eines Jahres angeblich wegen der deutschen Flaschenpfandregelung plattgemacht worden. Was das alles zu bedeuten habe? Wenig später spricht mich jemand an, als ich meinen Stadtplan auffalte, bietet an, mich ein Stück zu führen. Ohne viele Worte, ohne Fragen nach woher und wohin gehen wir zusammen an Gleisanlagen entlang, zwischen Wohnblöcken hindurch und erreichen die Hauptstraße von Eller, die ich gesucht hatte. Ein Lächeln, als ich mich bedanke. Dann macht er sich auf den Weg zurück. Die Straße entpuppt sich als eine proletarische Kö. Große Billigläden, Döner-Restaurants, schlesische Metzger, Sonnenstudios, Fahrschulen, Back-Shops, Lottoannahmestellen, Schaufensterfronten, Passanten. Das bloße Sehen von Menschen entfaltet seinen Reiz.

16 Uhr. Wieder ein Gürtel aus freiem Gelände. Die Straße wird vierspurig. Ein Autohaus, dann in einem überdimensionalen Blechcontainer die Logistikzentrale eines Paketdienstes, ein Schrottplatz. Die Düssel habe ich verloren. Am Volksgarten kommt sie einen Moment lang wieder in den Blick, als Parkgewässer.

16.30 Uhr. Auf beiden Seiten der Straße jetzt geschlossene

fünfstöckige Häuserfronten. Aus dem schluchtartigen Waldtal der mittleren Düssel bin ich in den Straßenschluchten der Innenstadt angekommen. Die Schluchtmetapher wird plötzlich plausibel: eine Stadt – eigentlich nichts anderes als ein künstliches Felsbiotop? Eine Karstlandschaft aus Kalk, Kies, Basalt und Ton? Regenwasser fließt, Algen und Moose siedeln wie auf einer Felsformation. Noch kein Turmfalke an der Steilwand des Mannesmann-Hochhauses? Die Autoströme werden reißender. Man passiert den langen Tunnel einer Eisenbahnunterführung. Darüber rollt der gesamte Schienenverkehr zwischen Amsterdam und Basel. Düsseldorf begreift sich als Global City, als Knoten in einem Geflecht von Boomregionen, das sich in einem bananenförmigen Korridor durch Westeuropa zieht: vom Großraum London über die Rheinschiene in die norditalienische Ebene, dort nach Westen abbiegend an der mediterranen Küste entlang bis Barcelona. Dieses Band erfasst eine der reichsten und dynamischsten Regionen der Welt, ökonomisches Rückgrat der EU, Maßstab für Wertschöpfung, Kaufkraft, Lebensstil einer globalisierten Hypermoderne.

17 Uhr. Ecke Graf-Adolf-Straße, Königsallee. Die «Kö», das Eldorado des Schaufensterbummels, ist ein 1500 Meter langer Boulevard mit breiten Gehsteigen. Seine Mitte bildet ein grünes Band aus Platanen. Die Bäume säumen einen Wassergraben, den auf beiden Seiten Fußwege und Parkbänke begleiten. Auf der ziemlich menschenleeren Westseite stehen wuchtige Gründerzeitbauten: Hotels, Banken, ein Zeitungsverlag, ein Kaufhaus. Gegenüber ziehen sich die Schaufensterfronten der Luxusgeschäfte. Unter dem Pflaster der Kö liegt die in der letzten Eiszeit aufgeschüttete Niederterrasse des Rheins, mit vielen Knochenresten von Wisent und Auer-

ochse. Das erste Schaufenster der Kö präsentiert die archaischsten aller Kleidungsstücke: Pelze. Für das Pirschen im Unterholz wären sie allerdings ungeeignet: klassischer Zobel, leichtfallender Nerz, Silberwolf. Nebenan Schmuck, dann Schuhe, die als Schmuck für die Füße kreiert und bestenfalls für das Stöckeln auf glatten, ebenen, versiegelten Oberflächen geeignet sind. Parfümerien, Porzellanläden, Haute Couture – die Preise sind durchweg astronomisch. Hier hat jedes Exponat Fetischcharakter. Der Überfluss beginnt zu langweilen. Passagen zweigen von der Kö ab, führen höhlenartig in die Tiefe der Bebauung. Das Material ist Granit und Marmor, härtestes Felsgestein. Entlang von Boutiquen und Bistros, Palmen und Skulpturen laufen die Wege in verschiedenen Ebenen konzentrisch auf einen Konsumtempel, eine «Plaza», zu. Eine hohe Kuppel aus Glas überwölbt alles. Gläserne Fahrstühle, dezente Musik, raffinierte Lichtregie, wohltemperierte Behaglichkeit – ein nüchternes Kalkül zur Erhöhung der Verweildauer. Von der Galerie sehe ich auf einen Laufsteg hinab, wo gerade eine Modenschau zu Ende geht. «Catwalking» ist eine sehr artifizielle Gangart. Es dominieren energisch fließende, manchmal abrupte Vorwärtsbewegungen der Arme und Beine, synchronisiert mit dem Takt der Musik und angereichert mit Sequenzen aus der Choreographie von Ballett, Jazztanz und Kampfkunst. Natürlich dient die Inszenierung dem Vorführen von Kleidung, will sie Phantasien wecken, Begehren und Kauflust schüren. Aber diese besondere Art, sich in Bewegung zu setzen, sich zu zeigen und – wie immer normiert – Eleganz und Schönheit, Willenskraft und Stil auszudrücken, scheint den Alltag vieler Jugendlicher zu erobern. Das Bedürfnis, gesehen zu werden und darüber Anerkennung zu finden, wächst. Eine Etage tiefer ist ein Boxring aufgebaut.

Im urbanen Raum **369**

Ein Plakat kündigt ein Showtraining und die Zeremonie des Wiegens an. Das Aufnahmeteam eines Fernsehsenders ist schon da und interviewt einen der Boxer. Draußen beim Weitergehen kurz hintereinander zwei Verkäufer der lokalen Obdachlosenzeitung. Sie scheinen ihr Revier zu behaupten. Trotz aller Du-gehörst-nicht-hierher-Signale, die auch ich seit Betreten der Straße spüre. Ob sie auch freien Zugang zu den Passagen haben? Die innere Zone der Kö beginnt definitiv an den Eingängen der Geschäfte. Hier wacht das Sicherheitspersonal, perfekt ausgebildet, um jeden Verdächtigen oder Unliebsamen mit allen Mitteln abzuweisen.

Die Form des Wanderns in urbanen Räumen ist das Flanieren. Das Wort meint etwas anderes als den Einkaufsbummel in Fußgängerzonen oder Shopping-Malls. Walter Benjamin hat den Typus des Flaneurs erforscht. Auch er geht durch die Stadt. Aber: «Sie eröffnet sich ihm als Landschaft, sie umschließt ihn als Stube.» Sie bedeutet für ihn «Landschaft, aus lauter Leben gebaut», die er schlendernd durchstreift. Sein Ziel ist nicht, etwas zu kaufen, sondern den müßigen Gang durch die Stadtlandschaft zu genießen. Wobei laut *Grimms Wörterbuch* «Muße» die freie, von Arbeit und anderen Verpflichtungen befreite Zeit meint, ursprünglich jedoch auch eine räumliche Bedeutung im Sinne von «Spielraum», «Freiraum» einschloss. Flanieren hat mit räumlicher und zeitlicher Bewegungsfreiheit zu tun, mit entspannter Langsamkeit, mit der Lust am Unvorhergesehenen, auch mit der Lust am «bloßen Sehen von Menschen» und am Gesehenwerden. Zum Flanieren braucht es den Wechsel von Atmosphären und die Vielfalt von Räumen, Szenen und Menschen.

In der Düsseldorfer Altstadt verzahnen sich unterschiedliche Räume. Der Kö benachbart liegen: die Parkanlage des Hofgartens, das Kneipenviertel, die «längste Theke der Welt», die Kunstmeile mit der Kunstakademie, den großen Museen, kleinen Galerien und auf Kunst spezialisierten Buchhandlungen, die baulichen Wahrzeichen des gotischen Düsseldorf, die Fußgängerpromenade am Rheinufer, Brachflächen am Fluss. Die so wichtigen öffentlichen Räume, in denen ein Verweilen ohne Konsum möglich ist, werden enger, aber es gibt sie noch.

17.15 Uhr. Kurz nach Sonnenuntergang erreiche ich den Rhein, der in weiten Mäanderbögen an Düsseldorf vorbeifließt. Noch leuchtet eine prächtige Abendröte über dem Strom. Selbst an diesem Wintertag stehen oder schlendern etliche Passanten – junge, alte, einheimische, fremde, Punks und Banker, gealterte und gescheiterte «beautiful people» der Ära Beuys – an der Kaimauer vor dem Schlossturm, um das Naturschauspiel zu betrachten. Sonnenuntergänge seien in Düsseldorf «Kult», erzählt mir jemand. Zehn Stunden sind vergangen, seit ich in Gruiten, auf der Brücke über die Düssel, die Sonne aufgehen sah. Jetzt habe ich die Mündung erreicht. Unter mir, direkt neben der Anlegestelle für die Passagierschiffe der Köln-Düsseldorfer-Linie, fließt durch eine rechteckige Öffnung im Kai der nördliche Arm des Flüsschens schäumend in den Rhein. Fernsehturm, Schlote und Rauchfahne, Bürotürme – das ganze Panorama, das ich am Waldrand vor der Autobahnbrücke gesehen hatte, ist jetzt zum Greifen nahe. Links und rechts von meinem Standort schwingen sich zwei monumentale Pylonbrücken hinüber auf die linksrheinische Seite. Hinter den breiten Uferwiesen ist im letzten Tageslicht die hohe, langgezogene Häuserfront des Stadtteils Oberkassel zu erkennen.

Von dort kam Beuys, meistens zu Fuß, manchmal im Bentley, fast jeden Tag herüber zur Kunstakademie. Jedenfalls in

Im urbanen Raum **371**

den bewegten Jahren von 1961, als er dort zu unterrichten begann, über Klassenraum und Atelier verfügte, bis 1972. Da hat man ihn als Rädelsführer studentischer Proteste aus dem Staatsdienst entfernt. Am Oberkasseler Drakeplatz, Hausnummer 4, hatte er Wohnung und Atelier. Es ist – auch heute noch – ein stiller Platz in einem gutbürgerlichen Quartier. Stumpfwinklig angelegt, mit einer kleinen Wildnis aus Ahorn, Buchen, Eiben und Rhododendrongebüsch in der Mitte und einem schönen Ensemble aus Gründerzeit- und Jugendstilarchitektur ringsum. Von dort ging er knapp zehn Minuten hinab zu den Rheinwiesen, folgte dann stromabwärts dem Fußweg bis zum Aufgang, der auf die Oberkasseler Brücke führte. Von deren Mitte kam schon der schlossartige, neobarocke Bau der Kunstakademie in Sicht. Nach einer halben Stunde war er an seiner heißgeliebten Wirkungsstätte. Einmal hat er den Weg über den Fluss auf radikal andere Weise zurückgelegt: Als er 1973 gegen sein Berufsverbot kämpfte, hat er seinen Arbeitsplatz symbolisch zurückerobert: Am Bug eines jungsteinzeitlichen Einbaums kniend, den ihm einer seiner Meisterschüler nachgebaut hatte, in einen schwarzen Umhang gehüllt, ließ er sich wie ein Schamane oder ein Keltenfürst über den Strom rudern, ging am Ufer unterhalb der Akademie an Land und feierte lachend seinen Triumph.

18 Uhr. Die Kunstsammlung Nordrhein-Westfalen liegt 500 Meter vom Rheinufer, 200 Meter vom Eingang der Kunstakademie entfernt. Sie hat noch zwei Stunden geöffnet. Zeit für den *Palazzo Regale*. Es ist der letzte, oberste Raum in dieser labyrinthischen, mit exquisiter Kunst reich bestückten, lichtdurchfluteten Bilderhöhle der Moderne. Schon die Räume davor sind Beuys gewidmet. Vorbei an seinen Werken mit Titeln wie *Tierfrau* (1962), *Intelligenz des Hasen* (1966), *Scha-

mane (1968), *Nordausfahrt der Seelen* (1970), *Capri-Batterie*
(1985) erreiche ich das Ziel meiner Wanderung. Noch einmal
ein Wechsel im Rhythmus der Bewegungen. Innehalten,
schauen, Kopf wenden, Kopf neigen, Blicke zentrieren, Blicke
schweifen lassen, weiter gehen, wieder innehalten. Der *Palaz-*
zo Regale, der Königspalast, wie ihn Beuys, schwer krank, vom
Tode gezeichnet, zwölf Jahre nach dem Foto, das ihn als kraft-
strotzenden Wanderer porträtierte, aufgebaut hat, ist ein lang-
gestreckter, hell erleuchteter Raum. Zwei Vitrinen aus Glas
und Messing, sieben Messingtafeln an den Wänden. Das ist
alles. Die rechteckigen, hochformatig gehängten Tafeln sind
mit Dammarfirnis und darin aufgelöstem Blattgold bestrichen
und schimmern matt. Wie blinde Spiegel lösen sie den Raum
und die Gestalt des Vorübergehenden auf, werfen deren Konturen, in ihren Goldglanz getaucht, verschwommen zurück. In
beiden Vitrinen sind die Gegenstände zu aufgebahrten Figuren angeordnet. In der vorderen liegt am oberen Ende der
eiserne Abguss eines vom Körper abgetrennten Kopfes. Der
Blick ist tot, der Mund wie bei einem Schrei halb geöffnet,
der Kehlkopf mit einem gelben Kreuz markiert. Davor ist ein
langer Pelzmantel ausgebreitet, sibirischer Luchs, mit blauer
Seide gefüttert. Am Fußende leuchtet perlmuttrosa ein geräu-
miges Schneckengehäuse. An den Vitrinenwänden lehnen
zwei goldglänzende Orchesterbecken. Ein Totenschrein mit
der Aura des Kostbaren, des Erhabenen. Vier, fünf Schritte
weiter steht man an der zweiten Vitrine. Hier geht es um
Grundbedürfnisse. Am Fußende liegt groß, breit und fett eine
angeschnittene Speckseite auf dem fleckigen Messingboden.
Davor, wie Gliedmaßen ausgelegt, drei mit Bindfaden ver-
schnürte, vertrocknete Rollschinken. Die Stelle des Rumpfes
markieren zwei schrägliegende, parallel ausgerichtete Spazier-

Im urbanen Raum **373**

stöcke aus Kupfer. Der eine «Eurasienstab» ist mit einer Filzrolle dick umwickelt, der andere blank. Fett, Filz, Kupfer – Beuys' lebenslange Symbole für Wärme, Wärmespeicher und Energieaustausch. Die Griffe der Wanderstöcke weisen zum Kopfende der Vitrine. Dort lehnt ein Rucksack.

Bei mir im Kopf setzt er eine rasante Zeitreise in Gang: Genau dieses Modell hatte ich mir in den frühen Siebzigern in einem Trekkingladen in Bochum gekauft, bin jahrelang damit gewandert, besitze ihn noch heute. Es ist ein – heute würde man sagen – leichter Tourenrucksack aus khakifarbenem Nylongewebe, ein französisches Fabrikat namens «Sac Lafuma». Rückenhöhe 50 Zentimeter, Volumen circa 30 Liter. Die Schultergurte sind gepolstert und wie der glatte Kunststoffboden und die Rückenpartie ockergelb. Ein schmaler Riemen dient als Hüftgurt. Das Tragegestell besteht aus einer gebogenen Aluminiumschiene und zwei in das Rückenteil eingelassenen, vertikalen Streben. Ein paar Materialschlaufen, Ösen, ein Aufhänger, ein Namensschild auf der Deckelklappe, aus der rechten Seitentasche ragt ein Filzkeil. An der anderen stecken zwei große gekreuzte Nadeln und ein paar Elektroklemmen mit herausquellenden Drähten. Der Rucksack ist leer. In sich zusammengesackt liegt er in der Vitrine.

Wie alle Dinge, die in diesen Schreinen versammelt sind, erzählt dieser Rucksack eine Geschichte. Ein Foto aus dem Sommer 1978 zeigt Beuys an einem Flügel sitzend, den Rucksack, aus dem der filzumwickelte Stock herausragt, geschultert. Es war die «Klavierduett» genannte Aktion zu Ehren des gerade verstorbenen Fluxus-Gründers George Macunias, die er zusammen mit dem koreanischen Künstler Nam June Paik in der Aula der Kunstakademie veranstaltete. Ein Jahr später spielte dieser Rucksack eine Rolle bei der großen

374 Im urbanen Raum

Beuys-Ausstellung im Guggenheim-Museum in New York. «Was haben Sie eigentlich drin in dem Sack?», fragte ihn wenig später bei einer Ausstellungseröffnung in der Berliner Nationalgalerie eine *Bild*-Reporterin. «Ein Kraftwerk und einen Filzkeil», lautete die Antwort. «Das Kraftwerk sind zwei Kupferstangen, eine blank und eine mit Filz umwickelt.» Eine andere Rucksackgeschichte geht zurück in das Jahr 1955, die Zeit seiner großen Depression. Beuys, so sein Biograph Heiner Stachelhaus, vagabundierte umher, ließ sich psychiatrisch behandeln, ohne Erfolg. Einmal habe er sich wochenlang in der Wohnung eines Freundes, der zu der Zeit verreist war, verbarrikadiert. Besorgte Freunde brechen durchs Fenster ein, finden ihn in einem verdunkelten Zimmer. Auf dem Boden verstreut liegen zerrissene Zeichnungen. «Ich brauche nichts mehr», sagte Beuys, «nur noch einen Rucksack.»

19.45 Uhr. Gleich schließt das Museum. Ein letzter Blick auf den *Palazzo Regale*. Der Raum bleibt unergründlich. Beuys selbst äußerte in seinem letzten Interview, er wolle in dieser Arbeit «das Feierliche der Selbstbestimmung des eigenen Lebens und der eigenen Gesten als auch die Bescheidenheit unserer Handlungen und unserer Arbeit in jedem Augenblick» hervorheben. Ein Wanderer zwischen Geist und Materie hat hier triumphal und demütig Spuren seiner Existenz ausgelegt, bevor er seine letzte Reise antrat. Beuys war einer, der wusste, dass wir die Richtung ändern müssen. Als einer, der im Krieg und Nachkrieg mehr als einmal durch die Hölle gegangen war, verfügte er über sensible Antennen für die «Notsituation, in der wir sind, und dass wir wieder ganz zurück-, alles durchdenken müssen». Notwendig sei, den «möglichst elementaren Umgang mit einem Ding» neu zu lernen. Den Verheißungen der Konsumgesellschaft stellte er die radikale Kargheit der

Mittel und die mündige Schönheit des Einfachen entgegen – Symbolwelten des Genug. «Im Wanderer steckt einer, der seine Entwicklung nicht beendet: Das ist mit dem Gral gemeint.» Aus der Bewegung entsteht Zukunft. Diese ist nicht die Verlängerung der Gegenwart, sondern die nächste Phase der Evolution. «Der Palast», sagte Beuys 1985, «den wir zuerst zu erobern und dann würdig zu bewohnen haben, ist der Kopf des Menschen, unser Kopf.» Jeder Mensch ist ein Künstler, also ein Kreator, ein schöpferisches Wesen, ein Souverän. Er ernährt sich durch Kraftvergeudung.

Ankommen.
Kunst des Wanderns – Lebenskunst

Nicht *dass* der Südpol erreicht werde, sei heute die wirklich wichtige Frage, sondern *wie* er erreicht werde. Diese These entwickelte der Philosoph Wilhelm Schmid, der an einer Erneuerung alter Konzepte von «Lebenskunst» arbeitet, im Gespräch mit Reinhold Messner, dem Extrembergsteiger und Extremwanderer. Nicht die Natur zu bezwingen, sondern sie zu erfahren, sei der heutigen Zeit angemessen. Als zu Beginn des 20. Jahrhunderts Amundsen oder Scott mit hochgerüsteten Expeditionen zum Südpol aufbrachen, wollten sie von der Antarktis Besitz ergreifen. «Die Antarktis nahm von mir Besitz», sagte hingegen Messner, nachdem er mit seinem Partner Arved Fuchs die weiße Weite durchquert hatte – zu Fuß und (bis auf das Satelliten-Navigationsgerät) ohne technische Hilfsmittel. Der Unterschied im Stil faszinierte den Philosophen. Was steht hinter dem freiwilligen Minimalismus, der Selbstbeschränkung auf das Allernötigste? Eine Antwort: Der Wunsch nach größtmöglicher Offenheit und Durchlässigkeit für alle Erfahrungen. In Messners Worten: «Ein Leben nach den Vorgaben der Natur.» Der Philosoph kommentiert: «Lebenskunst heißt, die Umgebung zu suchen, von der man sich prägen lassen will.» Zu dieser Selbsterfahrung gehört der Wille, sich bewusst Risiken, Gefahren, Leiden, Qualen auszusetzen, bis an die eigenen Grenzen und ein kalkuliertes Stück darüber hinauszugehen, um eine selbstgewählte Herausforderung zu bestehen.

Messner ist ein Grenzgänger. Mit «Lebenskunst» aber hat jede Art von Wandern zu tun. «Der Thüringer Wald nahm von mir Besitz.» Warum eigentlich nicht? Auch Harz oder Schwarzwald sind Landschaften von prägender Kraft. Jeder Aufbruch ist – mehr oder weniger radikal – ein Ausstieg auf Zeit aus der normalen Lebenswelt, ihren Gewohnheiten und ihrem standardisierten Verhalten. Der Abstand von der Normalität macht den Blick und den Kopf frei. Neue Perspektiven entstehen.

Die Zeit einer Wanderung ist eine Phase weitgehender persönlicher Autonomie. Niemand gibt Ziel oder Richtung vor. Gangart und Pausen bestimmt man selbst. Keine Ampel zwingt zum abrupten Stillstand oder beschleunigten Weitergehen. Kein Laden weit und breit, wo etwas für den kleinen Hunger zwischendurch zu haben ist. Alles, was man braucht, trägt man tunlichst bei sich. Das zwingt zur eigenen, möglichst präzisen Bestimmung der Grundbedürfnisse. Man macht die Erfahrung, mit Wenigem auskommen zu können und in dieser Situation Außerordentliches zu vollbringen und besonders intensiv zu erleben. Die Erfahrung von Autarkie hat eine stärkende und befreiende Wirkung. Sie reicht tief in den Alltag hinein: Du bist, wenn du nur deine Kräfte mobilisierst, jederzeit Herr – oder Herrin – der Lage. An die Stelle der fremdbestimmten Steuerung der Bewegungen und der Abhängigkeit von kurzfristiger Rundumversorgung tritt die «Selbstsorge».

Um dieses auf Platon zurückgehende Konzept kreist die Philosophie der Lebenskunst. Ein wichtiges Element ist die «Selbstmächtigkeit». Den Begriff, eine Übersetzung des griechischen «autárkeia», definiert Wilhelm Schmid als «Macht über sich selbst» und bezeichnet sie als «Grundstock für ein freies Leben». Gebildet und erhalten wird sie wie jede Fähig-

378 Ankommen. Kunst des Wanderns – Lebenskunst

keit durch Übung. Das Fasten wäre eine klassische Übung in Selbstmächtigkeit, auch der Sport. Entscheidend ist das Moment der freiwillig auferlegten Askese. Für eine Kunst des Wanderns bedeutet das: Die Widrigkeiten einer Wanderung (ob in der Antarktis oder im Harz), die damit unweigerlich verbundenen körperlichen Strapazen, die Unbilden der Witterung, auch die Phasen der Langeweile sind nichts, was man umgehen oder ausschalten sollte. Sie zu meistern gehört zur Einübung von Selbstmächtigkeit.

Letztlich geht es in der Philosophie der Lebenskunst um die Gestaltung des eigenen Lebens. Ein Leben zu führen, das einem «bejahenswert» erscheint, ist das Ziel. Die Arbeit daran erfordert immer wieder Zeit für die Selbstbesinnung. Auch in diesem Kontext erhält das Wandern eine besondere Bedeutung. Eine Wanderung ist keine Exkursion. Immer wechseln sich Phasen, in denen die Phänomene der Außenwelt die Aufmerksamkeit auf sich ziehen, mit Zeiten ab, in denen man den eigenen Gedanken nachhängt oder sich in das Gespräch mit den Mitwanderern vertieft. Unterwegs hat man Zeit, weiten Raum und – wenn man allein wandert – die nötige Einsamkeit, um der inneren Stimme zu lauschen und in ein intensives Selbstgespräch hineinzukommen. Das Gehen regt die Pendelbewegung zwischen Introversion und Wahrnehmung der Außenwelt an. Dabei ist es keineswegs gleichgültig, in welchem Ambiente diese Bewegung stattfindet. «Die Umgebung», sagt Wilhelm Schmid, «denkt immer mit. Ein ‹reines Denken› gibt es nicht.»

Das simultane Erlebnis des inneren Kosmos und des Naturschönen, von Wildnis und großer Landschaft schützt davor, dass die «Selbstsorge» allzu eng um das eigene Ich kreist. In den Horizont kommt jetzt nämlich der Gedanke: Das eigene Tun muss gründen in einem Sein. Es muss Maß nehmen: am Weltganzen, am Kosmos, am All, an den «Existenzialien» (Heidegger), den «Urphänomenen» (Goethe) – wie immer man es nennen will. Sonst kann es nicht bestehen.

«Wir träumen von Reisen in das Weltall», schrieb Novalis. «Ist denn das Weltall nicht in uns? Die Tiefen unseres Geistes kennen wir nicht. – Nach Innen geht der geheimnisvolle Weg.» Aber er führt auch wieder hinaus – ins Offene. Wandern im 21. Jahrhundert? Die Zukunft ist ein unbetretener Pfad. Sie ist nie die Verlängerung der Gegenwart. Ständig verändern sich die Koordinaten. Öl wird knapp, Benzin teuer, Kerosin auch. Ersatz, der so einfach funktioniert, ist nicht in Sicht. Das Klima wird turbulent, nicht zuletzt als Folge unserer schrankenlosen Mobilitätsansprüche. Das wird an die Substanz unserer beschleunigten Lebensweise gehen. Dass diese in ein Chaos aus Verelendung, Gier, Schäbigkeit und Gewalt abstürzt, ist nicht auszuschließen. In diesem Fall wird das Wandern wieder: Überlebensstrategie. Jede Ökonomie des guten Lebens aber wird radikal ressourcenleichter sein müssen. Unser «ökologischer Fußabdruck» muss sanfter werden – leichtfüßig. In den Zukunftswerkstätten einer solaren Zivilisation entwirft man heute Leitbilder für eine andere Mobilität. Oberstes Ziel: mit weniger Verkehr und drastisch weniger Ressourcenverbrauch die Bedürfnisse, die jeder Ortsveränderung zugrunde liegen, zu befriedigen. Hier kommt die Fortbewegung aus eigener Körperkraft – zu Fuß gehen, Rad fahren – neu ins Spiel. So nutzt man die Lust an der freien Bewegung. Man vernetzt sie mit einer auf sanfter Technik und hybriden Treibstoffen basierenden Mobilität. Man schöpft kreativ die Möglichkeiten der «nomadischen Objekte» –

Handy, Laptop etc. – aus, um Ziele festzulegen, Treffpunkte zu vereinbaren, im Raum zu navigieren oder Wege einzusparen. Mobil sein bleibt Kult. Auch im solaren Zeitalter. Aber statt der alten Koordinaten: «Weiter, höher, schneller, mehr» gilt, wenn alles gut geht, nun: «Langsamer, weniger, besser, schöner»! Die Transformation hat begonnen. Auch Körperkraft ist eine erneuerbare Energie. Sie speist sich aus nachwachsenden Rohstoffen. Die solare Zivilisation, wenn denn der Übergang noch gelingen soll, bedingt eine Renaissance der Nahräume und damit der Mobilität aus eigener Kraft. Auch darin liegt die Chance einer Kunst des Wanderns: Sie ist Element von nachhaltigen Lebensstilen.

Gelassenheit ist ein Schlüsselwort der neuen Lebenskunst. Ihr Grundgedanke steckt im Wort «lassen». Dinge lassen, also verlassen, auslassen, loslassen, in Ruhe lassen, unversehrt lassen, geschehen lassen – das ist ein Gegenentwurf zur Lebenswelt der beschleunigten Moderne. Leben besteht nicht darin, permanent etwas zu tun. Gelassenheit ist die Weigerung, alles und jeden, sich selbst eingeschlossen, jederzeit verfügbar zu machen und verfügbar zu halten. Stattdessen geht man auf Distanz, um die Bedeutung oder Bedeutungslosigkeit der Dinge genauer zu erkennen. Der Blick von außen öffnet neue Spielräume, um mit den Dingen anders umzugehen. Seelenruhe ist ein Element von Gelassenheit. Ebenso das Durchlässigwerden und die Offenheit für das Unvorhersehbare. «Dem Anderen Raum zu lassen», sagt Wilhelm Schmid, «dem Anderen in jedem Sinne, ist der Beitrag der Gelassenheit zur Raumzeitkultur einer anderen Moderne. Nicht auf dem Eigenen zu beharren, nicht um jeden Preis sich durchsetzen zu wollen, sondern Zeit zu haben für Andere und Anderes, Sinn zu haben für all das, was anders sein könnte, und Raum zu lassen für die Entfaltung von Anderen und Anderem.» Damit ist kein Programm der bloßen Stressvermeidung gemeint, keine Absage an die entschlossene Aktivität. Es ist vielmehr ein Plädoyer für ein bewussteres Pendeln zwischen Tun und Lassen und eine Aktivität auf der Grundlage von Gelassenheit.

Wie jede Kunst und jedes Element von Lebenskunst bedarf die Gelassenheit der Übung. Wandern trägt nicht allein zur körperlichen Stärkung und zur Schärfung der Sinne bei. Von allen Methoden zur Einübung von Gelassenheit scheint mir der aufrechte Gang die allereinfachste: Der Weg ist frei.

Wegzeichen

Großen Dank schulde ich einer ganzen Reihe von Anregern, Ratgebern und Gesprächspartnern. An dieser Stelle seien zunächst die Freunde genannt, mit denen ich Teile des Skriptes diskutieren durfte: Roland Kant, Psychologe und Unternehmensberater in Frankfurt/Oder, der als Präsident eines großen Sportvereins viel über Körper und Geist – und Beweglichkeit – nachgedacht hat; Heinz H. Meyer, der beim Adolf-Grimme-Institut in Marl über Naturerfahrung und Medien, begehbare und besehbare Räume geforscht hat; Alfred Stemmler, der alte Freund aus Studententagen, dessen sprachliche Sensibilität mir oft zustattenkam. Mein Wanderkumpan Herbert Schnierle-Lutz aus Calw, Autor exzellenter Kulturreiseführer, gab mir – nicht nur unterwegs – gediegene Ratschläge. Klaus Gabbert vom Büro Z hat mich bei der Entstehung des Buches mit langem Atem und sicherem Blick hervorragend unterstützt. Ein besonderer Dank an meine Frau Jo und unsere Tochter Hanna – Wegbegleiterinnen auf lange Sicht.

Einige Teile dieses Buches basieren auf Texten, die ich in der Zeitschrift *Scheidewege*, im Reiseteil der *taz*, der *Zeit*, der *Neuen Zürcher Zeitung* und im Deutschlandfunk-Reisemagazin «Sonntagsspaziergang» zuerst veröffentlicht habe.

Zugänge. Vom Wandern im 21. Jahrhundert
LITERATUR: Zum zentralen Stichwort der Einleitung erschien unlängst eine materialreiche Darstellung: Hartmut Rosa, *Beschleunigung. Die Veränderung der Zeitstrukturen in der Moderne*, Frank-

furt: Suhrkamp 2005. Alternativen oder Gegenstrategien sind für den Philosophen Rosa allerdings kein Thema.

Solche Wege zu einem anderen Umgang mit Zeit findet man praxisnah in einem Buch von Elmar Hatzelmann und Martin Held mit dem Titel: *Zeitkompetenz: Die Zeit für sich gewinnen. Übungen und Anregungen für den Weg zum Zeitwohlstand*, Weinheim/Basel: Beltz 2005. Die Autoren befassen sich schon lange mit Zeitmanagement und einer «Ökologie der Zeit».

Einige Zeitschriften behandeln kontinuierlich und gediegen Themen, die in diesem Buch nicht nur in der Einleitung berührt werden. Zwei Titel, die auch am Bahnhof zu haben sind: *natur + kosmos* mit dem Schwerpunkt Ökologie und Naturerfahrung in Wort und Foto sowie *Psychologie heute*, wo es um Leib und Seele, Kreativität und Lebenskunst geht. Immer anregend auch die zweimonatlich erscheinende *Politische Ökologie*, die auf dem neuesten Stand von Forschung und gesellschaftlicher Diskussion das Themenfeld Nachhaltigkeit bearbeitet. *Naturpark – Wildnis, Mensch, Landschaft* spiegelt kompetent und streitbar das neue Denken in Naturschutz und Wildnispädagogik und stellt die großen Schutzgebiete in Deutschland und der Welt vor. Die einmal im Jahr erscheinende Zeitschrift *Scheidewege* reflektiert Themen aus Natur und Kultur (siehe www.scheidewege.de). Das *Wandermagazin* (www.wandermagazin. de) bringt monatlich eine Fülle von praxisbezogenen Tipps und Tourenbeschreibungen, immer mit Fotos und Kartenmaterial.

Das Zitat über Erde, Stern und Himmel stammt von Hans Jürgen von der Wense. Der avantgardistische Komponist, Schriftsteller und Privatgelehrte wurde in den 30er Jahren zum besessenen Wanderer. In der Mittelgebirgslandschaft von Harz, Weserbergland und Sauerland kreierte er eine auf «Erkenntnis» und auf das «Einswerden mit dem All» gerichtete Kunst des Wanderns. Siehe Hans Jürgen von der Wense, *Von Aas bis Zylinder*, Werkausgabe in zwei

Bänden, Frankfurt: Zweitausendeins 2005. Das Zitat taucht an vielen Stellen auf, zuerst in Band 1, S. 133.

Die Metapher von den «rollenden Steinen», die kein Moos ansetzen, fand ich in: Friedrich Woeste, *Wörterbuch der westfälischen Mundart*, Norden/Leipzig 1882, S. 217.

DAS «NEUE WANDERN» erforscht seit etlichen Jahren der Marburger Soziologe Rainer Brämer. In Studien und Publikationen setzt er sich für einen modernen Wandertourismus ein. Die Website seines Instituts (www.deutscheswanderinstitut.de) gibt einen Einblick in das Konzept, das u. a. für die Gestaltung der neuen Weitwanderwege Rothaarsteig und Rheinsteig richtungsweisend war.

Der Deutsche Wanderverband mit Sitz in Kassel ist der Zusammenschluss der traditionellen, regionalen Wandervereine. Unter dem Motto «Wanderbares Deutschland» hat der Verband eine Qualitätsoffensive gestartet. Die Internetplattform (www.wanderbaresdeutschland.de) präsentiert eine Fülle von Informationen über Routen von überregionaler Bedeutung. Mit Wilfried Schmidt, der im Verband die Bildungsarbeit betreut, hatte ich ein ausführliches, orientierendes Gespräch.

Die Naturfreunde, ein Spross der klassischen Arbeiterbewegung, setzen sich heute in mehreren europäischen Ländern engagiert für «soziales Wandern», «sanften» Tourismus und Nachhaltigkeit ein (www.naturfreunde.de). Mit ihrer Mitgliederzeitschrift *Wandern und Bergsteigen* bin ich – sozusagen – groß geworden. Heute heißt sie *NaturfreundIn* und ist nach wie vor eine anregende Lektüre.

1. Auf Schneeschuhen

ANREISE: Von Linz in Oberösterreich (IC-Station) mit dem Bus nach Bad Leonfelden. Anschluss nach Niederweißenbach und zum Grenzübergang Guglwald. Auf tschechischer Seite direkter Weg durch den Wald nach Burg Wittinghausen oder 5 km zu Fuß zur Ortschaft Přední Výtoň am Ufer des Lipnostausees.

TOURISTISCHE INFOS: Tourismusverband Böhmerwald, Hauptstraße 2, A-4160 Aigen-Schlägl (www.boehmerwald.at). Dort u. a. Prospekt *Das (s)achte Weltwunder*, Karte mit historischer Beschreibung des Schwarzenbergischen Schwemmkanals.

Ein renommierter Veranstalter von kulturtouristischen Wander-, Rad- und Skilanglauftouren im Böhmerwald, u. a. auf den Spuren von Stifter, ist: «Begegnung mit Böhmen», Dechbettener Straße 47 b, 93049 Regensburg (www.boehmen-reisen.de).

LITERATUR zur Einführung ins Schneeschuhlaufen und Winterwandern: Christian Schneeweiß, *Schneeschuhgehen*, München: Bruckmann 2003; Rainer Höh, *Winterwandern*, Bielefeld: Peter Rump 2000.

Wanderführer für die Region zwischen Lipnostausee und Mühltal: *Reiseführer Böhmerwald-Lipno*, Prag: Soukup & David 2001. Kulturgeschichtlich orientiert: Hubert Ettl, Katharina Eisch, *Böhmerwald Reiselesebuch*, Fichtach: Edition Lichtung 2003.

Wer mehr über den Mühlviertler Wasserenergie-Erforscher Viktor Schauberger wissen will, dem sei diese Monographie empfohlen: Martina Rodier, *Viktor Schauberger. Naturforscher & Erfinder*, Frankfurt: Zweitausendeins 1999.

Adalbert Stifters Werke, u. a. die Böhmerwald-Erzählung *Hochwald* und das Mittelalterepos *Witiko*, sind in verschiedenen Ausgaben greifbar. Einen guten Einblick in sein ökologisches Denken gibt die Zusammenstellung *Sonnenfinsternis und Schneesturm. Adalbert Stifter erzählt die Natur. Ein Lesebuch*, herausgegeben von Wolfgang Frühwald, Köln: DuMont 2005. Darin u. a. die kürzlich neuverfilmte Erzählung *Bergkristall*, die Schneesturmbeschreibung *Aus dem bairischen Wald* und das grandiose Nachhaltigkeitsmanifest *Das sanfte Gesetz* (Vorwort zu *Bunte Steine*).

DANK an Georg Meister und Hans Bibelriether, die engagierten Forstleute und Naturschützer, für Hinweise zur Ökologie des Waldes, an Ulrich Dittmann, Literaturwissenschaftler an der Universität München und Stifter-Experte, sowie an Miodrag Eichhoff, erfahrener Winterwanderer und Mitarbeiter im Trekkingladen Albatros in Essen.

Ausrüstung

LITERATUR zum Thema Wanderausrüstung gibt es in Hülle und Fülle. Von den qualmenden Socken bis zur handbetriebenen Seewasserentsalzungsanlage wird so ziemlich alles Denkbare ausführlich diskutiert. Die Kataloge der Trekkingläden und Outdoor-Versandhäuser à la Globetrotter oder Jack Wolfskin haben Handbuchformat und sind wahre Fundgruben. Die Qualität der Sachen hat ihren Preis. Dafür sind sie in der Regel ziemlich langlebig. Dass die vielen schönen, nützlichen Dinge alle ihr Gewicht haben und sich die vielen Leichtgewichte am Ende zu einer bleiernen Last summieren können, ist die andere Seite der Medaille. Ich denke, man kommt nicht darum herum, die eigenen Bedürfnisse genau zu prüfen, den eigenen Stil zu finden und zu entwickeln.

Ein unkonventionelles und für mich sehr anregendes Denken fand ich in dem (nur auf Englisch erhältlichen) Buch eines amerikanischen Weitwanderers: Ray Jardine, *The Pacific Crest Trail Hiker's Handbook*, LaPine, Oregon: AdventureLore Press 1996. Jardine ist Pionier der «Weniger-ist-mehr»-Philosophie des «ultralite»-Wanderns (www.rayjardine.com). Auf die Frage: Ab wo kippt «weniger» ins «zu wenig»? findet man auch bei ihm keine allgemeinverbindliche Antwort. Diese Gratwanderung muss jeder selbst ausprobieren. Ironisch und leichtfüßig wird das Thema Ausrüstung von einem anderen amerikanischen Autor in seinem Erlebnisbericht über eine

Wegzeichen **387**

mehrmonatige Wanderung auf dem Appalachian Trail in den USA diskutiert: Bill Bryson, *Picknick mit Bären*, München: Goldmann 1999. Das Zitat über den «sanften Abstieg in die Verwahrlosung» findet sich dort auf S. 159.

Zwei Handbücher aus dem deutschsprachigen Raum für Wanderungen in mehr oder weniger extremen Regionen: Helle Wiese, *Wandern – mit Rucksack, Fahrrad, Boot*, Hamburg: Hans Reynowski 1996 (erhältlich auch beim Autor über www.hellewiese.de). Mit Rüdiger Nehbergs *Survival-Lexikon*, München: Piper 2000, kann sich, wer das mag, schon mal auf die Apokalypse vorbereiten.

2. Zu den Quellen

ANREISE: Zur Alme-Quelle am besten von Paderborn (IC-Station) mit dem Bus nach Büren. Anschluss nach dem Dorf Alme. Der Bus fährt am Fluss Alme entlang. Man kann unterwegs aussteigen, wo es einem gefällt, und in Richtung Quelle losgehen.

TOURISTISCHE INFOS rund um den Weitwanderweg Rothaarsteig, Kartenmaterial, Unterkunftsverzeichnisse, einen Erlebniswanderführer etc. bekommt man über die Kontaktadresse «Rothaarsteig», Postfach 2205, 57382 Schmallenberg (www.rothaarsteig.de).

LITERATUR: Zum Thema Quellökologie ein schönes Buch mit informativen Texten und Fotos von sauerländischen Quellen, nebst einigen lyrischen Kostproben: Gerhard Laukötter, *Quelle – Taufe der Natur*, Wiehl: Martina Galunde 2000.

Über den Schiefer, das charakteristische Gestein des Rheinischen Schiefergebirges, gibt es einen wunderbaren Essay aus der Feder von Jürgen Dahl: *Aufschlüsse. Kalkstein, Feuerstein, Schiefer. Drei Versuche zur Geologie*, Waltrop: Manuscriptum 2000.

Ein meditativer Text-Bild-Band über die «schwingende Landschaft» am Rothaarsteig: Reinhard Schober, *Die Kunst des Freuens. In den Wäldern des Sauerlands*, Brilon: Podszun 2000.

Locker flockig erzählt Manuel Andrack von seinen Erlebnissen auf dem Rothaarsteig in einem Kapitel seines Wanderbuchs *Du musst wandern. Ohne Stock und Hut im deutschen Mittelgebirge*, Köln: Kiepenheuer & Witsch 2005. Der Stichwortgeber Harald Schmidts hat sich im Frühtau von Dillenburg, dem südlichen Ausgangspunkt des Rothaarsteigs, zu den Quellgebieten von Lahn, Sieg und Eder aufgemacht. Wirklich anrührend ist sein Bericht von einer Zweitagestour, die er mit seinem Vater in der Eifel unternommen hat.

Ein klassischer Text: Jung-Stilling, *Heinrich Stillings Jugend, Jünglingsjahre, Wanderschaft und häusliches Leben*. Diese Erinnerungen spielen um 1750 überwiegend am Oberlauf der Eder. Goethe und Nietzsche haben Jung-Stillings empfindsame Sprache geliebt und bewundert. Die Texte sind u. a. als Reclam-Band greifbar. Das Märchen von *Jorinde und Joringel*, das die Brüder Grimm übernahmen, findet sich auf S. 73 ff.

DANK an Günter Birkelbach, Spross einer sauerländischen Köhlerdynastie; Adalbert Koch, Förster in Schmallenberg, für eine lehrreiche Führung; an Rüdiger Grebe, Heimatforscher in Berleburg; und Arno Strassmann in Recklinghausen, der mich in die Geologie der Briloner Hochfläche einführte.

Lebenselixier Wasser

Eine Fülle an Details und klugen Reflexionen rund um das Wasser enthält das Heft «Wasser. Das Thema des Jahrhunderts» der schweizerischen Kulturzeitschrift *du*, Nr. 714, März 2001. Das Zitat von Hans-Jürgen Heinrichs dort auf S. 33.

Grundlagenwissen über Fließgewässer vermittelt, allerdings ziemlich staubtrocken: Jörg Brehm, Meertinus P. D. Meijering, *Fließgewässerkunde. Einführung in die Ökologie der Quellen, Bäche und Flüsse*, Wiesbaden: Quelle & Meyer 1996.

Wolkenkunde in Wort und Bild bietet: Hans Häckel, *Wolken*, Stuttgart: Ulmer 2004. Faszinierend, wenn auch hoch spekulativ, ist die anthroposophisch angehauchte Studie von Theodor Schwenk, *Das sensible Chaos. Strömendes Formschaffen in Wasser und Luft*, Stuttgart: Freies Geistesleben 1961. Das Buch ist inzwischen in der 10. Auflage, wurde u. a. ins Englische, Französische und Spanische übersetzt, scheint weltweit Kultstatus erlangt zu haben. Die Forschungen von Th. Schwenk (1910–1986) werden heute vom «Strömungsinstitut» im fließgewässerreichen Herrischried im Hotzenwald fortgesetzt (www.stroemungsinstitut.de).

Das Lied vom Müller auf «Wanderschaft» findet sich in dem Bändchen: Wilhelm Müller, *Die Winterreise und Die schöne Müllerin*, Zürich: Diogenes 1991. Eine schöne Aufnahme des Liedes, mal nicht mit Klavier oder Männerchor, sondern mit Gitarrenbegleitung, auf der CD *An dich hab ich gedacht. Hannes Wader singt Schubert*. Den gesamten Müllerin-Zyklus kann man natürlich auch als romantische Huldigung an die versunkene Welt und Arbeitswelt der deutschen Mittelgebirgslandschaften genießen.

3. Im Wald

ANREISE ins Kellerwald-Gebiet: Vom ICE-Knotenpunkt Kassel-Wilhelmshöhe Regionalbahnen nach Bad Wildungen bzw. nach Korbach. Von dort Busverbindungen in Richtung Waldeck oder Frankenau. Von Frankfurt/Main mit Regionalbahnen über Marburg nach Frankenberg, dort ebenfalls Anschlüsse mit dem Bus.

INFOS ZUR NATURLANDSCHAFT: Führungen, Veranstaltungen etc., den Nationalpark betreffend: Nationalparkamt Kellerwald-Edersee, Laustraße 8, 34537 Bad Wildungen (www.buchenmeer.de). Informationseinrichtungen: Fagutop am Eingang zum Wildgehege nahe der Edersee-Staumauer im Ortsteil Hemfurth; Kellerwalduhr (am Feriendorf oberhalb von Frankenau).

Für den Urwaldsteig (siehe Abschnitt «Im Sommerwald») gibt es einen speziellen Wanderführer: Andreas Hoffmann u.a., *Wandern in wilder Natur*, Niedenstein: Cognitio 2005, und eine eigene Website (www.urwaldsteig-edersee.de).

TOURISTISCHE INFOS: Edersee-Touristic, Sachsenhäuser Straße 10, 34513 Waldeck (www.edersee.com). Tourismus-Service, Südring 3, 34497 Korbach.

Quartiere in Frankenau finden sich unter www.frankenau.com. Ein guter Standort für Familien und Gruppen, direkt am Eingang zum Nationalpark, ist das Feriendorf Frankenau (www.ferienpark-frankenau.de). Westlich von Frankenau, sehr idyllisch im kühlen Grunde des Lengelbachtals, die Ferienwohnungen der Bärenmühle (www.baerenmuehle.de).

Das Brüder-Grimm-Museum Kassel befindet sich im Palais Bellevue am Rand der Innenstadt von Kassel (Schöne Aussicht 2). Das Museum präsentiert sich auf der Website der Brüder-Grimm-Gesellschaft (www.grimms.de).

LITERATUR: Die zentrale Bedeutung naturnaher Buchenwälder für unsere Landschaft beschreibt informativ und liebevoll ein bayerischer Forstmann, «rainbow warrior», exzellenter Kenner des Waldes und dessen Kulturgeschichte: Georg Sperber, *Urwälder Deutschlands*, München: BLV 2005 (mit großartigen Fotos von Stefan Thierfelder). Den Urwaldresten im Kellerwald ist ein Kapitel gewidmet.

Ein augenöffnendes Plädoyer für den artenreichen Mischwald und damit die Zukunft unserer Wälder ist der Text-Bild-Band von Georg Meister und Monika Offenberger, *Die Zeit des Waldes*, Frankfurt: Zweitausendeins 2004.

Wilhelm Stölb, *Waldästhetik. Über Forstwirtschaft, Naturschutz und die Menschenseele*, Remagen: Kessel 2005, behandelt systematisch die Schönheit dieses Ökosystems.

Norbert Panek, *Naturraumführer Kellerwald und Edersee*, Niedenstein: Cognitio 2004, beschreibt Flora, Fauna und Geologie und wartet mit geschichtlichen Daten sowie mit Wandervorschlägen auf. Von Achim Frede, Andreas Hoffmann u.a. ist im selben Verlag (2000) *Naturerbe Kellerwald. Sinfonie einer Landschaft* erschienen, ein opulent illustrierter Text-Bild-Band.

DANK an Hildegard Feidel-Mertz in Frankenau für Gastfreundlichkeit und kontinuierlichen Informationsfluss.

Luft holen

Die sehr subtile Kritik der britischen Architekturhistorikerin Helen Mallinson an unserem verschwenderischen Standard von «thermal comfort» findet sich unter dem Titel «Metaphors of Experience: The Voice of Air» in der amerikanischen Zeitschrift *The Philosophical Forum Quarterly*, Volume XXXV, No. 2, Summer 2004, S. 161–177.

Zwei Monographien über Seeluft bzw. Waldluft: Wolfgang Menger, *Klimatherapie an Nord- und Ostsee*, Jena: Gustav Fischer 1997; Günther Flemming, *Wald, Wetter, Klima. Einführung in die Forstmeteorologie*, Berlin: Deutscher Landwirtschaftsverlag 1994.

Anleitungen zum richtigen Atmen und Handbücher der Atemtherapie gibt es reichlich. Ein Standardwerk ist Ilse Middendorps *Der erfahrbare Atem*, Paderborn: Junfermann 1995. Für Einführungen in die Atemtherapie und ihre anatomischen Grundlagen siehe: Herbert Edel und Katharina Knauth, *Grundzüge der Atemtherapie*, München/Jena: Urban & Fischer 1999, oder Harald Mang, *Atemtherapie. Grundlagen, Indikation und Praxis*, Stuttgart: Schattauer 1992. Ein Übungsbuch der Atemgymnastik: Heike Höfler, *Atemtherapie und Atemgymnastik*, Stuttgart: Georg Thieme 1991.

4. Hesses Rucksack

TOURISTISCHE INFOS: Das Museum mit der umfassendsten Sammlung zu Leben und Werk Hermann Hesses befindet sich in seiner im nördlichen Schwarzwald gelegenen Heimatstadt Calw: Hermann-Hesse-Museum, Marktplatz 30, 75365 Calw.

In Hesses zeitweiligem Wohnhaus im Bodenseeort Gaienhofen gibt es ein weiteres sehenswertes Museum: Hermann-Hesse-Hoeri-Museum, 78343 Gaienhofen (www.hermann-hesse-hoeri-museum. de).

Seine Wahlheimat im Schweizer Kanton Tessin widmet dem Dichter ebenfalls ein Museum: das Museo Hermann Hesse an seinem langjährigen Wohnsitz in Montagnola am Luganer See (www. hessemontagnola.ch).

Eine neue Ausstellung über die bewegte Geschichte des Monte Verità bietet die «Casa Anatta» direkt am Schauplatz der Ereignisse oberhalb von Ascona im Tessin.

Ein Internetportal mit aktuellen Nachrichten und Debatten über den Dichter: www.hhesse.de

REISEFÜHRER: Herbert Schnierle-Lutz ist in zwei Büchern den Spuren des Dichters nachgegangen. Zu den Orten der Biographie führt: *Hermann Hesse. Schauplätze seines Lebens. Spurensuche in Calw, Maulbronn, Tübingen, Basel, Gaienhofen, Bern und Montagnola*, Frankfurt: Insel 1997. Eine Wanderung von Maulbronn über Calw und Tübingen nach Gaienhofen beschreibt: *Auf Hermann Hesses Spuren*, Neckartenzlingen: Walz Wanderferien 2005.

LITERATUR: Eine schöne Einführung in Hesses Kunst des Wanderns gibt seine Erzählung *Wanderung* von 1920. Sie ist in Band 9 der bei Suhrkamp erschienenen Taschenbuchausgabe *Gesammelte Werke* erschienen. Es gibt den Text aber auch als Einzelausgabe. Die zitierte Passage über das «Glück» findet sich in der von Volker Michels herausgegebenen Anthologie *Über das Glück,*

Wegzeichen **393**

Frankfurt: Suhrkamp 2002. Ein besonderes Erlebnis ist es, auf der beiliegenden Audiokassette den Dichter selbst diesen Text sprechen zu hören.

Ein wunderbares Hesse-Wanderbuch mit allen einschlägigen Texten aus der Gaienhofener Zeit und hervorragenden Schwarzweißfotos der Bodenseelandschaft hat Volker Michels herausgegeben: *Hermann Hesse, Bodensee. Betrachtungen, Erzählungen, Gedichte*, Stuttgart: Jan Thorbecke 2001.

Ein Gegenstück dazu mit den Texten und Aquarellen des Dichters aus dem Tessin, ebenfalls von Volker Michels ediert: *Hermann Hesse. Tessin*, Frankfurt: Insel 1993.

Zum Einstieg in die Biographie bestens geeignet ist die Dokumentation: *Hermann Hesse. Sein Leben in Bildern und Texten*, Frankfurt: Insel 1987.

Leben und Werk von Gusto Gräser werden erst jetzt nach und nach wiederentdeckt. Seit langem forscht darüber mit großer Hingabe Hermann Müller vom Deutschen Monte-Verità-Archiv Freudenstein. Er ist Herausgeber der Anthologie von Gedichten und Augenzeugenberichten: *Gusto Gräser. Aus Leben und Werk. Bruchstücke einer Biographie*, Vaihingen: Melchior 1987. Siehe auch www. gusto-graeser.de.

Ein Standardwerk über den Monte Verità (leider nur auf Englisch): Martin Green, *The Mountain of Truth. The Counterculture begins. Ascona, 1900–1920*, Boston University Press of New England 1986.

Eine Fülle von Material über die Lebensreformbewegung und die Monte-Verità-Kultur bietet der zweibändige von Kai Buchholz u.a. herausgegebene Ausstellungskatalog *Die Lebensreform. Entwürfe zur Neugestaltung von Leben und Kunst um 1900*, Darmstadt: Häusser 2001.

DANK an Hermann Müller in Knittlingen-Freudenstein und

Herbert Schnierle-Lutz in Calw für inspirierende Gespräche und reichhaltiges Material.

Navigieren
||||||||||||||||||||||

LITERATUR über die psychologische Forschung in Sachen «mental maps» gibt es in Hülle und Fülle. Schon ziemlich alt, aber immer noch anregend: Roger M. Downs und David Stea, *Maps in Minds. Reflections on Cognitive Mapping*, New York/London: Harper & Row 1977.

Philosophische Studien über den Begriff Orientierung seit Kant finden sich in: Werner Stegmaier (Hg.), *Orientierung. Philosophische Perspektiven*, Frankfurt: Suhrkamp 2005.

Mit witzigen Erlebnisberichten garniert das Thema Erik Jonsson, *Der innere Kompass. Warum wir uns verirren und wie wir unseren Weg finden*, Düsseldorf: Walter 2004.

Die Zeitschrift *Wandermagazin* behandelt regelmäßig den Themenkomplex Orientierung, Wanderkarten, GPS-Geräte. Siehe z. B. den Artikel von Rainer Brämer «Wozu Wanderkarten» in Heft 3 und 4/2000 und das Interview mit Tobias Kunst vom Bayerischen Landesvermessungsamt in Heft 2/1998.

DANK an Wilfried Schmidt in Arnsberg für ein intensives Gespräch.

5. Mit Kindern

ANFAHRT (mit dem Auto) zur Lauterquelle in Marbach a.d. Lauter (nicht zu verwechseln mit Marbach am Neckar!): Von Stuttgart auf der B 27 nach Reutlingen. Weiter auf der B 312. Hinter Burg Lichtenstein links abbiegen in Richtung Gomadingen. Von dort noch 4 km zum Ortsteil Gomadingen-Marbach.

RATGEBER für das Wandern mit Kindern: Frank Thiel und

Ansgar Drücker, *Auf Tour in der Natur. Das andere Wanderbuch*, Stuttgart: Deutscher Wanderverlag 1999. Dieser von der Naturfreundejugend Deutschlands herausgegebene Band enthält eine Fülle von umweltpädagogischen Überlegungen und praktischen Tipps für die Planung und Durchführung von Gruppenwanderungen mit Kindern und Jugendlichen.

Tipps für das Lautertal und die Schwäbische Alb gibt: Gertrud Braune, *Mit Kindern unterwegs auf der Schwäbischen Alb*, Bietigheim-Bissingen: Fleischhauer & Spohn 2003. Für Kinder geeignete Hochgebirgstouren in den Schweizer Alpen beschreiben Werner Hochrain und Renno Kundert, *Bergfloh. Bergwandern mit Kindern*, Zürich: Rotpunkt 2004.

Das Zitat von Bruce Chatwin über Wanderungen als Rohmaterial kindlicher Intelligenz stammt aus *Traumpfade*, München: Carl Hanser 1990, S. 367. Chatwin bezieht sich dort auf eine Stelle bei Marcel Proust.

DANK an Familie Maas für den warmherzigen Empfang seinerzeit in Dapfen.

Erfahrungsräume und Sehnsuchtsorte

LITERATUR: Sehnsucht Wildnis ist seit etlichen Jahren das Thema von Gerhard Trommer, Erziehungswissenschaftler an der Universität Frankfurt. Angefangen von *Wildnis – die pädagogische Herausforderung*, Weinheim: Beltz 1992, bis *Exkursionen. Kolloquium zur Verabschiedung von Gerhard Trommer*, Herzogenrath: Shaker 2005.

Die Zeitschrift *natur + kosmos* berichtet regelmäßig über das Thema, u. a. mit Beiträgen von Geseko von Lüpke, der die spirituelle Dimension von Wildniserfahrung auslotet. Einen guten Einblick in die gesamte Diskussion gab im April 1999 Heft 59 der Zeitschrift *Politische Ökologie*.

Sehr wichtig für die neue Bewertung von Wildnis war und ist – auch in Europa – der amerikanische Ökologe Aldo Leopold. Sein Klassiker *A Sand County Almanac* erschien 1949. Die deutsche Übersetzung *Am Anfang war die Erde*, München: Knesebeck 1992, ist zzt. leider nur noch antiquarisch zu haben. Die Originaltexte sind jedoch via Internet leicht greifbar. Ein Porträt von Aldo Leopold habe ich unter dem Titel «Denken wie ein Berg» für die *Zeit* Nr. 35/2002 verfasst.

Ehrfurcht vor dem Leben, Albert Schweitzers Formel für den respektvollen Umgang mit der Natur, untersucht aus verschiedenen Perspektiven der von Günter Altner herausgegebene Sammelband: *Leben inmitten von Leben. Die Aktualität der Ethik Albert Schweitzers*, Stuttgart: Hirzel 2005. Erich Fromms von Schweitzer inspiriertes «Biophilie»-Konzept findet man u. a. in seinem berühmten *Haben oder Sein* von 1976 (jetzt als Taschenbuch bei dtv). Edward O. Wilson, der Vordenker der Biodiversität, hat seine Variante des Begriffs 1984 in dem Buch *Biophilia. The Human Bond With Other Species*, Cambridge, Mass.: Harvard University Press, entwickelt.

Das Zitat von Hubert Weinzierl fand ich in seinem poetischen Text über die «Sehnsucht Wildnis» im *BUND-Magazin* 2/2000. Vom «Rascheln der Eidechse» schrieb Nietzsche in dem Kapitel «Mittags» im vierten Teil des *Zarathustra*.

Auch das Thema Landschaft ist in einem Heft der *Politischen Ökologie* subtil und der Zukunft zugewandt erörtert worden: «Landschaftskult. Natur als kulturelle Herausforderung», Heft 96, erschien im Oktober 2005.

Was wir als ideale Wanderlandschaft empfinden, beschrieb Rainer Brämer u. a. in einem Beitrag für *Psychologie heute*, Heft April 2003: «Zurück zur Natur? Die Wald-und-Wiesen-Therapie», zusammenhängend auch in seinem Büchlein *Wandern neu entdeckt. Ein Wanderführer für Wanderführer*, Cölbe: Burgwald 1996.

Den Begriff der Kontrasterfahrung und die Skala der Naturnähe entwickelt Gerhard Trommer u.a. in dem obengenannten Bändchen *Exkursionen*.

Die Idee der poetischen Orte hat Roland Günter aus Italien mitgebracht und in einem wunderschönen Buch entfaltet: *Poetische Orte im Tal der Marecchia*, Essen: Klartext 1998. Der Kasseler Raumplaner Detlev Ipsen hat mit dem Konzept weitergearbeitet, u.a. in dem Aufsatz: «Poetische Orte und regionale Entwicklung», in: *Informationen zur Raumentwicklung*, Heft 9/10, 2000.

Das Zitat von Goethe stammt aus seinen Aufzeichnungen über einen Kuraufenthalt in Pyrmont im Sommer 1801 und findet sich ziemlich versteckt in den *Tag- und Jahresheften* in Bd. 35, S. 104, der großen Weimarer Gesamtausgabe von 1892. Walter Benjamins Äußerung über «Spur» und «Aura» steht im *Passagenwerk*, Bd. 1, Frankfurt: Suhrkamp 1983, S. 560.

DANK an Gerhard Trommer in Lehre bei Wolfsburg und Roland Günter in Oberhausen für inspirierende Gespräche.

6. An der Grenze

ANREISE: Von den IC-Stationen Kassel-Wilhelmshöhe oder Fulda mit der Regionalbahn nach Hünfeld. Von dort Bus bis Rasdorf-Grüsselbach an der B 84 zwischen Rasdorf und Buttlar.

INFOS ÜBER DAS GRÜNE BAND in Deutschland und Europa: Projektbüro Grünes Band, Bauernfeindstraße 23, 90471 Nürnberg (www.dasgrueneband.info). BUND, Am Köllnischen Park 1, 10179 Berlin (www.bund.net/green-belt-europe).

TOURISTISCHE INFOS: Biosphärenreservat Rhön, Hessische Verwaltungsstelle, Groenhoff Haus, Wasserkuppe 1, 36129 Gersfeld. Biosphärenreservat, Thüringische Verwaltungsstelle, Mittelsdorfer Straße 23, 98634 Kaltensundheim (www.biosphaerenreservat-rhoen.de).

WANDERFÜHRER: Reiner Cornelius, *Vom Todesstreifen zur Lebenslinie. Natur und Kultur am Grünen Band Hessen-Thüringen*, Niederaula: Auwel 2005. *Wanderbegleiter Friedensweg*, 2001, c/o Bürger für sanften Tourismus, Sorghof 62, 98617 Hermannsfeld.

DANK an Peter Krahulec in Fulda für lebendige Erinnerungen an die Zeit der Friedensbewegung; an Ewald Göbel in Schleid für eine lehrreiche Exkursion.

Wandern als Überlebensstrategie

LITERATUR: Über Ötzi ist viel geschrieben worden. Ich stütze mich auf folgende Titel: Konrad Spindler, *Der Mann im Eis*, München: Goldmann 1995. Sigmar Bortenschlager, Klaus Oeggl (Hg.), *The Iceman and His Natural Environment*, Wien: Springer 2000. Elli G. Kriesch, *Ötzi – der Gletschermann und seine Welt*, München: Piper 2001 (dort auf S. 9 das Zitat von Reinhold Messner). Wander- und Kulturführer Ötztaler Alpen: Pro Vita Alpina (Hg.), *Ötztaler Alpen – Natur & Kultur*, 2003 (www.similaun.at). Kai Michel, «Der Fluch des Ötzi», in: *Die Zeit*, Nr. 53, 2004.

Zum Nomadismus: Bruce Chatwin, *Was mache ich hier*, Frankfurt: Fischer 1993. Darin auf S. 225 das Zitat über den Unterschied zwischen Jäger und Nomade. Ein Überblick über die prähistorischen Kulturen der Jäger und Sammlerinnen in: *Die Zeit – Welt- und Kulturgeschichte*, Bd. 1, *Anfänge der Menschheit und altes Ägypten*, Hamburg: Zeitverlag 2006. Von den Wanderrouten der Tiere handelt: Heini Hedinger, *Die Straßen der Tiere*, Braunschweig: Vieweg 1967. Über Methoden der Pirsch in der heutigen Jagd: Hans-Dieter Willkomm, *Pirschen auf Schalenwild*, Berlin: Deutscher Landwirtschaftsverlag 1984.

Über die «Walz»: Rainer S. Elkar, *Deutsches Handwerk in Spätmittelalter und Früher Neuzeit*, Wiesbaden/Stuttgart: Steiner 1983.

Über das alte und neue Nomadentum: Am inspirierendsten dazu sind die Texte von Vilém Flusser: *Bodenlos. Eine philosophische Autobiographie*, Düsseldorf: Bollmann 1992; «Nomaden», in: Horst Gerhard Haberl (Hg.), *Entdecken-Verdecken. Eine Nomadologie der Neunziger. Essays zur Erfahrbarkeit der Welt*, Graz: Droschl 1991; *Vogelflüge. Essays zu Natur und Kultur*, München: Carl Hanser 2000.

DANK an Johanna Platzgummer in Bozen für wertvolle Hinweise zum Gletschermann.

7. Am Strom

ANREISE: IC-Station Koblenz. Vom Bahnhof geht man zehn Minuten bis zum Rheinufer.

TOURISTISCHE INFOS: Rhein-Touristik «Tal der Loreley», Bahnhofstraße 8, 56346 St. Goarshausen (www.tal-der-loreley.de). Mit dem Konzept des nachhaltigen Tourismus: Mittelrhein-Besucherzentrum, Posthof Bacharach, 55422 Bacharach (www.mittelrheintal.de). Zum Weitwanderweg Rheinsteig: Rheinsteigbüro, c/o Rheinland-Pfalz Touristik, Löhrstraße 103, 56068 Koblenz (www.rheinsteig.de).

Die aktuellen Fahrpläne der Köln-Düsseldorfer Rheinschiffahrt AG, Frankenwerft 35, 50667 Köln, findet man auf der Website www.k-d.com.

WANDERFÜHRER: Wolfgang Blum, *Abenteuer Rheinsteig. 320 Kilometer Erlebniswandern von Wiesbaden bis Bonn*, Koblenz: Görres 2005.

LITERATUR: Ein monumentales Handbuch über alle Aspekte von Ökologie, Landschaft und Kulturgeschichte am Mittelrhein erschien im Zusammenhang mit der Weltkulturerbe-Bewerbung: Landesamt für Denkmalpflege (Hg.), *Das Rheintal von Bingen und Rüdesheim bis Koblenz. Eine europäische Kulturlandschaft*, Mainz: Philipp von Zabern 2001. Eine wahre Fundgrube!

Zum Einstieg in die Rhein-Romantik aus der Fülle der Texte wärmstens zu empfehlen: Bettina von Arnim, *Goethes Briefwechsel mit einem Kinde*. Darin im ersten Teil ihre Briefe vom 20. Mai bis 24. August 1808. Auch Bettinas Briefband *Die Günderode* enthält viele Passagen über Rhein und Rheingau (jeweils verschiedene Ausgaben). Clemens Brentanos *Rheinmärchen* gab es mal in einer sehr schön illustrierten Ausgabe bei der Büchergilde Gutenberg. Heines *Loreley*-Gedicht ist überall präsent. Seine Quelle, Aloys Schreibers *Handbuch für Reisende am Rhein*, Heidelberg 1818, erscheint in Auszügen in Anthologien und auf Websites (www.loreley.de).

Alle Aspekte des Loreley-Mythos behandelt der Ausstellungskatalog von Mario Kramp und Matthias Schmandt (Hg.), *Die Loreley. Ein Fels im Rhein. Ein deutscher Traum*, Mainz: Philipp von Zabern 2004.

William Turners Wanderungen am Rhein und ihre künstlerische Ausbeute sind ausführlich dokumentiert in dem Ausstellungskatalog: Cecilia Powell (Hg.), *Turner in Deutschland*, München: Prestel 1995.

Das Szenario von Edgar Reitz' filmischem Epos rund um das (fiktive) Günderrode-Haus bei Oberwesel enthält: *Heimat 3. Chronik einer Zeitenwende*, München: Albrecht Knaus 2004.

DANK für kundigen Rat an Helmut Frank, den trefflichen Wanderführer und Wegeplaner am Mittelrhein, Andreas Bitz, Pionier des nachhaltigen Tourismus in der Region, und Alexander Feidel, den klugen Flaneur aus Frankfurt am Main.

Spirituelles Wandern

LITERATUR: Bei den «Songlines» folge ich Bruce Chatwins Darstellung in *Traumpfade*, München: Carl Hanser 1990. Das Zitat über die «Vision von den Songlines» findet sich dort auf S. 379.

Der obengenannte Band der *Zeit-Weltgeschichte* enthält eine knappe und nüchterne Darstellung der Aborigines-Kultur (S. 176–184).

Für die japanische «uta-makura»-Tradition grundlegend: Basho, *Auf schmalen Pfaden durchs Hinterland*, Mainz: Dieterichs 1985, 2. Aufl. 2001, hervorragend kommentiert und eingeleitet von dem Japanologen G. S. Dombrady. Auf den Spuren Bashos und gewiss mit dessen Buch im Rucksack wanderte im Winter 1988 Peter Handke durch Japan. Siehe *Gestern unterwegs. Aufzeichnungen November 1987 bis Juli 1990*, S. 93–129, Salzburg: Jung und Jung 2005.

Die Literatur über das Pilgern füllt einen ganzen Bücherschrank. Zum Einstieg vielleicht: Hape Kerkeling, *Ich bin dann mal weg. Meine Reise auf dem Jakobsweg*, München: Piper 2006. Dann in die Tiefe gehend: Hans Ruh und Klaus Nagorni (Hg.), *Pilgerwege. Zur Geschichte und Spiritualität des Reisens*, Herrenalber Forum Bd. 34, Karlsruhe: Evangelische Akademie Baden 2003. Peter Müller, *Die Seele laufen lassen*, München: Kösel 2004. Und – interreligiös angelegt – Reinhard Kirste u. a. (Hg.), *Wegmarken zur Transzendenz*, Religion im Gespräch Band 8, Balve: Zimmermann 2004.

Wolfram von Eschenbachs Gralsroman *Parzival* gibt es bei Reclam im mittelhochdeutschen Original mit parallel laufender neuhochdeutscher Übertragung. Eine moderne Version erzählt Adolf Muschg, *Der rote Ritter. Eine Geschichte von Parzival*, Frankfurt: Suhrkamp 1993.

Zum Symbol der blauen Blume am besten Novalis' Roman *Heinrich von Ofterdingen* lesen. Das Novalis-Zitat über die «Körperlandschaft» ist aus seinen *Studien zur bildenden Kunst*, in: *Werke, Tagebücher und Briefe*, 2. Band, Darmstadt: Wissenschaftliche Buchgesellschaft 1965, S. 648. Für einen Einblick in den Forschungsstand siehe Herbert Uerling, *Novalis (Friedrich von Hardenberg)*, Stuttgart: Reclam 1998.

Den Versuch, die Visionssuche, also vormoderne, schamanistische Praktiken, für unsere postmoderne Zeit fruchtbar zu machen, unternehmen Sylvia Koch-Weser und Geseko von Lüpke in: *Vision Quest. Allein in der Wildnis auf dem Weg zu sich selbst*, München: Hugendubel 2000.

8. Am Strand

ANREISE: Vom IC-Bahnhof Rostock mit der Straßenbahn ca. 15 Minuten nach Warnemünde. An der Endstation mit der Fähre ans andere Ufer übersetzen – und schon ist man am Strand und auf dem Weg in Richtung Darßer Ort. Von IC-Bahnhof Ribnitz-Damgarten kommt man per Bus an die Küste von Fischland und Darß. Von Zingst im Sommer täglich Schiffsverbindungen nach Hiddensee.

INFOS ÜBER DIE NATURLANDSCHAFT: Nationalparkamt Vorpommersche Boddenlandschaft, Im Forst 5, 18375 Born (www.nationalpark-vorpommersche-boddenlandschaft.de). Informationseinrichtungen: Natureum Darßer Ort (im Leuchtturm), Darßer Arche in Wieck. Sundische Wiese (hinter Zingst am Weg nach Pramort).

Über das Nadelöhr «Kadetrinne» und die damit verbundenen Risiken siehe www.greenpeace.de.

TOURISTISCHE INFOS: Tourismusverband Fischland, Darß, Zingst, Barther Straße 31, 18314 Löbnitz (www.tv-fdz.de). Oder bei den örtlichen Kurverwaltungen in den Ostseebädern Dierhagen, Wustrow, Ahrenshoop, Prerow, Zingst.

Für Bernsteinliebhaber empfehlenswert: Deutsches Bernsteinmuseum, Im Kloster 1–2, 18311 Ribnitz-Damgarten (www.german-amber-museum.de).

LITERATUR: Naturführer: Manfred Kutscher, *Flora & Fauna an der Ostseeküste von Mecklenburg-Vorpommern*, Schwerin: Demmler 1995. Frank Rudolph, *Strandsteine sammeln & bestimmen*, Neumünster: Wachholtz 2005. Ulf Erichson, *Baltischer Bernstein. Entstehung – Lagerstätten – Einschlüsse*, Ribnitz-Damgarten 2001. Klaus Schmidt-Koenig, *Das Rätsel des Vogelzugs*, Hamburg: Hoffmann und Campe 1979.

Eine Wanderung an der Ostseeküste von Rostock bis Usedom beschreibt Wolfgang Fischer, *Bernsteinspuren*, Hamburg: Hanse 2000. Vom Hiddensee der 70er und 80er Jahre erzählen wunderbar Hanns Cibulkas *Ostseetagebücher*, in einer Neuauflage 2001 erschienen bei Reclam Leipzig.

Zu Caspar David Friedrich: *C. D. F. Die Erfindung der Romantik*, Ausstellungskatalog, München: Hirmer 2006. Werner Hofmann, *C. D. F.*, München: Beck 2000. Herrmann Zschoche, *C. D. F. auf Rügen*, Dresden: Verlag der Kunst 1998.

AUDIO: Die Klanglandschaft von Strand, Küstenwald und Boddengewässer hat Walter Tilgner in exzellenten Natur-Hörbildern dokumentiert. Aufnahmen von Kranichrast, Hirschbrunft, Vogelkonzert und natürlich der Meeresbrandung am Darß auf den CDs *Kraniche* (Wergo SM 9009−2) und *König des Waldes* (Wergo SM 9007−2).

DANK an Gerd Wolff aus Prerow für wunderbare Exkursionen, an Christian Bussau, Greenpeace, Abteilung Meere, Hamburg, und Walter Tilgner in Allensbach für lange, gute Gespräche.

«Liebliche Bläue, süße Ruh'»

LITERATUR ZU STILLE UND LÄRM: Zum Thema «akustische Ökologie» und Verlärmung eine gute Einführung: Klaus Nagorni (Hg.), *Der Verlust der Stille. Ansätze einer akustischen Ökologie*, Herrenalber Forum, Bd. 13, Karlsruhe: Evangelische Akademie Baden 1995.

Über das Erlebnis von natürlicher Stille in Wildnislandschaften und die Notwendigkeit, natürliche Klanglandschaften zu restaurieren, gibt es einen schönen Essay von Gerhard Trommer: «Die Stille wilder Klänge», in der Zeitschrift *Nationalpark*, Heft 2/2006.

In Rachel Carsons Klassiker *Der stumme Frühling*, München: C. H. Beck 1963 (jetzt bei dtv), ist das Verschwinden des Vogelgesangs aus unserer Landschaft eine Horrorvision, mit der die Autorin ihre Abrechnung mit Chemieindustrie und Agrobusiness einleitet. Immer noch lesenswert.

Fundamental für das Thema Hören, Hörsinn und Klangwelt: Joachim Ernst Berendt, *Das dritte Ohr. Vom Hören der Welt*, Reinbek: Rowohlt 2001.

AUDIO: Walter Tilgners «Naturklang»-CDs seien auch in diesem Kontext noch einmal empfohlen. Er hat bei Wergo inzwischen über zehn CDs veröffentlicht. Jede präsentiert eine andere feine Klangwelt: die Akustik der österreichischen Marchauen im Frühling, den Klang eines Buchenaltholzes am Bodanrück, den Gesang der Nachtigall auf der Insel Reichenau etc.

Den Versuch, die seismischen Klänge des Planeten zu transformieren und authentisch zu Gehör zu bringen, machen der Komponist Wolfgang Loos und der Geophysiker Frank Scherbaum auf der CD *KooKoon – Inner Earth – a seismosonic symphony*, Traumton Records 1999.

LITERATUR ZUM LICHT: Über Licht und «Lichtverschmutzung» informiert eine Tagungsdokumentation aus der Evangelischen Akademie Baden: Klaus Nagorni (Hg.), *Geblendete Welt*, Herrenalber Forum, Bd. 18., Karlsruhe 1997.

Websites zum Thema: www.lichtverschmutzung.de und aus den USA www.darksky.org.

Über die Praxis der Lichttherapie ein informativer Artikel von Thomas Worm und Claudia Karsted in *natur + kosmos*, Heft 09/

2005. Sie empfehlen: Jakob Libermann, *Die heilende Kraft des Lichts*, München: Piper 1996. Über das natürliche Licht als Zeitgeber schreibt Herbert Zucchi: «Jeden Morgen geht die Sonne auf ...», in: *Nationalpark*, Heft 4/2004.

Sehr anschaulich, detailliert und umfassend über alle Lichtphänomene in unserer Natur handelt das Buch des niederländischen Naturforschers Marcel Minnaert: *Licht und Farbe in der Natur*, Basel: Birkhäuser 1992.

Zwischen Medizin, Philosophie und Mystik pendelt kenntnisreich der Heidelberger Medizinhistoriker Heinrich Schipperges in seinem Buch *Welt des Auges. Zur Theorie des Schauens und Kunst des Sehens*, Freiburg: Herder 1982.

Wie der Mond das Leben auf der Erde beeinflusst, untersuchen wissenschaftlich Klaus-Peter Endres und Wolfgang Schad in: *Biologie des Mondes. Mondperiodik und Lebensrhythmen*, Stuttgart: Hirzel 1997.

Grundlegend für die Betrachtung des gestirnten Himmels im Jahreslauf ist Joachim Herrmanns Kosmos Naturführer *Welcher Stern ist das? Sehen – Bestimmen – Wiedererkennen*, Stuttgart: Franckh-Kosmos 1997. Unverzichtbar für Wanderer ist das im selben Verlag jährlich erscheinende, von Hans-Ulrich Keller herausgegebene *Kosmos Himmelsjahr*. Die detaillierten Angaben zum Verlauf des Himmelsjahres, der Mondphasen, des Planetenlaufes, der Konstellationen und astronomischen Ereignisse sind eine Grundlage für die Planung einer Wanderung, die den Kosmos in den eigenen Wahrnehmungshorizont hineinholen möchte.

9. Über die Alpen
ANREISE: Nach Füssen von den IC-Stationen Augsburg oder Ulm mit Regionalbahnen.

TOURISTISCHE INFOS: Über die Lechtaler Alpen: Tourismusverband Ferienregion Reutte, Untermarkt 34, A-6600 Reutte (www.ferienregion-reutte.at). Zum «Panorama Via Engiadina» siehe www.engadin.com und die Websites der örtlichen Verkehrsvereine: www.ramosch-vna.ch; www.sent.ch; www.ardez.ch; www.lavin.ch etc. Über den Schweizer Nationalpark: Nationalparkhaus Zernez, CH-7530 Zernez (www.nationalparkregion.ch).

Salecina, die alternative Berghütte im Oberengadin: Fondazione/Stiftung Salecina, CH-7516 Maloja (www.salecina.ch).

Über Wandern im Bergell: Kur- und Verkehrsverein Ente Turistico Pro Bergaglia, CH-7605 Stampa (www.bergell.ch).

LITERATUR: Wanderführer: Dieter Seibert, *Lechtaler Alpen*, Ottobrunn: Alpenvereinsführer Bergverlag Rother 2002. Die Route der alten Via Claudia Augusta beschreibt mit Kartenmaterial und Adressen die Broschüre *Entlang der Via Claudia Augusta durch die Bezirke Reutte, Imst und Landeck* (siehe www.claudiaaugusta.com.). Rose Marie und Gerhard Bleyer, *Die schönsten Höhenwege im Engadin*, Bruckmanns Rucksackführer, München: Bruckmann 1994. Darin u.a. Etappen auf dem Panorama Engiadina Bassa und Routen von Casaccia nach Soglio.

Ein Landart-Projekt des britischen Künstlers Richard Long in den Schweizer Alpen, u.a. oberhalb von Zuoz, ist dokumentiert in der Zeitschrift *du* Nr. 756, Mai 2005.

Paul Raabe, *Spaziergänge durch Nietzsches Sils-Maria*, Zürich: Arche 2001, schildert detailliert, materialreich, gut bebildert Nietzsches Aufenthalte und Wege rund um Sils-Maria.

Ein guter Ratgeber für das Bergwandern nicht nur mit Kindern und Jugendlichen: Lydia Kraus, *Die Sprache der Berge. Handbuch der alpinen Erlebnispädagogik*, Alling: Sandmann 1996. Zur Ökologie, Siedlungsgeschichte, Gegenwart und Zukunft der Alpen: Werner Bätzing, *Die Alpen. Entstehung und Gefährdung einer europäischen Kulturlandschaft*, München: C.H. Beck 1991.

Auszeiten, Spielräume, Entschleunigung

LITERATUR: Grundlegend die obenangeführte Studie von Hartmut Rosa über *Beschleunigung* und der Ratgeber von Hatzelmann/ Held zur *Zeitkompetenz*.

Über den Umgang mit Zeit ferner: Karlheinz A. Geißler, *Es muss in diesem Leben mehr als Eile geben*, Freiburg: Herder 2001. Martin Held und Karlheinz A. Geißler, *Ökologie der Zeit. Vom Finden der rechten Zeitmaße*, Stuttgart: Hirzel 2000. Siehe auch www. zeitkompetenz.de und www.zeitpolitik.de.

Zum Stichwort Auszeit zahlreiche Beiträge in der Zeitschrift *Psychologie heute*. Sehr anregend z.B. in Heft 9, September 2003: Heiko Ernst, «Ganz bei sich sein. Warum wir so dringend Alleinzeit brauchen».

Philosophische Überlegungen über den Raum z.B. in: Otto Friedrich Bollnow, *Mensch und Raum*, Stuttgart: Kohlhammer 1994. Bernhard Waldenfels, *In den Netzen der Lebenswelt*, Frankfurt: Suhrkamp 2005 (darin ein schönes «Plädoyer für das Gehen»). Tom Fecht und Dietmar Kamper (Hg.), *Umzug ins Offene. Vier Versuche über den Raum*, Wien: Springer 2000.

DANK an Martin Held, Evangelische Akademie Tutzing, und Gerhard Scherhorn, Wuppertal Institut, für erhellende Gespräche.

10. Herbstgala

ANREISE: IC-Station Eisenach. Vom benachbarten Busbahnhof Bus nach Mühlhausen bis Nazza.

Anfahrt zum Baumkronenpfad aus Richtung Eisenach: B 84 über Craula zum Wanderparkplatz Thiemsburg. Empfehlenswertes Quartier in Craula: Gasthaus und Pension Zum Alten Berg, Langgasse 16, 99947 Craula.

INFOS ÜBER DIE NATURLANDSCHAFT: Nationalpark

Hainich, Bei der Marktkirche 9, 99947 Bad Langensalza (www.nationalpark-hainich.de).

TOURISTISCHE INFOS: Tourismusverband Hainichland, An der Alten Post 2, 99947 Bad Langensalza (www.hainichland.de). In der Umgebung: Tourismus Eisenach, Markt 9, 99817 Eisenach (www.eisenach.de). Tourist-Information Mühlhausen, Ratsstraße 20, 99974 Mühlhausen (www.touristinfo-muehlhausen.de).

LITERATUR: Georg Sperbers Text-Bild-Band über *Urwälder Deutschlands* (siehe oben) enthält ein Kapitel über den Hainich. Wanderführer: Roland Geißler, *Großer Wanderführer Hainich*, Bad Langensalza: Rockstuhl 2005. Vom selben Verfasser im selben Verlag: *Wanderführer Baumkronenpfad und Umgebung*.

Zu Thomas Müntzer: Ludwig Rommel, *Reisen zu Müntzer*, Berlin: Tourist 1989. Ernst Bloch, *Thomas Münzer als Theologe der Revolution*, Frankfurt: Suhrkamp 1976.

Henry David Thoreaus Beschreibung eines Gangs durch den Herbstwald in New England trägt den Titel *Autumnal Tints* und ist, soweit ich weiß, bisher nicht ins Deutsche übersetzt. Rilkes Herbstgedicht aus dem *Buch der Bilder* heißt schlicht: «Herbst». Das schöne Wense-Zitat findet sich unter dem Stichwort «Fluchtburg» in Hans Jürgen von der Wenses zweibändiger Werkausgabe *Von Aas bis Zylinder*, Frankfurt: Zweitausendeins 2005, Bd. 1, S. 329.

Bewusstseinszustände
||||||||||||||||||||||||||||||||||||||||||||||||

Das Frankl-Zitat stammt aus Christian Handls Nachwort zu: Viktor E. Frankl, *Bergerfahrung und Sinnerlebnis*, Innsbruck: Tyrolia 2003.

Über Tagträumen siehe Gabriele Oettingen, *Psychologie des Zukunftsdenkens. Erwartungen und Phantasie*, Göttingen: Hogrefe 1996.

Einen Überblick über die Arten von Trance und Methoden der

Bewusstseinserweiterung gibt Dieter Vaitl, «Veränderte Bewusstseinszustände», in: *Sitzungsberichte der Wissenschaftlichen Gesellschaft an der J. W. Goethe-Universität Frankfurt*, Bd. XLI, Nr. 2, S. 52–122, Stuttgart: Franz Steiner 2003.

Unter der Überschrift «Der Geruch von frischgeschnittenem Gras» beschreibt der vietnamesische Meditationslehrer Thich Nhat Hanh die zenbuddhistische Gehmeditation. Sein Buch *Zeiten der Achtsamkeit* erschien 1996 im Herder Verlag, Freiburg.

Die Flow-Erfahrung hat der amerikanische Psychologe Mihaly Csikszentmihalyi in mehreren Büchern beschrieben, u.a.: *Flow. Das Geheimnis des Glücks*, Stuttgart: Klett-Cotta 2003.

Über Präsenz schreibt Heike von Stern in *Psychologie heute*, Heft Juli 2004. Ihr Beitrag hat den Titel: «Alle Antennen auf Empfang: Wer achtsam lebt, lebt besser».

Walter Benjamins Theorie der Aura ist in seiner berühmten Abhandlung *Das Kunstwerk im Zeitalter seiner technischen Reproduzierbarkeit* von 1935 enthalten (mehrere Ausgaben, u.a. in der Edition Suhrkamp).

11. Heideggers Weg

ANFAHRT: IC-Bahnhof Freiburg. Von dort zu Fuß oder mit der Straßenbahn zum Stadtteil Wiehre. Dort Anstieg durch den Wald zum Brombergkopf und über Kybfelsen und Horber Felsen in Richtung Schauinsland.

INFOS ZUR NATURLANDSCHAFT: Naturschutzzentrum Südschwarzwald, Haus der Natur, Dr.-Pilet-Spur 4, 79868 Feldberg (www.naturschutzzentren-bw.de).

TOURISTISCHE INFOS: Tourismus GmbH Todtnauer Ferienland, Kurhausstraße 18, 79674 Todtnau (www.todtnauer-ferienland.de).

LITERATUR: Umfassend zu Geologie, Klimakunde, Ökologie

und Naturschutz im Feldberggebiet: Landesanstalt für Umweltschutz Baden-Württemberg (Hg.), *Der Feldberg im Schwarzwald. Subalpine Insel im Mittelgebirge*, Karlsruhe 1982.

Zu Martin Heidegger nur ein paar Hinweise. Eine lyrische Huldigung an die Landschaft und den Weg oberhalb von Todtnauberg ist sein «Hüttenbüchlein» von 1947. Unter dem Titel *Aus der Erfahrung des Denkens* ist es in Band 13 der Gesamtausgabe, S. 75–86, abgedruckt. Zum Einstieg in Heideggers Denkwege sind eine Handvoll Vorträge und kleine Schriften aus den 50er Jahren geeignet, in denen er sich fundamental mit dem Wesen der Technik auseinandersetzt: *Hebel – der Hausfreund*; *Das Ding*; *Bauen, Wohnen, Denken*; *Der Feldweg*; *Gelassenheit*. Heidegger rät dort zu einem «gelassenen» und – heute würde man sagen – «nachhaltigen» Umgang mit den Dingen.

Im Anschluss an Heidegger philosophiert Ute Guzzoni sehr anregend über *Wohnen und Wandern*, Düsseldorf: Parerga 1994.

Zur Biographie des umstrittenen Denkers: Rüdiger Safranski, *Ein Meister aus Deutschland*, München: Carl Hanser 1994.

Das Zitat von John Berger stammt aus seinem Essay «Konsum und Schmerz», in: *Le Monde diplomatique*, Februar 2003.

DANK an Achim Laber, den Feldberg-Ranger, für eine Exkursion im Tiefschnee, an Erich Schneider vom Schneiderhof in Todtnauberg-Rütte und an Hermann Heidegger für die Gesprächsbereitschaft.

Gaia

Das klassische Foto der Erde, das zur «Ikone unserer Epoche» wurde, findet man ganzseitig in: Kevin W. Kelley (Hg.), *Der Heimatplanet*, Frankfurt: Zweitausendeins 1989. Den Verlauf des Fluges von Apollo 17 und der vorausgegangenen Mondflüge schildert

David West Reynolds, *The Epic Journey to the Moon*, San Diego: Tehabi Books 2001.

Die Stelle aus dem Brundtland-Bericht findet sich in: World Commission on Environment and Development (Hg.), *Our Common Future*, London/New York: Oxford University Press 1987, S. 1.

Zu den Zitaten von James Lovelock siehe: *Das Gaia-Prinzip. Die Biographie unseres Planeten*, Zürich: Artemis & Winkler 1991, S. 53 und 269 ff. Das fast deckungsgleiche Zitat von Alfred Döblin stammt aus dessen zuerst 1933 erschienenem Buch *Unser Dasein*, neu aufgelegt im Olten Verlag, Freiburg 1964, S. 139.

Spinoza entwickelte sein «natura naturans»-Konzept im ersten Teil seiner 1677 veröffentlichten *Ethik*. Eine von Friedrich Bülow herausgegebene Ausgabe erschien 1982 im Alfred Kröner Verlag Stuttgart.

Wilhelm Schmid habe ich im Sommer 2002 für ein Radiofeature interviewt, das unter dem Titel *Ikone Erde* vom WDR ausgestrahlt wurde. Daraus stammen die Zitate. Den Blick von außen auf den Blauen Planeten und dessen lange Vorgeschichte analysiert der Philosoph auch in seinem Buch *Philosophie der Lebenskunst. Eine Grundlegung*, Frankfurt: Suhrkamp 1998.

12. Im urbanen Raum

ANFAHRT: Von Wuppertal oder Düsseldorf Hauptbahnhof mit S-Bahn oder Regionalexpress zum Bahnhof Gruiten.

INFOS I: Neanderthal Museum, Talstraße 300, 40822 Mettmann (www.neanderthal.de).

LITERATUR: Martin Kuckenberg, *Lag Eden im Neandertal? Auf der Suche nach dem frühen Menschen*, Düsseldorf: Econ 1997. Bärbel Auffermann und Jörg Orschiedt, *Die Neandertaler. Eine Spurensuche*, Stuttgart: Konrad Theiss 2002.

Die Düssel von der Quelle bis zur Mündung beschreibt: Touris-

tenverein Die Naturfreunde Ortsgruppe Düsseldorf (Hg.), *Die Düssel. Naturfreunde erkunden eine Landschaft*, Düsseldorf 1995.

INFOS II: Die Kunstsammlung NRW in Düsseldorf, Grabbe-
platz 4, zeigt außer dem *Palazzo Regale* einen umfangreichen Querschnitt durch das Beuys'sche Schaffen (www.kunstsammlung.de).
Das Stadtmuseum Düsseldorf, Berger Allee 2, baut ein Dokumen-
tationszentrum «Beuys und Düsseldorf» auf (www.duesseldorf.
de/stadtmuseum). Eine weitere große Ausstellung und das zentrale
Archiv über Beuys befindet sich in Schloss Moyland bei Kalkar am
Niederrhein: Joseph Beuys Archiv, Am Schloß 4, 47551 Bedburg-
Hau (www.moyland.de).

LITERATUR: Joseph Beuys, *Das Geheimnis der Knospe zarter
Hülle. Texte 1941–1986*, herausgegeben von Eva Beuys, München:
Schirmer und Mosel 2000. Eine quellenreiche Dokumentation zu
Leben und Werk: Götz Adriani (Hg.), *Joseph Beuys. Leben und Werk*,
Köln: DuMont 1986. Die immer noch brauchbarste Biographie:
Heiner Stachelhaus, *Joseph Beuys*, München: Wilhelm Heyne 1990.
Reichhaltiger Ausstellungskatalog: Armin Zweite (Hg.), *Joseph
Beuys. Natur, Materie, Form*, München: Schirmer und Mosel 1991.
Wissenschaftlicher Tagungsband: Förderverein Museum Schloß
Moyland (Hg.), *Joseph Beuys. Symposium Kranenburg 1995*, Basel:
Wiese 1996. Eine Analyse von Beuys' Selbstinszenierungen, u. a.
des Multiples «La rivoluzione siamo Noi»: Andreas Quermann,
«Demokratie ist lustig». Der politische Künstler Joseph Beuys, Berlin:
Dietrich Reimer 2006.

Ankommen
||||||||||||||||||||||||||

Zu diesen Gedankengängen siehe: Volker Caysa und Wilhelm
Schmid (Hg.), *Reinhold Messners Philosophie*, Frankfurt: Suhrkamp
2002.

Wilhelm Schmid entwickelte seine Philosophie der Lebenskunst u.a. in dem bereits angeführten gleichnamigen Werk (darin auf S. 398 das Zitat über die Gelassenheit) sowie in seinen Büchern *Schönes Leben? Einführung in die Lebenskunst*, Frankfurt: Suhrkamp 2000, und *Mit sich selbst befreundet sein. Von der Lebenskunst im Umgang mit sich selbst*, Frankfurt: Suhrkamp 2004.

Den Gedanken, dass «Selbstmächtigkeit» einer «Gegenmacht» bedarf, nämlich dem Maßnehmen an «Existenzialien», verdanke ich Hermann Müller vom Deutschen Monte-Verità-Archiv in Freudenstein.

1 Auf Schneeschuhen
2 Zu den Quellen
3 Im Wald
4 Hesses Rucksack
5 Mit Kindern
6 An der Grenze
7 Am Strom
8 Am Strand
09 Über die Alpen
10 Herbstgala
11 Heideggers Weg
12 Im urbanen Raum

Über den Autor

Ulrich Grober, geboren 1949 in Lippstadt/Westfalen, hat Germanistik und Anglistik in Frankfurt und Bochum studiert und anschließend in mehreren soziokulturellen Projekten sowie in der Erwachsenenbildung gearbeitet. Seit 1992 ist er freier Autor, Publizist und Journalist. Er schreibt für Printmedien (u. a. *Die Zeit, taz, Jahrbuch Ökologie*) und Rundfunkstationen (u. a. Deutschlandradio, WDR, RBB). Seine zahlreichen Reportagen, Radiosendungen, Dokumentationen, Essays konzentrieren sich vor allem auf die Themen Literatur und Naturerfahrung, Kulturgeschichte und Zukunftsvisionen, Wandern und sanfter Tourismus, Ökologie und Nachhaltigkeit. 1998 erschien sein erstes Buch *Ausstieg in die Zukunft*.

Der Autor lebt in Marl am Rand des Ruhrgebiets, ist verheiratet, hat eine Tochter und ist passionierter Wanderer von Kindesbeinen an.

Kritische Einwände, begeisterte Zustimmung, weiterführende Hinweise und sonstige Reaktionen der Leser dieses Buches nimmt der Autor gern entgegen unter

ulrich.grober@t-online.de.